Gerhard Wagner

Ökonomische Analyse der Schiedsgerichtsbarkeit
Theorie, Empirie, Rechtsvergleichung

ARTIBUS INGENUIS
J·C·B·M·
1·8·0·1

Gerhard Wagner

Ökonomische Analyse der Schiedsgerichtsbarkeit

Theorie, Empirie, Rechtsvergleichung

Mohr Siebeck

Gerhard Wagner ist Inhaber des Lehrstuhls für Bürgerliches Recht, Wirtschaftsrecht und Ökonomik an der Humboldt-Universität zu Berlin.
orcid.org/0000-0002-3636-9120

ISBN 978-3-16-200541-0/ eISBN 978-3-16-200542-7
DOI 10.1628/978-3-16-200542-7

Die Deutsche Nationalbibliothek verzeichnet diese Publikation in der Deutschen Nationalbibliographie; detaillierte bibliographische Daten sind über *https://dnb.dnb.de* abrufbar.

Publiziert von Mohr Siebeck Tübingen 2026

Gedruckt auf alterungsbeständiges Papier. Satz: Satzweise, Bad Wünnenberg.

Mohr Siebeck GmbH & Co. KG, Wilhelmstraße 18, 72074 Tübingen, Deutschland
www.mohrsiebeck.com, info@mohrsiebeck.com

Vorwort

Die Streitentscheidung durch private Schiedsgerichte ist *die* Alternative zum Prozess vor staatlichen Gerichten, vor allem bei Streitigkeiten aus internationalen Wirtschaftsverträgen. Als Gründe dafür werden häufig geringere Kosten, größere Geschwindigkeit, Flexibilität, Vertraulichkeit und Gestaltbarkeit von Schiedsverfahren genannt. Eine ökonomische Analyse der Schiedsgerichtsbarkeit setzt anders an und fragt zuerst, was sich die Parteien positiv an Nutzen erhoffen, wenn sie eine Schiedsklausel vereinbaren, und erst dann, welche Kosten sie dazu in Beziehung setzen. Diesen Ansatz verfolgt die hier vorgelegte Studie. Sie bietet keine mathematisch-formale Untersuchung im Sinne eines mikroökonomischen Modells, sondern untersucht mit sprachlichen Mitteln die Anreize, denen die Beteiligten des „Markts für Schiedsgerichtsbarkeit" ausgesetzt sind. Die dabei erzielten Erkenntnisse werden in ein qualitatives ökonomisches Modell integriert, das mit Hilfe vorhandener empirischer Studien geprüft und plausibilisiert wird.

Mit Blick auf die Anreize der Parteien, die zwischen verschiedenen Institutionen und Instrumenten der Streitbeilegung wählen können, baut die Studie auf früheren Veröffentlichungen zum „Dispute Resolution Market" (62 Buffalo Law Review 1085, aus 2014) sowie zum „Rechtsstandort Deutschland im Wettbewerb" (2017) auf. Wenig bis gar nicht untersucht sind demgegenüber die Anreizdynamiken im Schiedsgericht und besonders das Verhalten und die Interessen der parteibenannten Schiedsrichter. Die hinter vorgehaltener Hand mitunter geäußerte Sorge, hier gehe nicht alles mit rechten Dingen zu, verdient es, ernst genommen und geprüft zu werden.

Das Verhalten der Gesetzgeber und der staatlichen Gerichte, die das jeweilige nationale Schiedsverfahrensrecht schaffen und anwenden, wurde bisher ebenfalls nicht systematisch analysiert. Hierzu bietet das Buch eine rechtsvergleichende Untersuchung zentraler Regelungen des Schiedsverfahrensrechts, insbesondere der Voraussetzungen und Grenzen der Schiedsvereinbarung – Schiedsvereinbarungsstatut, Form, Bindung von *non-signatories* – und der Schnittstellen zwischen Schiedsgerichten und staatlichen Gerichten in Bezug auf die Aufhebung, Anerkennung, Vollstreckbarerklärung und Revision von Schiedssprüchen. Neben dem deutschen Schiedsverfahrensrecht werden die Schiedsrechtsordnungen Frankreichs, Englands und der Schweiz rechtsvergleichend aufgearbeitet. Dabei zeigt sich, dass die genannten Rechtsordnungen individuelle Profile herausgebildet haben, die sich präzise benennen und abgrenzen lassen. Die Schiedsgerichtsbarkeiten Frankreichs, Englands und der Schweiz sind als klar verschiedene Institutionen erkennbar und bieten den Streitparteien je unterschiedliche Bündel von Vor- und Nachteilen an, die jeweils in einem eigenen konzeptionellen Rahmen stehen.

Weitgehend ausgeklammert bleibt in der vorliegenden Studie die Verbraucherschiedsgerichtsbarkeit, in die manche große Hoffnungen setzen. Das hat zum einen den Grund, dass sie in Deutschland wegen einer prohibitiv wirkenden Formvorschrift (§ 1031 Abs. 5 ZPO) praktisch nicht existiert. Zum anderen lohnen sich wegen der nicht unerheblichen Kosten von Schiedsverfahren Verbraucherschiedsverfahren in den meisten Jurisdiktionen nicht. Funktionale Äquivalente zur Schiedsgerichtsbarkeit, wie Mediation und Schlichtung, aber auch unternehmensinterne oder behördliche Beschwerdeverfahren, scheinen attraktiver. Nicht die Verbraucherschiedsgerichtsbarkeit, wohl aber Mediation und andere Instrumente der alternativen Streitbeilegung werden deshalb in die Untersuchung einbezogen.

Herzlich danke ich meinen Mitarbeiterinnen und Mitarbeitern in Berlin, allen voran Dr. Sven Asmussen, Oguzhan Samanci und Lena Pfrommer, sowie Mathis Diederichsen, Jakob Feddersen, Constantin Luft, Tim Wendrich, Till Weskamm und Felix Caspar Berger.

Berlin, im Februar 2026 *Gerhard Wagner*

Inhalt

I. Einleitung

Die Schiedsgerichtsbarkeit ist ein Angebot auf dem „Markt für Streitbeilegung", und über diesen ist wenig bekannt. Die gängigen Darstellungen des Schiedsverfahrensrechts bieten in der Regel ein Potpourri von Gesichtspunkten über die Vor- und Nachteile der Schiedsgerichtsbarkeit, die nach Art eines Waschzettels aneinandergereiht werden.[1] Üblicherweise genannt werden Vorteile durch das Recht zur Auswahl der Richterpersönlichkeiten, ein flexibleres Verfahren, kürzere Verfahrensdauer, geringere Kosten und anderes mehr. Mit einer systematischen Analyse der Anreize und Erwartungen der Parteien, die die Nachfrage nach richterlicher Streitentscheidung bestimmen einerseits, und des von Seiten des Schiedsgerichts gemachten Angebots andererseits, also mit einer ökonomischen Analyse der Schiedsgerichtsbarkeit, hat diese Methode wenig zu tun.

Nun wird die ökonomische Analyse der Schiedsgerichtsbarkeit ihrerseits häufig mit dem Thema Wirtschaft und Schiedsgerichtsbarkeit verwechselt. Dies führt zu der Annahme, Schiedsgerichte seien wirtschaftsfreundlich in dem Sinne, dass sie Entscheidungen zugunsten „der Wirtschaft" träfen. In der hitzigen Debatte um das Transatlantische Freihandelsabkommen (TTIP) wurde dementsprechend unterstellt, die internationale Investitionsschiedsgerichtsbarkeit entscheide stets bzw. viel zu häufig zulasten der Staaten und zugunsten der Investoren.[2] Eine zweite, häufig anzutreffende Annahme zum Verhältnis Wirtschaft und Schiedsgerichtsbarkeit lautet, den Unternehmen als Nutzern der Schiedsgerichte gehe es vor allem um eine kostengünstige Streitbeilegung, die zudem möglichst schnell erfolgen solle.[3] Dem liegt als Prämisse zugrunde, die Erwartungen der Parteien wirtschaftsrechtlicher Streitigkeiten an die Schiedsgerichtsbarkeit seien auf die Kostenseite fokussiert – „so schnell und günstig wie möglich" scheint die Losung zu sein. Von Seiten „der Wirtschaft" wird sie nicht selten befeuert, weil Unternehmen, die in Streitigkeiten verwickelt sind, selbstverständlich ein Interesse daran haben, die Kosten der Streitbeilegung zu

---

[1] *Blackaby/Partasides/Redfern*, Redfern and Hunter on International Arbitration, Rn. 1.122 ff.; *El Ahdab/Mainguy*, Droit de l'arbitrage, Rn. 77 ff.; MüKoZPO/*Münch*, Vor § 1025 Rn. 112 ff.

[2] Vgl. den Überblick über die Kritik bei *Elsing/Grote*, RIW 2018, 321, 323 f. m. w. N.; sowie *Krajewski*, EuZW 2015, 105; aber auch *Treier/Wernicke*, EuZW 2015, 334, 337.

[3] Vgl. *Kleine*, SchiedsVZ 2008, 145; MüKoZPO/*Münch*, Vor § 1025 Rn. 116.

begrenzen. Aber wie für andere Güter und Dienstleistungen gilt auch für die Schiedsgerichtsbarkeit, dass niedrige Kosten nicht alles sind und das attraktivste Produkt in der Regel nicht das billigste ist.

Die vorliegende Untersuchung will mit diesen Vorstellungen aufräumen und die Anreizstrukturen beleuchten, die sämtliche Akteure des „Schiedsmarkts", also die Parteien, Schiedsrichter und Schiedsinstitutionen, aber auch die staatlichen Gerichte und die Gesetzgeber bestimmen.[4] Die am mikroökonomischen Modell entwickelten Annahmen werden dabei soweit wie möglich einem Realitätscheck anhand empirischer Studien über die Erwartungen der Nutzer der Schiedsgerichtsbarkeit und anhand der Daten von Schiedsorganisationen und Wissenschaftlern unterzogen. Wie sich zeigen wird, ist die These, die Parteien erwarteten von der Schiedsgerichtsbarkeit vor allem niedrige Kosten und schnelle Erledigung, ein Mythos, der als solcher entlarvt gehört. Die Attraktivität der Schiedsgerichtsbarkeit, so viel sei hier schon verraten, liegt auf der „upside", ihrem Nutzen für die Parteien, nicht auf der „downside", ihren Kosten. Die Parteien nehmen die – mitunter höheren – Kosten der Schiedsgerichtsbarkeit in Kauf, weil sie ihnen Vorteile verspricht, die ihnen die staatliche Justiz vorenthält.[5]

Aber was sind diese Vorteile? Worin der positive Nutzen der Schiedsgerichtsbarkeit eigentlich besteht, ist ebenfalls nicht leicht zu beantworten. Häufig genannt wird der Umstand, dass die jeweilige Partei „ihren" Richter selbst wählen kann, was wegen der notwendigen Mitwirkung der Gegenpartei bei der Konstituierung des Schiedsgerichts eigentlich gar nicht der Fall ist bzw. durch das komplementäre Recht der Gegenpartei aufgewogen wird. Auch die Flexibilität des Verfahrens sowie die Schnelligkeit der Streiterledigung werden häufig angeführt. Wie sich zeigen wird, sind diese Gesichtspunkte nicht so eindeutig, wie sie scheinen und jedenfalls nicht stark genug, um die Attraktivität der Schiedsgerichtsbarkeit zu erklären.

Ein analytisch tragfähiger Zugriff auf die Problematik erfordert zuallererst Klarheit darüber, worin überhaupt der Nutzen juristisch korrekter Streitentscheidung durch eine neutrale Instanz besteht. Dabei wird im Sinne eines Ausgangspunkts die Streitentscheidung durch ein staatliches Gericht zugrunde gelegt, denn dieser Modus ist nicht nur der statistische Normalfall sondern überdies durch die Prozessordnungen vorgegeben. Die Vorgabe ist allerdings nicht mehr als eine dispositive Grundregel (*default rule*), von der die Parteien mit einer Schiedsvereinbarung abweichen können. Bei alledem wird vorausgesetzt, dass das Maß der Rechtsdurchsetzung durch Klageerhebung zumindest grob dem effizienten Niveau entspricht, also der Nutzen der Klageerhebung in Gestalt verbesserter Verhaltensanreize größer ist als die Kosten richterlicher

[4] Dies wird zu Recht angemahnt von *El Ahdab/Mainguy*, Droit de l'arbitrage, Rn. 112.
[5] Vgl. nochmals *El Ahdab/Mainguy*, Droit de l'arbitrage, Rn. 112.

oder schiedsrichterlicher Streitbeilegung. Im Kontext von Verträgen, in denen die Parteien sowohl die materiellen Regeln bestimmen als auch den passenden Mechanismus der Streitbeilegung wählen können, ist dies eine plausible Annahme.[6]

Maßgebend für die ökonomische Analyse der Schiedsgerichtsbarkeit ist dabei nicht die einseitige Wahl des Gerichts durch die Klägerin (unten, II.), sondern die einverständliche Gerichtsstandswahl durch beide Parteien (unten, III.). Nachdem Klarheit über die Präferenzen der Parteien in Bezug auf die Wahl zwischen verschiedenen staatlichen Gerichten geschaffen ist, gilt es die Gesichtspunkte zu untersuchen, die speziell für die Wahl der Schiedsgerichtsbarkeit sprechen (unten, IV.). Darauf folgt die Analyse der für die Marktgegenseite bestehenden Anreize, und zwar zunächst der Schiedsrichter selbst (unten V.). In diesem Rahmen wird auch den Fragen nachgegangen, ob der parteibenannte Schiedsrichter wie ein Sprachrohr derjenigen Partei agiert, die ihn benannt hat, und ob Schiedsgerichte insgesamt klare Entscheidungen zugunsten fauler Kompromisse vermeiden. Sodann werden die übrigen Akteure der Marktgegenseite ins Visier genommen, nämlich Schiedsinstitutionen und die Gesetzgeber der nationalen Schiedsverfahrensrechte (unten, VI.). Eine Analyse der Tiefenstruktur der wichtigsten europäischen Schiedsverfahrensrechte zeigt eindrucksvoll die auf dem Markt für schiedsrichterliche Streitbeilegung herrschende „Produktvielfalt" (unten, VII.). Die dabei gewonnenen rechtsvergleichenden Erkenntnisse werden anhand der verfügbaren empirischen Daten über die Attraktivität der großen europäischen Schiedsplätze im Vergleich zum Schiedsort Deutschland überprüft (unten, VIII.).

Anschließend wird der Analyserahmen erweitert und berücksichtigt, dass die Streitentscheidung entweder durch staatliche Gerichte oder durch Schiedsgerichte nicht die einzigen Mechanismen der Streitlösung sind. Vielmehr existiert ein ganzes Menü weiterer Optionen alternativer Streitlösung, die mit der Schiedsgerichtsbarkeit in Konkurrenz stehen (unten, IX.). Im Folgenden werden die externen Effekte schiedsgerichtlicher Streitbeilegung in den Blick genommen. Diese bestehen in den Kosten für Wirtschaft und Gesellschaft, die durch Entscheidungen privater Instanzen, die hinter verschlossenen Türen getroffen und nicht publiziert werden, verursacht werden (unten, X.). Eine Bilanz, Überlegungen zur verfassungsrechtlichen Verankerung der Schiedsgerichtsbarkeit sowie ein Ausblick angesichts aktueller Herausforderungen beschließen die Darstellung (unten, XI.).

---

[6] *Shavell*, Foundations of Economic Analysis of Law, 394 f., 446 f.

II. Einseitige Wahl des Gerichts: *forum shopping*

1. Prozessrisikoanalyse des Anspruchstellers

Die ökonomische Analyse des Rechts geht von der Prämisse aus, dass Individuen eigennützige Akteure sind, die ihren jeweiligen Nutzen maximieren.[1] Der entscheidende Akteur bei der Wahl des Streitbeilegungsmechanismus' ist im Ausgangsfall die Klägerin bzw. Anspruchstellerin. Ohne eine Klägerin gibt es keinen Rechtsstreit und ohne Anspruchstellerin kein Verfahren alternativer Streitbeilegung. Bei der Entscheidung, ob eine Forderung auf die eine oder andere Weise durchgesetzt werden soll, berücksichtigt eine vernünftige Klägerin sowohl die erwarteten Vorteile der Rechtsdurchsetzung als auch die damit verbundenen Kosten. Wenn ein Gerichtsverfahren die einzige Option ist, würde eine rationale Klägerin den Ausgang des Rechtsstreits abschätzen, d.h. das mögliche Urteil zu ihren Gunsten antizipieren, das ihr einen Geldbetrag oder andere Vermögenswerte zuspricht. Da der Ausgang von Gerichtsverfahren niemals sicher ist, muss die erwartete Urteilssumme mit der Wahrscheinlichkeit, dass dieses Urteil erlassen wird, in Beziehung gesetzt werden. Das angenommene Urteilsergebnis ist also mit der Wahrscheinlichkeit seines Erlasses zu multiplizieren, nicht anders als bei einer Prozessrisikoanalyse.[2] Ein Beispiel: Beläuft sich der erwartete Urteilsspruch zugunsten der Klägerin auf 1.000 und die Wahrscheinlichkeit, dass die Klägerin obsiegt auf 70%, so beträgt der erwartete Wert des Rechtsstreits 700.

2. Die erwarteten Prozesskosten

Rationale Anspruchsinhaber erheben nicht bereits dann Klage und führen einen Prozess, wenn der Erwartungswert ihrer jeweiligen Forderung positiv ist. Ein Rechtsstreit ist kostspielig, und die Kosten des Prozesses müssen mit dem erwarteten Gewinn verrechnet werden. Die Klägerin wird nicht die gesamten

[1] Eingehende Analyse des Kalküls der Klägerin bei *Spier*, in: Polinsky/Shavell (Hrsg.), Handbook of Law and Economics, 259, 264 f.; *Wagner*, Rechtsstandort Deutschland im Wettbewerb, 29 ff.

[2] Dazu eingehend *Eidenmüller*, ZZP 113 (2000), 5; *Risse/Morawietz*, Prozessrisikoanalyse, 19 ff.

Verfahrenskosten ansetzen, sondern nur denjenigen Teil der Kosten, der von ihr selbst getragen werden muss. Wie hoch dieser Anteil ist, hängt von dem in der jeweiligen Rechtsordnung geltenden Kostenverteilungsmechanismus ab. In den Vereinigten Staaten gilt in Zivilverfahren die sogenannten amerikanische Regel, nach der jede Partei ihre eigenen Kosten trägt, unabhängig vom Ausgang des Verfahrens.[3] Mit anderen Worten: Für die Kostenverteilung spielt es keine Rolle, ob die Klägerin gewinnt oder verliert, sie trägt ihre eigenen Kosten stets selbst. Nach der umgekehrten Lösung, der sogenannten englischen Regel, die in den meisten Rechtsordnungen außerhalb der Vereinigten Staaten vorherrscht, muss die unterlegene Partei der obsiegenden Partei die Kosten erstatten, die letzterer durch den Rechtsstreit entstanden sind.[4] Die Erstattung kann die gesamten Kosten der obsiegenden Partei abdecken oder nur einen Teil davon. In diesem Punkt divergieren die Kostenerstattungsregeln erheblich, und wohl kein einziges Rechtssystem sieht eine vollständige Erstattung sämtlicher Kosten vor, die die obsiegende Partei in dem jeweiligen Rechtsstreit tatsächlich aufgewendet hat.[5] Das deutsche Recht fällt in die große Gruppe derjenigen Rechtsordnungen, die nur eine teilweise Kostenerstattung vorsehen, indem letztere auf die Positionen einer staatlichen Gebührenordnung begrenzt wird (§ 91 Abs. 2 ZPO). Die gesetzlichen Gebühren werden in der Praxis von verfahrensgewandten Parteien deutlich überboten,[6] weil die Gebühren des RVG insbesondere bei hohen Streitwerten (viel) zu niedrig sind. Keine rationale Partei würde den eigenen Aufwand für die Durchsetzung einer Forderung von beispielsweise EUR 300 Millionen in der ersten Instanz auf das gesetzliche Anwaltshonorar von ca. EUR 235.588 begrenzen. Wirtschaftsrechtlich versierte Parteien investieren – zu Recht – viel mehr und zahlen ihren Anwälten Stundenhonorare oder wählen komplexere Vergütungsregeln, die Sockelbeträge oder Stundenhonorare mit Erfolgsbeteiligungen kombinieren.

In den USA müssen rationale Klägerinnen die erwarteten Kosten für die eigene anwaltliche Vertretung von dem Erwartungswert des Urteils – Urteilssumme multipliziert mit der Obsiegenswahrscheinlichkeit (p) – abziehen. Diese Kosten fallen ohne Rücksicht auf Obsiegen oder Unterliegen an, während die Kosten der Gegenseite unterschiedslos von dieser zu tragen sind. In einem Rechtssystem, das der englischen Regel folgt, ist das Kalkül der Klägerin wesentlich komplizierter, weil der erwartete Urteilswert um den Erwartungswert der Gesamtkosten zu vermindern ist, die die Klägerin zu tragen haben wird. Der Betrag, der vom Erwartungswert des Urteils abzuziehen ist, muss also nicht nur die eigenen Anwaltskosten der Klägerin, sondern auch die des Beklagten

[3] *Maxeiner*, in: Reimann (Hrsg.), Cost and Fee Allocation in Civil Procedure, 287, 287 ff.

[4] *Reimann*, in: ders. (Hrsg.), Cost and Fee Allocation in Civil Procedure, 3, 9 ff.; *Breyer*, Kostenorientierte Steuerung des Zivilprozesses, 107.

[5] *Reimann*, in: ders. (Hrsg.), Cost and Fee Allocation in Civil Procedure, 3, 12 ff.

[6] BGH NJW 2018, 1477 Rn. 20; vgl. auch BVerfGE 118, 1 Rn. 75 ff.; *Hau*, JZ 2011, 1047, 1050.

und überdies die Gerichtskosten berücksichtigen. Da die Klägerin die Gerichtskosten und die Kosten beider Parteien nur dann trägt, wenn sie den Prozess verliert, ist die Summe der Gesamtkosten mit dem Faktor zu multiplizieren, der der Wahrscheinlichkeit einer Niederlage entspricht. Diese Unterliegenswahrscheinlichkeit entspricht wiederum der Restwahrscheinlichkeit des Obsiegens (1 – p). Wenn also beispielsweise die Wahrscheinlichkeit für ein positives Urteil 0,7 beträgt (70 % Obsiegenswahrscheinlichkeit), muss die Wahrscheinlichkeit, dass die Klägerin die Gesamtkosten des Verfahrens zu tragen hat, 0,3 betragen (30 % Unterliegenswahrscheinlichkeit).[7]

Das geschilderte Kalkül gilt für einfache Fälle mit einer Klägerin, einem Beklagten und einem einzigen Gericht, das für den Fall zuständig ist. In diesem Szenario hat die Klägerin lediglich die Wahl zwischen der Rechtsdurchsetzung vor einem Gericht oder der Aufgabe des Anspruchs. Bei einer risikoneutralen Klägerin hängt die Entscheidung für die eine oder andere Option davon ab, ob der Erwartungswert des Urteils höher oder niedriger ist als die erwarteten Kosten, die sie zu tragen haben wird.

3. Vergleich mehrerer Gerichte: *forum shopping*

Im Normalfall ist die Zuständigkeit nicht nur eines einzigen Gerichts begründet, sondern konkurrierende Zuständigkeiten mehrerer Gerichte. Sodann muss die Klägerin die eben vorgestellte Erwartungswertberechnung für jedes Gericht gesondert durchführen, um die Klage bei demjenigen Gericht einzureichen, bei dem die Differenz zwischen dem Erwartungswert des Urteils und dem Erwartungswert der Kosten für die Klägerin am größten ist. Dieses Kalkül treibt an, was in der prozessrechtlichen Literatur (pejorativ) *forum shopping* genannt wird.[8] Unter mehreren zuständigen Gerichten wählt die Klägerin dasjenige aus, das ihr den größten Erfolg verspricht, wo also der Saldo aus erwartetem Urteil und erwarteter Kostenbelastung maximal ist. In der deutschen Prozessordnung ist dieses Recht in § 35 ZPO ausdrücklich garantiert.

---

[7] Beträgt die geltend gemachte Summe 1.000, die Obsiegenswahrscheinlichkeit 70 % und die Kosten 500, beträgt der Erwartungswert des Prozesses 1.000 × 0,7 = 700 abzüglich der Kosten von 500 × 0,3 = 150, also 550.

[8] *Geimer*, Internationales Zivilprozessrecht, Rn. 1095 ff.; *Jasper*, Forum shopping in England und Deutschland, 17 ff.; *Schack*, Internationales Zivilverfahrensrecht, 102 ff.; *Themeli*, The Great Race of Courts – Civil Justice System Competition in the European Union; speziell zum Investitionsschutzrecht *Ebert*, Forum Shopping in International Investment Law: Forum Planning, Forum Enhancement, and Facilitation of Procedure, 21 ff.

4. Die Angebotsseite

Die andere Marktseite, die Gerichte, reagieren zwar nicht so akkurat wie Unternehmen auf die Nachfrage der Klägerinnen nach einem ihnen günstigen Forum, aber sie sind dagegen auch nicht immun. Dies gilt nicht nur für die USA, wo von der Wirtschaft sog. *hellhole jurisdictions* um die Gunst der Klägerinnen buhlen,[9] sondern auch für deutsche Gerichte, die den Wettbewerb etwa um Patentklagen und Pressesachen durchaus angenommen haben.[10] In Pressesachen konkurrieren die Pressekammern in Berlin, Köln und Hamburg um Fälle bzw. um Klägerinnen, die eine ihren Anliegen wohlgesonnene Kammer suchen.[11] Ein Patentinhaber, der eine Verletzungsklage erhebt, kann zwischen zwölf Patentgerichtsständen im gesamten Bundesgebiet wählen. Die Streitigkeiten konzentrieren sich bei den Landgerichten in Mannheim und München, allen voran aber in Düsseldorf,[12] wobei zwei Drittel aller Klagen von ausländischen Parteien erhoben werden.[13] Erneut ist zu vermuten, dass die Einstellung der führenden Patentkammern den Interessen der Patentinhaber entgegenkommt – denn sonst würden sie woanders klagen.

5. Bewertung

Die Präferenz rationaler Klägerinnen für ein Gericht, bei dem der Erwartungswert des Prozesses maximal ist, lässt sich nicht beanstanden. Die dadurch in Gang gesetzte Dynamik ist gleichwohl volkswirtschaftlich unerwünscht, was der Ausdruck *forum shopping* zum Ausdruck bringt. Ein gesamtgesellschaftliches Interesse an der bloßen Maximierung erfolgreicher Klagen besteht selbstverständlich nicht. Vielmehr richtet sich das Allgemeininteresse darauf, dass tatsächlich bestehende Rechte durchgesetzt, unbegründete Klagen hingegen abgewiesen werden. Das unilaterale Interesse allein der potentiellen Klägerin ist mit dem sozialen Interesse nicht deckungsgleich, sondern läuft diesem ent-

---

9 *Wagner*, Buffalo Law Review 62 (2014), 1085, 1113 ff.

10 *Bechtold/Frankenreiter/Klerman*, Southern California Law Review 92 (2019), 487, 497 ff.; *Wagner*, Rechtsstandort Deutschland im Wettbewerb, 37 ff.

11 *Jürgens*, NJW 2014, 3061, 3064; *Dölling*, NJW 2015, 124, 126; vgl. auch *Wagner*, Rechtsstandort Deutschland im Wettbewerb, 37.

12 *Cremers/Ernicke/Gaessler/Harhoff/Helmers/McDonagh/Schliessler/van Zeebroeck*, ZEW Discussion Paper No. 13.-072, 2013, 34; zur Geschichte der Patentgerichtsbarkeit in Düsseldorf, deren Stunde mit dem Umzug der vormals in Berlin konzentrierten Patentanwaltschaft in den Jahren 1945–1950 schlug, *Wiese*, in: Kühnen (Hrsg.), 80 Jahre Patentgerichtsbarkeit in Düsseldorf, 597, 605 ff.

13 *Kühnen/Claessen*, GRUR 2013, 592, 593.

gegen. Die Klägerin verfolgt nur ihre eigenen Interessen und nicht die an der möglichst akkuraten Durchsetzung des materiellen Rechts.[14]

Soweit die Gerichte auf die Präferenzen der Klägerinnen reagieren, müssen sie ihre Verfahren und ihre Entscheidungspraxis so einstellen, dass sie den Belangen der Klägerinnen möglichst entgegenkommen. Würde die unilaterale Nachfrage nach dem den Klägerinnen freundlichsten Gericht ungehemmt beantwortet, führte dies in einen Unterbietungswettbewerb der beteiligten Gerichte. Die Verfahren würden den Interessen der Klägerinnen immer freundlicher und das materielle Recht entwickelte sich zugunsten der Rechteinhaber. An einem solchen *race to the bottom* besteht kein gesellschaftliches Interesse.[15]

---

[14] *Tullock*, 28 Kyklos 745, 755; *Shavell*, Foundations of Economic Analysis of Law, 446; *Wagner*, Buffalo Law Review 62 (2014), 1085, 1116 ff.

[15] Ausführlich *Wagner*, Rechtsstandort Deutschland im Wettbewerb, 43.

III. Einverständliche Wahl des Forums

1. Gerichtsstands- und Schiedsvereinbarungen

Die Entscheidung einer potenziellen Klägerin über die Einleitung eines Rechtsstreits und die Wahl des Gerichts, bei dem die Klage anhängig gemacht wird, ist komplex genug, weil sie im Kern auf einer Prozessrisikoanalyse aufbaut, die für jeden Anspruch und für jedes Gericht gesondert durchzuführen ist. Für die Schiedsgerichtsbarkeit sind solche Kalküle indessen von begrenztem Wert, weil eine Schiedsklage niemals unilateral, d. h. aufgrund eines Entschlusses allein des Anspruchstellers erhoben werden kann. Von den Ausnahmen des §1066 ZPO abgesehen ist ein Schiedsverfahren nur zulässig, wenn beide Parteien die Schiedsgerichtsbarkeit zuvor einvernehmlich gewählt haben (§§1029, 1032 Abs. 1, 1040 Abs. 1 ZPO, Art. 7, 8, 16 Abs. 1 UNCITRAL-Modellgesetz). Im Normalfall erfolgt diese Vereinbarung durch Aufnahme einer Schiedsklausel in den von den Parteien geschlossenen kommerziellen Vertrag, nach der bei Streitigkeiten, die sich aus oder im Zusammenhang mit diesem Vertrag oder über dessen Gültigkeit ergeben, der Rechtsweg zu den staatlichen Gerichten ausgeschlossen und ein Schiedsverfahren an seine Stelle treten soll.[1] In diesem Sinne basiert die Schiedsgerichtsbarkeit als solche und jedes einzelne Schiedsverfahren auf der Parteiautonomie, wobei unter Autonomie hier nicht die Freiheit des Einzelnen verstanden wird, sondern die konsensuale Freiheit beider Parteien, die sich in der einverständlichen Wahl der Schiedsgerichtsbarkeit ausdrückt.[2]

Wegen dieses Konsenserfordernisses kann die Entscheidung für ein Schiedsverfahren nicht mit der Entscheidung einer potenziellen Klägerin für die Klageerhebung zu einem staatlichen Gericht verglichen werden. Die einschlägige Alternative zum Schiedsverfahren innerhalb des staatlichen Gerichtssystems ist nicht die einseitige Wahl des Gerichts durch die Klägerin, sondern die bilaterale Wahl des Gerichts durch beide Parteien mittels einer Gerichtsstandsverein-

---

[1] Vgl. die Formulierung der DIS-Musterklausel für Schiedsverfahren, verfügbar unter https://www.disarb.org/werkzeuge-und-tools/dis-musterklauseln (letzter Zugriff am 27. Januar 2026).

[2] Vgl. *Blackaby/Partasides/Redfern*, Redfern and Hunter on International Arbitration, 7; *Trittmann/Salger/von Essen*, in: Salger/Trittmann (Hrsg.), Internationale Schiedsverfahren, 1, 3; *Wagner*, Prozessverträge, 125 ff.

barung (§§ 38 ff. ZPO, Art. 25 Brüssel I-VO). Tatsächlich sind Gerichtsstandsvereinbarungen in Verträgen zwischen Unternehmen weit verbreitet.

2. Keine Optimierung der Siegchancen

Der Umstand, dass Gerichtsstandsvereinbarungen die Zustimmung beider Parteien erfordern, führt zu der Frage, welche Überlegungen zwei rationale Parteien bei der Wahl zwischen verschiedenen Gerichten anstellen. Die Antwort kann nicht dieselbe sein wie im Falle einer einseitigen Entscheidung, bei der die Klägerin versucht, den Nettoertrag der Klage oder anderer von ihr gewählter Durchsetzungsinstrumente zu maximieren.[3] Offensichtlich hat der Beklagte kein Interesse daran, die Belange der Klägerin zu fördern, denn dies ginge zu seinen Lasten. Vielmehr will der Beklagte seine eigenen Interessen so gut wie möglich durchsetzen. Deshalb favorisiert er ein Gericht, bei dem die eigenen Chancen am größten, also das Risiko, den Prozess zu verlieren und mit den Prozesskosten belastet zu werden, am geringsten sind. Das unilaterale Kalkül des Anspruchsgegners verhält sich spiegelbildlich zu demjenigen der Anspruchstellerin. Und genauso wenig wie der Beklagte Anlass hat, die Belange der Klägerin zu fördern, wird die Klägerin dazu bereit sein, den Interessen des Beklagten zu entsprechen.

Streitbeilegungsmechanismen, die wie Gerichtsstandsvereinbarungen die Zustimmung beider Parteien erfordern, folgen also nicht dem einseitigen Kalkül nur einer Seite, d.h. dem Interesse der Klägerin an der Maximierung des Nettogewinns bzw. dem Interesse des Beklagten an der Minimierung des Nettoverlusts aus dem jeweiligen Verfahren. Diese Interessen sind entgegengesetzt und ein Kompromiss daher ein Nullsummenspiel. Jeder Vorteil, den die Wahl eines bestimmten Gerichts der einen Seite verspricht, wird notwendig durch einen entsprechenden Verlust der anderen Partei wieder aufgehoben. Die Parteien, die sich gemeinsam für ein bestimmtes staatliches Gericht entscheiden, müssen daher an etwas anderem interessiert sein als an der Maximierung der jeweils eigenen Vorteile. Aber was sollte das sein?

3. Maximierung des Vertragsnutzens

Der gemeinsame Nutzen, den die Parteien aus der Wahl eines Gerichts ziehen, ist die Kooperationsdividende aus dem zugrundeliegenden Handelsgeschäft

[3] Für eine ausführlichere Darstellung siehe *Hylton/Drahozal*, Journal of Legal Studies 32 (2003), 549, 551–554; *Wagner*, Buffalo Law Review 62 (2014), 1085, 1118 ff.

oder sonstigen Vertrag.[4] Der Zusammenhang der Kooperationsdividende mit dem Streitbeilegungsmechanismus ist nicht auf Anhieb zu erkennen, weil die Bedeutung der Rechtsdurchsetzung für die Anreize zur Erfüllung der vertraglich übernommenen Pflichten in aller Regel nicht gesehen oder stillschweigend übergangen wird. Konventionelle Analysen des Vertragsrechts setzen einfach voraus, dass die vertraglich übernommenen Pflichten akkurat durchgesetzt werden.[5] Tatsächlich ist dies nicht der Fall, d. h. die Durchsetzung der vertraglich vereinbarten Rechte und Pflichten ist ungewiss und niemals perfekt. Die Konsequenzen, die eine defizitäre Rechtsdurchsetzung für die Anreize zur Erfüllung vertraglich übernommener Verpflichtungen hat, zeigen sich am deutlichsten in Extremszenarien. Angenommen, der Anspruch auf Zahlung des Kaufpreises für gelieferte Ware in Höhe von EUR 1 Mio. ließe sich vor den Gerichten im Land des Käufers nur mit einer Wahrscheinlichkeit von 10% durchsetzen und diese Gerichte seien für die Entscheidung über den Kaufpreiszahlungsanspruch auch zuständig, wie es nach §§12, 29 ZPO, §§269 Abs. 1, 2, §270 Abs. 4 BGB grundsätzlich der Fall ist.[6] In diesem Fall beträgt der Erwartungswert des vertraglich vereinbarten Anspruchs 10% von 1 Mio., also EUR 100.000. Dies antizipierend, wäre der Verkäufer nicht bereit, die versprochene Ware im Wert von EUR 1 Mio. vereinbarungsgemäß zu liefern. Die vertraglich vereinbarte Kooperation bräche zusammen, d. h. die Parteien stünden genauso schlecht als hätten sie keinen Vertrag geschlossen. Natürlich gibt es Mittel und Wege, in einer Situation wie der eben beschriebenen trotzdem wirksame Erfüllungsanreize zu setzen. Die Vereinbarung von Vorauszahlungen, Akkreditiven und anderen Mechanismen zum Schutz des Vorleistenden sind im Überseehandel gängige Optionen.[7] Auch diese Instrumente sind jedoch nicht kostenlos zu haben. Die Kooperationsdividende wäre am größten, wenn die Parteien auf Hilfskonstruktionen verzichten könnten, die wie Akkreditive auf die kostspielige Einschaltung von Finanzmarktintermediären angewiesen sind.

Die Vertragsparteien haben somit in der Situation *ex ante*, also bei Vertragsschluss und vor der Entscheidung über die Erfüllung oder Nichterfüllung des Vertrags, ein gemeinsames Interesse an der möglichst exakten Durchsetzung der vertraglich vereinbarten Rechte und Pflichten. Nur dann nämlich wird der

---

[4] Eingehend *Wagner*, Rechtsstandort Deutschland im Wettbewerb, 46ff.; *Wagner*, in: Eidenmüller (Hrsg.), Regulatory Competition in Contract Law and Dispute Resolution, 347, 378ff. Vgl. weiter *Drahozal*, University of Illinois Law Review 2001, 695, 745ff.; *Hylton*, Supreme Court Economic Review 8 (2000), 209, 218f.; allgemein *Kaplow*, Journal of Legal Studies 15 (1986), 371; *Shavell*, Journal of Legal Studies 11 (1982), 333.

[5] Vgl. *Shavell*, Foundations of Economic Analysis of Law, 293f., allerdings mit Hinweis auf die folgende Analyse der Rechtsdurchsetzung, a. a. O., 445ff.

[6] BGH NJW 1993, 1073, 1076; Soergel/*Huber* BGB, §433 Rn. 192f.; Musielak/Voit/*Heinrich* ZPO, §29 Rn. 28.

[7] Überblick bei Soergel/*Huber* BGB, §433 Anh. III Rn. 35ff.; *Kindt*, Transnationale Verträge im nationalen Recht, 2023, 36ff.

durch den Vertrag geschaffene gemeinsame Nutzen maximiert. Im Beispiel fehlt es daran, weil der Verkäufer nicht sicher sein kann, nach Lieferung der Kaufsache den vereinbarten Kaufpreis zu erhalten. Ein rationaler Verkäufer wird unter diesen Umständen nicht zur Vorleistung bereit sein.

Ein Streitbeilegungsmechanismus, der nur dann ausgelöst wird, wenn es zu einer Störung der Austauschbeziehung kommt, dann aber die vertraglich getroffene Vereinbarung möglichst akkurat implementiert, ist dazu geeignet, die Kooperationsdividende zu maximieren. Deshalb haben die Parteien in der Situation *ex ante*, d. h. bei Vertragsabschluss und vor dem Streitfall, symmetrische und gleichgerichtete Interessen an der optimalen Durchsetzung der getroffenen Vereinbarung. Sie sind an einem Streitbeilegungsverfahren interessiert, das die akkurate Durchsetzung der durch den betreffenden Vertrag begründeten Rechte und Pflichten optimal gewährleistet. Aber was bedeutet es, dass vertraglich begründete Rechte und Pflichten optimal durchgesetzt werden?

Eine für beide Vertragsparteien optimale Rechtsdurchsetzung kann offensichtlich nicht darin bestehen, jeder Forderung stattzugeben und die Höhe des zuerkannten Schadensersatzes oder der sonstigen Leistung zu maximieren. Ganz im Gegenteil, die Anreize zur Erfüllung eines kommerziellen Vertrags sind dann – und genau dann – optimal, wenn die Entscheidungsinstanz denjenigen Klagen stattgibt, die begründet sind, und alle anderen Klagen, die nicht begründet sind, abweist.[8] Jede Abweichung von dieser Maßgabe schwächt die Erfüllungsanreize, weil sie die Wirkung rechtlicher Sanktionen verwässert. Wenn ein Schuldner darauf zählen kann, in 40 % der Fälle, in denen er den Vertrag gebrochen hat, nicht verurteilt zu werden, ist der Anreiz zur Erfüllung offensichtlich schwächer als er wäre, wenn er für jeden Vertragsbruch zur Rechenschaft gezogen würde. Genauso liegt es aber, wenn der Schuldner damit rechnen muss, nicht nur im Falle eines Vertragsbruchs verurteilt zu werden, sondern darüber hinaus in 40 % weiteren Fällen, in denen er ordnungsgemäß erfüllt hat. Die Sanktionierung (auch) rechtmäßigen Verhaltens schwächt den Anreiz zu diesem Verhalten. Wenn die Polizei Bußgelder für Verstöße gegen Geschwindigkeitsbeschränkungen mit Hilfe eines Zufallsgenerators verteilen würde, sodass es keinen Unterschied machte, ob eine Person zu schnell fährt oder nicht, gibt es für den Akteur keinen finanziellen Anreiz, das Tempolimit einzuhalten. Die Befolgung des Rechts hat in diesem Fall auf die Sanktionswahrscheinlichkeit keinen Einfluss. Analog verhält es sich bei Sanktionen für Vertragsverletzungen; entscheidend ist, dass es für den Schuldner einen Unterschied macht, ob er sich vertragstreu verhält oder nicht. Optimal sind die Er-

---

[8] *Wagner*, Rechtsstandort Deutschland im Wettbewerb, 48; *Wagner*, in: Eidenmüller (Hrsg.), Regulatory Competition in Contract Law and Dispute Resolution, 347, 378; *Hylton/Drahozal*, Journal of Legal Studies 32 (2003), 549, 553f.; allgemein *Kaplow*, Journal of Legal Studies 23 (1994), 307, 348; *Kaplow/Shavell*, Journal of Law & Economics 37 (1994), 1, 1ff.; *Shavell*, Foundations of Economic Analysis of Law, 452.

füllungsanreize genau dann, wenn ausschließlich diejenigen Fälle sanktioniert werden, in denen der Schuldner eine ihn treffende Pflicht verletzt hat.

Entsprechende Überlegungen gelten nicht nur für den Haftungsgrund, insbesondere für die Feststellung einer Pflichtverletzung (§ 280 BGB), sondern auch für die Haftungsausfüllung und die Schadensberechnung (§§ 249 ff. BGB). Rationale Vertragsparteien sind nicht an Überkompensation interessiert, wollen also die Höhe des Schadensersatzes, der ihnen im Falle eines Vertragsbruchs zusteht, nicht maximieren. Ein rationaler Käufer beispielsweise legt keinen Wert darauf, im Fall einer Pflichtverletzung des Verkäufers seinen Schaden in Höhe von 100 mit einer Zahlung von 200 vergütet zu bekommen. Dadurch erhielte der Verkäufer einen Anreiz, den Vertrag selbst dann zu erfüllen, wenn die Erfüllungskosten das Erfüllungsinteresse des Käufers übersteigen. Und der Erwartungswert der dafür anfallenden Kosten wäre natürlich vom Käufer aufzubringen – und zwar in Form eines entsprechend erhöhten Kaufpreises. Daran hat weder der Verkäufer noch der Käufer ein Interesse.[9] Die Parteien erzielen optimale Ergebnisse, d. h. optimale Anreize zur Einhaltung ihrer gegenseitigen Versprechen genau dann, wenn das Gericht den tatsächlich verursachten Schaden oder den von den Parteien vertraglich vereinbarten Ersatzbetrag zuspricht – nicht mehr und nicht weniger.[10]

Die Vertragsparteien haben somit ein gemeinsames Interesse an der akkuraten Durchsetzung des Vertrags, d. h. ein gemeinsames Interesse an einer korrekten Entscheidungsfindung. Der Nutzen, den die Parteien aus ihrer geschäftlichen Vereinbarung ziehen können, ist am größten, wenn die durch den Vertrag begründeten Verpflichtungen im Falle ihrer Verletzung durchgesetzt werden, und wenn sie in einer Weise durchgesetzt werden, die den Gläubiger weder unter- noch überkompensiert. Je besser die Entscheidung die tatsächliche Rechts- und Sachlage abbildet, desto mehr Nutzen können die Parteien aus ihrer geschäftlichen Vereinbarung ziehen.

4. Beeinflussung der Entscheidung über Erfüllung oder Vertragsbruch

Die Vorteile einer akkuraten Streitbeilegung bestehen damit in besseren Anreizen zur Erfüllung der durch den jeweiligen Vertrag begründeten Verpflichtungen. Deshalb kommt es entscheidend darauf an, dass die Parteien das Ergebnis des von ihnen gewählten Streitbeilegungsmechanismus in der Situation *ex ante* vorhersehen können. Der maßgebende Zeitpunkt für die Vorhersehbarkeit der Sanktion ist derjenige Moment, in dem die Entscheidung über die Erfüllung

[9] *Shavell*, Foundations of Economic Analysis of Law, 305, 307, 344 ff.; vgl. auch *Wagner*, Rechtsstandort Deutschland im Wettbewerb, 47.

[10] *Shavell*, Foundations of Economic Analysis of Law, 345 ff., 352 f.

oder die Verletzung der vertraglichen Verpflichtung oder eine andere Entscheidung, die die Wahrscheinlichkeit der Erfüllung oder die Höhe des Schadens beeinflusst, getroffen wird. Nur wenn die – unterstellt akkurate – Entscheidung des Gerichts über den Vertragsbruch von dem Schuldner *ex ante* antizipiert werden kann, wirft sie einen Schatten, der dazu geeignet ist, den Schuldner von einem opportunistischen Vertragsbruch abzuhalten. Der durch die Gewährleistung vertragsgetreuer Erfüllung eintretende Nutzen für beide Parteien ist es, für den ein Streitbeilegungsmechanismus gewählt wird.

Eine akkurate gerichtliche Entscheidung, die im Stadium *ex post*, nach Entstehen der Streitigkeit, das von den Parteien in ihrem Vertrag errichtete Anreizsystem exakt umsetzt, ist somit nur deshalb vorteilhaft, weil sie die in der Situation *ex ante* wirksamen Anreize zur Erbringung der versprochenen Leistungen setzt.[11] Das Maß dieser Vorteile hängt zum Teil von endogenen Faktoren ab, nämlich davon, wie präzise die Parteien ihre vertraglichen Vereinbarungen gefasst haben.[12] Beispielsweise hat ein Vertrag, der die wechselseitigen Pflichten detailliert ausbuchstabiert und von den juristischen Beratern der Parteien minutiös auf den jeweiligen rechtlichen Rahmen abgestimmt wurde, eine juristisch versierte, kommerziell verständige und mit Streitentscheidung erfahrene Entscheidungsinstanz viel weniger nötig als ein Alternativvertrag, der lediglich Generalklauseln proklamiert und viele Fragen offenlässt oder zahlreiche Bestimmungen enthält, deren Wirksamkeit zweifelhaft ist. Je eindeutiger die Parteien ihre gegenseitigen Rechte und Pflichten festlegen konnten, desto weniger Nutzen vermag ein kompetenter Entscheider hinzuzufügen. Umgekehrt gilt, dass die Parteien bei Vereinbarung einer versierten Entscheidungsinstanz auf die minutiöse Aushandlung ihrer Vereinbarung verzichten und damit Transaktionskosten einsparen können.

In der Situation *ex post*, nachdem der Vertragsbruch begangen wurde und sich die Parteien bereits im Streit befinden, bringt die Genauigkeit der Entscheidung des Gerichts den Parteien keinen gemeinsamen Vorteil mehr, d.h. die Entscheidung vergrößert nicht den Nutzen, den die Parteien aus ihrem Vertrag ziehen können. Dies bedeutet selbstverständlich nicht, dass die Entscheidung nicht zum Vorteil der einen oder anderen Seite ausschlagen könnte. Vertragliche Streitigkeiten sind häufig durch eine charakteristische Frontstellung geprägt, bei der die eine Seite auf buchstabengetreuer Durchsetzung der vertraglichen Vereinbarung insistiert und die Gegenseite sich auf das „eigentlich Gemeinte", Treu und Glauben oder Anpassungsklauseln beruft. Solche Streitigkeiten sind jedoch rein distributiver Natur und tragen zur Effizienz des Vertrags nichts bei. Dies ist einer der Gründe dafür, dass *nachträgliche* Gerichtsstands-

---

[11] *Shavell*, Foundations of Economic Analysis of Law, 447 ff.

[12] *Choi/Triantis*, Journal of Legal Studies 37 (2008), 503, 517, 523 f.; *Scott/Triantis*, Yale Law Journal 115 (2006), 814, 817 f., 830; *Hylton/Drahozal*, Journal of Legal Studies 32 (2003), 549, 554 f.; *Wagner*, Buffalo Law Review 62 (2014), 1085, 1122 f.

vereinbarungen, d. h. Vereinbarungen, die getroffen werden, nachdem der kommerzielle Vertrag geschlossen wurde, ein Vertragsbruch bereits stattgefunden hat und der Streit zwischen den Parteien entbrannt ist, in der Praxis so selten anzutreffen sind. Die Verbesserung der Entscheidungsqualität durch Wahl einer optimal qualifizierten Entscheidungsinstanz vermag *ex post*, nach Vertragsbruch, keinerlei gemeinsamen über den Rechtsstreit hinausgehenden Nutzen mehr zu generieren. Wenn solche Vereinbarungen doch mitunter vorkommen, dann nur zu dem Zweck, Zeit und Kosten zu sparen oder durch den Rechtsstreit verursachte Kollateralschäden zu vermeiden.[13]

5. Vorbehalt: Effizienz des materiell-rechtlichen Vertrags

Diese Überlegungen zu den Anreizen der Streitparteien bei der einverständlichen Wahl eines Streitbeilegungsmechanismus beruhen auf der Prämisse, dass die Parteien ein gemeinsames Interesse daran haben, ihre Vereinbarung im Streitfall akkurat durchzusetzen. Dies setzt wiederum voraus, dass der kommerzielle Vertrag, der den Gegenstand des Streits bildet, den Nutzen der Parteien maximiert. Mit anderen Worten gilt die Prämisse, dass die Parteien ein gemeinsames Interesse an akkurater Entscheidungsfindung haben, nur unter der Bedingung, dass der betreffende Vertrag effizient ist, also den Nutzen der Parteien maximiert.[14] Dabei kommt es nicht nur auf die vertragliche Vereinbarung selbst an, sondern auch auf ihren rechtlichen Rahmen. Steht die Rechtsordnung der Wirksamkeit einzelner Klauseln des Vertrags entgegen und würde deren Durchsetzung ablehnen und sind diese Klauseln dennoch effizient, dann haben rationale Parteien kein Interesse an penibler Rechtsanwendung. Dient das geltende Vertragsrecht nicht den Interessen der Parteien, ist es aus ihrer Sicht sinnlos, Ressourcen in die korrekte Anwendung dieses Rechts auf den Sachverhalt zu investieren. Entsprechende Überlegungen gelten für den Rechtsrahmen im Übrigen, insbesondere für das Wettbewerbsrecht und für Regulierungsrecht jeder Art. Es liegt nicht im Interesse der Parteien, die optimale Durchsetzung ineffizienter rechtlicher Regeln zu gewährleisten, d. h. von Regeln, die den durch den kommerziellen Vertrag geschaffenen Mehrwert nicht vergrößern, sondern verkleinern. Dieser Zusammenhang ist eine der Erklärungen für das Phänomen, dass Parteien den Streitbeilegungsmechanismus in der Regel nicht isoliert wählen, sondern als Teil eines Pakets, das die Wahl des Gerichts mit der Wahl einer bestimmten Rechtsordnung bündelt.[15]

---

[13] Dazu unten, III. 6., sowie IV. 1.

[14] *Wagner*, Buffalo Law Review 62 (2014), 1085, 1144.

[15] *Wagner*, Rechtsstandort Deutschland im Wettbewerb, 84, 143 f.; *Vogenauer/Hodges*, Civil Justice Systems in Europe: Implications for Choice of Forum and Choice of Contract Law, 28, verfügbar unter www.fondation-droitcontinental.org/fr/wp-content/uploads/2013/12/oxford_

6. Kosten

Hätten die Parteien kein Interesse an präzisen Ergebnissen, würden sie sich für eine Streitbeilegungsinstanz entscheiden, die den Streit durch das Werfen einer Münze löst, weil dies der billigste Weg der Streitlösung ist. Demgegenüber würden Parteien, die ein uneingeschränktes Interesse an korrekten Entscheidungen haben, den aufwändigsten und ehrgeizigsten Streitbeilegungsmechanismus wählen, der zur Verfügung steht. Beide Annahmen werden durch die Realität widerlegt. Die Parteien sind an akkuraten Entscheidungen interessiert, aber nicht um jeden Preis. Was rationale Parteien anstreben, ist optimale Genauigkeit, d. h. ein Streitbeilegungsmechanismus, bei dem die Vorteile einer richtigen Entscheidung in einem angemessenen Verhältnis zu den Kosten einer qualitativ hochwertigen Entscheidung stehen.[16] In einer Formel ausgedrückt, würden rationale Parteien solange in die Verbesserung der Streitentscheidung investieren, bis eine zusätzliche Einheit an Aufwand mehr kostet als sie Nutzen in Form einer besseren, d. h. genaueren, Entscheidung generiert.

Wenn in diesem Zusammenhang von Kosten die Rede ist, geht es zunächst um die direkten Kosten des gewählten Entscheidungsmechanismus. Handelt es sich um einen Rechtsstreit vor einem staatlichen Gericht, umfassen die direkten Kosten die Gerichtsgebühren und die Anwaltskosten. Bei der Wahl zwischen verschiedenen Streitbeilegungsmechanismen werden die Parteien die zu erwartenden Vorteile der einzelnen Optionen gegen die damit verbundenen Kosten abwägen. So kann es durchaus sein, dass die Gerichte einer bestimmten Jurisdiktion Streitbeilegung von höchster Qualität anbieten, dass aber gleichzeitig die mit der Wahl dieser Gerichtsbarkeit verbundenen Kosten viel höher sind als andernorts. In diesem Fall stellt sich die Frage, ob die Vorteile in Form genauerer Entscheidungen und damit besserer Anreize zur Vertragserfüllung die Kosten für die Inanspruchnahme der Gerichte eines bestimmten Gerichtsstands wert sind. Die Frage ist nicht leicht zu beantworten, aber es besteht kein Zweifel daran, dass die Parteien in der Praxis solche Vergleiche anstellen und ihre Entscheidungen auf Kosten-Nutzen-Analysen der beschriebenen Art stützen müssen. So werden beispielsweise die englischen Gerichte von vielen Vertragsparteien sehr geschätzt und dennoch in vielen Gerichtsstandsvereinbarungen vermieden, weil die mit der Inanspruchnahme des englischen Gerichtssystems verbundenen Kosten als zu hoch empfunden werden.[17]

---

civil_justice_survey_-_summary_of_results_final.pdf (letzter Zugriff am 27. Januar 2026); *Vogenauer*, in: Eidenmüller (Hrsg.), Regulatory Competition in Contract Law and Dispute Resolution, 227, 253; *Eisenberg/Miller*, Cardozo Law Review 30 (2009), 1478, 1487 f., 1509 f.

[16] *Wagner*, Rechtsstandort Deutschland im Wettbewerb, 51 ff.; *Hylton/Drahozal*, Journal of Legal Studies 32 (2003), 549, 554; *Shavell*, Foundations of Economic Analysis of Law, 454 f.

[17] Aus englischer Sicht vgl. nur den sog. Jackson-Report, Review of Civil Litigation Costs; sowie den Überblick bei *Andrews*, Andrews on Civil Procedure, Chapter 18, 523: „The high cost

Die direkten Kosten der Inanspruchnahme des betreffenden Streitbeilegungsmechanismus sind jedoch nicht die einzigen, die zu berücksichtigen sind. Rechtsstreitigkeiten im Allgemeinen und kontradiktorische Verfahren im Besonderen verursachen auch indirekte Kosten, indem sie die Interessen der Parteien verletzen, die außerhalb des betreffenden Streitfalls liegen.[18] Offensichtliche Beispiele sind Betriebs- und Geschäftsgeheimnisse. Ein Streitbeilegungsmechanismus, der eine Partei zur Offenlegung wertvoller Informationen zwingt, die sie vor ihren Konkurrenten geheim halten will, bürdet dieser Partei Nachteile auf, die sie vernünftigerweise berücksichtigen wird, wenn sie sich zwischen diesem speziellen Mechanismus und anderen entscheidet, die geringere oder gar keine Kosten dieser Art mit sich bringen. Diese indirekten Nachteile, die mit der Wahl eines bestimmten Streitbeilegungsverfahrens verbunden sind, können als Kollateralschäden oder Kollateralkosten bezeichnet werden, da sie Interessen außerhalb und jenseits des Streitgegenstands betreffen. Das amerikanische Zivilprozessrecht ist bekannt dafür, den Parteien umfassende Offenlegungspflichten aufzuerlegen, und aus diesem Grund werden die amerikanischen Gerichte bei internationalen Streitigkeiten weniger häufig gewählt.

Der Schaden, der durch die Offenlegung ansonsten vertraulicher Informationen entsteht, ist das Hauptbeispiel für Kollateralkosten, aber nicht das einzige. Eine weitere Kategorie betrifft die Auswirkungen, die die Entscheidung in einem bestimmten Fall auf die Lösung anderer Fälle haben kann, die die gleichen Fragen aufwerfen wie der Präzedenzfall. Diese Effekte treten nicht nur dann ein, wenn die Gerichte bei der Entscheidung von Folgeverfahren rechtlich an die Entscheidung des Musterfalls gebunden sind, wie es bei dem Kapitalanlegermusterverfahren, der Abhilfeklage und der Musterfeststellungsklage deutschen Rechts der Fall ist (§ 25 KapMuG, § 11 Abs. 3 VDuG).

Jenseits dieser Sonderfälle entfalten höchstrichterliche Urteile eine starke Präzedenzwirkung, die nicht auf einer Bindungswirkung im juristischen Sinn beruht und auch nicht auf sie angewiesen ist.[19] In Massenfällen hat der erste Rechtsstreit de facto die Funktion eines Musterverfahrens, dessen Entscheidung die Beilegung zahlreicher anderer Fälle beeinflusst oder sogar prädestiniert.[20] Die Breitenwirkung von Urteilen in Musterprozessen nimmt für den Verlierer des Musterprozesses die Form von Kosten an, während sie der Partei, die im ersten Verfahren obsiegte, Vorteile verschafft. Unabhängig davon, wie sich diese

---

of litigation in England is almost universally lamented, but quietly celebrated by certain lawyers." Und weiter: „Costs is probably the most technical and problematic aspect of English civil procedure."

[18] *Wagner*, Rechtsstandort Deutschland im Wettbewerb, 33 ff., 53 f.

[19] *Bumke*, in: Kube/Mellinghoff/Morgenthaler/Palm/Puhl/Seiler (Hrsg.), Leitgedanken des Rechts, 985, 988.

[20] Zur vertraglichen Vereinbarung einer solchen Bindungswirkung *Wagner*, Prozeßverträge, 727 ff.; *Jacoby*, Der Musterprozeßvertrag.

Kosten und Vorteile in der Praxis verteilen, werden die Parteien bei ihrer Wahl zwischen verschiedenen Streitbeilegungsmechanismen solche Effekte berücksichtigen.

7. Einschränkungen in der realen Welt

a) Entscheidungsfindung durch Heuristiken

Die vorstehende Darstellung der rationalen Wahl des Streitbeilegungsinstruments durch vernünftige und wohlinformierte Parteien hat eine für Zwecke der Modellbildung idealisierte Form. In der Realität wird eine Partei nur selten, insbesondere bei hohen Streitwerten, die soeben erläuterten Kosten-Nutzen-Analysen und Erwartungswertberechnungen im Einzelnen durchführen. Zeitmangel, unvollständige Informationen und kognitive Verzerrungen hindern sie daran, perfekte Entscheidungen zu treffen, die Ausdruck einer präzisen Anwendung der im Modell maßgeblichen Entscheidungsparameter sind. Diese unvermeidbaren Abweichungen vom optimalen Entscheidungskalkül rechtfertigen aber nicht den Schluss, dass das Entscheidungskalkül selbst oder einzelne seiner Parameter falsch sind. Die Parteien werden sich an Heuristiken orientieren, die sich dem Ergebnis annähern, das sich ergeben hätte, wenn eine ausführlichere und formale Analyse durchgeführt worden wäre.[21] Die dadurch verursachte Kluft zwischen der Entscheidungsfindung in der realen Welt und der theoretischen Rekonstruktion der Entscheidungssituation sollte nicht beunruhigen. Die Diskrepanz zwischen wissenschaftlichem Modell und Realität ist wie immer kein Grund dafür, das Modell zu verwerfen. Der Zweck einer theoretischen Aufarbeitung eines Entscheidungsproblems besteht schließlich gerade darin, komplexe Entscheidungssituationen verstehbar zu machen, indem Entscheidungsparameter identifiziert und analysiert werden, an denen sich die Parteien orientieren. Der Umstand, dass ein Ziel nur näherungsweise erreicht werden kann, ist kein Grund dafür, auf eine Aufarbeitung zu verzichten.

b) Bündelung mit dem anwendbaren Sachrecht

Jenseits dieses allgemeinen Vorbehalts für Entscheidungen unter Realitätsbedingungen lassen sich konkrete Ursachen benennen, die Entscheidungen zwischen alternativen Instrumenten der Streitbeilegung systematisch verzerren. Ein erster wichtiger Punkt ist die Einsicht, dass die Parteien den Streitbeilegungsmechanismus in der Regel nicht isoliert, sondern im Zusammenhang mit dem

---

[21] Allgemein *Rachlinski*, Southern California Law Review 70 (1996), 113, 130 ff.; *Korobkin*, Ohio State Journal on Dispute Resolution 21 (2006), 281, 284 ff.; vgl. auch *Wagner*, ZZP 121 (2008), 5, 7 ff.

anwendbaren materiellen Recht wählen, also als Paket.[22] Wie eine empirische Untersuchung gezeigt hat, kommt dem materiellen Recht und nicht dem Streitbeilegungsverfahren das Hauptgewicht in einem solchen Paket zu.[23] Die Führungsrolle bei der Gerichtswahl hat demnach das materielle Recht. So werden die schweizerischen oder englischen Gerichte nur selten isoliert gewählt, sondern ganz überwiegend im Tandem mit dem schweizerischen bzw. dem englischen materiellen Recht. Die Wahl des materiellen Rechts und die Wahl des Ortes der Streitbeilegung gehen Hand in Hand.[24] Die Parteien wählen gewissermaßen das materielle Recht in seiner Konkretisierung durch Richterrecht und in Gestalt seiner (voraussichtlichen) konkreten Anwendung durch die zuständigen Gerichte.

Die Verschränkung von materiellem Recht und Justizsystem hat einschneidende Folgen für die Wahl des Streitbeilegungsmechanismus. Die Vor- und Nachteile der Streitbeilegung werden nicht separat verbucht und haben für sich genommen keinen entscheidenden Einfluss auf die Wahl des zuständigen Gerichts. Sie sind gewissermaßen nur ein Anhängsel zur Qualität des materiellen Rechts. Dieser Umstand erklärt, warum in Deutschland gerade von Seiten desjenigen Teils der Anwaltschaft, der mit Rechtsstreitigkeiten aus internationalen Transaktionen befasst ist, auf eine Reform der Inhaltskontrolle allgemeiner Geschäftsbedingungen bei Verträgen zwischen Unternehmen gedrungen wird.[25] Im Vergleich mit den Nachbarrechtsordnungen ist die volle richterliche Kontrolle über Vertragsklauseln in Verträgen zwischen Unternehmen singulär und nach dem Urteil vieler ein maßgebender Grund dafür, dass das deutsche materielle Recht im Wettbewerb der Rechtsordnungen nicht gut abschneidet.[26] In der 21. Legislaturperiode hat sich die große Koalition die Forderung nach Liberalisierung des AGB-Rechts im Handelsverkehr zu Eigen gemacht.[27]

---

[22] *Wagner*, Rechtsstandort Deutschland im Wettbewerb, 84, 143 f.; *Vogenauer/Hodges*, Civil Justice Systems in Europe: Implications for Choice of Forum and Choice of Contract Law, 28, verfügbar unter www.fondation-droitcontinental.org/fr/wp-content/uploads/2013/12/oxford_civil_justice_survey_-_summary_of_results_final.pdf (letzter Zugriff am 27. Januar 2026); *Vogenauer*, in: Eidenmüller (Hrsg.), Regulatory Competition in Contract Law and Dispute Resolution, 227, 253; *Eisenberg/Miller*, Cardozo Law Review 30 (2009), 1478, 1487 f., 1509 f.

[23] Queen Mary, University of London/White & Case (Hrsg.), 2010 International Arbitration Survey: Choices in International Arbitration, 9, verfügbar unter https://www.qmul.ac.uk/arbitration/research/2010/ (letzter Zugriff am 27. Januar 2026).

[24] *Vogenauer*, in: Eidenmüller (Hrsg.), Regulatory Competition in Contract Law and Dispute Resolution, 227, 258 ff.

[25] Dazu *Wagner*, Rechtsstandort Deutschland im Wettbewerb, 178 ff. m. w. N.; eingehend *Leuschner*, in: ders. (Hrsg.), AGB-Recht im unternehmerischen Rechtsverkehr, Einleitung Rn. 44 ff.

[26] Zusammenfassend *Leuschner*, in: ders. (Hrsg.), AGB-Recht im unternehmerischen Rechtsverkehr, Einleitung Rn. 44 ff.

[27] Verantwortung für Deutschland, Koalitionsvertrag von CDU, CSU und SPD für die 21. Legislaturperiode, 2025, Zeilen 2784 ff.: „Wir werden das Recht der Allgemeinen Geschäftsbedingungen (AGB) reformieren, um sicherzustellen, dass sich große Kapitalgesellschaften

c) Netzwerkeffekte

Eine weitere Beschränkung, die auf Streitbeilegungsmärkten wirkt, sind Netzwerkeffekte.[28] Netzwerkeffekte treten ein, wenn der Wert eines Produkts oder einer Dienstleistung auch von der Zahl seiner bzw. ihrer Nutzer abhängt, der Gegenstand also immer wertvoller wird, je mehr Menschen ihn nutzen. Telefone sind das paradigmatische Beispiel. Wenn es nur ein einziges Telefon auf dem Planeten gibt, ist es für seinen Inhaber vollkommen nutzlos. Gibt es zwei Personen, die mit einem Telefon ausgestattet sind, können jedenfalls diese miteinander kommunizieren, wodurch ein gewisser Nutzen generiert wird. Mit jedem zusätzlichen Kunden, der sich an das Telefonnetz anschließt, werden die Telefone der bereits angeschlossenen Nutzer wertvoller.

Netzwerkeffekte dieser Art kennzeichnen auch die Streitbeilegungsmärkte. Auch hier gilt nämlich: Je mehr Parteien ein Streitbeilegungsinstrument nutzen, desto wertvoller wird es für alle übrigen Parteien. Zunächst führt jeder zusätzliche Rechtsstreit zu einer weiteren Konkretisierung des angewendeten materiellen Rechts. Da die Wahl des Streitbeilegungsmechanismus im Paket mit dem materiellen Recht erfolgt, fördert dessen Konkretisierung automatisch auch die Attraktivität des dazugehörigen Justizsystems. Ein Beispiel dafür, wie wichtig den Parteien die Konkretisierung des materiellen Rechts ist, liefert das UN-Kaufrecht. Der Umstand, dass sich das speziell für grenzüberschreitende Kaufverträge entworfene einheitliche Kaufrecht in der internationalen Vertragspraxis keiner uneingeschränkten Beliebtheit erfreut und häufig zugunsten des nationalen Kaufrechts abbedungen wird,[29] liegt vor allem auch daran, dass es weitgehend an der gerichtlichen Konkretisierung seiner Bestimmungen fehlt, die noch dazu häufig mit unbestimmten Rechtsbegriffen arbeiten oder einen generalklauselartigen Inhalt haben. In ähnlicher Weise führt die wiederholte Befassung der Gerichte einer Jurisdiktion mit bestimmten Rechtsfragen zur Konkretisierung des Prozessrechts, die allen Parteien zugutekommt, die sich diesem Prozessrecht unterwerfen. Hinzu kommt die Schulung des Rechtsstabs, insbesondere der Aufbau von Expertise und Erfahrung auf Seiten der Richterschaft, aber auch der Anwaltschaft. Die Gerichte und Anwälte der jeweiligen Jurisdiktion gelten sodann als besonders kompetent und insofern als besonders attraktiv für die Parteien.

---

nach §267 Absatz 3 HGB, wenn sie untereinander Verträge unter Verwendung der AGB schließen, darauf verlassen können, dass das im Rahmen der Privatautonomie Vereinbarte auch von den Gerichten anerkannt wird."

[28] Allgemein zu Netzwerkeffekten *Rohlfs*, Bell J. Econ. 5 (1974), 16 ff.; *Klausner*, Virginia Law Review 81 (1995), 757, 774 ff.; *Engert*, AcP 213 (2013), 321; speziell zur Netzwerkeffekten bei Streitbeilegungsinstrumenten *Wagner*, in: Eidenmüller (Hrsg.), Regulatory Competition in Contract Law and Dispute Resolution, 347, 405 f.

[29] *Ferrari*, ZEuP 2002, 737; MüKoHGB/*Mankowski*, Art. 6 Rn. 24 m. w. N.

Die so befeuerten Netzwerkeffekte führen zur Konzentration bestimmter Streitigkeiten in wenigen Zentren mit hoher Nutzerfrequenz, während die Kapazitäten aller übrigen Streitbeilegungsmechanismen und -orte brachliegen. Besonders eindrucksvoll sind diese Folgen in den USA zu besichtigen. Wegen des dort sowohl für das materielle Recht als auch für Prozessrecht und die Justiz geltenden föderalen Prinzips haben die Parteien die Wahl zwischen mehr als 50 verschiedenen Rechts- und Justizsystemen. Je nach Rechtsgebiet haben sich einzelne Bundesstaaten als Platzhirsche etabliert. Besonders bekannt ist die Führungsrolle von Delaware im Bereich gesellschaftsrechtlicher Streitigkeiten,[30] und diejenige von New York für die Austragung handelsrechtlicher Streitigkeiten.[31]

Der springende Punkt an Netzwerkeffekten besteht darin, dass sie Märkte sehr stark verfestigen (sog. *lock-in effect*).[32] Derjenige Anbieter, der einmal die dominante Stellung erlangt hat, ist nur dann aus seiner Führungsposition zu verdrängen, wenn das Konkurrenzprodukt nicht nur ebenbürtig, sondern wesentlich attraktiver ist als der Platzhirsch; im Softwaresektor ist von einem Faktor 10 die Rede.[33] Aber auch die Märkte für Streitbeilegung sind durch starke Lock-in-Effekte gekennzeichnet. Trotz der hohen Kosten, die an den attraktivsten Gerichtsplätzen in London, der Schweiz, New York und Delaware anfallen, ist es bisher keinem Wettbewerber gelungen, sie aus ihrer führenden Position zu verdrängen. Mit Singapur ist den etablierten Gerichtsplätzen allerdings ein Konkurrent für große Teile des asiatischen Markts erwachsen.

8. Agenturkosten

Wirtschaftsrechtliche Streitigkeiten werden nicht von den Parteien des streitigen Rechtsverhältnisses ausgefochten, sondern durch Rechtsanwälte geführt. Zwischen Mandant und Anwalt besteht ein Prinzipal-Agenten-Verhältnis, das die Anreize des Anwalts verzerrt und auf Seiten des Mandanten sog. Agenturkosten verursacht.[34] Im Verhältnis zu ihren Mandanten verfügen Rechtsanwälte über einen erheblichen Informationsvorsprung. Die Mandanten sind daher nicht dazu in der Lage, die Qualität des erhaltenen Rechtsrats sicher einzuschätzen; sie haben keine andere Wahl, als dem Anwalt mehr oder weniger zu

---

[30] *Cary*, Yale Law Journal 83 (1974), 663; eingehend *Romano*, The Business Lawyer 49 (1993), 1955; aber auch *Bebchuk/Cohen/Ferrell*, California Law Review 90 (2002), 1775.

[31] *Eisenberg/Miller*, Cardozo Law Review 30 (2009), 1475, 1504; dazu auch *Wagner*, Buffalo Law Review 62 (2014), 1085, 1140 ff.

[32] Eingehend *Wagner*, Rechtsstandort Deutschland im Wettbewerb, 81 ff.

[33] *Engert*, AcP 213 (2013), 321, 327; *Shapiro/Varian*, Information Rules, 196.

[34] Grundlegend dazu *Arrow*, American Economic Review 53 (1963), 941; *Ross*, American Economic Review 63 (1973), 138.

vertrauen. Dies eröffnet dem Rechtsanwalt die Möglichkeit, seine eigenen Interessen auf Kosten des Mandanten zu verwirklichen.

Die im Verhältnis Mandant/Anwalt auftretenden Agenturkosten können auf jeder Stufe der Rechtsdurchsetzung entstehen und sind daher mannigfaltiger Natur. Ein bekanntes Beispiel ist die Anreizasymmetrie zwischen Mandant und Anwalt bei der Entscheidung über die Annahme eines von der Gegenseite unterbreiteten Vergleichsangebots.[35] Im vorliegenden Zusammenhang interessieren hingegen Anreizverzerrungen bei der Wahl zwischen mehreren zuständigen Gerichten. In einer idealen Welt, in der die Interessen der Klägerin und ihres Anwalts parallel liefen, würde die Klage dort erhoben, wo die Siegchancen am größten bzw. der Erwartungswert des Prozesses am höchsten ist. Bei gemeinsamer Forumswahl entschieden sich die Parteien mit ihren Anwälten für die Zuständigkeit desjenigen Gerichts, das die Differenz zwischen dem Vertragsnutzen und den Kosten des Rechtsstreits maximiert.

In der Realität laufen die Interessen von Mandanten und Anwälten bei der Wahl des zuständigen Gerichts auseinander. Zentraler Grund dafür ist die Beschränkung der anwaltlichen Berufstätigkeit auf nur eine Jurisdiktion. In Deutschland war die Zulassung von Anwälten bis 1999 sogar auf einen einzigen Landgerichtsbezirk beschränkt.[36] Damals war die Empfehlung, sich für ein anderes Gericht als das Heimatgericht des Anwalts zu entscheiden, gleichbedeutend mit dem Verlust des Mandats. Allenfalls konnte der Anwalt darauf hoffen, der Mandant würde seinen gewohnten Ratgeber als Korrespondenzanwalt zusätzlich zu dem im anderen Gerichtsbezirk postulationsfähigen Verfahrensbevollmächtigten beschäftigen. Heute ist dieses System abgeschafft, aber die Beschränkung der anwaltlichen Berufstätigkeit auf eine Jurisdiktion ist geblieben. Selbst innerhalb der EU dürfen Anwälte ihren Beruf zwar auch in anderen Mitgliedstaaten als ihrem Heimatstaat ausüben, vor Gericht auftreten können sie dort jedoch nicht.[37]

Die berufsrechtliche Fixierung der Anwaltschaft auf die eigene Jurisdiktion hat zur Folge, dass Anwälte ein starkes Eigeninteresse daran haben, vor einem Gericht in der jeweils eigenen Jurisdiktion Klage zu erheben und den Prozess zu führen. Ein deutscher Rechtanwalt, der dem eigenen Mandanten dazu rät, in Zürich oder London Klage zu erheben, verweist den Mandanten *de facto* an einen Kollegen, der selbstverständlich auch Konkurrent ist. Deshalb wird dieser Rat nur in Ausnahmefällen erteilt, insbesondere dann, wenn der Mandant selbst

---

[35] Vgl. nur *Wagner/Weskamm*, in: FS Henssler, 1605, 1616.

[36] Gesetz zur Änderung des Gesetzes zur Neuordnung des Berufsrechts der Rechtsanwälte und der Patentanwälte v. 17.12.1999, BGBl. I S. 2448. Zu weiteren Liberalisierungsschritten, MüKoZPO/*Toussaint*, § 78 Rn. 4.

[37] Art. 5 Richtlinie 77/249/EWG v. 22.3.1977, ABl. L 78, 17 f.; Art. 5 Abs. 3 Richtlinie 98/5/EG v. 26.2.1998, ABl. L 77, 36, 39.

über erhebliche rechtliche Expertise verfügt und über seine Handlungsoptionen im Bilde ist.

Im Fall der gemeinschaftlichen Wahl des zuständigen Gerichts durch beide Parteien reduzieren sich die Agenturkosten. Dies gilt besonders bei internationalen Streitigkeiten, bei denen die Parteien ihren Sitz in unterschiedlichen Jurisdiktionen haben. Die Anreize der beteiligten Anwaltskanzleien, den Rechtsstreit vor die jeweils eigenen Gerichte zu holen, gleichen sich in diesem Fall aus. Die Wahl muss beinahe zwangsläufig zugunsten eines neutralen Gerichts erfolgen, vor dem weder die Rechtsanwälte der einen noch die der anderen Seite postulationsfähig sind. Allein die Wahl der Schiedsgerichtsbarkeit, für die die nationalen Vertretungsbeschränkungen für Rechtsanwälte nicht gelten, bietet die Möglichkeit für die Beteiligung der Bevollmächtigten beider Seiten.[38]

9. Die Reaktion der Marktgegenseite: Gesetzgeber und Gerichte

Wenn die Parteien nach dem bisher Gesagten einen optimalen Streitbeilegungsmechanismus im Sinne einer möglichst akkuraten Durchsetzung ihrer vertraglichen Vereinbarung zu angemessenen Kosten wünschen, ist damit noch nicht gesagt, dass die Marktgegenseite darauf auch reagiert. Mitunter wird bezweifelt, dass Gesetzgeber und Gerichte überhaupt ein Interesse daran haben, möglichst viele oder möglichst attraktive Fälle anzuziehen, also in das jeweilige Justizsystem „zu holen".[39] Wäre dies richtig, könnte sich kein Wettbewerb um das beste Justizprodukt entfalten. Es würde von den Parteien zwar gewünscht, dieser Wunsch hätte jedoch keine Konsequenzen für die Entwicklung der staatlichen Justiz und ihrer Leistungen.

Die Zweifel an dem Willen der staatlichen Justizsysteme, d.h. der Gesetzgeber und Gerichte, um attraktive Fälle zu konkurrieren, sind insofern berechtigt, als sie nicht wie ein im Wettbewerb stehendes Privatunternehmen funktionieren und feinfühlig auf Nachfragesignale reagieren. Dies bedeutet jedoch nicht, dass Legislative und Judikative die Zufriedenheit der Nutzer gleichgültig wäre.[40] In Europa ist die zwischen der englischen und der kontinentaleuropäi-

---

[38] Vgl. unten, IV. 9.

[39] *Vogenauer*, in: Eidenmüller (Hrsg.), Regulatory Competition in Contract Law and Dispute Resolution, 227, 262ff., 268ff.; *ders.*, European Review of Private Law 21 (2013), 13; skeptisch zur Annahme eines Wettbewerbs der Rechtsordnungen auf Angebotsseite allgemein *Kieninger*, Wettbewerb der Privatrechtsordnungen im Europäischen Binnenmarkt, 311ff.; *Leible*, RabelsZ 76 (2012), 374, 385f.

[40] In diese Richtung aber *Vogenauer*, in: Eidenmüller (Hrsg.), Regulatory Competition in Contract Law and Dispute Resolution, 227, 272: „no indications whatsoever of European legislatures and courts actually improving their ‚products' in the area of contract law with a view to acquiring new ‚customers'. With regard to the rules governing dispute resolution in the state courts, there is hardly any evidence either." Dagegen bereits *Wagner*, Rechtsstandort Deutsch-

schen Justiz Anfang der 2000er Jahre offen ausgetragene „battle of brochures“ ein eindrucksvoller Beleg dafür, dass Gerichte bzw. Jurisdiktionen aktiv um Fälle konkurrieren.[41] In Deutschland wurde die Einführung eines Musterverfahrens für Schadensersatzansprüche von Kapitalanlegern im Jahre 2005 ausdrücklich auch mit der „Standortfrage“ im Sinne einer „Konkurrenz zwischen verschiedenen Gerichtsplätzen in Europa und anderen Staaten“ begründet.[42] Im Angesicht seit Jahrzehnten zurückgehender Fallzahlen bei den deutschen Zivilgerichten zeigen sich die deutsche Justiz und ihr Ministerium inzwischen offen besorgt.[43] Zur Aufklärung der Ursachen hat das Bundesministerium der Justiz ein Gutachten in Auftrag gegeben, dessen Ergebnisse inzwischen vorliegen.[44] Unabhängig davon und speziell mit Blick auf internationale Streitigkeiten hat der deutsche Gesetzgeber 2024 mit dem Justizstandort-Stärkungsgesetz die Herausforderung angenommen.[45] Ausweislich der Gesetzesbegründung soll der „Gerichtsstandort Deutschland […] national gestärkt werden und auch international an Anerkennung und Sichtbarkeit gewinnen“.[46] Das Bemühen, erfolgreich bzw. erfolgreicher als bisher an dem internationalen Wettbewerb um wirtschaftsrechtliche Streitigkeiten teilzunehmen und insbesondere auch den in Deutschland beheimateten Unternehmen ein attraktives Angebot zu machen,[47] ist offensichtlich.

---

land im Wettbewerb, 58 ff.; ferner *Themeli*, The Great Race of Courts – Civil Justice System Competition in the European Union, 182 ff.; *Kindt*, Transnationale Verträge im nationalen Recht, 165 f.

41 *Vogenauer*, in: Eidenmüller (Hrsg.), Regulatory Competition in Contract Law and Dispute Resolution, 227, 239 ff.; *Wagner*, in: Eidenmüller, Horst, Regulatory Competition in Contract Law and Dispute Resolution, 347, 402 f.; *Wagner*, Rechtsstandort Deutschland im Wettbewerb, 62 ff.

42 Begründung zum Entwurf eines Gesetzes zur Einführung von Kapitalanleger-Musterverfahren, BT-Drucks. 15/5091, 17; vgl. bereits Wagner, Rechtsstandort Deutschland im Wettbewerb, 64 f.

43 Aus der Literatur etwa *Höland/Meller-Hannich* (Hrsg.), Nichts zu klagen?; *Greger*, ZZP 131 (2018), 317, 320 f.; *Wagner*, Rechtsstandort Deutschland im Wettbewerb, 91 ff.; *Wolf*, NJW 2015, 1656.

44 *Meller-Hannich/Höland/Nöhre*, Erforschung der Ursachen des Rückgangs der Eingangszahlen bei den Zivilgerichten, 2023, verfügbar unter https://www.bmj.de/SharedDocs/Downloads/DE/Fachinformationen/Abschlussbericht_Eingangszahlen_Zivilgerichte.pdf?__blob=publicationFile&v=1 (letzter Zugriff am 27. Januar 2026).

45 Gesetz zur Stärkung des Justizstandortes Deutschland durch Einführung von Commercial Courts und der Gerichtssprache Englisch in der Zivilgerichtsbarkeit (Justizstandort-Stärkungsgesetz) vom 24.10.2024, BGBl. I, 302.

46 BT-Drucks. 20/8649, 1; ausführlich 16 ff.

47 So ausdrücklich die Begründung, BT-Drucks. 20/8649, 1, 16: „Vielmehr gilt es, auch größeren, rein nationalen Zivilverfahren ein attraktives Justizangebot zu eröffnen, um den Justizstandort Deutschland insbesondere in Wirtschaftsstreitverfahren zu sichern und um ein weiteres Abwandern wirtschaftlich bedeutsamer Rechtsmaterien in andere Rechtskreise oder in die Schiedsgerichtsbarkeit zu vermeiden“.

10. Bewertung

Das Urteil über den unilateralen Wettbewerb potentieller Klägerinnen um ein ihren Interessen freundliches Gericht ist negativ. *Forum shopping* führt nicht zu Wohlfahrtsgewinnen, sondern begünstigt lediglich die Inhaber der jeweiligen Rechte und führt die Entwicklung des materiellen Rechts in die falsche Richtung. Beim bilateralen Wettbewerb beider Parteien um das optimale Gericht verhält es sich umgekehrt. Die akkurate Durchsetzung effizienter Verträge liegt im Allgemeininteresse, weil dadurch die Wohlfahrt der Parteien maximiert wird. Sie wird maximiert, weil die Parteien in größerem Umfang Verträge schließen, den daraus entspringenden Pflichten vermehrt nachkommen und dadurch den Vertragsnutzen steigern. Auf Seiten der Gerichte setzt der bilaterale Wettbewerb um die beste Streitbeilegungsinstanz Leistungsanreize frei, die zu einer Steigerung der Qualität richterlicher Entscheidungen führen. Durch die Wechselwirkungen von Angebot und Nachfrage entsteht ein *race to the top*, das die Gerichte besser macht und den volkswirtschaftlichen Kuchen vergrößert.

IV. Die Nachfrage nach Schiedsgerichtsbarkeit

Die vorstehende Analyse der Parameter, die bei der Wahl eines Streitbeilegungsmechanismus durch die Parteien eine Rolle spielen, wurde im Hinblick auf die Wahl zwischen verschiedenen Gerichten in unterschiedlichen Rechtsordnungen entwickelt. Wie im Folgenden demonstriert werden soll, gelten sie *mutatis mutandis* auch für die schiedsgerichtliche Streitbeilegung.

1. Vereinbarungen *ex ante* und *ex post*

Die Zuständigkeit eines Schiedsgerichts wird in aller Regel *ex ante*, vor der Entstehung eines Streits vereinbart, und zwar als Schiedsklausel beim Abschluss eines kommerziellen Vertrags. Eine freistehende Schiedsvereinbarung *ex post*, nach Entstehung des Streits, ist zwar ohne weiteres möglich, in der Praxis aber die seltene Ausnahme. Dieser Befund lässt sich mit Hilfe der Anreizstrukturen nach Entstehung eines Streits leicht erklären.[1]

Nach Entstehung des Streits sind die Interessen der beiden Vertrags- und Streitparteien antagonistisch, denn sie befinden sich in einem Verteilungskampf in der Form eines Nullsummenspiels. Die Wahl eines Schiedsgerichts oder einer anderen Entscheidungsinstanz verschiebt unweigerlich die Prozesschancen und -risiken zwischen den Parteien. In der Situation *ex post* kennen die Parteien ihre jeweiligen Rollen in dem konkreten Streit sowie die Stärken und Schwächen ihrer Argumente, vermögen also vorauszusehen, wie sich die Wahl eines Schiedsgerichts auf ihre Erfolgsaussichten auswirkt.[2] Da mit den staatlichen Gerichten stets eine Reserveinstanz zur Verfügung steht, deren Zuständigkeit nicht auf Vereinbarung beruht, generiert auch das gemeinsame Interesse an einer Lösung des Streits keine Anreize zur Einigung. Wenn nachträgliche Schiedsvereinbarungen dennoch gelegentlich vorkommen, dann deshalb, weil sich die Parteien im konkreten Fall davon erhebliche Kosteneinsparungen versprechen, weil die Schiedsgerichtsbarkeit keinen Instanzenzug kennt, oder weil sie Kollateralschäden durch Offenlegung vertraulicher Informationen vermei-

---

[1] Vgl. bereits oben, III. 4.

[2] *Drahozal*, Kansas Journal of Law & Public Policy 9 (1999), 578, 580.

den wollen: Schiedsverfahren sind in der Regel vertraulich, woran beide Parteien ein gesteigertes Interesse haben können.[3]

2. Anwendung des Maximierungskalküls auf die Schiedsgerichtsbarkeit

Bei der Wahl eines Schiedsgerichts *ex ante*, im Zeitpunkt des Abschlusses des kommerziellen Vertrags, werden rationale Parteien die Vorteile und Kosten des Schiedsverfahrens gegen die entsprechenden Vor- und Nachteile eines Verfahrens vor dem zuständigen staatlichen Gericht abwägen und sich für diejenige Instanz entscheiden, die den größten Nettoertrag verspricht.[4] Jenseits dieser groben Annäherung ist zwischen Binnentransaktionen, bei denen ein Schiedsgericht mit den inländischen staatlichen Gerichten konkurriert, und grenzüberschreitenden Transaktionen zu differenzieren. Es ist allgemein bekannt, dass sich die Schiedsgerichtsbarkeit im internationalen Rechtsverkehr besonderer Beliebtheit erfreut.[5] Bevor den Gründen dafür nachgegangen wird, sind die allgemeinen Vorteile der Schiedsgerichtsbarkeit herauszuarbeiten, die ihre Wahl auch bei Binnenstreitigkeiten erklären.

3. Der Nutzen der Schiedsgerichtsbarkeit bei Binnenstreitigkeiten

a) Vorteile der staatlichen Gerichte

Die Motive der Parteien einer Binnentransaktion, die sich für ein inländisches Schiedsverfahren statt für eine Streitbeilegung durch ein staatliches Gericht entscheiden, liegen nicht auf der Hand. Im nationalen Kontext ist die Vollstreckung von Gerichtsurteilen unproblematisch, während Schiedssprüche im Nachteil sind, da sie von einem Gericht anerkannt (so Art. 35 Abs. 1 UNCITRAL-Modellgesetz), jedenfalls aber für vollstreckbar erklärt werden müssen (§ 1060 ZPO). Auch das Interesse an einem neutralen Gericht, das keiner der Parteien nähersteht als der anderen, ist in Rechtsordnungen mit einem wohlgeordneten Justizwesen kein Problem. Wenn die Parteien inländischer Rechtsgeschäfte dennoch

[3] Dazu unten, IV. 3. c.

[4] *Drahozal*, Kansas Journal of Law & Public Policy 9 (1999), 578, 582.

[5] *Blackaby/Partasides/Redfern*, Redfern and Hunter on International Arbitration, 1 f.; *Trittmann/Salger/von Essen*, in: Salger/Trittmann (Hrsg.), Internationale Schiedsverfahren, 1, 2; Queen Mary, University of London/White & Case (Hrsg.), 2021 International Arbitration Survey: Adapting Arbitration to a Changing World, 5, verfügbar unter https://www.qmul.ac.uk/arbitration/research/2021-international-arbitration-survey/ (letzter Zugriff am 27. Januar 2026).

ein Schiedsverfahren einem Gerichtsverfahren vorziehen, müssen sie sich davon einen höheren Nutzen oder geringere Kosten versprechen.[6]

b) Der positive Nutzen der Schiedsgerichtsbarkeit

Der im Vergleich zur staatlichen Gerichtsbarkeit erhöhte *Nutzen* der Schiedsgerichtsbarkeit kann nur darin liegen, dass sich die Parteien von einem Schiedsgericht eine „bessere" Entscheidung erhoffen, die die in dem kommerziellen Vertrag wechselseitig übernommenen Pflichten akkurat durchsetzt – akkurater jedenfalls als ein staatliches Gericht es erwarten lässt.[7] Doch warum sollten Schiedsgerichte andere und bessere Entscheidungen treffen als staatliche Gerichte? Der Vorteil der Schiedsgerichtsbarkeit besteht insoweit darin, dass die Parteien die Personen, die ihren Streit entscheiden, selbst aussuchen können. Je nachdem, ob es sich um interne oder grenzüberschreitende Streitigkeiten handelt, besteht der entscheidende Vorteil der Schiedsgerichte gegenüber staatlichen Gerichten in ihrer besonderen fachlichen Expertise oder in ihrer Neutralität.[8] In beiden Fällen kommt hinzu, dass die zu Schiedsrichtern ernannten Personen starke Anreize haben, den in sie gesetzten Erwartungen der Parteien zu entsprechen.[9]

Weitere Vorteile der Schiedsgerichtsbarkeit gegenüber der staatlichen Gerichtsbarkeit sind nicht allgemeiner Natur, sondern hängen davon ab, mit welchem Justizsystem die Schiedsgerichtsbarkeit jeweils konkurriert. Die Gründe für die Entscheidung zwischen Schiedsgerichtsbarkeit und staatlicher Gerichtsbarkeit werden folglich von Jurisdiktion zu Jurisdiktion variieren. In Ländern mit korrupten Justizsystemen ist die private Schiedsgerichtsbarkeit der einzige Weg, um ein faires Verfahren und eine neutrale, um Richtigkeit bemühte Rechtsentscheidung zu gewährleisten. In diesen Fällen liegt der Nutzen schiedsrichterlicher Streitbeilegung auf der Hand. Generell lässt sich sagen: Je schlechter das staatliche Justizsystem, desto attraktiver ist die Wahl der Schiedsgerichtsbarkeit im Sinne einer privaten Alternative.[10]

Unter dem Gesichtspunkt optimal-richtiger Entscheidungen könnten Schiedsgerichte gegenüber staatlichen Gerichten deshalb im Nachteil sein, weil ihnen ein eingebauter Mechanismus zur Fehlerkorrektur in Form von Rechtsmittelverfahren fehlt.[11] Andererseits sind Rechtsmittel hauptverantwortlich da-

---

[6] Zum Kostenaspekt eingehend unten, IV. 5.

[7] *Shavell*, Journal of Legal Studies 24 (1995), 1, 5 f.; aus der schiedsrechtlichen Literatur etwa *Racine*, Droit de l'arbitrage, Rn. 86 ff.; *Cohen*, Arbitrage et société, 16 f.

[8] Dazu unten, IV. 3. und 4.

[9] Dazu eingehend unten, V.

[10] Dazu aus historischer Sicht *Wagner*, in: 150 Jahre ZPO (im Erscheinen).

[11] Dazu eingehend *Wagner*, in: Bork/Eger/Schäfer (Hrsg.), Ökonomische Analyse des Verfahrensrechts, 157, 157 ff.

für, dass auf eine verbindliche Rechtsentscheidung zielende Streitbeilegungsverfahren so hohe Kosten verursachen und so viel Zeit beanspruchen. Es hat den Anschein, dass die Kosten-Nutzen-Abwägung der Parteien zwischen Richtigkeit einerseits, Sparsamkeit und Schnelligkeit andererseits, zugunsten letzterer ausfällt, da die Schiedsordnungen der großen Schiedsinstitutionen durchweg auf Rechtsmittel verzichten. Umfragen unter Unternehmen als Nutzern der Schiedsgerichtsbarkeit haben ergeben, dass aus den oben genannten Gründen kein Interesse an der Bereitstellung eines Berufungsmechanismus in der Schiedsgerichtsbarkeit besteht.[12] Die in der Investitionsschiedsgerichtsbarkeit nach den ICSID-Regeln gemäß Art. 52 des Washingtoner Übereinkommens von 1965[13] bestehende Option zur Anstrengung eines von der Schiedsinstitution organisierten Annullierungsverfahrens ist nur scheinbar eine Ausnahme, weil bei ICSID-Schiedssprüchen ein Aufhebungsverfahren vor dem staatlichen Gericht am Sitz des Schiedsgerichts in Washington, D.C. (Art. 62 Washingtoner Übereinkommen), nicht zur Verfügung steht.[14] Darüber hinaus dürfen staatliche Gerichte einen ICSID-Schiedsspruch wegen Art. 54 Abs. 1 Washingtoner Übereinkommen auch nicht im Rahmen von Anerkennungs- und Exequaturverfahren überprüfen, wie es sonst nach Art. V des New Yorker Übereinkommens über die Anerkennung und Vollstreckung ausländischer Schiedssprüche von 1958[15] (NYC) der Fall wäre, sondern müssen ihn wie ein inländisches Urteil behandeln. Nach deutschem Recht bedürfen zwar auch ICSID-Schiedssprüche einer gerichtlichen Vollstreckbarerklärung (vgl. Art. 2 Abs. 2, 4 InvStreitÜbkG), diese ist allerdings ohne Prüfung von Exequaturversagungsgründen, die wiederum die Aufhebungsgründe spiegeln, auszusprechen.[16] Das ICSID-Annullierungsverfahren gemäß Art. 52 des Washingtoner Übereinkommens ist also kein Rechtsmittel gegen den Schiedsspruch, sondern Ersatz für die sonst stattfindende gerichtliche Kontrolle des Schiedsspruchs auf schwere Verfahrens- und Begründungsfehler sowie Korruption des Schiedsgerichts.

---

[12] Queen Mary, University of London/White & Case (Hrsg.), 2015 International Arbitration Survey: Improvements and Innovations in International Arbitration, 5, verfügbar unter https://www.qmul.ac.uk/arbitration/research/2010/ (letzter Zugriff am 27. Januar 2026); vgl. auch Queen Mary, University of London/PriceWaterhouseCoopers (Hrsg.), 2006 International Arbitration Study: Corporate attitudes and practices, 15, verfügbar unter https://www.qmul.ac.uk/arbitration/research/2006/ (letzter Zugriff am 27. Januar 2026).

[13] Übereinkommen vom 18. März 1965 zur Beilegung von Investitionsstreitigkeiten zwischen Staaten und Angehörigen anderer Staaten, BGBl. 1969 II, 369, 371 ff., im Internet unter https://icsid.worldbank.org/sites/default/files/ICSID%20Convention%20English.pdf.

[14] Vgl. BGH SchiedsVZ 2023, 289 Rn. 26 ff. = NJW 2025, 3501: Washington D.C. ist bloßer Tagungs-, nicht Schiedsort. Dazu auch BVerfG NJW 2026, 305.

[15] Übereinkommen über die Anerkennung und Vollstreckung ausländischer Schiedssprüche vom 10. Juni 1958, BGBl. 1961 II, 122 ff., im Internet unter https://uncitral.un.org/sites/uncitral.un.org/files/media-documents/uncitral/en/new-york-convention-e.pdf.

[16] Stein/Jonas/*Schlosser* ZPO, Anhang zu § 1061 Rn. 468.

c) Vermeidung von Kollateralschäden durch Vertraulichkeit

Ein Faktor, der unabhängig von der Qualität schiedsrichterlicher Entscheidungen zugunsten der Schiedsgerichtsbarkeit ins Gewicht fällt, ist das Interesse an der Vermeidung von Kollateralschäden durch Offenlegung vertraulicher Informationen im Rahmen des Streitbeilegungsverfahrens. Während Verfahren vor einem staatlichen Gericht öffentlich sind (§ 169 GVG), werden Schiedsverfahren in der Regel vertraulich unter Ausschluss der Öffentlichkeit geführt und bieten daher bestmöglichen Geheimnisschutz.[17] Nur die Parteien, ihre Berater und die Schiedsrichter erhalten Kenntnis von den im Laufe des Verfahrens offengelegten und erörterten Tatsachen. Gemäß Art. 44 Abs. 1 DIS-Schiedsgerichtsordnung 2018, wie auch nach den Schiedsordnungen anderer Institutionen, sind sämtliche Beteiligten des Schiedsverfahrens, einschließlich der Mitarbeiter der DIS selbst, dazu verpflichtet, Stillschweigen über das Schiedsverfahren zu bewahren, wenn nicht die Parteien etwas anderes vereinbaren.[18] Kommt die unterlegene Partei dem Schiedsspruch freiwillig nach, bleibt der Öffentlichkeit das Schiedsverfahren vollkommen verborgen.

Regeln nach der Fasson des Art. 44 Abs. 1 DIS-Schiedsgerichtsordnung 2018 belegen das Interesse der Parteien daran, Kollateralschäden der Streitbeilegung zu vermeiden. Solche Schäden drohen, wenn Vertreter von Konkurrenzunternehmen, von Steuerbehörden oder von Strafverfolgungsbehörden an den mündlichen Verhandlungen des Gerichts teilnehmen und womöglich noch die Schriftsätze der Parteien einsehen dürften, worauf jedenfalls staatliche Stellen im Rahmen öffentlicher Gerichtsverfahren einen Anspruch haben (§ 299 Abs. 2 ZPO).[19] Die Schlussfolgerung, dass die Vertraulichkeit ein wesentlicher Beweggrund für die Entscheidung zugunsten der Schiedsgerichtsbarkeit ist, wird durch eine Umfrage unter europäischen Unternehmen bestätigt, auch wenn sich die Studie ausschließlich auf grenzüberschreitende Geschäfte bezog.[20] Der deutsche Gesetzgeber hat mit dem Justizstandort-Stärkungsgesetz auf diese

---

[17] *Born*, International Commercial Arbitration, 3003, 3006, 3043 ff.; *El Ahdab/Mainguy*, Droit de l'arbitrage, Rn. 85, 498; MüKoZPO/*Münch*, Vor § 1025 Rn. 122 ff.; *Trittmann/Salger/von Essen*, in: Salger/Trittmann (Hrsg.), Internationale Schiedsverfahren, 1, 4 f.

[18] Gemäß Art. 22 Abs. 3 der ICC-Schiedsgerichtsordnung 2021 kann das Schiedsgericht „[a]uf Antrag einer Partei […] Verfügungen zur Wahrung der Vertraulichkeit des Schiedsverfahrens oder von anderen in Verbindung mit dem Schiedsverfahren stehenden Angelegenheiten erlassen und […] Maßnahmen zum Schutz von Geschäftsgeheimnissen und vertraulichen Informationen ergreifen". Art. 26 Abs. 3 S. 2 der ICC-Schiedsgerichtsordnung 2021 sieht vor, dass „[o]hne Zustimmung des Schiedsgerichts und der Parteien […] an dem Verfahren nicht Beteiligte nicht zuzulassen [sind]". Die ICC-Schiedsgerichtsordnung 2021 ist verfügbar unter http://www.iccwbo.org/wp-content/uploads/sites/3/2020/12/icc-2021-arbitration-rules-2014-mediation-rules-german-v-finale.pdf (letzter Zugriff am 27. Januar 2026).

[19] Stein/Jonas/*Thole* ZPO, § 299 Rn. 38; BeckOK/*Bacher* ZPO, § 299 Rn. 37 ff.; Musielak/Voit/*Röß* ZPO, § 299 Rn. 3.

[20] Queen Mary, University of London/White & Case (Hrsg.), 2018 International Arbitration Survey: The Evolution of International Arbitration, 7, verfügbar unter https://www.qmul.ac.uk/

Nachfrage reagiert und den staatlichen Gerichten mit § 273a ZPO erweiterte Möglichkeiten zum Schutz von Geschäftsgeheimnissen im Sinne des § 2 Nr. 1 GeschGehG im Zivilprozess an die Hand gegeben.[21] Auf entsprechende Einstufung durch das Gericht haben alle Prozessbeteiligten Stillschweigen über das Geheimnis zu bewahren; das weitere Prozedere richtet sich nach den §§ 16 ff. GeschGehG.[22]

Die Vertraulichkeit des Schiedsverfahrens kann aber auch ein Nachteil sein, nämlich dann, wenn beide Parteien mit einer Masse gleichartiger Streitigkeiten konfrontiert sind und daher ein Interesse daran haben, sie auf der Grundlage einer Musterentscheidung beizulegen. Diese Wirkung eines Musterentscheids kann einem Urteilsspruch nur zukommen, wenn er veröffentlicht wird und überdies mit der Autorität eines staatlichen Gerichts ausgestattet ist. Ähnliche Erwägungen spielen eine Rolle, wenn die Entscheidung Wirkungen *erga omnes* oder gegenüber außenstehenden Dritten entfalten soll. Dies mag eine Erklärung dafür sein, warum die Schiedsgerichtsbarkeit im Finanzsektor bisher kaum Fuß gefasst hat.[23] Zur Beilegung von Streitigkeiten um dingliche Berechtigungen, die absolut, gegenüber jedermann gelten sollen, sind vertrauliche Schiedsverfahren nicht ideal geeignet. Im Übrigen ist die Beteiligung Dritter an einem Schiedsverfahren zwar möglich, setzt aber die Zustimmung aller Beteiligten voraus, an der es in der Praxis regelmäßig fehlt.[24]

d) Vermeidung spezifischer Nachteile einzelner Justizsysteme

In vielen Jurisdiktionen ist die Wahl der Schiedsgerichtsbarkeit bei Binnenstreitigkeiten nicht durch das Interesse motiviert, die Qualität der Entscheidung zu maximieren oder die Offenlegung vertraulicher Informationen zu vermeiden, sondern besondere Charakteristika des jeweils betroffenen Justizsystems zu vermeiden, weil sie von den Parteien bzw. einer Partei als nachteilig eingeschätzt werden.[25] Beispielhaft zu nennen, ist die extrem lange Verfahrensdauer, die für die italienischen Gerichte kennzeichnend ist.[26] Wer in Italien nicht zehn Jahre

---

arbitration/research/2018/ (letzter Zugriff am 27. Januar 2026): 36 % der Befragten nannten als Grund für die Wahl der Schiedsgerichtsbarkeit das Interesse an *confidentiality and privacy*.

[21] BT-Drucks. 20/8649, 32 f.; *Wolff*, NJW 2025, 1081 Rn. 47 f.

[22] *McGuire/Andjic*, ZZP 138 (2025), 139, 150 f.; zu dem Verfahren nach §§ 16 ff. GeschGehG auch (kritisch) *Wagner*, ZIP 2025, 1243, 1252.

[23] *Sandrock*, WM 1994, 445, 446; *Kröll*, ZBB 1999, 367, 367 f.; *Berger*, in: DIS, Schiedsgerichtsbarkeit in Finanz- und Kapitalmarkttransaktionen, 1; *Wiebecke*, SchiedsVZ 2008, 34; *Keller/Netzer*, BB 2013, 1347.

[24] MüKoZPO/*Münch*, § 1029 Rn. 67; Musielak/Voit/*Voit* ZPO, § 1029 Rn. 9.

[25] Dazu oben, III. 6.

[26] Zur überlangen Verfahrensdauer in Italien EuGH, 9.12.2003, C-116/02, *Gasser GmbH ./. Misat Srl*, Rn. 70 ff.; dazu Stein/Jonas/*Thole* ZPO, Art. 29 Rn. 53 f.

und länger auf eine Rechtsentscheidung warten will, muss ein Schiedsgericht vereinbaren.

In den Vereinigten Staaten verdankt sich die Attraktivität der Schiedsgerichtsbarkeit besonderen Charakteristika des Zivilprozesses vor den staatlichen Gerichten. Im Bereich der Handelsschiedsgerichtsbarkeit geht es den Unternehmen häufig darum, die Jury als Entscheidungsinstanz loszuwerden.[27] Diese Haltung ist als Ausdruck des Bemühens einzuordnen, eine rechtlich akkurate Durchsetzung des Vertrags zu gewährleisten, die von professionellen Juristen eher erwartet werden kann als von Laien. Darüber hinaus geht es den Parteien häufig darum, ein anderes Charakteristikum des US-amerikanischen Prozesses zu vermeiden, nämlich den Zwang zur umfassenden Offenlegung potenziell relevanter Dokumente im Rahmen der *pre-trial discovery*. Letztere steht im Schiedsverfahren amerikanischer Prägung nur eingeschränkt zur Verfügung oder wird ganz ausgeschlossen.[28]

Auch im Bereich der Verbraucherschiedsgerichtsbarkeit, also bei Streitigkeiten zwischen Unternehmen und Konsumenten ist die Lage in den USA besonders. In diesem Bereich wird die Schiedsgerichtsbarkeit nicht wegen ihrer Vorzüge als Streitbeilegungsmechanismus gewählt, sondern vor allem als Instrument, um Sammelklagen zu vermeiden und so die Verbraucher zu zwingen, ihre Rechte individuell durchzusetzen.[29] Da geringwertige Ansprüche nur selten einzeln durchgesetzt werden, wird durch die Abschaffung von Sammelklagen das Haftungsrisiko für das Unternehmen drastisch reduziert.[30] Kein Wunder, dass Schiedsklauseln in Verbraucherverträgen nach ihrer Zulassung durch den US Supreme Court inzwischen zur Norm geworden sind.[31] Soweit andere Rechtsordnungen keine der *class action* vergleichbaren Instrumente kollektiven Rechtsschutzes bereitstellen, fehlt dieser (starke) Anreiz zur Vereinbarung der Schiedsgerichtsbarkeit in Verbrauchersachen.

e) Komparative Vorteile der Schiedsgerichtsbarkeit in Deutschland

In Deutschland funktioniert die staatliche Justiz einigermaßen gut – wobei darüber gestritten werden kann, wie gut.[32] Der konstante Rückgang der Eingangs-

---

[27] *Drahozal*, University of Illinois Law Review 2001, 695, 710–712.

[28] *Drahozal*, Kansas Journal of Law & Public Policy 9 (1999), 585. Zu den Grenzen *Cole* v. *Burns Int'l Sec. Serv.*, 105 F3d 1465, 1482 (D.C. Cir. 1997).

[29] *Bromfield*, University of California at Davis Law Review 43 (2009), 315, 341–346; *Nagareda*, Columbia Law Review 106 (2006), 1872, 1904–1909.

[30] *Wagner*, Common Market Law Review 51 (2014), 165, 191–194.

[31] *AT&T Mobility LLC* v. *Concepcion*, 131 S.Ct. 1740 (2011); für das New Yorker Recht *Ranieri* v. *Bell Atl. Mobile*, 759 N.Y.S. 2d 448 (N.Y. App. Div. 2003).

[32] Vgl. etwa das World Justice Projekt, verfügbar unter www.worldjusticeproject.org/rule-of-law-index/global/2022/Civil%20Justice/ranking (letzter Zugriff am 27. Januar 2026). In dem „Civil Justice"-Ranking nimmt Deutschland Platz 4 ein, Dänemark Platz 1, das Vereinigte

zahlen bei den Zivilgerichten im Verlauf der 15 Jahre von 2005 bis 2020 legt den Schluss nahe, dass nicht alles zum Besten steht.[33] Die vom Bundesministerium der Justiz in Auftrag gegebene Studie zur Erforschung der Ursachen des Rückgangs benennt einige Punkte, die von Seiten der Anwaltschaft an den staatlichen Gerichten kritisiert werden: Den Richtern fehle zunehmend das Verständnis für wirtschaftliche und technische Sachverhalte sowie die Zeit und auch die Bereitschaft, sich in komplexe Sachverhalte einzuarbeiten; Gerichte seien in ihren Urteilen zunehmend von Sachverständigen abhängig; der Erledigungsdruck führe zu einem ungebührlichen Vergleichsdruck im Interesse der Arbeitserleichterung; die Ausstattung der Gerichte, insbesondere mit digitaler Technik, sei mangelhaft und die Verfahrensdauer (viel) zu lang.[34] Unabhängig davon, wie diese Beschwerden im Einzelnen zu gewichten sind, geben sie doch einen Fingerzeig darauf, an welchen Stellen Verbesserungsbedarf bestehen könnte.

Unter der Prämisse, dass es den Parteien bei der Wahl des Streitbeilegungsmechanismus *ex ante* vor allem auf eine möglichst akkurate Durchsetzung ihres Vertrags ankommt, ist die Kompetenz des Entscheiders oder Entscheidungsgremiums essenziell. Und genau hier bietet die Schiedsgerichtsbarkeit Vorteile. Im Rahmen der ZPO haben die Parteien zwar die Möglichkeit, die Zuständigkeit eines bestimmten staatlichen Gerichts zu vereinbaren (§§ 38 ff. ZPO), sie können aber nicht einen bestimmten Spruchkörper oder gar dessen personelle Besetzung festlegen.[35] Wie schwer das Interesse der Parteien an der Wahl des zuständigen Spruchkörpers wiegt, lässt sich auch daran erkennen, dass das Justizstandort-Stärkungsgesetz eine Gerichtsstandsvereinbarung zugunsten der Commercial Courts bei den Oberlandesgerichten explizit zulässt (§ 119b Abs. 2 GVG).[36] Dabei zielt das Gesetz ausdrücklich darauf,

> „ein zunehmendes Abwandern wirtschaftlich bedeutsamer Rechtsstreitigkeiten in andere Rechtskreise oder in die privaten Schiedsgerichte zu verhindern".[37]

Die Parteien eines Schiedsverfahrens können sogar diejenigen Individuen als Schiedsrichter benennen, denen sie besondere fachliche Qualifikationen zuschreiben, insbesondere Erfahrung und Expertise in dem jeweiligen Rechts-

---

Königreich Platz 20 und die Vereinigten Staaten hinter Rumänien und St. Vincent und die Grenadinen Platz 36. Die Schweiz ist nicht berücksichtigt. Solchen Ergebnissen ist mit viel Skepsis zu begegnen.

[33] Dazu *Wagner*, Rechtsstandort Deutschland im Wettbewerb, 91 ff.; *Meller-Hannich/Höland/Nöhre*, Erforschung der Ursachen des Rückgangs der Eingangszahlen bei Zivilgerichten, 23 ff.

[34] *Meller-Hannich/Höland/Nöhre*, Erforschung der Ursachen des Rückgangs der Eingangszahlen bei Zivilgerichten, 151 ff.

[35] Dazu eingehend *Wagner*, Prozeßverträge, 570 ff.

[36] BT-Drucks. 20/8649, 26.

[37] BT-Drucks. 20/8649, 17; dazu *Rühl*, ZfPW 2024, 397; *Wagner*, ZEuP 2025, 221; *Wolff*, NJW 2025, 1081; *McGuire/Andjic*, ZZP 138 (2025), 139.

gebiet. Empirische Untersuchungen zu den Erwartungen von Kaufleuten an die Streitentscheidung zeigen eine deutliche Präferenz für einfache Regeln, die sich eng an den Vertragstext halten und die vertraglich übernommenen Pflichten strikt durchsetzen.[38] Soweit die Parteien solche Präferenzen haben, bietet die Schiedsgerichtsbarkeit die Möglichkeit, Persönlichkeiten mit entsprechenden Prädispositionen zu Streitentscheidern zu berufen.

Ähnliche Überlegungen gelten für Streitigkeiten, die eine besondere Sachkenntnis bei der Tatsachenfeststellung erfordern. Ein staatliches Gericht kann diese Aufgabe auslagern und Sachverständige hinzuziehen, die die Richter über die relevanten Fakten informieren. Dies ändert jedoch nichts daran, dass die Entscheider selbst die umstrittenen Beweismittel würdigen und etwaige Meinungsverschiedenheiten zwischen den Parteien klären müssen, was nur eingeschränkt möglich ist.[39] Im Vergleich dazu ist es von Vorteil, wenn die Streitentscheidung solchen Personen anvertraut wird, die mit der Art der durch den betreffenden Streitfall aufgeworfenen Sachfragen bereits vertraut sind. Dies erklärt beispielsweise die tragende Rolle, die juristische Laien als Produktexperten in bestimmten Nischen der Handelsschiedsgerichtsbarkeit spielen, etwa bei der Qualitätsarbitrage im Überseehandel nach § 20 der Platzusancen für den hamburgischen Warenhandel (Hamburger Freundschaftliche Arbitrage).[40]

Als ein Grund für die Wahl der Schiedsgerichtsbarkeit in Deutschland wird mitunter auch die Möglichkeit angeführt, Englisch als Verfahrenssprache zu wählen, was vor staatlichen Gerichten bisher nicht möglich war (§ 184 S. 1 GVG). Diese Rechtslage hat sich mit dem Justizstandort-Stärkungsgesetz 2024 geändert.[41] Nunmehr haben die Parteien die Möglichkeit, vor den Commercial Courts, aber auch vor den bei den Landgerichten zu schaffenden Commercial Chambers in englischer Sprache zu verhandeln (§ 184a GVG).[42] Damit wird dem Umstand Rechnung getragen, dass Englisch die *lingua franca* des internationalen Rechts- und Wirtschaftsverkehrs ist und einem daran geknüpften Interesse der Parteien, auch den Rechtsstreit in dieser Sprache zu führen. Schiedsgerichte sind in diesem Punkt seit jeher freier gestellt, weil die Parteien die Verfahrenssprache frei wählen können (Art. 22 Abs. 1 S. 1 UNCITRAL-Modellgesetz, § 1045 Abs. 1 S. 1 ZPO). Die Öffnung des Zivilprozesses vor den deut-

---

[38] *Bernstein*, University of Pennsylvania Law Review 144 (1996), 1765, 1777–1782; *Bernstein*, Michigan Law Review 99 (2001), 1724, 1735–1737.

[39] Stein/Jonas/*Berger* ZPO, § 412 Rn. 2.

[40] Vgl. dazu www.ihk.de/hamburg/produktmarken/beratung-service/recht-und-steuern/schiedsgerichte/hamburger-freundschaftliche-arbitrage-1173042 (letzter Zugriff am 27. Januar 2026).

[41] Gesetz zur Stärkung des Justizstandortes Deutschland durch Einführung von Commercial Courts und der Gerichtssprache Englisch in der Zivilgerichtsbarkeit (Justizstandort-Stärkungsgesetz) vom 24.10.2024, BGBl. I, 302. Zur Zielsetzung des Gesetzes vgl. bereits oben, IV. Fn. 36.

[42] *Rühl*, ZfPW 2024, 397; *Wagner*, ZEuP 2025, 221, 225 f.; *Wolff*, NJW 2025, 1081 Rn. 29 ff.; *McGuire/Andjic*, ZZP 138 (2025), 139, 145 f.

schen Gerichten für die englische Sprache egalisiert diesen Vorteil. Allerdings ist zu vermuten, dass die mit diesem Thema geweckten Leidenschaften[43] über seine praktische Bedeutung weit hinausgehen, weil die Zahl großvolumiger und internationaler Streitigkeiten, in denen die Prozessführung in englischer Sprache von den Parteien gewünscht wird, im Vergleich zur Gesamtzahl der jährlich anfallenden Zivilprozesse überschaubar bleibt.[44]

f) Würdigung: Wohlfahrtsgewinne durch Schiedsgerichte

Wünschen die Parteien eine Streitentscheidung durch Rechtsanwendung, konkurrieren die Schiedsgerichte mit den staatlichen Gerichten. Damit hängt die Attraktivität der Schiedsgerichte von der Leistungsfähigkeit der staatlichen Gerichte ab. Bietet die staatliche Justiz ein ordentliches Niveau, können Schiedsgerichte nur dadurch einen Mehrwert schaffen, dass sie eine bessere Streitentscheidung durch fachlich und rechtlich besonders qualifiziertes Personal ermöglichen, besser in dem Sinne, dass die vertragliche Vereinbarung der Parteien vorhersehbar akkurat interpretiert und durchgesetzt wird. In diesem Fall ist der Nutzen, den die Parteien und die Gesellschaft aus dem streitbefangenen Vertrag ziehen, maximal. Er ist maximal nicht deshalb, weil die akkurate Durchsetzung von Verträgen ein Wert an sich wäre, sondern deshalb, weil die Vertragsparteien unter dieser Voraussetzung den bestmöglichen Anreiz haben, die von ihnen übernommenen Pflichten auch einzuhalten und sich eben deshalb überhaupt erst auf wechselseitig vorteilhafte Verträge einlassen, die sie sonst nicht abgeschlossen hätten.

Diese Überlegungen stellen den Kern der Legitimation der Schiedsgerichtsbarkeit dar. Soweit sich rationale Parteien *ex ante*, vor Entstehung eines Streits, auf eine Schiedsklausel einlassen, müssen sie sich davon einen Nutzen versprechen, der die (erheblichen) Kosten der Schiedsgerichtsbarkeit aufwiegt und übertrifft. Dieser Nutzen besteht in verbesserten Anreizen zur Einhaltung der vertraglich übernommenen Pflichten, unter gleichzeitiger Vermeidung von Kollateralschäden, wie sie durch öffentliche Verhandlung vertraulicher Informationen verursacht werden können. Wie noch zu zeigen sein wird, stößt die durch das Interesse an akkurater Durchsetzung der vertraglich übernommenen Pflichten angetriebene Nachfrage nach entsprechenden Leistungen der Schiedsgerichte durchaus auf eine entgegenkommende Reaktion der Angebotsseite. Insofern kommt es auf die Anreize der Schiedsrichter,[45] der Schiedsinstitutionen und der Gesetzgeber des Schiedsverfahrensrechts an.[46]

---

[43] *Flessner*, NJW 2011, 3544; *Handschell*, DRiZ 2010, 395; *Hirtz*, AnwBl 2011, 41.

[44] *Hau*, in: Liber Amicorum Schurig, 49, 59; vgl. auch *Wagner*, Rechtsstandort Deutschland im Wettbewerb, 224 ff.; *Wagner*, ZEuP 2025, 221, 225 f.

[45] Dazu unten, V.

[46] Dazu unten, VI.

Die Legitimation der Handelsschiedsgerichtsbarkeit beruht also letztlich darauf, dass die Parteien ein legitimes Interesse an der optimalen Durchsetzung der von ihnen abgeschlossenen Verträge haben.[47] Hätten sie dies nicht, würden sie sich nicht aus dem staatlichen Justizsystem herauswählen. Soweit die Rechtsordnung die von den Parteien geschlossenen materiell-rechtlichen Handelsverträge anerkennt, bestehen keine Bedenken dagegen, dasselbe Kalkül auch auf die in dem jeweiligen Vertrag enthaltene Schiedsklausel anzuwenden. Die private Ordnung der eigenen Rechtsbeziehungen durch Vertrag ist genau deshalb legitim und rechtlich geschützt, weil die Betroffenen besser wissen als der Staat, was gut für sie ist. Und sie wissen auch am besten, welches Streitbeilegungsverfahren für ihre Interessen optimal ist.

4. Grenzüberschreitende Streitigkeiten

a) Durchsetzungsrisiken bei grenzüberschreitenden Transaktionen

Was bei der Wahl zwischen einem Gerichtsverfahren und einem Schiedsverfahren auf dem Spiel steht, wird im Zusammenhang mit internationalen Transaktionen besonders deutlich, weil der grenzüberschreitende Rechtsschutz viel schlechter funktioniert als derjenige bei Binnentransaktionen. Dafür sind im Wesentlichen zwei Gründe maßgeblich, nämlich die mangelnde Neutralität der zur Wahl stehenden staatlichen Gerichte sowie die eingeschränkte Vollstreckbarkeit staatlicher Urteile in anderen Jurisdiktionen als derjenigen, die den Titel geschaffen hat. Im Kern geht es um die präzise Durchsetzung der vertraglich begründeten Rechte, wofür ein neutrales Entscheidungsgremium und ein wirksamer Vollstreckungsmechanismus essenziell sind.

b) Die Sorge um eine faire Entscheidungsinstanz

Aus der Perspektive eines Unternehmens, das in einem wohlgeordneten Gemeinwesen mit zumindest leidlich funktionierender Justiz beheimatet ist, sind internationale Transaktionen prekär, weil die Neutralität und Integrität der Entscheidungsinstanzen anderer Jurisdiktionen nicht gewährleistet ist. Nur von einem neutralen und unabhängigen Spruchkörper können Entscheidungen erwartet werden, die die vertraglich übernommenen Pflichten der beklagten Partei akkurat durchsetzen.

Die Schwierigkeiten grenzüberschreitender Rechtsverfolgung werden besonders deutlich, wenn es um die Rechtsdurchsetzung im Ausland gegenüber einem im Gerichtsstaat ansässigen Unternehmen geht. Hier besteht die Sorge,

---

[47] *Shavell*, Journal of Legal Studies 24 (1995), 1, 8.

dass die staatlichen Gerichte im Sitzstaat der Gegenpartei diese gegenüber einer im Ausland domizilierten Partei begünstigen und in diesem Sinne nicht neutral und integer entscheiden werden. Das ausländische Unternehmen muss befürchten, vor den Gerichten des Heimatlandes seines Vertragspartners nicht fair behandelt zu werden, und dies ganz besonders dann nicht, wenn der Vertragspartner ein staatliches oder staatsnahes Unternehmen ist. Ein deutsches Unternehmen beispielsweise wird nicht darauf angewiesen sein wollen, die ihm zustehenden Forderungen gegen ein chinesisches Unternehmen vor einem dortigen Gericht durchzusetzen. In umgekehrter Richtung gilt dies genauso. Aber auch unabhängig davon, ob die Sorge um faire Behandlung berechtigt ist oder nicht, wirkt sich der Umstand, dass der Rechtsstreit in einem fremden Land stattfindet, bereits als solcher unweigerlich negativ auf die Erfolgsaussichten aus, weil die ausländische Partei weder mit dem dortigen Prozessrecht noch mit der ausländischen Richterschaft und der gerichtlichen Routine vertraut ist. Schließlich sind die Kosten eines Rechtsstreits im Ausland höher als üblich, da zusätzlich zu der Anwaltskanzlei, die den Prozess im Ausland führt, eine inländische Anwaltskanzlei des Vertrauens beauftragt werden muss, die dem im Gerichtsstaat tätigen Anwalt zuarbeitet.

Diese Schwierigkeiten bei der Rechtsverfolgung im Ausland sind jedem Praktiker oder Wissenschaftler im Bereich der internationalen Streitbeilegung bekannt. Zweck der vorliegenden Analyse ist es, die eben beschriebenen Nachteile grenzüberschreitender Rechtsverfolgung in das zuvor erarbeitete Gerüst für die rationale Wahl des optimalen Streitbeilegungsinstruments einzuordnen.[48] Die Sorge der ausländischen Partei darum, ihre Rechte vor dem Gericht der fremden Gerichtsbarkeit erfolgreich durchsetzen zu können, ist nicht primär ein Verteilungs- oder Gerechtigkeitsproblem. Unter Effizienzgesichtspunkten ist entscheidend, dass der anderen Seite, also dem im Ausland ansässigen Vertragspartner, die eigene privilegierte Stellung bewusst ist. Deshalb ist sein Anreiz zur Erfüllung der übernommenen Verpflichtungen herabgesetzt.[49] Eine Vertragspartei, die weiß, dass sie von der anderen Seite nicht erfolgreich in Anspruch genommen werden kann, hat keinen finanziellen Anreiz zur Erfüllung der eigenen Leistungspflicht, der über das Interesse am Erhalt der Gegenleistung hinausginge, und dies auch nur insoweit, als die Gegenleistung nicht im Voraus erbracht wurde. Selbstverständlich wird die Wahl eines ausländischen Gerichts nur selten zu einer vollständigen faktischen Immunität der ausländischen Partei führen. Realistischerweise sind die Chancen des Vertragspartners, sich vor den Gerichten des Heimatlandes der Gegenpartei durchzusetzen, nicht gleich null. Sie sind jedoch regelmäßig geringer als bei Zuständigkeit eines neutralen Gerichts. Unter dieser Voraussetzung werden die Anreize zur Erfüllung der ver-

[48] Oben, III.

[49] Vgl. oben, III. 3. und 4.

traglich übernommenen Pflichten zwar nicht beseitigt, aber wesentlich geschwächt. Soweit die Vertragsparteien diese Schwäche der Rechtsdurchsetzung antizipieren, wird der Netto-Nutzen, den sich beide Parteien von ihrer vertraglichen Vereinbarung erhoffen, vermindert. Derselbe Effekt tritt ein, wenn sie kostspielige Sicherungen treffen, um nicht auf die Rechtsdurchsetzung im Ausland angewiesen zu sein. Schließlich werden Verträge, für deren Abwicklung es auf die Justiz einer anderen Jurisdiktion ankommen könnte, von vornherein vermieden. Um die damit verbundenen Wohlstandsverluste geht es, wenn die Parteien nach Streitbeilegungsmechanismen für internationale Transaktionen Ausschau halten.

c) Gerichtsstandsvereinbarungen – keine Alternative

Die Einigung auf die Gerichte der jeweiligen anderen Vertragsseite bietet keinen Ausweg aus dem eben beschriebenen Dilemma, da die nachteiligen Auswirkungen der Gerichtsstandswahl dann die Gegenseite treffen.[50] Die Defizite des grenzüberschreitenden Rechtsschutzes und die dadurch verursachte Schwächung der Anreize zur Vertragserfüllung lassen sich nur dadurch beheben oder mindern, dass ein neutrales Forum vereinbart wird, das die Gewähr dafür bietet, keine der Parteien zu benachteiligen. Auf dem globalen Markt der Streitbeilegung konkurrieren Gerichte in verschiedenen Ländern als neutrale Foren um die Beilegung internationaler Handelsstreitigkeiten. Diese Gerichte stehen auch für Rechtsstreitigkeiten zur Verfügung, die die eigene Jurisdiktion nicht berühren. Beispielsweise zieht der englische Commercial Court, eine Abteilung des High Court in London, eine beträchtliche Anzahl internationaler Streitigkeiten an, die keinen Bezug zu englischen Interessen aufweisen.[51] Auch die Gerichte der Schweiz, des Bundesstaats New York und Singapurs erfreuen sich großer Beliebtheit.[52]

Der Rückgriff auf Gerichte neutraler Jurisdiktionen ist besser als die Zuständigkeit der Heimatgerichte einer Vertragspartei, aber gleichwohl mit schwerwiegenden Nachteilen verbunden. Die Übertragung der Zuständigkeit für die Anhörung und Entscheidung von Streitigkeiten auf die Gerichte einer Rechtsordnung, die beiden Parteien fremd ist, vermeidet die Belastung (nur) einer Seite mit den Zusatzkosten grenzüberschreitender Rechtsverfolgung, dies aber

---

[50] *El Ahdab/Mainguy*, Droit de l'arbitrage, Rn. 498.

[51] *Vogenauer*, in: Eidenmüller (Hrsg.), Regulatory Competition in Contract Law and Dispute Resolution, 227, 261.

[52] *Gu/Tam*, Chicago Journal of International Law 65 (2021), 443, 459–461, 466; *Vogenauer/Hodges*, Civil Justice Systems in Europe: Implications for Choice of Forum and Choice of Contract Law, 26, verfügbar unter www.fondation-droitcontinental.org/fr/wp-content/uploads/2013/12/oxford_civil_justice_survey_-_summary_of_results_final.pdf (letzter Zugriff am 27. Januar 2026); *Wagner*, Rechtsstandort Deutschland im Wettbewerb, 85, 188.

um den Preis, dass die Kosten für beide Seiten in die Höhe getrieben werden. Nun müssen beide Parteien zusätzlich zu der Beratung im Inland einen ausländischen Anwalt beauftragen und sich mit einem ungewohnten Rechts- und Justizsystem vertraut machen. Diese Kosten werden schon deshalb erheblich sein, weil die Vorteile, die sich aus der Übertragung der Streitentscheidung auf die Gerichte einer neutralen Jurisdiktion ergeben, nur dann voll zum Tragen kommen, wenn auch das materielle Recht dieses Staates gewählt wird.[53] Aus diesen Gründen kann die Vereinbarung der Zuständigkeit einer neutralen Gerichtsbarkeit als ein Akt der Kindsteilung nach salomonischer Art verstanden werden: Um die nachteiligen Folgen der Zuständigkeit der Gerichte im Heimatstaat der einen oder anderen Partei zu vermeiden, werden beide Seiten mit den Nachteilen belastet, die ein Rechtsstreit an einem ihnen nicht vertrauten Gerichtsstand mit sich bringt.

d) Vertrags-Enforcement durch ein neutrales Forum

Die eben beschriebene Zwickmühle lässt sich mithilfe der internationalen Handelsschiedsgerichtsbarkeit auflösen. (Nur) sie bietet den Parteien ein Forum, vor dem sich beide Seiten so gut es geht „zu Hause" fühlen können. Anders als staatliche Gerichte können internationale Schiedsgerichte divers besetzt werden, nämlich mit Schiedsrichtern, die den beiden beteiligten Jurisdiktionen entstammen.[54] Die Streitentscheidung liegt nicht in den Händen neutraler, aber eben auch gleich-fremder Richter, sondern bei einem Gremium privater Schiedsrichter, von denen zwei routinemäßig aus den Reihen der Juristen der jeweiligen Heimatländer der beiden Parteien rekrutiert werden. Auch das von internationalen Schiedsgerichten angewandte Verfahren zielt auf einen fairen Kompromiss zwischen den Rechtstraditionen der Parteien ab.[55] Alles in allem scheint die internationale Handelsschiedsgerichtsbarkeit das unter den gegebenen Umständen bestmögliche Gleichgewicht zwischen Kosten und Nutzen für beide Parteien zu bieten.[56]

---

[53] Vgl. oben, III. 7. b.

[54] *Seraglini/Ortscheidt*, Droit de l'arbitrage interne et international, Rn. 52.

[55] *Wagner*, ZEuP 2001, 441, 455 ff.; vgl. auch *Böckstiegel*, SchiedsVZ 2011, 113; *Demeyere*, SchiedsVZ 2008, 279; *Trittmann/ Salger/von Essen*, in: Salger/Trittmann (Hrsg.), Internationale Schiedsverfahren, 1, 9 f.

[56] *Blackaby/Partasides/Redfern/Hunter*, Redfern und Hunter on International Arbitration, 1: „Arbitration is now the principal method of resolving international disputes involving states, individuals, and corporations".

e) Gesicherte Vollstreckbarkeit

Ein weiterer wichtiger Faktor für die Attraktivität der Schiedsgerichtsbarkeit bei internationalen Transaktionen ist das Privileg, das Schiedssprüche gegenüber Gerichtsurteilen genießen, wenn es um die Vollstreckung der betreffenden Entscheidung geht.[57] Alle Vorteile, die sich die Parteien von der Wahl eines optimalen Streitbeilegungsmechanismus in Gestalt wirksamer Anreize zur Erfüllung der durch den jeweiligen Vertrag übernommenen Pflichten erhoffen,[58] werden vollständig zunichte gemacht, wenn die Entscheidung des Gerichts, so richtig sie auch sein mag, nicht vollstreckt werden kann. Wenn der Schuldner der vertraglichen Verpflichtung zwar damit rechnen muss, im Erkenntnisverfahren zu unterliegen, jedoch darauf zählen kann, in der Vollstreckungsphase davonzukommen, weil das Urteil nicht durchgesetzt werden kann, werden die Anreize zur Erfüllung der vertraglichen Verpflichtung genauso geschwächt wie wenn das Gericht eine falsche Entscheidung trifft und dem Gläubiger Schadenersatz zu Unrecht verweigert. Die Rechtsdurchsetzung im Erkenntnisverfahren ist daher immer nur so viel wert wie sich im Vollstreckungsverfahren realisieren lässt.

Im Bereich der Vollstreckung besteht eine tiefe Kluft zwischen Entscheidungen staatlicher Gerichte und Schiedssprüchen. Schiedssprüche unterliegen der einheitlichen Regelung des New Yorker Übereinkommens über die Anerkennung und Vollstreckung ausländischer Schiedssprüche, während die Anerkennung und Vollstreckung des Urteils eines ausländischen Gerichts im Ermessen des Gesetzgebers und der Richter in dem Land liegt, in dem die Vollstreckung beantragt wird. Nur innerhalb der EU gilt dies nicht, weil die Brüssel Ia-VO einen einheitlichen Justizraum errichtet und im Stile einer *convention double* die Regeln über die internationale Zuständigkeit in Zivil- und Handelssachen vereinheitlicht sowie die Gründe für die Verweigerung der Anerkennung und Vollstreckung ausländischer Urteile sowohl harmonisiert als auch zusammengestrichen hat.[59]

Mit Blick auf den internationalen Rechtsverkehr mit Drittstaaten wurden Anstrengungen unternommen, die Wettbewerbsbedingungen für Schiedssprüche und Gerichtsurteile anzugleichen, doch bisher mit geringem Erfolg.[60] Die Haager Konferenz für Internationales Privatrecht hatte sich zwar zum Ziel gesetzt, das New Yorker Übereinkommen über die Anerkennung und Vollstreckung internationaler Schiedssprüche durch ein Schwesterübereinkommen zu ergänzen, das die gerichtliche Zuständigkeit sowie die Anerkennung und Voll-

---

[57] *Wagner*, Buffalo Law Review 62 (2014), 1085, 1123 ff.

[58] Oben, III. 3. und 4.

[59] Dazu nur Stein/Jonas/*Thole* ZPO, Einl. vor Art. 1 EuGVVO Rn. 4; *Hess*, Europäisches Zivilprozessrecht, 318 ff.

[60] Vgl. eingehend *Schack*, IPRax 2020, 1.

streckung ausländischer Gerichtsentscheidungen regeln sollte.[61] Dieser Versuch ist gescheitert, weil sich die tiefgreifenden Differenzen zwischen den USA und Europa über die richtigen Regeln der internationalen Zuständigkeit nicht überbrücken ließen. Stattdessen wurde ein Übereinkommen verabschiedet, das zwar die beiden Themen Zuständigkeit und Vollstreckung abdeckt, aber nur mit Blick auf einen Sonderfall, nämlich die Zuständigkeitsbegründung kraft ausschließlicher Gerichtsstandsvereinbarung im Handelsverkehr.[62] Bislang ist die Haager Konvention über Gerichtsstandsvereinbarungen nur von der EU[63] und von Albanien, Dänemark, Singapur, Mexiko, Montenegro, Nordmazedonien und der Ukraine ratifiziert worden. Abgesehen davon wird das Übereinkommen durch zahlreiche Ausnahmen und Vorbehalte, insbesondere des Art. 6, sowie durch den Verzicht auf einen Entscheidungsvorrang des prorogierten Gerichts „massiv entwertet",[64] weshalb bezweifelt werden darf, dass es an den Erfolg des New Yorker Übereinkommens anschließen kann und damit ein *level playing field* für Schiedssprüche und Urteile staatlicher Gerichte zu schaffen vermag.[65]

Das 2019 beschlossene Haager Übereinkommen über die Anerkennung und Vollstreckung ausländischer Urteile in Zivil- oder Handelssachen (HAVÜ) schließlich,[66] eine *convention simple* ohne Regelung der gerichtlichen Zuständigkeit, hat wenig Aussicht auf Ratifizierung.[67] Abgesehen davon bietet sie dem Gericht im Vollstreckungsstaat ungleich mehr Möglichkeiten, die Vollstreckbarerklärung zu versagen, als das für Schiedssprüche geltende New Yorker Übereinkommen.[68] Trotz dieser Serie von Fehlschlägen zeigen die Bemühungen in Den Haag, wie ernst die Fragen der Realisierung von Forderungen durch Vollstreckung gerichtlicher und schiedsrichterlicher Entscheidungen bei internationalen Transaktionen zu nehmen sind – und wie schwierig es ist, die

---

[61] *Von Mehren*, Law & Contemporary Problems 57 (1994), 271; *von Mehren*, American Journal of Comparative Law 49 (2001), 191.

[62] Übereinkommen vom 30. Juni 2005 über Gerichtsstandsvereinbarungen, verfügbar unter www.hcch.net/de/instruments/conventions/specialised-sections/choice-of-court (letzter Zugriff am 27. Januar 2026). Dazu *Antomo*, NJW 2015, 2919; *Pfeiffer*, IWRZ 2016, 19 und 69; *R. Wagner*, RabelsZ 2009, 100; *Schulz*, Journal of International and Comparative Law 12 (2006), 433; *Kindt*, Transnationale Verträge im nationalen Recht, 361 ff.

[63] ABl. 2014, L 353, 5; BGBl. 2014 I, 2082.

[64] *Schack*, IPRax 2020, 1, 2; *Pfeiffer*, IWRZ 2016, 69, 72; *R. Wagner*, RabelsZ 2009, 100, 125 ff.

[65] *Antomo*, NJW 2015, 2919, 2922; positivere Einschätzung bei *Reuter/Wegen*, ZVglRWiss 116 (2017), 382, 417: „gleichwertige Alternative zum UNÜ".

[66] Übereinkommen vom 2. Juli 2019 über die Anerkennung und Vollstreckung ausländischer Entscheidungen in Zivil- oder Handelssachen, abrufbar unter www.hcch.net/en/instruments/conventions/full-text/?cid=137 (letzter Zugriff am 27. Januar 2026).

[67] Dazu *Fuchs*, GWR 2019, 395; *Schack*, IPRax 2020, 1; vernichtendes Urteil bei *Schack*, ZEuP 2023, 285: „HAVÜ Nein danke!".

[68] *Sachs/Weiler*, in: FS Thümmel, 763, 777, 779; *Schack*, ZEuP 2023, 285, 287.

Grundprinzipien der New Yorker Konvention von Schiedssprüchen auf Urteile zu übertragen.

f) Empirische Evidenz

Empirische Studien stützen die Einschätzung, dass Schiedsklauseln bei internationalen Handelsgeschäften hoch attraktiv sind, und zwar deutlich mehr als bei inländischen Transaktionen.[69] Eine Erhebung zur Wahl der Streitbeilegungsmechanismen bei grenzüberschreitenden Transaktionen, die auf Telefoninterviews mit einhundert Unternehmen beruht, hat die große Nachfrage nach Schiedsverfahren im internationalen Rechtsverkehr bestätigt. 63 % der Befragten gaben an, dass sie ein Schiedsverfahren einem Rechtsstreit vor Gericht vorziehen.[70] Eine im Jahr 2018 speziell zur internationalen Schiedsgerichtsbarkeit durchgeführte Umfrage ergab eine noch stärkere Präferenz. Nicht weniger als 97 % der Befragten gaben an, dass die Schiedsgerichtsbarkeit die bevorzugte Form der Streitbeilegung bei internationalen Transaktionen sei.[71] Die beiden meistgenannten Gründe dafür waren der Wunsch, bestimmte Rechtssysteme bzw. deren nationale Gerichte zu vermeiden (60 %), und die Vorzüge von Schiedssprüchen in Sachen Vollstreckbarkeit (64 %).[72] Diese beiden Erwägungen stellten andere Faktoren, die häufig als Hauptgründe für die Nachfrage nach internationalen Schiedsverfahren genannt werden, wie Flexibilität, Kontrolle über die Auswahl der Entscheidungsträger, Schnelligkeit und Kosten, tief in den Schatten.[73] Aus Sicht der Nutzer sind der größte Nachteil der internationalen Schiedsgerichtsbarkeit die hohen Kosten, die für das Verfahren anfallen.[74]

---

69 Vgl. z. B. *Eisenberg/Miller*, DePaul Law Review 56 (2007), 335, 341 f.

70 *Vogenauer/Hodges*, Civil Justice Systems in Europe: Implications for Choice of Forum and Choice of Contract Law, 45, verfügbar unter www.fondation-droitcontinental.org/fr/wp-content/uploads/2013/12/oxford_civil_justice_survey_-_summary_of_results_final.pdf (letzter Zugriff am 27. Januar 2026).

71 Queen Mary, University of London/White & Case (Hrsg.), 2018 International Arbitration Survey: The Evolution of International Arbitration, 5, verfügbar unter https://www.qmul.ac.uk/arbitration/research/2018/ (letzter Zugriff am 27. Januar 2026).

72 Queen Mary, University of London/White & Case (Hrsg.), 2018 International Arbitration Survey: The Evolution of International Arbitration, 7, verfügbar unter https://www.qmul.ac.uk/arbitration/research/2018/ (letzter Zugriff am 27. Januar 2026).

73 Queen Mary, University of London/White & Case (Hrsg.), 2018 International Arbitration Survey: The Evolution of International Arbitration, 7, verfügbar unter https://www.qmul.ac.uk/arbitration/research/2018/ (letzter Zugriff am 27. Januar 2026); die Werte für die genannten Kriterien lauten: Flexibilität 40 %; Kontrolle über die Auswahl der Schiedsrichter 39 %; Schnelligkeit 12 % und Kosten 3 %.

74 Queen Mary, University of London/White & Case (Hrsg.), 2018 International Arbitration Survey: The Evolution of International Arbitration, 7 f., verfügbar unter https://www.qmul.ac.uk/arbitration/research/2018/ (letzter Zugriff am 27. Januar 2026).

Frühere Studien zur Attraktivität der internationalen Handelsschiedsgerichtsbarkeit kamen zu ähnlichen Ergebnissen.[75]

Mit Blick auf internationale Transaktionen, an denen Parteien aus den Vereinigten Staaten beteiligt sind, berichten *Eisenberg/Miller* von einem weitaus geringeren Marktanteil der Schiedsgerichtsbarkeit. Schiedsklauseln sollen lediglich in 20 % aller grenzüberschreitenden Handelsverträge enthalten sein.[76] Dieses überraschende Ergebnis könnte jedoch auf die Besonderheiten der von den Autoren untersuchten Stichprobe zurückzuführen sein, die ausschließlich Verträge betrifft, die bei der US-amerikanischen Börsenaufsicht SEC eingereicht worden waren und Finanztransaktionen betrafen, die als solche für die Schiedsgerichtsbarkeit möglicherweise weniger geeignet sind als Transaktionen außerhalb des Finanzsektors.[77]

5. Kosten

a) Die (hohen) Kosten der Schiedsgerichtsbarkeit

Wie eingangs erwähnt, gehört die Klage über die hohen Kosten der Schiedsgerichtsbarkeit zum *ceterum censeo* von Unternehmensvertretern.[78] Empirische Erhebungen belegen, dass die Parteien bei der Wahl eines Streitbeilegungsverfahrens selbstverständlich auch an die Kosten denken.[79] Die Schiedsgerichtsbarkeit steht im Ruf, teuer und auf jeden Fall teurer als das staatliche Gerichtssystem zu sein. Die Notwendigkeit, die Höhe der Kosten zu begrenzen, ist daher zu einem festen Bestandteil der Bewertung der Schiedsgerichtsbarkeit geworden.[80]

---

[75] Queen Mary, University of London/PriceWaterhouseCoopers (Hrsg.), 2013 International Arbitration Survey: Corporate choices in International Arbitration, 6, verfügbar unter https://www.qmul.ac.uk/arbitration/research/2013/ (letzter Zugriff am 27. Januar 2026). Die Untersuchung für die Zwecke dieser Studie bestand u. a. aus einem Online-Fragebogen mit 82 Fragen, der von 101 Befragten zwischen dem 13. Juni 2012 und dem 18. Dezember 2012 ausgefüllt wurde. Zu den Befragten gehörten Syndikusanwälte, Leiter von Rechtsabteilungen oder Rechtsberater im Auftrag des Syndikusanwalts, siehe 24 f.

[76] *Eisenberg/Miller*, DePaul Law Review 56 (2007), 335.

[77] *Wagner*, Journal of Institutional and Theoretical Economics 171 (2015), 19, 21–24. Für eine Kritik an dieser Studie, in der argumentiert wird, dass es keine Flucht vor Schiedsverfahren gibt, siehe *Drahozal/Ware*, Ohio State Journal on Dispute Resolution 25 (2010), 433, 446–476. Der Mangel an Schiedsverfahren in der Finanzbranche wird von *Park*, Annual Review of Banking Law 17 (1998), 213, 215–216, erläutert.

[78] Vgl. oben, I.

[79] Queen Mary, University of London/PriceWaterhouseCoopers (Hrsg.), 2006 International Arbitration Study: Corporate attitudes and practices, 19, verfügbar unter https://www.qmul.ac.uk/arbitration/research/2006/ (letzter Zugriff am 27. Januar 2026).

[80] Queen Mary, University of London/White & Case (Hrsg.), 2015 International Arbitration Survey: Improvements and Innovations in International Arbitration, 5, verfügbar unter https://www.qmul.ac.uk/arbitration/research/2015/ (letzter Zugriff am 27. Januar 2026): „Cost' is seen as arbitration's worst feature". Vgl. auch Queen Mary, University of London/PriceWaterhouse-

Ein Kostenvergleich zwischen Schieds- und staatlichen Gerichten lässt sich abstrakt nicht sinnvoll durchführen, weil nicht feststeht, was eigentlich verglichen werden soll. Dies liegt daran, dass Rechtsstreitigkeiten über mehrere Instanzen getrieben werden können, aber nicht müssen, und sich die Kosten mit jeder weiteren Instanz wesentlich erhöhen. Werden die Kosten eines Schiedsverfahrens mit denjenigen eines in der ersten Instanz beendeten Rechtsstreits vor einem deutschen Landgericht verglichen, dürften die staatlichen Gerichte in der Regel besser abschneiden. Wird hingegen ein über drei Instanzen bis zum Bundesgerichtshof geführter Rechtsstreit zum Maßstab genommen, wird die schiedsrichterliche Streitlösung, die nur eine Instanz kennt, häufig günstiger sein. Auf der anderen Seite muss der Schiedsspruch nicht das Ende des Streits bedeuten, denn der Schiedsspruch kann vor den staatlichen Gerichten mit der Aufhebungsklage angefochten (Art. 34 UNCITRAL-Modellgesetz, § 1059 ZPO) oder mittels Exequaturantrag der Zwangsvollstreckung zugänglich gemacht werden, wobei die Aufhebungsgründe als Exequaturversagungsgründe zu prüfen sind (§§ 1060 f. ZPO, Art. 35, 36 UNCITRAL-Modellgesetz, Art. V NYC). Kommt es zu solchen Anschlussstreitigkeiten vor staatlichen Gerichten, werden die Kosten schiedsrichterlicher Streitbeilegung weiter in die Höhe getrieben.

Generalisierende Aussagen über die relativen Kostenvorteile von staatlicher Gerichtsbarkeit und Schiedsgerichtsbarkeit sind daher kaum möglich. Immerhin scheint die von vielen Nutzern geführte Klage über die (hohen) Kosten der Schiedsgerichtsbarkeit insofern berechtigt, als Schiedsverfahren nicht zuverlässig billiger als Gerichtsverfahren sind.[81] Schließlich werden die staatlichen Gerichte aus öffentlichen Mitteln subventioniert. In vielen Jurisdiktionen erheben die Zivilgerichte nur geringe Gebühren oder stehen den Parteien kostenlos zur Verfügung.[82] In Deutschland fallen zwar Gerichtsgebühren in erheblicher Höhe an, doch sind sie an den Streitwert gebunden und über die Streitwertbegrenzung auf 30 Millionen EUR (§ 39 Abs. 2 GKG) auf einen bestimmten Höchstbetrag begrenzt, um die Parteien nicht übermäßig zu belasten. Soweit die Gerichtsgebühren die Kosten der Zivilgerichte nicht decken, subventioniert die öffentliche Hand die Beilegung privater Rechtsstreitigkeiten.

Die Schiedsgerichtsbarkeit ist eine private Einrichtung, die keine staatlichen Zuschüsse erhält, sondern sich allein durch Zahlungen der Streitparteien finanzieren muss. Insbesondere werden die Honorare der Schiedsrichter zur Gänze von den Parteien selbst getragen. Dabei sind die Opportunitätskosten der Schiedsrichter relativ hoch, weil Schiedsrichtersein kein Beruf ist und die als

---

Coopers (Hrsg.), 2006 International Arbitration Study: Corporate attitudes and practices, 6, verfügbar unter https://www.qmul.ac.uk/arbitration/research/2006/ (letzter Zugriff am 27. Januar 2026).

[81] *Cohen*, Arbitrage et société, 16; *Racine*, Droit de l'arbitrage, Rn. 96.

[82] Für einen vergleichenden Überblick vgl. *Reimann*, in: ders. (Hrsg.), Cost and Fee Allocation in Civil Procedure, 3.

Schiedsrichter tätigen Juristen in der Regel nicht allein von ihren Schiedsrichterhonoraren leben, sondern auch anwaltlich oder sonst freiberuflich tätig sind, wenn sie nicht an Universitäten lehren. Die Schiedsrichterhonorare müssen an die in diesen alternativen Aktivitäten zu erzielenden Einkünfte der Schiedsrichter zumindest heranreichen, damit sich qualifizierte Berufsträger um Schiedsrichterämter bewerben.

Wegen der in Deutschland geltenden Streitwertgrenze gemäß § 39 Abs. 2 GVG und des daraus folgenden Gebührendeckels bei Rechtsstreitigkeiten vor staatlichen Gerichten ließe sich vermuten, dass die Schiedsgerichtsbarkeit gerade bei hohen Streitwerten relativ unattraktiv ist. Letzteres scheint jedoch nicht der Fall zu sein, denn die Schiedsgerichtsbarkeit gilt als Domäne für hochwertige Streitigkeiten.[83] Dieses Phänomen ist mit dem Umstand zu erklären, dass gerade bei größeren Streitwerten der größte Teil der Kosten, die ein kontradiktorisches Verfahren verursacht, nicht auf die Gerichtskosten entfällt, sondern auf die Anwaltskosten. Das gilt auch für Schiedsverfahren, bei denen die Anwaltskosten regelmäßig die Schiedsrichterhonorare in den Schatten stellen.[84] Bei ICC-Schiedsverfahren erheblicher Größenordnung entfallen durchschnittlich 83 % der Gesamtkosten auf die Anwälte und lediglich die verbleibenden 17 % auf die Honorare der Schiedsrichter und der Schiedsinstitution.[85]

Die Kostenfrage ist demnach hoch ambivalent. Je nach Verfahrensgang mögen die staatlichen Gerichte oder die Schiedsgerichte Vorteile verbuchen können. Sicher ist nur, dass die Schiedsgerichtsbarkeit nicht eindeutig billiger ist als ihre staatliche Konkurrentin.

---

[83] *Wagner*, Rechtsstandort Deutschland im Wettbewerb, 116 f.

[84] ICC Commission on Arbitration and ADR (Hrsg.), Decisions on Costs in International Arbitration, 3, verfügbar unter www.iccwbo.org/wp-content/uploads/sites/3/2015/12/Decisions-on-Costs-in-International-Arbitration.pdf (letzter Zugriff am 27. Januar 2026); Queen Mary, University of London/PriceWaterhouseCoopers (Hrsg.), 2006 International Arbitration Study: Corporate attitudes and practices, 20, verfügbar unter https://www.qmul.ac.uk/arbitration/research/2006/ (letzter Zugriff am 27. Januar 2026); *Ong/O'Reilly*, Costs in International Arbitration, 169–170; *Sachs*, in: Mistelis/Lew (Hrsg.), Pervasive Problems in International Arbitration, 103 f., 112.

[85] ICC Commission on Arbitration and ADR (Hrsg.), Decisions on Costs in International Arbitration, 3, verfügbar unter www.iccwbo.org/wp-content/uploads/sites/3/2015/12/Decisions-on-Costs-in-International-Arbitration.pdf (letzter Zugriff am 27. Januar 2026); Queen Mary, University of London/PriceWaterhouseCoopers (Hrsg.), 2006 International Arbitration Study: Corporate attitudes and practices, 20, verfügbar unter https://www.qmul.ac.uk/arbitration/research/2006/ (letzter Zugriff am 27. Januar 2026); *Ong/O'Reilly*, Costs in International Arbitration, 169 f.; *Sachs*, in: Mistelis/Lew (Hrsg.), Pervasive Problems in International Arbitration, 103 f., 112; *Racine*, Droit de l'arbitrage, Rn. 96.

b) Abwägung von Kosten und Nutzen

Die Kostenfrage ist nach allem nicht der entscheidende Grund für die Attraktivität der Schiedsgerichtsbarkeit. Dies allein bedeutet selbstverständlich nicht, dass die Wahl schiedsrichterlicher Streitbeilegung irrational wäre. Bei Entscheidungen zwischen zwei Produkten – hier der Streitlösung durch staatliche Gerichte oder durch Schiedsgerichte – kommt es nicht nur auf die Kosten, sondern auch auf den Nutzen an.

Bereits anhand dieser sparsamen Prämissen lässt sich folgern, dass Schiedsverfahren etwas versprechen müssen, was die staatlichen Gerichte nicht bieten können. Wie oben herausgearbeitet wurde, ist dieser Mehrwert der Schiedsgerichtsbarkeit von Jurisdiktion zu Jurisdiktion und von Kontext zu Kontext unterschiedlich. Bei internationalen Streitigkeiten steht das Interesse an einem neutralen Entscheidungsgremium und die Vollstreckbarkeit der Entscheidung im Vordergrund; bei der internen Schiedsgerichtsbarkeit die Vertraulichkeit des Verfahrens und die Möglichkeit zur individuellen Auswahl der Schiedsrichter.

Diese Überlegungen führen zu dem Schluss: Wenn Schiedsgerichte gewählt werden, dann nicht wegen vermeintlich geringerer *Kosten*, sondern wegen eines höheren *Nutzens*, den sich die Parteien von ihnen erhoffen. Es überrascht daher nicht, dass Umfragen ergeben haben, dass die Parteien bei der Wahl des Sitzes für ihr Schiedsverfahren die Kostenfrage nicht in den Vordergrund stellen.[86] Hinzu kommt, dass den Kosten bei hohen Streitwerten ohnehin weniger Gewicht zukommt,[87] weil in diesen Fällen selbst erhebliche Gebühren vernünftigerweise in Kauf genommen werden sollten und auch tatsächlich in Kauf genommen werden. Geht es beispielsweise um einen Streitwert von EUR 100 Mio., ist es vernünftig und angemessen, etliche Millionen Euro für die Rechtsverfolgung oder -verteidigung aufzuwenden. An Kostenvorteilen sind die Parteien bei hohen Streitwerten gar nicht so sehr interessiert.

---

[86] Queen Mary, University of London/White & Case (Hrsg.), 2010 International Arbitration Survey: Choices in International Arbitration, 18, verfügbar unter https://www.qmul.ac.uk/arbitration/research/2010/ (letzter Zugriff am 27. Januar 2026); vgl. auch Queen Mary, University of London/PriceWaterhouseCoopers (Hrsg.), 2006 International Arbitration Study: Corporate attitudes and practices, 19, verfügbar unter https://www.qmul.ac.uk/arbitration/research/2006/ (letzter Zugriff am 27. Januar 2026): „Whilst the costs of the arbitration institution and tribunal may appear significant, their share of the overall expense is not regarded as excessive".

[87] Queen Mary, University of London/PriceWaterhouseCoopers (Hrsg.), 2006 International Arbitration Study: Corporate attitudes and practices, 19, verfügbar unter https://www.qmul.ac.uk/arbitration/research/2006/ (letzter Zugriff am 27. Januar 2026).

6. Verfahrensdauer

a) Kein deutlicher Vorteil der Schiedsgerichtsbarkeit

Auf den ersten Blick scheint es, dass der vermeintliche Nachteil der Schiedsgerichtsbarkeit auf der Kostenseite durch Vorteile bei der Erledigungsdauer wettgemacht wird. Anders als staatliche Gerichte müssen die Schiedsgerichte nicht zunächst eine Schlange anderer Streitigkeiten abarbeiten, bevor sie sich der Sache der Schiedsparteien annehmen können. Außerdem sind Schiedsrichter keine Staatsdiener, die im öffentlichen Dienst angestellt und pauschal entlohnt werden, sondern private Berufsträger, die von den Parteien spezifisch wegen des konkreten Streits beauftragt und vergütet werden. Unter diesen Umständen haben Schiedsrichter offensichtlich viel stärkere Anreize für eine engagierte und schnelle Erledigung des Rechtsstreits zum Nutzen der Parteien.[88] Denn nur, wenn sie aus Sicht der Streitparteien qualitativ gute Leistungen zeigen, werden sie auch in Zukunft Schiedsrichtermandate erhalten. Den Richtern staatlicher Gerichte hingegen kann die Beurteilung ihres Engagements für eine schnelle Streiterledigung durch die Parteien im Grunde gleichgültig sein – und ist es mitunter wohl auch.

Allerdings haben gerade erfahrene und gefragte Schiedsrichter häufig ein ganzes Portfolio von Schiedsverfahren zu bedienen und müssen ihre knappe Zeit zwischen diesen Verfahren aufteilen. Die Schwierigkeiten bei der Identifizierung freier Tage für mündliche Verhandlungen und Beratungen sind notorisch. Die Beilegung von Streitigkeiten durch Schiedsverfahren dauert deshalb oft länger als *prima facie* zu erwarten wäre. Tatsächlich zeigen vergleichende Erhebungen über die durchschnittliche und die mittlere Verfahrensdauer bei verschiedenen großen Schiedsorganisationen ein vergleichsweise enttäuschendes Bild.[89] Bei der ICC beispielsweise, die allerdings vorwiegend große und daher auch komplexe Verfahren betreut, betrug die durchschnittliche Verfahrensdauer im Jahr 2020 nicht weniger als 26 Monate.[90] Umfragen unter Praktikern bestätigen, dass Verzögerungen bei der Streiterledigung als ein Hauptproblem der internationalen Handelsschiedsgerichtsbarkeit angesehen werden.[91] Komplementär zu diesem Befund wird Schnelligkeit nicht als einer der wesent-

---

[88] Dazu eingehend unten, V.

[89] *El Ahdab/Mainguy*, Droit de l'arbitrage, Rn. 83.

[90] ICC (Hrsg.), Dispute Resolution 2020 Statistics, 19.

[91] Queen Mary, University of London/White & Case (Hrsg.), 2015 International Arbitration Survey, 5, 7, 24, verfügbar unter https://www.qmul.ac.uk/arbitration/research/2015/ (letzter Zugriff am 27. Januar 2026): „Cost and lack of speed were both ranked by respondents as amongst the worst characteristics of international arbitration." Vgl. auch Queen Mary, University of London/PriceWaterhouseCoopers (Hrsg.), 2006 International Arbitration Study: Corporate attitudes and practices, 7, verfügbar unter https://www.qmul.ac.uk/arbitration/research/2006/ (letzter Zugriff am 27. Januar 2026).

lichen Vorteile der internationalen Handelsschiedsgerichtsbarkeit gegenüber der staatlichen Gerichtsbarkeit genannt.[92] Genauso wie bei den Kosten ist ein generalisierender Vergleich zwischen staatlichen Gerichten und Schiedsgerichten *in puncto* Verfahrensdauer nicht möglich, weil alles davon abhängt, durch wie viele Instanzen der Rechtsstreit getrieben wird, und, auf der anderen Seite davon, ob sich an den Schiedsspruch noch Aufhebungs- und Exequaturverfahren vor den staatlichen Gerichten anschließen.

b) Beschleunigte Schiedsverfahren

Die führenden Schiedsinstitutionen haben erkannt, dass die Parteien ein zügiges Verfahren präferieren. Die ICC hat darauf mit der Entwicklung der sogenannten Expedited Procedure Rules reagiert, die einen engen zeitlichen Rahmen für das Schiedsverfahren und strenge Fristen definieren.[93] Insbesondere muss der Schiedsspruch innerhalb von sechs Monaten nach der Case Management Conference ergehen.[94] Auch die Deutsche Institution für Schiedsgerichtsbarkeit (DIS) bietet ergänzende Regeln für beschleunigte Verfahren an, die einen ähnlichen Zeitrahmen vorgeben.[95] Art. 5.1 (a), (c) SIAC-Schiedsgerichtsordnung 2016 erlaubt es der Schiedsinstitution sogar, auf Antrag nur einer Partei ein beschleunigtes Verfahren anzuordnen, sofern entweder der Streitwert einen bestimmten Schwellenwert nicht überschreitet oder der Fall als außergewöhnlich dringlich erscheint.[96] Diese Angebote sind eindrucksvoller Beleg dafür, dass Schnelligkeit für die Parteien von großer Bedeutung ist, die angebotenen Standard-Schiedsverfahren diesem Bedürfnis nicht immer gerecht werden, die Schiedsorganisationen aber auf dieses Problem reagiert haben.

---

[92] *Vogenauer/Hodges*, Civil Justice Systems in Europe: Implications for Choice of Forum and Choice of Contract Law, 28, 45, 47, verfügbar unter www.fondation-droitcontinental.org/fr/wp-content/uploads/2013/12/oxford_civil_justice_survey_-_summary_of_results_final.pdf (letzter Zugriff am 27. Januar 2026); *Vogenauer*, in: Eidenmüller (Hrsg.), Regulatory Competition in Contract Law and Dispute Resolution, 227, 258 ff.

[93] Anhang VI der ICC-Schiedsgerichtsordnung 2021, verfügbar unter www.iccwbo.org/dispute-resolution-services/arbitration/rules-of-arbitration/ (letzter Zugriff am 27. Januar 2026).

[94] Anhang VI, Art. 4 Abs. 1 ICC-Schiedsgerichtsordnung 2021, verfügbar unter www.iccwbo.org/dispute-resolution-services/arbitration/rules-of-arbitration/ (letzter Zugriff am 27. Januar 2026).

[95] Anhang 4 der DIS-Schiedsgerichtsordnung 2018, verfügbar unter www.disarb.org/werkzeuge-und-tools/dis-regeln (letzter Zugriff am 27. Januar 2026).

[96] SIAC-Schiedsgerichtsordnung 2016, verfügbar unter www.siac.org.sg/siac-rules-2016 (letzter Zugriff am 27. Januar 2026).

7. Institutionelle vs. Ad-hoc-Schiedsgerichtsbarkeit

a) Begriffliche Vorklärungen

Parteien, die sich auf die Schiedsgerichtsbarkeit festgelegt haben, stehen vor einer weiteren grundlegenden Entscheidung, nämlich der zwischen einem institutionellen Schiedsverfahren und einem Ad-hoc-Schiedsverfahren. Der letztgenannte Ausdruck ist eine irreführende Bezeichnung, da er suggeriert, dass die Parteien eine Schiedsvereinbarung *ex post*, nachdem die Streitigkeit bereits entstanden ist, mehr oder weniger spontan verhandeln, ohne dass eine zuvor bei Abschluss des kommerziellen Vertrags vereinbarte Schiedsklausel anwendbar wäre. In Wirklichkeit hat die Ad-hoc-Schiedsgerichtsbarkeit nichts mit der Unterscheidung zwischen ex-ante- und ex-post-Vereinbarungen zu tun. Von Ad-hoc-Schiedsgerichtsbarkeit ist die Rede, wenn das Verfahren nicht von einer Schiedsinstitution administriert wird. Es geht also um die nicht-institutionelle Schiedsgerichtsbarkeit.

b) Kosten und Nutzen administrierter Schiedsverfahren

Die Überlegungen, die die Parteien anstellen, wenn sie zwischen der institutionellen und der Ad-hoc-Schiedsgerichtsbarkeit wählen, lassen sich aus dem oben erarbeiteten Entscheidungskalkül herleiten. Die Einschaltung einer Institution verursacht Gebühren, so dass sie unweigerlich die Gesamtkosten der Streitbeilegung erhöht.[97] Darüber hinaus unterliegen die Mitarbeiter der Institution zwar ebenfalls einer Schweigepflicht, aber das Risiko, dass vertrauliche Informationen auf die eine oder andere Weise an die Öffentlichkeit oder an interessierte Außenstehende gelangen, steigt mit der Zahl der Personen, die mit den betreffenden Geheimnissen in Berührung kommen.[98] Auch dieses Risiko ist auf der Kostenseite zu berücksichtigen.

Diesen Kosten, die mit der Einschaltung einer Institution verbunden sind, müssen die Vorteile gegenübergestellt werden, die institutionelle Schiedsverfahren versprechen. Wie die relativ große Zahl der unter der Schirmherrschaft von Institutionen gelösten Streitigkeiten belegt, überwiegen diese Vorteile in den Augen der Parteien die zusätzlichen Kosten administrierter Schiedsverfahren, sodass die Schiedsinstitutionen „ihr Geld wert" sind. Eine Umfrage unter Unternehmen ergab, dass die institutionelle Schiedsgerichtsbarkeit die Ad-hoc-

---

[97] Vgl. nur *El Ahdab/Mainguy*, Droit de l'arbitrage, Rn. 510.

[98] *Peter*, in: Nobel/Krehan/von Inn (Hrsg.), Law and Economics of International Arbitration, 39, 46.

Schiedsgerichtsbarkeit bei weitem übertrifft, denn 76 % der Befragten gaben an, dass sie die institutionelle Schiedsgerichtsbarkeit bevorzugen.[99]

Die Schiedsinstitutionen bieten eine Reihe von Dienstleistungen an, die die Integrität und Schnelligkeit des Schiedsverfahrens sicherstellen sollen.[100] Ein bisher nicht angesprochener Nachteil der Schiedsgerichtsbarkeit, der allerdings nicht allzu häufig zum Tragen kommt, besteht darin, dass private Gerichte über keinerlei Hoheitsbefugnisse verfügen und es daher schwerer haben, eine widerstrebende Partei zu disziplinieren. Dabei hat die beklagte Seite in der Regel einen Anreiz, die Erledigung des Rechtsstreits zu verzögern. Gelegenheit dazu bietet sich insbesondere zu Beginn des Schiedsverfahrens, bevor das Schiedsgericht überhaupt konstituiert ist, weil zu diesem Zeitpunkt niemand da ist, der die widerstrebende Partei durch Fristsetzungen und sonstige Anordnungen zur Kooperation bewegen könnte.

Moderne Schiedsgesetze kompensieren das Machtvakuum zu Beginn des Schiedsverfahrens und die relative Machtlosigkeit der Schiedsgerichte, indem sie das Eingreifen der staatlichen Gerichte in Situationen zulassen, in denen eine Partei die Mitwirkung an dem Verfahren verweigert. Nach Art. 11 Abs. 3, 4 UNCITRAL-Modellgesetz über die internationale Handelsschiedsgerichtsbarkeit (§ 1035 Abs. 3, Abs. 4 ZPO) beispielsweise ist das Gericht am Sitz des Schiedsgerichts befugt, einen Schiedsrichter zu ernennen, wenn eine Partei ihr eigenes Recht auf Ernennung nicht rechtzeitig wahrnimmt. Diese Regelung gilt für institutionelle und unabhängige (Ad-hoc-)Schiedsverfahren gleichermaßen. Die Schiedsinstitutionen agieren gleichsam im Zwischenraum zwischen dem Schiedsgericht und den staatlichen Gerichten und stützen sich dabei auf die Privatautonomie der Parteien, die die Schiedsregeln der jeweiligen Institution vereinbart haben (Art. 2 lit. d) UNCITRAL-Modellgesetz).[101] Im Fall der Weigerung einer Partei, einen Schiedsrichter zu ernennen, lässt sich durch die Einschaltung der Schiedsinstitution der Gang zum staatlichen Gericht vermeiden. Ähnlich liegt es bei der Ablehnung eines Schiedsrichters. Gemäß Art. 13 Abs. 2 UNCITRAL-Modellgesetz, § 1037 Abs. 2 ZPO obliegt die Entscheidung über das Ablehnungsgesuch zunächst dem Schiedsrichter und sodann dem Schiedsgericht. Dies gilt allerdings nur, wenn die Parteien nichts anderes vereinbart haben (Art. 13 Abs. 1 UNCITRAL-Modellgesetz, § 1037 Abs. 1 ZPO), was sie wiederum durch Vereinbarung der Schiedsregeln einer Institution tun können. Die Entscheidung einer Schiedsinstitution über die Befangenheit eines Schiedsrichters (vgl. Art. 15 DIS-Schiedsgerichtsordnung 2018) geht schnell und verursacht

[99] Queen Mary, University of London/PriceWaterhouseCoopers (Hrsg.), 2006 International Arbitration Study: Corporate attitudes and practices, 12, verfügbar unter https://www.qmul.ac.uk/arbitration/research/2006/ (letzter Zugriff am 27. Januar 2026).

[100] *Peter*, in: Nobel/von Inn (Hrsg.), Law and Economics of International Arbitration, 44; *El Ahdab/Mainguy*, Droit de l'arbitrage, Rn. 508, 510.

[101] *Landes/Posner*, Journal of Legal Studies 8 (1979), 235, 248.

den Parteien keine weiteren Kosten über die bereits eingezahlte Gebühr für die Administration des Schiedsverfahrens hinaus. Zwar behalten die staatlichen Gerichte immer die Kompetenz, in letzter Instanz über die Befangenheit zu entscheiden (Art. 13 Abs. 3 UNCITRAL-Modellgesetz, § 1037 Abs. 3 ZPO), doch lässt sich ein zeit- und kostenintensiver Satellitenprozess um die Befangenheit eines Schiedsrichters vor einem OLG-Senat (§ 1062 Abs. 1 Nr. 1 ZPO) durch Zwischenschaltung der Schiedsinstitution in vielen Fällen vermeiden. Darüber hinaus schreckt die bloße Tatsache, dass eine Institution involviert ist und über wirksame Handlungsoptionen verfügt, die an Verzögerung und Blockade interessierte Partei davon ab, eine solche Strategie zu verfolgen.

Einige Institutionen bieten mehr als nur Unterstützung für das Schiedsverfahren. Ihr Ziel ist es, die Integrität des schiedsrichterlichen Verfahrens im weitesten Sinne zu gewährleisten. Dafür besteht insbesondere bei internationalen Verfahren ein Bedarf. Der globale Rechts- und Wirtschaftsverkehr kann sich viel weniger als der Binnenverkehr auf gemeinsame rechtskulturelle Hintergründe, berufsrechtliche Standards, eingeübte soziale Normen und durch wiederholte Kooperationen motivierte Rücksichtnahmen verlassen. Aus diesen Gründen ist die Gefahr, dass eine Partei, ein Parteivertreter oder ein parteibenannter Schiedsrichter die ihr oder ihm nach dem anwendbaren Schiedsverfahrensgesetz gewährten Spielräume schamlos ausnutzt, um die Erledigung des Rechtsstreits in die Länge zu ziehen oder zu torpedieren, viel größer als bei Streitigkeiten im nationalen, europäischen oder sonst regionalen Maßstab. Die Regelung, dass der Schiedsspruch nicht zwingend von allen Schiedsrichtern unterschrieben werden muss (Art. 31 Abs. 1 S. 2 UNCITRAL Modellgesetz, § 1054 Abs. 1 S. 2 ZPO), belegt, dass parteibenannte Schiedsrichter einen Anreiz haben, Schiedsverfahren mit unerwünschtem Ausgang zu torpedieren.[102] Aus denselben Gründen ist auf die Qualität des Schiedsspruchs bei internationalen Streitigkeiten weniger Verlass als bei Rechtsstreitigkeiten zwischen Parteien aus demselben Staat. Die vergleichsweise intensive Kontrolle, die die ICC über die von ihr administrierten Schiedsverfahren ausübt, ist daher dem internationalen Charakter der von dieser Institution betreuten Verfahren geschuldet.[103] Die aus Ländern unterschiedlicher Rechtstradition stammenden Parteien entscheiden sich für die ICC-Schiedsgerichtsbarkeit, weil sie im Zeitpunkt *ex ante*, bei Abschluss der Transaktion und Vereinbarung der Schiedsgerichtsklausel, noch ein gemeinsames Interesse an einer effizienten und kompetenten Verfahrensgestaltung haben.

---

[102] MünchKommZPO-*Münch*, § 1054 Rn. 18; Beispiele: RGZ 18, 369, 370 f.; OLG München SchiedsVZ 2011, 167, 168

[103] Dazu unten, VI. 2.

8. Entscheidungsheuristiken der Parteien

Nicht nur im Fall der Wahl zwischen mehreren zuständigen staatlichen Gerichten,[104] sondern auch bei der Abwahl der staatlichen Justiz durch Vereinbarung der Schiedsgerichtsbarkeit gehen die Parteien das eben erarbeitete rationale Entscheidungskalkül nicht schrittweise durch, sondern folgen Entscheidungsheuristiken. Wie im Folgenden zu zeigen sein wird, sind es nicht dieselben wie bei der Auswahl unter staatlichen Gerichten.

a) Keine Bündelung mit dem anwendbaren Sachrecht

Bei der Wahl eines staatlichen Gerichts wiegt der Gleichlauf zwischen Zuständigkeit und anwendbarem Recht schwer. Das angerufene Gericht ist nicht nur mit seinem Prozessrecht vertraut, was sich in der Lex-fori-Regel des internationalen Zivilprozessrechts spiegelt,[105] sondern auch im Bereich des materiellen Rechts Experte des eigenen Systems. Deshalb ist es sinnlos bzw. unvernünftig, die Zuständigkeit eines schweizerischen Gerichts zu vereinbaren, wenn in der Sache englisches Recht anzuwenden ist und umgekehrt. Vereinbarungen dieses Inhalts kommen in der Praxis auch kaum einmal vor.

Im Bereich der privaten Schiedsgerichtsbarkeit verhält es sich anders. Zwar stellt sich jedenfalls nach dem herrschenden Verständnis[106] auch hier die Aufgabe, das Schiedsgericht an einem bestimmten Ort zu verankern, was durch die Wahl eines Schiedsorts geschieht. Dessen Festlegung liegt in den Händen der Parteien. Mit der Vereinbarung des Schiedsorts wählen die Parteien implizit auch das anwendbare Schiedsverfahrensrecht (§1025 Abs. 1, §1043 Abs. 1 ZPO, Art. 1 Abs. 2, Art. 20 Abs. 1 UNCITRAL-Modellgesetz).[107] Darüber hinaus begründet die Wahl des Schiedsorts die Zuständigkeit der staatlichen Gerichtsbarkeit der jeweiligen Jurisdiktion, soweit diese dazu berufen ist, das Schiedsverfahren zu unterstützen und über die Aufhebung des Schiedsspruchs zu entscheiden. Die Wahl des Schiedsorts hat demnach zentrale Bedeutung für das Verfahren der schiedsrichterlichen Streitbeilegung.

Auf das anwendbare Sachrecht hat die Wahl des Schiedsorts hingegen keinen Einfluss; für die *lex causae*, das Sachstatut, spielt das Schiedsverfahrensstatut keine Rolle. Das Schiedsverfahrensrecht selbst nimmt eine entsprechende Differenzierung vor und enthält eine eigene Kollisionsnorm für die Wahl des in der Sache anwendbaren Rechts, deren Geltung neben den Rom-Verordnungen der

---

[104] Vgl. oben, III. 7.

[105] Statt aller BGH NJW 1985, 552, 553; *Rosenberg/Schwab/Gottwald*, Zivilprozessrecht, §6 Rn. 2f.; *Schack*, Internationales Zivilverfahrensrecht, Rn. 44ff.; *Wagner*, Prozeßverträge, 353ff.

[106] Zur abweichenden Position des französischen Rechts unten, VII. 2.

[107] MüKoZPO/*Münch*, §1025 Rn. 10f., §1043 Rn. 1ff.; Zöller/*Geimer* ZPO, §1025 Rn. 2, §1043 Rn. 1f.

EU umstritten ist.[108] Gemäß §1051 Abs. 1 ZPO, Art. 28 Abs. 1 UNCITRAL-Modellgesetz können die Parteien das auf den Rechtsstreit anwendbare Recht frei wählen. Sie sind dabei nicht auf die Wahl einer staatlichen Rechtsordnung beschränkt, sondern auch dazu befugt, Regelwerke nichtstaatlicher Provenienz, wie etwa die UNIDROIT Principles of International Commercial Contracts zur Anwendung zu berufen.[109]

Diese Normen sind Ausdruck der speziellen Interessenlage, die für internationale Schiedsverfahren charakteristisch ist. Wie oben dargestellt, wird die Schiedsgerichtsbarkeit in grenzüberschreitenden Handelsverträgen von den Parteien vor allem deshalb gewählt, weil nur so ein neutrales, für beide Seiten gleichermaßen vertrautes Forum gesichert werden kann. Die Neutralität des Gerichts „steckt" dabei in dessen internationaler Besetzung mit Schiedsrichtern, die typischerweise aus den Heimatjurisdiktionen beider Parteien kommen oder denen die Parteien sonst vertrauen.[110] Der Sitz des Schiedsgerichts ist für seine ausgewogene Zusammensetzung irrelevant. Ist das Schiedsgericht nicht mit Juristen des Sitzstaats besetzt, besteht kein Anlass, das materielle Recht des Sitzstaats für anwendbar zu erklären. Ein schweizerisches Schiedsgericht, das mit zwei deutschen und einem österreichischen Juristen besetzt ist, genießt keinen Vorsprung bei der Anwendung des schweizerischen Obligationenrechts. Deshalb hat es keinen Sinn, das anwendbare Recht an den Sitz des Schiedsverfahrens zu koppeln.[111] Beispielsweise kann ein Schiedsverfahren, dessen Streitgegenstand vom deutschen Recht regiert wird, ohne weiteres in der Schweiz stattfinden.

Hinzu kommt, dass für die Rechtswahl andere Gründe maßgebend sein können als für die Sitzwahl. Die Parteien wählen den Sitz des Schiedsgerichts mit Blick auf die Qualität und Schiedsfreundlichkeit des anwendbaren Schiedsverfahrensrechts und vor allem der dazu gehörigen Ziviljustiz. Für die Rechtswahl spielen diese Gesichtspunkte keine Rolle. Die im Aufhebungsverfahren wahrzunehmende Kontrolle des staatlichen Gerichts am Schiedsort über den Schiedsspruch ist gerade keine *révision au fond*, erstreckt sich also nicht auf die materielle Rechtsanwendung.[112] Expertise des Gerichts in der *lex causae* ist daher nicht erforderlich.

Die Wahl des Sachstatuts folgt im Wesentlichen zwei Prinzipien und orientiert sich entweder an der Qualität der jeweiligen Rechtsordnung oder an der engsten Verbindung. Was das Qualitätskriterium anbelangt, so liegen im euro-

---

108 Zur Problematik *Wagner*, in: FS Schumann, 535, 535 ff.; *Mankowski*, RIW 2018, 1.

109 Vgl. die Gesetzesbegründung, BT-Drucks. 13/5274, 52; MüKoZPO/*Münch*, §1051 Rn. 15.

110 Vgl. oben, IV. 4.

111 Anderer Zungenschlag noch bei *Wagner*, Rechtsstandort Deutschland im Wettbewerb, 146.

112 BT-Drucks. 13/5274, 58 f.; BGHZ 202, 168, 175; eingehend *Mavrantonakis*, Das Verbot der révision au fond im internationalen Handelsschiedsverfahren, 6 ff.

päischen Kontext das englische und das schweizerische Recht vorne,[113] während Deutschland abgeschlagen ist. Letzteres liegt an dem Ruf des *civil law*, zu wenig Respekt vor dem Buchstaben des Vertrags zu haben und zu viel Hoffnungen in die Vertragsgerechtigkeit, ausgedrückt in dem Prinzip von Treu und Glauben zu haben.[114] Ein Symbol dafür ist die gerichtliche Inhaltskontrolle allgemeiner Geschäftsbedingungen auch im Rechtsverkehr zwischen Unternehmen und deren extrem strikte Handhabung durch den BGH, der das Aushandeln einzelner Klauseln selbst dann verneint, wenn das Vertragswerk von Anwaltsteams beider Seiten verhandelt und entworfen wurde.[115] Immerhin wird in vielen Fällen das anwendbare Recht nicht gewählt, weil es besonders attraktiv ist, sondern weil wegen der Verankerung des Rechtsstreits in einer Rechtsordnung die Wahl dieser quasi-*lex rei sitae* die größte Rechtssicherheit bietet. So liegt es insbesondere bei Immobilientransaktionen, aber auch bei Unternehmenskäufen mit Blick auf die Rechtsordnung, in der die Zielgesellschaft ihren Sitz hat.

b) Starke Netzwerkeffekte

Während das Prinzip der Korrespondenz von Gerichtsort und anwendbarem Sachrecht für die Schiedsgerichtsbarkeit nicht gilt, treten die für die Wahl staatlicher Gerichte kennzeichnenden Netzwerkeffekte im Bereich der Schiedsgerichtsbarkeit in verstärktem Maße auf.[116] Auch in der Schiedsgerichtsbarkeit sind selbstverstärkende Kreislaufeffekte zu beobachten, die einige Schiedsplätze besonders attraktiv machen. Je mehr Schiedsverfahren in einer bestimmten Jurisdiktion lokalisiert werden, desto häufiger kommt das dortige Schiedsverfahrensrecht zur Anwendung. Überdies bildet sich am Schiedsort eine Anwaltschaft mit besonderen Fähigkeiten und Kenntnissen im Bereich schiedsrichterlicher Streitbeilegung aus. Vor allem hat die Konzentration von Schiedsverfahren an einem Ort zur Folge, dass es vermehrt zu Gerichtsverfahren über Schiedssachen kommt. Die damit befassten Spruchkörper der zuständigen staatlichen Gerichte haben so die Gelegenheit, ihre Expertise in Schiedssachen auszubilden und zu schärfen. Schließlich werden die Entscheidungen der staat-

---

113 *Vogenauer*, in: Eidenmüller (Hrsg.), Regulatory Competition in Contract Law and Dispute Resolution, 227, 261; *Vogenauer/Hodges*, Civil Justice Systems in Europe: Implications for Choice of Forum and Choice of Contract Law, 14ff., verfügbar unter www.fondation-droitcontinental.org/fr/wp-content/uploads/2013/12/oxford_civil_justice_survey_-_summary_of_results_final.pdf (letzter Zugriff am 27. Januar 2026).

114 *Interfoto Library Ltd. v. Stiletto Visual Programmes Ltd.*, [1998] 2 WLR 615, 620; *Rainieri*, Europäisches Obligationenrecht, 1873ff.; *Zimmermann/Whittaker*, Good Faith in European Contract Law, 7, 39ff.

115 *Wagner*, Rechtsstandort Deutschland im Wettbewerb, 176ff. m.w.N.; zu Reformbemühungen bereits oben, III. 7. b).

116 Vgl. oben, III. 7. c).

lichen Gerichte am Schiedsort in schiedsverfahrensrechtlichen Streitigkeiten publiziert, sodass die Parteien künftiger Rechtsstreitigkeiten ersehen können, wie das Schiedsverfahrensrecht angewendet und fortgebildet wird. Diese Konkretisierungsleistung trägt wesentlich zur Rechtssicherheit bei, zumal die gängigen Schiedsverfahrensgesetze, einschließlich des UNCITRAL-Modellgesetzes, kurz und knapp gefasst sind und deshalb viele Fragen offenlassen.

Diese Netzwerkeffekte sind es, die die besondere Attraktivität derjenigen Schiedsplätze ausmachen, die im internationalen Wettbewerb ganz oben stehen. In Europa sind dies neben Paris und London vor allem die Schweiz mit Genf und Zürich.[117] Frankreich, England und die Schweiz können auf eine lange Tradition im Bereich der internationalen Schiedsgerichtsbarkeit zurückblicken. Die Repositorien an Rechtsprechung des Supreme Court bzw. des früheren House of Lords, der Cour de cassation sowie des schweizerischen Bundesgerichts zu schiedsrichterlichen Fragen sind groß und reichhaltig. An den genannten Orten haben sich jeweils Anwaltseliten gebildet, die den dort sitzenden Schiedsgerichten und den mit Schiedssachen befassten staatlichen Gerichten zuarbeiten. Der in den sechziger Jahren des 20. Jahrhunderts einsetzende Zuzug US-amerikanischer Großkanzleien nach Paris in der erklärten Absicht, ein Stück vom Kuchen der im Zuge der Dekolonisierung aufblühenden *Petroleum-Arbitration* abzubekommen, ist legendär.[118]

Auf der Grundlage einer relativ großen Nachfrage hat sich an den dominanten internationalen Schiedsplätzen eine kleine Dienstleistungsindustrie rund um Schiedsverfahren gebildet. Dies gilt für Hotels, die große Tagungssäle mit Dolmetscherkabinen bereithalten, für Dolmetscher, die diese Kabinen nutzen können, für Court Reporter, die in Echtzeit Wortprotokolle der mündlichen Schiedsverhandlungen fertigen und für Anbieter von Veranstaltungstechnik, die die Fazilitäten miteinander vernetzen.

Genauso wie im Bereich der staatlichen Justiz führen Netzwerkeffekte auch im Bereich der Schiedsgerichtsbarkeit zu starken Verfestigungswirkungen (*lock-in effects*). In Europa sind London, Paris, Zürich und Genf die Schiedsplätze mit der größten Anziehungskraft, und dies nicht erst seit gestern. Für die dahinter rangierenden Städte und Jurisdiktionen ist es nahezu unmöglich, zu den Marktführern aufzuschließen, denn dafür müssten sie nicht nur gleich gut sein wie diese, sondern erheblich besser.[119] Die positive Spirale aus Attraktivität,

---

[117] Queen Mary, University of London/White & Case (Hrsg.), 2021 International Arbitration Survey: Adapting Arbitration to a Changing World, 6, verfügbar unter https://www.qmul.ac.uk/arbitration/research/2021-international-arbitration-survey/ (letzter Zugriff am 27. Januar 2026); Queen Mary, University of London/White & Case (Hrsg.), 2018 International Arbitration Survey: The Evolution of International Arbitration, 9, verfügbar unter https://www.qmul.ac.uk/arbitration/research/2018/ (letzter Zugriff am 27. Januar 2026); vgl. auch *El Ahdab/Mainguy*, Droit de l'arbitrage, Rn. 1114.

[118] *Dezalay/Garth*, Dealing in Virtue, 74 ff., 100 ff.

[119] Vgl. oben, III. 7. c).

höheren Fallzahlen und daraus folgender verbesserter Qualität lässt sich nicht leicht in Gang setzen.[120] Deutschland hat es mit der Schiedsverfahrensrechtsreform 1997/1998 versucht, deren erklärtes Ziel es war, die Attraktivität des Schiedsorts Deutschland zu verbessern.[121] Zu diesem Zweck wurde das UNCITRAL-Modellgesetz in die ZPO inkorporiert. Mit der Übernahme eines Regelwerks, das den internationalen Standard setzt, lassen sich allerdings die Marktführer nur schwer herausfordern. Bezeichnenderweise haben diese das Modellgesetz gerade nicht rezipiert, sondern ihre Unabhängigkeit davon bewahrt, nicht zuletzt, um die Vorzüge des einheimischen Rechts gegenüber dem Modellgesetz-Standard betonen und ausbauen zu können.[122] Dabei setzen die Schweiz und Frankreich auf die Trennung des internen vom internationalen Schiedsrecht.[123] Diese Trennung ermöglicht es, das Recht der internationalen Schiedsgerichtsbarkeit in einer Weise zu liberalisieren und auf die Parteiinteressen auszurichten, die für inländische Rechtsstreitigkeiten nicht akzeptabel wäre. Die Strategie einer möglichst weitgehenden Liberalisierung des internationalen Schiedsverfahrensrechts mag als zu weitgehend erscheinen, doch sie ist erfolgreich!

Gänzlich unmöglich, zu den Marktführern aufzuschließen und einen neuen Schiedsplatz ganz vorne zu etablieren, ist es allerdings nicht. Für den (ost-) asiatischen Raum hat Singapur vorgemacht, wie es geht und seine Beliebtheit als Schiedsort bei den Parteien kommerzieller Verträge wesentlich gesteigert. Nach empirischen Untersuchungen, die auf Umfragen unter Praktikern beruhen, konnte sich Singapur im Wettbewerb der internationalen Schiedsplätze von Platz 4 auf Platz 1, gleichrangig mit dem traditionellen Marktführer London, verbessern.[124] Dies liegt sicher auch an dem Aufstieg der Wirtschaft in Ostasien, aber ebenso an den in Singapur geschaffenen rechtlichen Rahmenbedingungen.[125] Diese waren von vornherein günstig, weil Singapur aus der englischen Kolonialzeit das *common law* geerbt hatte, das für viele Streitparteien attraktiv ist. Die prozessualen Grundlagen schiedsrichterlicher Streitbeilegung sind hingegen von Singapurs Legislative mit der erklärten Absicht geschaffen

---

[120] Zum Folgenden eingehend unten, VII.

[121] Vgl. die Gesetzesbegründung, BT-Drucks. 13/5274, 23 f.

[122] *Wagner* in: Eidenmüller (Hrsg.), Regulatory Competition in Contract Law and Dispute Resolution, 347, 390.

[123] Unten, VII. 2. b), VII. 4. b).

[124] Queen Mary, University of London/White & Case (Hrsg.), 2015 International Arbitration Survey: Improvements and Innovations in International Arbitration, 12, verfügbar unter https://www.qmul.ac.uk/arbitration/research/2015/ (letzter Zugriff am 27. Januar 2026); Queen Mary, University of London/White & Case (Hrsg.), 2021 International Arbitration Survey: Adapting Arbitration to a Changing World, 6, verfügbar unter https://www.qmul.ac.uk/arbitration/research/2021-international-arbitration-survey/ (letzter Zugriff am 27. Januar 2026).

[125] *Choong/Mangan/Lingard*, A Guide to the SIAC Arbitration Rules, Rn. 1.01 ff.; *Wong/Dhillon/Ling*, in: FS Wegen, 831, 831 ff.

und reformiert worden, die eigene Jurisdiktion im Wettbewerb der Schiedsstandorte zu stärken. Wesentliche Elemente sind die Übernahme des UNCITRAL-Modellgesetzes und dessen (extrem) schiedsfreundliche Auslegung, die die Interferenz der staatlichen Gerichte minimiert, und die enge Verzahnung der lokalen Schiedsgerichtsbarkeit mit einem schieds- und wirtschaftsfreundlichen High Court. Im Jahr 2015 hat Singapur zudem einen auf internationale Handelsstreitigkeiten spezialisierten Commercial Court (Singapore International Commercial Court – SICC) geschaffen, um den eigenen Rechtsdienstleistungssektor weiter zu stärken.[126] Neben seiner Zuständigkeit für Zivilprozesse um wirtschaftsrechtliche Ansprüche obliegt dem SICC auch die Entscheidung in sämtlichen Angelegenheiten, die sich auf internationale Schiedsverfahren mit Sitz in Singapur beziehen, insbesondere auch über die Aufhebung inländischer sowie die Anerkennung und Vollstreckbarerklärung ausländischer Schiedssprüche. Diese enge Verzahnung einer anspruchsvollen und erfolgreichen Schiedsgerichtsbarkeit mit einem ebenso ambitionierten staatlichen Gerichtszweig beruht auf der Einsicht, dass die Attraktivität des Rechtsstandorts auf zwei Beinen stehen muss und dass Qualitätsverbesserungen beiden Säulen, den staatlichen Gerichten wie den Schiedsgerichten, zugutekommen.

In Deutschland sind die Bemühungen um die Modernisierung des Schiedsverfahrensrechts zu nennen, die – im Anschluss an das 2024 verabschiedete Justizstandort-Stärkungsgesetz – die Verzahnung zwischen den für Schiedssachen zuständigen Spruchkörpern der staatlichen Gerichte mit dem auf internationale Wirtschaftsstreitigkeiten spezialisierten Zweig der Zivilgerichte herstellen will. Zu diesem Zweck soll den Ländern die Möglichkeit eröffnet werden, die oberlandesgerichtliche Zuständigkeit für Schiedssachen gemäß § 1062 Abs. 1 ZPO einem bei dem jeweiligen Oberlandesgericht etablierten Commercial Court zuzuweisen.[127] Überdies soll die Möglichkeit bestehen, die schiedsakzessorischen Verfahren des § 1062 Abs. 1 ZPO vollständig in englischer Sprache zu führen.[128] Diese Maßnahmen allein werden Deutschland nicht in den Kreis der attraktivsten Schiedsplätze katapultieren, aber sie sind wertvolle Schritte in die richtige Richtung.

---

[126] Dazu eingehend *Yip*, in: Kramer/Sorabji (Hrsg.), International Business Courts, 129 ff.; *Grohmann*, Internationalisierung der Handelsgerichtsbarkeit, 197 ff.

[127] Vgl. § 1062 Abs. 5 ZPO idF des Regierungsentwurfs eines Gesetzes zur Modernisierung des Schiedsverfahrensrechts, BT-Drucks. 20/13257, 47 ff. Genauso der in der 21. Legislaturperiode eingebrachte Referentenentwurf, 2026, 62 ff.

[128] § 1063a ZPO idF des Regierungsentwurfs eines Gesetzes zur Modernisierung des Schiedsverfahrensrechts, BT-Drucks. 20/13257, 49 ff.; Referentenentwurf der 21. Legislaturperiode, 2026, 64 ff.

9. Agenturkosten

Das für die Wahl staatlicher Gerichte typische Heimwärtsstreben kommt bei inländischen Streitigkeiten insofern zum Tragen, als die inländische Anwaltskanzlei der jeweiligen Streitpartei kein eigenes Interesse daran hat, das Schiedsverfahren in einem Nachbarstaat zu platzieren – selbst wenn die Qualität des dortigen Schiedsverfahrensrechts und des zugehörigen Justizsystems dem inländischen überlegen wäre. Gemildert wird dieser Anreiz durch einen wichtigen Unterschied zwischen der Prozessvertretung vor staatlichen Gerichten und derjenigen vor Schiedsgerichten. Rechtsanwälte, die in einer Jurisdiktion zugelassen sind, können in aller Regel zwar nicht vor den staatlichen Gerichten einer anderen Jurisdiktion auftreten, wohl aber vor privaten Schiedsgerichten, die dort ihren Sitz haben. Innerhalb der EU ist dieses Recht durch Art. 5 Abs. 1 Richtlinie 98/5/EG gewährleistet,[129] es gilt jedoch auch in anderen Staaten, etwa der Schweiz.[130] Kann die inländische Anwaltskanzlei somit davon ausgehen, den Mandanten in das Schiedsverfahren auch dann begleiten zu können, wenn es im Ausland stattfindet, reduziert dies ihren Anreiz, sich für einen inländischen Schiedsort einzusetzen.

Bei internationalen Streitigkeiten zwischen Parteien aus unterschiedlichen Jurisdiktionen wirkt sich die Inkongruenz der Interessen und Anreize von Anwalt und Mandant nicht wesentlich aus, weil die Wahl des Schiedsorts von beiden Seiten einverständlich getroffen werden muss.[131] Soweit nicht eine Partei der anderen ihren Heimatstandort aufzuzwingen vermag, weil sie über entsprechende Verhandlungsmacht verfügt, gleichen sich die konfligierenden anwaltlichen Präferenzen für die Wahl der jeweiligen Heimatjurisdiktion aus und kommen deshalb nicht so stark zum Tragen.[132] Weiter gemildert wird die Präferenz für *hometown justice* durch den Umstand, dass die ein Unternehmen beratenden Anwälte in Schiedssachen grenzüberschreitend tätig werden und deshalb auch vor Schiedsgerichten mit Sitz im Ausland auftreten können.

---

129 ABl. 1998, L 77, 36, 39.

130 Vgl. nur *Meier*, Schweizerisches Zivilprozessrecht, 538 ff.

131 Vgl. oben, III. 8.

132 Vgl. oben, IV. 4 b), c), d).

V. Was maximieren Schiedsrichter?[1] – Anreizdynamiken im Schiedsgericht

1. Wettbewerb auf dem Markt für schiedsrichterliche Streitbeilegung

In Bezug auf den Wettbewerb zwischen Justizsystemen werden in der Literatur Zweifel daran geäußert, ob Gesetzgeber und Gerichte hinreichende Anreize haben, den eigenen Standort attraktiv zu machen, und diesen Anreizen auch nachgeben.[2] Die bereits angestellten Überlegungen zum Wettbewerb der Justizsysteme dienten dem Nachweis, dass die Angebotsseite des Marktes für justizielle Streitbeilegung zwar nicht wie ein kommerzielles Unternehmen auf die jeweilige Nachfrage reagiert, dass aber die nationalen Gesetzgeber und Gerichte durchaus daran interessiert sind, den eigenen Standort im internationalen Wettbewerb attraktiv zu halten und zu profilieren.[3]

In Bezug auf das Marktsegment der schiedsrichterlichen Streitbeilegung lässt sich die Gleichgültigkeitsthese sicher nicht aufrechterhalten, denn hier herrscht intensiver Wettbewerb zwischen Schiedsrichtern, Schiedsinstitutionen und Schiedsplätzen. Dabei müssen die genannten Akteure und Institutionen den Interessen beider Parteien entsprechen. Die folgenden Überlegungen konzentrieren sich zunächst auf die Anreize der Schiedsrichter als der primären Marktgegenseite, die den Parteien als Nutzern und Nachfragern von Streitbeilegungsdienstleistungen ein Angebot macht. Sie werden auf der Folie der Anreizsituation, der sich Richter staatlicher Gerichte gegenüber sehen, entwickelt. Die folgenden Kapitel sind dem Wettbewerbsverhalten von Schiedsinstitutionen, Schiedsgesetzgebern, Gerichten und Schiedsplätzen gewidmet.

2. Keine wirtschaftlichen Anreize für Richter staatlicher Gerichte

Die an öffentlichen Gerichten tätigen Richter sind Angehörige des öffentlichen Dienstes ihrer jeweiligen Gerichtsbarkeit. Während die Arbeit eines Richters,

---

[1] In Anlehnung an *Posner*, What Do Judges and Justices Maximize? (The Same Thing Everybody Else Does), Supreme Court Economic Review 3 (1993), 1.

[2] Vgl. oben, III. 9.

[3] Oben, III. 9.

der in einer unteren Instanz tätig ist, der Kontrolle durch das jeweilige Rechtsmittelgericht unterliegt, ist eine Beurteilung und Bewertung richterlicher Arbeit durch die Streitparteien nicht vorgesehen und wohl auch nicht möglich.[4] Überdies sind die Richtergehälter unabhängig von der Quantität und der Qualität der von einem bestimmten Berufsträger geleisteten Arbeit und steigen bei einer Beförderung nur in relativ geringfügigem Umfang an. Finanzielle Leistungsanreize sind in der Justiz daher nur sehr schwach ausgebildet. Die Motivation der Richter, gute Arbeit zu leisten, muss sich daher aus nicht-finanziellen Quellen speisen. Ein zentraler immaterieller Vorteil erfolgreicher richterlicher Arbeit ist das Prestige und die Anerkennung, die einzelnen Berufsträgern von Seiten ihrer Kollegen, der Anwaltschaft und der Parteien entgegengebracht wird.[5] Auf der anderen Seite arbeiten Richter an staatlichen Gerichten unter erheblichen zeitlichen und sonstigen Zwängen. Sie haben Leistungsziele zu erfüllen, die sich an der Zahl der pro Jahr erledigten Fälle orientieren.[6] Nach dem Personalbedarfsberechnungssystem PEBB§Y hat ein Richter 569 Minuten, also weniger als zehn Stunden Zeit, um einen Rechtsstreit zu verhandeln und zu entscheiden.[7] In komplexen Rechtsstreitigkeiten um hohe Streitwerte reicht dieses Zeitbudget nicht einmal aus, um die Schriftsätze zu lesen, von dem Zeitbedarf für die Vorbereitung und Durchführung der mündlichen Verhandlung, eventuell samt Beweisaufnahme, für die rechtliche Durchdringung des Sachverhalts und für die Abfassung des Urteils ganz zu schweigen. Eine solche Zwangsjacke lässt nur wenig Raum, um viel Zeit und Mühe in die Lösung eines einzelnen Falles zu investieren, selbst wenn der konkrete Rechtsstreit die besondere Aufmerksamkeit des Gerichts erfordern würde und verdient hätte. Den mit dem Justizstandort-Stärkungsgesetz eingeführten Commercial Courts soll es in dieser Hinsicht besser gehen. Ob diese Erwartung eintritt, hängt allerdings an den Entscheidungen der zuständigen Landes-Justizverwaltungen.

3. Schiedsrichter als kommerzielle Dienstleister

Verglichen mit der soeben beschriebenen Stellung von Richtern könnte die Situation von Schiedsrichtern nicht unterschiedlicher sein.[8] Schiedsrichter sind

---

[4] Viele Hinweise dazu bei *Callies*, in: Verhandlungen des 70. Deutschen Juristentags, A 18 ff.

[5] *Cooter*, Public Choice 41 (1983), 107, 129; *Posner*, Supreme Court Economic Review 3 (1993), 1, 13.

[6] In Deutschland ist das System zur Bestimmung der richterlichen Arbeitsbelastung unter dem Kürzel PEBB§Y bekannt; vgl. PricewaterhouseCoopers, PEBB§Y Fortschreibung 2014, verfügbar unter www.drb.de/fileadmin/DRB/pdf/Belastung/150410_PEBBSY_Hauptband.pdf (letzter Zugriff am 27. Januar 2026); dazu *Wagner*, Rechtsstandort Deutschland im Wettbewerb, 219 f.

[7] *Wagner*, Rechtsstandort Deutschland im Wettbewerb, 219 f. m. w. N.

[8] Vgl. *Schultz*, Journal of International Dispute Settlement 6 (2015), 231, 241.

Freiberufler, die meist selbständig tätig sind, oft als Partner in einer Anwaltskanzlei. Sie sind frei, ihre eigenen Interessen zu verfolgen, einschließlich der Freiheit, ihre finanziellen Interessen zu fördern. Ein Weg zu diesem Ziel besteht darin, künftige Streitparteien zu motivieren, die eigene Person als Schiedsrichter für künftige Verfahren zu benennen. Im Gegensatz zu den Richtern staatlicher Gerichte, die durch sorgfältige Arbeit und gute Leistungen nichts, jedenfalls nichts Materielles zu gewinnen vermögen, können Schiedsrichter profitieren, wenn es ihnen gelingt, die Erwartungen der Parteien zu erfüllen. Diese Diskrepanz der Anreize, denen sich Richter und Schiedsrichter gegenübersehen, beruht letztlich darauf, dass die Dienstleistung der Streitentscheidung im einen Fall vom Staat, im anderen Fall vom Markt bereitgestellt wird.

Wegen der Anreize, denen sich Schiedsrichter gegenübersehen, ist zu erwarten, dass sie stärker auf die Bedürfnisse und Erwartungen der Streitparteien eingehen als Richter. Tatsächlich scheinen Schiedsrichter bereit zu sein, mehr Zeit und Mühe in ein Verfahren zu investieren als der Richter eines staatlichen Gerichts. Die auf Seiten der Justiz bestehende Anreizlücke wird durch Zeitmangel und fehlende sachliche Ressourcen, insbesondere eine moderne IT-Ausstattung, noch wesentlich verschärft. Welcher Effekt überwiegt, derjenige gedämpfter Leistungsanreize oder derjenige unzureichender zeitlicher und sachlicher Ressourcen, lässt sich nicht sicher sagen, ist für das Ergebnis aber irrelevant. Auch die Annahme, dass Schiedsgerichte in Bezug auf die Streitentscheidung qualitativ bessere Leistungen erbringen als staatliche Gerichte, lässt sich zwar nicht verifizieren, wohl aber plausibilisieren. Insbesondere sind die mündlichen Verhandlungen vor Schiedsgerichten in der Regel wesentlich aufwändiger und langwieriger als im Bereich der staatlichen Justiz, und Schiedssprüche sind *ceteris paribus* erheblich umfangreicher als die Urteile staatlicher Gerichte. Die Ernennung und Bezahlung der Schiedsrichter durch die Parteien wirkt also durchaus als Leistungsanreiz. Es fragt sich nur, in welche Richtung sich der Leistungsanreiz auswirkt. Insoweit ist zwischen Vorsitzenden und Einzelschiedsrichtern einerseits und parteibenannten Schiedsrichtern andererseits zu differenzieren.

4. Neutralität der Vorsitzenden und Einzelschiedsrichter

Beisitzende Schiedsrichter sowie Einzelschiedsrichter werden grundsätzlich von den Parteien, die Vorsitzenden von Dreier-Schiedsgerichten typischerweise von den beiden parteibenannten Schiedsrichtern gemeinsam oder, mangels Einigung der parteibenannten Schiedsrichter, von einer Schiedsinstitution oder von einem staatlichen Gericht ernannt (vgl. § 1035 ZPO, Art. 11 UNCITRAL-Modellgesetz). Dabei ist es national wie international üblich, dass die beisitzenden Schiedsrichter die Auswahl der Vorsitzenden mit der Partei, die sie jeweils benannt hat, besprechen und deren Zustimmung zu der erwählten Person einholen. Wenn die Benennung der Vorsitzenden durch die parteibenannten Schiedsrichter in der Praxis scheitert, sodass die Schiedsinstitution oder das staatliche Gericht einspringen muss, liegt dies in aller Regel nicht daran, dass die beisitzenden Schiedsrichter sich nicht einigen können, sondern dass zumindest eine der Parteien ihre Zustimmung zu den vorgeschlagenen Personen verweigert bzw. sich die Parteien nicht auf die Person der Vorsitzenden verständigen können. Wie dem auch sei, vorsitzende Schiedsrichter sind schon dank des Auswahl- und Ernennungsprozesses stets beiden Parteien gleichermaßen verpflichtet. Für Einzelschiedsrichter, die von beiden Parteien gemeinsam oder – in Ermangelung einer Einigung – von der Schiedsinstitution oder dem staatlichen Gericht ernannt werden, gilt dies erst recht (§ 1035 Abs. 3 S. 1 ZPO, Art. 11 Abs. 3 lit. b) UNCITRAL-Modellgesetz).

Die Gleichverpflichtung der Vorsitzenden und Einzelschiedsrichter gegenüber beiden Parteien kann nach der Rechtsprechung des BGH auch nicht durch die Schiedsvereinbarung ausgehebelt werden. Eine Vereinbarung der Parteien, die dem von einer Partei bestellten Schiedsrichter das Recht gibt, den Streit alleine zu entscheiden, wenn nicht die andere Partei binnen bestimmter Frist „ihren" Schiedsrichter benennt, ist unwirksam.[9] Dabei hat sich der BGH ausdrücklich den Grundsatz zu Eigen gemacht, einer Partei dürfe unter keinen Umständen das Recht eingeräumt werden, unter Ausschluss der Gegenpartei alle Schiedsrichter zu ernennen, auch nicht subsidiär, für den Fall, dass die Gegenpartei untätig bleibt und ihr Ernennungsrecht nicht ausübt.[10] Deshalb wäre auch eine Ernennungsregelung, nach der mangels Einigung auf die Person der Vorsitzenden oder des Einzelschiedsrichters diese von einer Partei alleine bestellt werden kann, unbeachtlich.[11] Anders als nach altem Recht (§ 1025 ZPO aF) verfällt in solchen Fällen die Schiedsvereinbarung nicht mehr insgesamt der Unwirksamkeit. Vielmehr ist gemäß § 1034 Abs. 2 ZPO, der kein Vorbild im UNCITRAL-Modellgesetz hat, nur die unausgewogene Ernennungsregelung ungültig. Im Übrigen bleibt die Schiedsvereinbarung wirksam, und die Ernennung der Schiedsrichter erfolgt durch das staatliche Gericht.

Vorsitzende von Kollegial-Schiedsgerichten sowie Einzelschiedsrichter haben ein wirtschaftliches Interesse daran, auch in Zukunft mit solchen Ämtern betraut zu werden. Darauf können sie hoffen, wenn sie den Erwartungen der Parteien entsprechen. Die Parteien haben *ex ante*, vor Entstehung des Streits, ein gemeinsames Interesse an einer Entscheidung, die ihre kommerzielle Vereinbarung möglichst akkurat implementiert.[12] Nach Entstehung des Streits möchte jede Seite gewinnen, aber diese Bestrebungen kürzen sich wechselseitig heraus. Was bleibt, ist das gemeinsame Interesse an einem fairen Verfahren, an seiner

[9] BGHZ 54, 392, 395 ff. = NJW 1971, 139; gegen RGZ 137, 251, 255.
[10] BGHZ 54, 392, 397 = NJW 1971, 139; BGH SchiedsVZ 2007, 163 Rn. 16.
[11] Die Schiedsvereinbarung als solche bleibt wirksam; Musielak/Voit/*Voit*, § 1034 Rn. 5.
[12] Vgl. oben, III. 3., IV. 3. b).

effektiven Durchführung und an einem nachvollziehbaren Schiedsspruch. Vorsitzende und Einzelschiedsrichter werden durch die auf sie einwirkenden wirtschaftlichen Anreize dazu gedrängt, diesen gemeinsamen Erwartungen der Parteien zu entsprechen.

5. Parteibenannte Schiedsrichter in der Zwickmühle

Eine für die Schiedsgerichtsbarkeit heikle Frage lautet, ob die von den Parteien benannten Schiedsrichter nicht nur den eben beschriebenen Leistungsanreizen ausgesetzt sind, sondern darüber hinausschießend versucht sind, „ihrer" Partei, also derjenigen Partei, die den jeweiligen Schiedsrichter benannt hat, zu Diensten zu sein.[13] Wäre dem so und agierten die parteibenannten Schiedsrichter als Sprachrohre ihrer jeweiligen Partei, könnte dies die Integrität der Schiedsgerichtsbarkeit untergraben. In der Folge würde die Funktion der Schiedsgerichtsbarkeit, die von den Parteien getroffene materiell-rechtliche Vertragsregelung getreu und möglichst akkurat durchzusetzen, Schaden nehmen.

a) Präferenzänderung der Parteien

Die These, die parteibenannten Schiedsrichter agierten im Schiedsverfahren zugunsten derjenigen Parteien, die sie jeweils ernannt haben, widerspricht *prima facie* der oben ausführlich begründeten Annahme, dass die Streitparteien ein gemeinsames Interesse an klaren und richtigen Entscheidungen haben, die die von ihnen vereinbarten Rechte und Pflichten akkurat durchsetzen.[14] Können und müssen die Parteien mit akkurater Vertragsdurchsetzung rechnen, ist die durch den kommerziellen Vertrag generierte Kooperationsdividende am größten. Präzise Rechtsdurchsetzung ist jedoch das Gegenteil von einäugigen Entscheidungen zugunsten einer Partei. Wie kann es dann sein, dass parteibenannte Schiedsrichter im Verdacht stehen, ihrer Partei gefallen zu wollen, indem sie deren Positionen im Schiedsgericht gewissermaßen advokatorisch vertreten? Unter den Bedingungen funktionierenden Wettbewerbs zwischen Schiedsrichtern ist davon auszugehen, dass der Markt unbedarfte Schiedsrichter, die die Präferenzen der Parteien falsch einschätzen und durch advokatorisches Verhalten auffallen, aussortiert.

---

[13] *Fouchard/Gaillard/Goldman*, Traité de l'arbitrage commercial international, Rn. 335; *Schlosser*, in: *van Compernolle/Tarzia* (Hrsg.), L'impartialité du juge et de l'arbitre, 299, 301 ff.; *El Chazli*, L'impartialité de l'arbitre, Rn. 335 m. w. N.; einflussreich auch *Paulsson*, The Idea of Arbitration, 153 ff.: „moral hazard". Paulsson bezieht sich mit seiner Diagnose allerdings nicht auf die Handelsschiedsgerichtsbarkeit, sondern auf die völkerrechtliche Schiedsgerichtsbarkeit sowie auf Investor-Staat-Schiedsverfahren.

[14] Vgl. oben, III. 3, IV. 3. b).

Die Sorge um die mangelnde Neutralität des parteibenannten Schiedsrichters lässt sich daher nur auf Basis der Annahme aufrechterhalten, dass sich die Präferenzen der Parteien nach Abschluss des kommerziellen Vertrags wesentlich verändern. Diese Annahme ist plausibel und wird durch praktische Erfahrung gestützt. Anders als im Zeitpunkt des Vertragsschlusses wünschen sich die Parteien in der Phase *ex post*, wenn ein konkreter Streit bereits entbrannt ist, keine akkurate Durchsetzung ihrer vertraglichen Rechte und Pflichten mehr, sondern nur noch eines: den jeweils eigenen Prozesssieg. *Ex post* präferiert die einzelne Partei die Durchsetzung der eigenen Rechte gegenüber der Gegenseite – und nichts anderes: „Pour le justiciable, un judge impartial, c'est un juge qui est de son avis".[15] Eine solche Präferenzumkehr nach Entstehung des Streits trägt dem Umstand Rechnung, dass die mit akkurater Rechtsdurchsetzung verbundene Kooperationsdividende mit dem Vertragsbruch, der zu dem Streit geführt hat, bereits verspielt wurde. Der gemeinsame Nutzen akkurater Rechtsdurchsetzung für beide Parteien besteht eben darin, dass sie wirksame Anreize zur Erfüllung der eingegangenen Pflichten generiert. Sind diese Pflichten bereits verletzt worden, ist für die Parteien gemeinsam nichts mehr zu gewinnen, sondern es geht nur noch um die Verteilung der bereits eingetretenen Schäden. Mit diesen Überlegungen stimmt zusammen, dass Schiedsvereinbarungen *ex post*, nach Entstehung des Streits, in der Praxis kaum vorkommen.[16]

b) Idealismus und Realismus in Bezug auf Co-Schiedsrichter

In der oben geschilderten Rechtsprechung des BGH zum Ernennungsrecht nur einer Partei sowie in § 1034 Abs. 2 ZPO klingt ein erhebliches Misstrauen gegenüber der Unparteilichkeit von Schiedsrichtern an, die von nur einer Partei benannt werden.[17] Diese Bedenken lassen sich auch bei ausgewogenen Ernennungsregeln erheben, und zwar mit Blick auf diejenigen Mitglieder des Schiedsgerichts, die nur von einer Partei ausgewählt und benannt werden, bei einem Dreier-Schiedsgericht also in Bezug auf die beiden beisitzenden Schiedsrichtern. Tatsächlich wird die Unparteilichkeit der Co-Schiedsrichter, verstanden als die unilateral, von nur einer Partei benannten Schiedsrichter, verbreitet angezweifelt, und zwar sowohl in der nationalen Diskussion wie auch auf internationaler Bühne.

In Deutschland hat der BGH in einer Entscheidung aus dem Jahr 1972 den harten Satz geprägt, es liege nahe, „dass derjenige, der sich in ein Schiedsgericht entsenden lässt, Dritten gegenüber den Eindruck erweckt, er nehme Interessen

[15] *Nadal*, Gaz. Pal. 2012, 14; zur Übertragung auf die Schiedsgerichtsbarkeit, *El Chazli*, L'impartialité de l'arbitre, Rn. 345.
[16] Vgl. oben, IV. 1.
[17] Vgl. oben, V., Fn. 10.

seines Auftraggebers wahr".[18] Es sei „eine allgemeine Erfahrung […], dass sich die von den Parteien ernannten Schiedsrichter vielfach als deren Interessenvertreter betrachten und demgemäß ihr Amt mehr oder weniger einseitig ausüben".[19]

Im französischsprachigen Raum hat kein anderer als *Peter Schlosser* die Debatte angestoßen, indem er – den BGH paraphrasierend – erklärt hat, jeder wisse doch, dass der parteibenannte Schiedsrichter nicht völlig unparteilich sei, es traue sich nur niemand, das offen auszusprechen.[20] Das schweizerische Bundesgericht hat diese Ambivalenz zwischen Anspruch und Wirklichkeit auf den Begriff gebracht und zwischen einer „idealistischen" und einer „realistischen" Ansicht unterschieden.[21] In dem Fall *Alejandro Valverde Belmonte* ging es um einen Schiedsspruch des CAS/TAS über die Sanktionierung eines Radrennfahrers wegen Dopingvergehen.[22] Der beklagte Sportverband hatte einen Schiedsrichter benannt – den in Deutschland bekannten Sport- und Schiedsrechtler *Ulrich Haas* – der zuvor an der Überarbeitung des Anti-Doping-Codes der WADA mitgewirkt und für die WADA einem Beobachterkomitee bei den olympischen Spielen 2004 angehört hatte. Vor diesem Hintergrund und nachdem die WADA zu dem Schiedsverfahren als Beteiligte beigeladen worden war, sah der betroffene Sportler als Kläger die Unabhängigkeit und Unparteilichkeit des von der Gegenseite benannten Co-Schiedsrichters nicht gewährleistet. Vor dem Bundesgericht verteidigte der beklagte Sportverband den Schiedsspruch mit dem Argument, die Grundsätze der Unabhängigkeit und Unparteilichkeit würden für parteibenannte Schiedsrichter ohnehin nicht gelten.[23] Das Bundesgericht fasste den Stand der internationalen Diskussion zur Unparteilichkeit von Co-Schiedsrichtern so zusammen, dass es zwischen Realisten bzw. Pragmatikern auf der einen Seite und Idealisten auf der anderen unterschied. Für die Realisten sei es illusorisch, Co-Schiedsrichter an demselben Unparteilichkeitsmaßstab zu messen wie Vorsitzende und Einzelschiedsrichter, während die Idealisten genau darauf insistierten, um die Glaubwürdigkeit und Integrität der internationalen Schiedsgerichtsbarkeit nicht zu gefährden.[24] Das Bundesgericht bekannte sich nachdrücklich zur Position der Idealisten, ohne in Abrede

---

[18] BGH NJW 1972, 827.

[19] BGH NJW 1972, 827.

[20] *Schlosser*, in: van Compernolle/Tarzia (Hrsg.), L'impartialité du juge et de l'arbitre, 299, 301 ff., 305: „Mais nul n'ose le dire directement."

[21] Zur Entwicklung der Rechtsprechung des Bundesgerichts eingehend *El Chazli*, L'impartialité de l'arbitre, Rn. 327 ff.; vgl. auch *Berger/Kellerhals*, International and Domestic Arbitration in Switzerland, Rn. 790 ff.

[22] BGer, 29.10.2010, 4A_234/2010, BGE 136 III 605 – *Alejandro Valverde Belmonte ./. CONI et al.*

[23] BGer, 29.10.2010, 4A_234/2010, BGE 136 III 605, E.3.3.1.

[24] BGer, 29.10.2010, 4A_234/2010, BGE 136 III 605, E.3.3.1.

zu stellen, das vollkommene Unabhängigkeit und Unparteilichkeit ein Ideal ist, das in der Realität nicht immer vollständig erreicht werden kann.[25]

c) Gleiche Ernennungsstandards für Co-Schiedsrichter

Tatsächlich kann vor dem Hintergrund des geltenden Rechts kein Zweifel daran bestehen, dass Co-Schiedsrichter genau denselben Unabhängigkeits- und Unparteilichkeitsanforderungen unterliegen wie Einzelschiedsrichter und Vorsitzende von Dreier-Schiedsgerichten.[26] Weder Art. 12 UNCITRAL-Modellgesetz[27] noch § 1036 Abs. 2 ZPO noch die Schiedsverfahrensgesetze der Schweiz (Art. 180 Abs. 1 lit. c) IPRG; Art. 367 Abs. 1 lit. c) schwZPO),[28] Frankreichs (Art. 1456 Abs. 2 CPC) oder Englands (Section 33 Arbitration Act 1996) kennen ein abgestuftes System, dass es Co-Schiedsrichtern erlaubte, weniger unparteilich zu sein als Vorsitzende und Einzelschiedsrichter. Auch die *Guidelines on Conflicts of Interest in International Arbitration* der *International Bar Association* (IBA) unterscheiden mit ihrem Ampelsystem nicht zwischen Vorsitzenden und Alleinschiedsrichtern einerseits und Co-Schiedsrichtern andererseits. Vielmehr heißt es in Part I (5) (a) programmatisch: „These Guidelines apply equally to tribunal chairs, sole arbitrators, and co-arbitrators, howsoever appointed".[29] Umgekehrt ist aber auch klar, dass ein Schiedsrichter nicht schon und alleine deshalb wegen Befangenheit abgelehnt werden kann, weil er von einer der Schiedsparteien benannt worden ist.[30]

d) Die Anreizwirkung der unilateralen Benennung

Die Frage nach reduzierten Unparteilichkeitsstandards in Bezug auf die Ernennung parteibenannter Schiedsrichter weist von vornherein in die falsche Richtung. Es geht nicht darum, ob Co-Schiedsrichter *vor* bzw. im Zeitpunkt ihrer Benennung „gemäßigt parteilich" sein dürfen – was nicht der Fall ist – sondern allein um die Anreizwirkung der unilateralen Schiedsrichterwahl *nach* der Ernennung als Co-Schiedsrichter. Was diese Anreizwirkung betrifft, so herrscht

[25] BGer, 29.10.2010, 4A_234/2010, BGE 136 III 605, E.3.3.1.

[26] *Keutgen*, in: van Compernolle/Tarzia (Hrsg.), L'impartialité du juge et de l'arbitre, 275, 279. Für – nicht überzeugende – Appelle in die entgegengesetzte Richtung einer Absenkung der Unparteilichkeitsanforderungen für Co-Schiedsrichter finden sich bei *Salvaneschi*, in: van Compernolle/Tarzia (Hrsg.), L'impartialité du juge et de l'arbitre, 239, 254 ff.; *El Chazli*, L'impartialité de l'arbitre, Rn. 364 ff.; *Clay*, L'arbitre, 298 f.

[27] Art. 12 UNCITRAL-Modellgesetz.

[28] *Berger/Kellerhals*, International and Domestic Arbitration in Switzerland, Rn. 790 ff.

[29] IBA Guidelines on Conflicts of Interest in International Arbitration, verfügbar unter https://www.ibanet.org/document?id=Guidelines-on-Conflicts-of-Interest-in-International-Arbitration-2024 (letzter Zugriff am 27. Januar 2026).

[30] BGer, 29.10.2010, 4A_234/2010, BGE 136 III 605, E.3.3.1.

mehr oder weniger Einigkeit über die Einschätzung, dass die Wahl eines Schiedsrichters durch nur eine Partei ein Band zwischen diesen Personen knüpft, welches das Verhalten des Co-Schiedsrichters während des Schiedsverfahrens beeinflusst.[31] In diesem Sinne wird die „gemäßigte Unparteilichkeit" durch die unilaterale Wahl des Schiedsrichters überhaupt erst hergestellt.

Die von dem durch die Ernennung geknüpften Band zwischen Partei und Co-Schiedsrichter ausgehenden Wirkungen sind von zweierlei Natur. In der Literatur wird davon ausgegangen, dass die Benennung durch eine Partei eine persönliche Verbindung schafft, quasi ein psycho-sozial fundiertes Loyalitätsbedürfnis.[32] Der Schiedsrichter, der seine Benennung einer Partei verdankt, will diese nicht enttäuschen, sondern sich des Vertrauens würdig erweisen. Hinzu kommt ein wirtschaftliches Motiv: Da Schiedsrichter auf die Ernennung durch Parteien angewiesen sind, müssen sie für Parteien attraktiv bleiben, um weitere Schiedsrichtermandate zu erhalten. Da Parteien in der Situation *ex post*, nach Entstehung der Streitigkeit, ausschließlich daran interessiert sind, den Rechtsstreit zu gewinnen,[33] präferieren sie Schiedsrichter, die sich für ihre jeweiligen Belange einsetzen. Anders als für staatliche Richter, aber auch anders als für Vorsitzende und Einzelschiedsrichter, besteht also für parteibenannte Schiedsrichter ein ökonomischer Anreiz, den Interessen der „eigenen" Partei möglichst zu entsprechen.[34] Die Demonstration der eigenen Qualitäten als parteibenannter Schiedsrichter beeinflusst auch die Wertschätzung durch die Gegenpartei, für die er mit Blick auf mögliche Benennungen in zukünftigen Verfahren an Attraktivität gewinnt. Nochmals ist hervorzuheben, dass dieser Anreiz nicht schon vorher, vor der Bestellung als Co-Schiedsrichter gegeben ist, sondern durch die unilaterale Ernennung erst entsteht.

Diese Herleitung des Anreizsystems, dem sich parteibenannte Schiedsrichter gegenübersehen, erklärt ihr Verhalten während des Schiedsverfahrens, in der Interaktion mit ihren Mitschiedsrichtern. Den parteibenannten Schiedsrichter trifft eine Art Vigilanzpflicht zugunsten der Partei, die ihn benannt hat.[35] Er hat die Aufgabe, dafür zu sorgen, dass der Standpunkt und die Perspektive derjenigen Partei, die ihn benannt hat, innerhalb des Schiedsgerichts Gehör findet.[36] Er muss also verhindern, dass das Schiedsgericht einzelne Argumente „seiner" Partei übergeht oder falsch versteht. Bei den Beratungen des Schiedsgerichts

---

[31] BGer, 29.10.2010, 4A_234/2010, BGE 136 III 605, E.3.3.1; *Berger/Kellerhals*, International and Domestic Arbitration in Switzerland, Rn. 793; *Clay*, L'arbitre, 294; *El Chazli*, L'impartialité de l'arbitre, Rn. 323 und passim.

[32] *El Chazli*, L'impartialité de l'arbitre, Rn. 347.

[33] Vgl. oben, IV. 1., V. 5. a).

[34] *El Chazli*, L'impartialité de l'arbitre, Rn. 347.

[35] *El Chazli*, L'impartialité de l'arbitre, Rn. 369 ff.

[36] *Born*, International Commercial Arbitration, 1941; *Timmer*, The International Journal of Arbitration, Mediation and Dispute Management 2012, 348, 351.

wird er darauf achten, dass das Vorbringen der Partei nicht unter den Tisch fällt.

Hinter vorgehaltener Hand wird immer wieder von Fällen berichtet, in denen Co-Schiedsrichter viel weiter gehen und sich innerhalb des Schiedsgerichts wie ein Anwalt „ihrer" Partei benehmen.[37] Mitunter lässt ein parteibenannter Schiedsrichter sogar in der mündlichen Verhandlung die Maske der Neutralität fallen und weist den Anwalt der jeweiligen Partei, die ihn benannt hat, auf Gesichtspunkte hin, die dieser übersehen hat, oder stellt dem Zeugen oder Sachverständigen Fragen, die der Anwalt der eigenen Partei zu stellen versäumt hat. Besonders krasses Fehlverhalten liegt vor, wenn der parteibenannte Schiedsrichter in den Beratungen des Schiedsgerichts einsehen muss, dass er mit dem Standpunkt seiner Partei keine Chance hat, und daraufhin die weitere Mitwirkung an dem Verfahren *de facto* einstellt und sich insbesondere weigert, den gegen die eigene Partei gerichteten Schiedsspruch zu unterschreiben. Ein solches, grob unethisches Verhalten klingt fernliegend, ist es aber nicht, am wenigsten im internationalen Kontext, in dem es an sozialen Normen häufig fehlt und in dem die Reputationskosten eines solchen Fehlverhaltens niedrig sind. Wie realistisch die Gefahr ist, zeigt sich daran, dass das UNCITRAL-Modellgesetz eine besondere Regelung über *truncated arbitral tribunals* enthält, die es der Vorsitzenden und dem anderen Co-Schiedsrichter ermöglicht, den Schiedsspruch durch ihre Unterschriften zu erlassen (Art. 31 Abs. 1 S. 2 UNCITRAL-Modellgesetz, § 1054 Abs. 1 S. 2 ZPO).[38] Der deutsche Gesetzgeber hat dem die im Modellgesetz nicht enthaltene Regelung des § 1052 Abs. 2 ZPO hinzugefügt, nach der im Fall der Weigerung eines Schiedsrichters, an einer Abstimmung im Schiedsgericht teilzunehmen, die übrigen Schiedsrichter ohne ihn entscheiden können. Auch hier geht es darum, der Obstruktion des Schiedsverfahrens durch einen parteibenannten Schiedsrichter entgegenzutreten.[39] Unter dem Anreizgesichtspunkt interessant ist auch die Praxis der *Dissenting Opinions* (Sondervoten). So sehr es einleuchtet, diese in der angelsächsischen Welt verbreitete und bewährte Praxis zuzulassen,[40] was mit dem Schiedsverfahrensmodernisierungsgesetz auch klargestellt werden soll (§ 1054a ZPO-E),[41] so bestätigt sie doch erneut die eingeschränkte Unparteilichkeit des Co-Schiedsrichters. Tatsächlich werden über 90 % der *Dissenting Opinions* von dem Schiedsrichter verfasst, der von derjenigen Partei benannt wurde, deren

---

[37] Vgl. *Born*, International Commercial Arbitration, 1940; *Schütt*, SchiedsVZ 2011, 276, 277.

[38] Dazu *Holtzmann/Neuhaus*, A Guide to the UNCITRAL Model Law on International Commercial Arbitration, 836 f.; MünchKommZPO-*Münch*, § 1054 Rn. 18; wie real die Gefahr ist, zeigen die Fälle RGZ 18, 369, 370 f.; OLG München SchiedsVZ 2011, 167, 168.

[39] Bundesministerium der Justiz (Hrsg.), Abschlussbericht der Kommission zur Neuordnung des Schiedsverfahrensrechts, 173 f.; MünchKommZPO-*Münch*, § 1052 Rn. 19.

[40] AA OLG Frankfurt IWRZ 2020, 233.

[41] BT-Drucks. 20/13257, 9, 37 ff.; Referentenentwurf der 21. Legislaturperiode, 2026, 48 ff.

Position die Mehrheit des Schiedsgerichts nicht überzeugt hat.[42] Der Zweck der Übung besteht nicht nur darin, der jeweils „eigenen“ Partei zu zeigen, wie sehr sich der jeweilige Schiedsrichter für ihre Belange eingesetzt hat, sondern dient auch dazu, Schwachstellen der Argumentation der Mehrheit offenzulegen, um einen Aufhebungsantrag vorbereiten zu helfen. Damit bestätigt sich erneut, dass Co-Schiedsrichter starken Anreizen unterliegen, den Interessen derjenigen Partei, die sie jeweils benannt haben, so gut es geht zu entsprechen.

Genau diese Interessen der Partei, die eine Person als Schiedsrichter benannt hat, sind es allerdings auch, die der Tendenz zu einseitigem, die Belange der benennenden Partei favorisierendem Verhalten des Co-Schiedsrichters Grenzen setzen. Wer sich im Schiedsgericht wie ein Parteivertreter geriert, erweist damit weder sich noch der ernennenden Partei einen guten Dienst. Advokatorisches Verhalten in den Beratungen des Schiedsgerichts treibt die Vorsitzende in die Arme des von der Gegenseite benannten Co-Schiedsrichters, sofern letzterer weiter die gebotene Mäßigung walten lässt.[43] Verhalten sich hingegen beide Co-Schiedsrichter parteilich, wird der Streit der Parteien mit deren Positionsbehauptungen in das Schiedsgericht hinein verlängert. Eine echte Beratung durch unvoreingenommene Juristen kann so nicht stattfinden; *de facto* entscheidet die Vorsitzende den Streit alleine.[44] Den Interessen der Parteien dürfte dies nicht entsprechen, denn sie haben immerhin ein Dreierschiedsgericht – und keinen Einzelschiedsrichter – vereinbart.

e) Bewertung: Anteilnehmende statt desinteressierter Neutralität

Werden parteibenannte Schiedsrichter am Ideal des völlig unabhängigen und in diesem Sinne desinteressierten Richters staatlicher Gerichte gemessen, schneiden sie schlecht ab. Diese Diskrepanz droht auf die Schiedsgerichtsbarkeit insgesamt abzufärben und ihre Legitimität zu unterminieren. Die Freiheit der Parteien, sich aus der staatlichen Gerichtsbarkeit herauszuwählen und die Streitentscheidung einem Tribunal ihres Vertrauens zu übertragen, beruht auf der Prämisse, dass Schiedsgerichte einen gleichwertigen Rechtsschutz bieten. Scheinbar ist dies aber gar nicht der Fall. Die unbestreitbar vorhandenen An-

---

42 *Van den Berg*, in: Arsanjani/Katz Cogan/Sloane (Hrsg.), Looking to the Future: Essays on International Law in Honour of W. Michael Reisman, 821; *ders.*, Arbitration International 2015, 381, 382 ff.; *El Chazli*, L'impartialité de l'arbitre, Rn. 332.

43 *Timmer*, The International Journal of Arbitration, Mediation and Dispute Management 2012, 348, 350.

44 *Van den Berg*, in: Arsanjani/Katz Cogan/Sloane (Hrsg.), Looking to the Future: Essays on International Law in Honour of W. Michael Reisman, 821, 830. Zu einem extremen Fall aus dem Völkerrecht, in dem der Präsident des Schiedsgerichts tatsächlich allein, ohne die Beteiligung der extrem antagonistischen Co-Schiedsrichter entschieden hat, *Paulsson*, The Idea of Arbitration, 2013, 156, mit Hinweis auf *Republika Srpska v. Federation of Bosnia and Herzegovina*, 14.2.1997, International Legal Materials 1997, 399, 401.

reize der Co-Schiedsrichter, die Belange derjenigen Partei, die sie benannt hat, im Auge zu behalten, laufen Gefahr, die gesamte Institution zu diskreditieren. Diese Gefahr ist der Grund dafür, dass an dem Ideal des vollkommen unparteilichen Co-Schiedsrichters festgehalten wird. Die Rechtsprechung des Bundesgerichts ist ein treffendes Beispiel.[45]

Tatsächlich ist am Postulat vollkommener Unparteilichkeit (auch) des parteibenannten Schiedsrichters für das Ernennungsstadium unbedingt festzuhalten. Es gibt keinen Grund dafür, Personen zur Streitentscheidung zu berufen, die den Parteien nicht unabhängig und unparteilich gegenüberstehen, egal, von wem sie benannt werden. Nachdem ein Schiedsgericht aus unabhängigen und unparteilichen Personen einmal konstituiert ist, lässt sich der Anreiz des Co-Schiedsrichters, den Erwartungen der Partei, die ihn nominiert hat, in vernünftigem Umfang zu entsprechen, aber weder leugnen noch durch Ermahnungen zu einem vollständig neutralen Verhalten ausschalten. Vollkommene Neutralität des Co-Schiedsrichters verlangte schließlich nicht nur Unvoreingenommenheit, sondern auch eine Art teilnahmsloser Gleichgültigkeit gegenüber den Belangen der nominierenden Partei. Und genau dies ist es, was die Parteien vor staatlichen Gerichten erwartet und was sie durch die Wahl der Schiedsgerichtsbarkeit legitimerweise vermeiden wollen. Die Vorzüge einer unparteilichen Zugewandtheit des parteibenannten Schiedsrichters zeigen sich vor allem im Bereich internationaler Verfahren, in denen die Parteien aus unterschiedlichen Rechtskulturen stammen und mit der Wahl der Schiedsgerichtsbarkeit erreichen wollen, dass ein gegenüber diesen Unterschieden responsives Gremium ihren Streit entscheidet.[46] Bei internationalen Streitigkeiten ist es wichtig, dass der parteibenannte Schiedsrichter den rechtskulturellen Hintergrund der jeweiligen Partei einbringt und den Mitschiedsrichtern die daraus folgenden juristischen Vorverständnisse erläutert.[47] Sofern diese Aufgabe von dem Co-Schiedsrichter mit einer gezügelt zugewandten Haltung wahrgenommen wird, ist dies erwünscht und nicht zu kritisieren. In abgeschwächter Form kann diese Funktion auch bei nationalen Verfahren eine Rolle spielen, soweit nämlich die Parteien in unterschiedlichen ökonomisch-sozialen Kontexten zu Hause sind, sodass in Bezug auf die jeweils eigenen Erwartungen, etwa an die Interpretation von Vertragsklauseln, eine gewisse Übersetzungsleistung erforderlich ist.

Was schließlich die Legitimität der Schiedsgerichte als unparteiliche Entscheidungsinstanz anlangt, so ist darauf hinzuweisen, dass Unparteilichkeit nicht nur auf eine einzige Art und Weise gewährleistet werden kann. Bei staatlichen Gerichten wird Unparteilichkeit dadurch hergestellt, dass sämtliche Richter demselben Maßstab genügen müssen, d. h. alle müssen desinteressiert-

---

[45] Vgl. oben, V. 5. a), Fn. 25.

[46] Vgl. oben, IV. 4. b).

[47] *Salvaneschi*, in: van Compernolle/Tarzia (Hrsg.), L'impartialité du juge et de l'arbitre, 239, 254.

neutral sein. Diese Anforderung aber ist nicht zwingend. Die Alternative besteht darin, die Unparteilichkeit auf das Entscheidungsgremium im Ganzen zu beziehen.[48] Im Bereich der staatlichen Justiz selbst gibt es Bereiche, in denen nur die Vorsitzende den strengsten Neutralitätsmaßstäben genügen muss, während die beisitzenden Richter zwar ebenfalls unparteilich sein müssen, aber dem Interessen- und Organisationskreisen der beiden Streitparteien entstammen. So verhält es sich insbesondere bei den Arbeitsgerichten. An der Legitimation der Arbeitsgerichtsbarkeit im Rechtsstaat besteht trotz der Beteiligung nicht vollständig unabhängiger Laienrichter, die gemäß § 6 ArbGG „den Kreisen der Arbeitnehmer und Arbeitgeber" angehören, kein Zweifel.[49] Die Beteiligung von „Vertretern" der Arbeitnehmer und Arbeitgeber an dem staatlichgerichtlichen Spruchkörper wird in der einschlägigen Literatur mit den Argumenten gerechtfertigt, die Erfahrungen der beteiligten Berufskreise sollten bei der Rechtsfindung berücksichtigt werden und für eine größere Akzeptanz der Entscheidung sorgen.[50] Genau diese Erwägungen treffen auch auf Schiedsgerichte zu; hier dient die Beteiligung parteibenannter Richter ebenfalls dazu, die Erfahrungen der jeweiligen Verkehrskreise dem Spruchgremium zugänglich zu machen und überdiese die Akzeptanz der Entscheidung zu erhöhen. Dann aber können die Ernennung der Co-Schiedsrichter durch die Streitparteien und die daraus folgenden Anreizwirkungen nicht denunziert und auf dieser Grundlage die Legitimität der Schiedsgerichtsbarkeit angezweifelt werden.

Die Schiedsgerichtsbarkeit gewährleistet unparteiliche Rechtspflege auf andere Weise als die ordentlichen Gerichte, nämlich durch eine – gesteuerte und maßvolle – Beteiligung der Parteien an der Auswahl der Schiedsrichter. Solange gewährleistet ist, dass die Parteien gleichen Einfluss auf die Zusammensetzung des Schiedsgerichts haben und nicht eine Partei über ein Übergewicht verfügt, ist dagegen unter Fairnessgesichtspunkten nichts zu erinnern. Wie der BGH in seiner Rechtsprechung ausdrücklich und zutreffend betont, ist die Ernennung der Co-Schiedsrichter durch nur eine Partei unbedenklich, wenn nur „ein entsprechendes Gegengewicht in Form eines von der anderen Partei oder von einem Dritten bzw. von einem staatlichen Gericht ernannten Schiedsrichters" besteht.[51] Maßgebend ist also, dass die Unparteilichkeit des Schiedsgerichts im Ganzen garantiert ist, nicht hingegen die vollkommene Neutralität jedes Schiedsrichters. Anders gewendet ist die Parität der Parteien bei der Benennung der Co-Schiedsrichter die Gewähr dafür, dass sich die Anreize der von ihnen benannten Personen nicht zum Nachteil einer Seite auswirken, sondern zum Vorteil beider. Der Vorteil besteht in einer Haltung der Entscheider,

---

48 *El Chazli*, L'impartialité de l'arbitre, Rn. 361 ff.; vgl. auch Cass. 2e civ., 20.10.2005, Biolaris, No. 03-19979

49 Vgl nur Schwab/Weth/*Liebscher* ArbGG, § 6 Rn. 48.

50 ErfK/*Ahrendt* ArbGG, § 6 ArbGG Rn. 1; GMP/*Prütting* ArbGG, § 6 Rn. 4.

51 BGHZ 54, 392, 396 f. = NJW 1971, 139.

die nicht neutral-desinteressiert ist, wie bei staatlichen Gerichten, sondern neutral-zugewandt; eine Haltung, die auch für gelungene Mediation kennzeichnend ist.[52]

f) Abschaffung des Ernennungsrechts?

Mit Blick auf die internationale Investitionsschiedsgerichtsbarkeit haben zwei prominente Praktiker, *Albert van den Berg* und *Jan Paulsson*, den Einsatz von Co-Schiedsrichtern für die Interessen ihrer Parteien massiv kritisiert, vor allem mit Blick auf die Praxis der *Dissenting Opinions.*[53] Dabei waren die Kritiker übereinstimmend der Meinung, dass gegen den Anreizsog, denen sich parteibenannte Schiedsrichter ausgesetzt sehen, kein Kraut gewachsen ist. Das einzige Mittel, mit dem er beseitigt werden könnte, sei die Abschaffung des Ernennungsrechts der Schiedsparteien.[54] Eine solche Lösung ist jedoch weder realistisch[55] noch gerechtfertigt. Das Recht der Parteien, einen Schiedsrichter ihres Vertrauens zu benennen, ist in den Schiedsgesetzen vieler Länder und auch in Art. 11 Abs. 3 lit. a) UNCITRAL-Modellgesetz (§ 1035 Abs. 3 S. 2 ZPO) als dispositive Grundregel für die Besetzung eines Dreierschiedsgerichts vorgesehen.[56] Das Ernennungsrecht der Partien zählt zu den Grundelementen der Schiedsgerichtsbarkeit und bestimmt zu einem nicht geringen Teil seinen Nutzen für die Parteien. Bei internationalen Streitigkeiten gewährleistet es die Beteiligung eines Entscheiders, der mit der Rechtskultur der jeweiligen Partei vertraut ist, und bei inländischen Streitigkeiten ermöglicht es die Berufung von Personen, die über die von der jeweiligen Partei für wichtig befundenen Qualitäten und Qualifikationen verfügt. Das Recht zur Schiedsrichterernennung verursacht eben nicht nur Gefahren in Gestalt des advokatorisch agierenden Schiedsrichters, sondern es generiert auch einen erheblichen Nutzen für die jeweilige Partei, aber auch für die Volkswirtschaft insgesamt, weil es die Qualität der schiedsgerichtlichen Entscheidung fördert. Es ist daher geboten, die mit dem Ernennungsrecht der Parteien verbundenen Gefahren einzuhegen, indem an strikten Standards der Unparteilichkeit und Unabhängigkeit im Ernen-

---

[52] Vgl. *McRedmond*, Mediation and Justice, 66 ff.

[53] *Paulsson*, The Idea of Arbitration, 163; *van den Berg*, in: Arsanjani/ Katz Cogan/Sloane (Hrsg.), Looking to the Future: Essays on International Law in Honour of W. Michael Reisman, 821, 824, 832; *ders.*, Arbitration International 2015, 381, 382 ff. vgl. auch *Redfern*, Arbitration International 20 (2004), 223.

[54] *Paulsson*, The Idea of Arbitration, 162; *Salvaneschi*, in: van Compernolle/Tarzia (Hrsg.), L'impartialité du juge et de l'arbitre, 239, 254.

[55] *Van den Berg*, in: Arsanjani/Katz Cogan/Sloane (Hrsg.), Looking to the Future: Essays on International Law in Honour of W. Michael Reisman, 821, 834; vgl. auch *El Chazli*, L'impartialité de l'arbitre, Rn. 353 ff.

[56] Vgl. weiter Art. 361 Abs. 2 schwZPO i. V. m. Art. 179 Abs. 2 IPRG; § 1034 Abs. 1 S. 2 ZPO.

nungsstadium festgehalten wird, ohne das Kind mit dem Bade auszuschütten und das Recht der Partei zur Benennung eines Schiedsrichters abzuschaffen.

6. Tendieren Schiedsgerichte zu faulen Kompromissen?

a) Die These des Baby Splitting

Die Hypothese, dass Schiedsrichter, die von den Streitparteien selbst ernannt und vergütet werden, stärker auf deren Interessen eingehen, führt zu einem weiteren, verbreiteten Kritikpunkt an der Schiedsgerichtsbarkeit, nämlich dem Vorwurf des sog. *baby splitting.*[57] Der Begriff ist eigentlich irreführend, denn er nimmt Bezug auf die biblische Geschichte von König Salomon, der mithilfe der Drohung, er werde das zwischen zwei Frauen umstrittene Kleinkind in der Hälfte teilen und damit töten, die wahre Mutter des Kindes identifizieren konnte. Im Unterschied zu Salomons Verhalten wird Schiedsrichtern unterstellt, sie würden mit einer hälftigen Teilung des Streitgegenstands nicht nur drohen, sondern damit ernst machen, indem sie mit ihrem Schiedsspruch stets einen Kompromiss zwischen den Positionen der Klägerin und des Beklagten anstreben. Auf der Strecke bleibt dann das Interesse an einer richtigen Entscheidung, also an der getreuen Durchsetzung der beiderseitigen Leistungspflichten, an der die Parteien im Zeitpunkt des Vertragsschlusses und Vereinbarung der Schiedsgerichtsklausel ein gemeinsames Interesse haben, weil es den Vertragsnutzen maximiert.[58] Die These des *baby splitting* behauptet nun, Schiedsgerichte tendierten zu Ergebnissen, die eine eindeutige Lösung zugunsten einer Partei vermeiden und stattdessen eine Kompromisslösung implementieren würden, bei der jede Seite etwas bekäme und keine Partei leer ausginge. Werde in dem Schiedsverfahren beispielsweise um Schadensersatz gestritten, bestünde ein solcher Kompromiss darin, der Klägerin ca. 50 % der begehrten Summe zuzusprechen, sie jedenfalls nicht ganz leer ausgehen zu lassen. Der Anreiz, mit dem Schiedsspruch solche Zwischenlösungen anzustreben, soll auf dem Interesse der Schiedsrichter an einer späteren Wiederbenennung beruhen. Da Schiedsrichter an weiteren Schiedsämtern interessiert seien, versuchten sie, keine der Streitparteien zu verärgern. Dieses Ziel werde mit Kompromisslösungen erreicht, mit denen beide Parteien einigermaßen zufrieden sein könnten.

---

[57] *Brunet*, Tulane Law Review 74 (2000), 39, 42–47; *Posner*, in: Nobel/von Ins (Hrsg.), Law and Economics of International Arbitration, 123–127; *Paulsson*, The Idea of Arbitration, 149 ff.

[58] Vgl. oben, III. 3. und IV. 2.

b) Würdigung und empirische Evidenz

Mit der oben erörterten These, die parteiernannten Schiedsrichter versuchten „ihrer“ Partei, die sie benannt hat, zu helfen, indem sie ihre Belange im Schiedsgericht zu Gehör bringen, ist die Behauptung des *baby splitting* vereinbar. Verhalten sich die beiden von den Parteien benannten Schiedsrichter entgegengesetzt-parallel, indem sie sich für die jeweils eigene Partei einsetzen, liegt eine naheliegende Lösung darin, die Entscheidung in der Mitte zwischen den beiden konfligierenden Positionen zu suchen.

So plausibel die Baby-splitting-These auf den ersten Blick klingen mag, wirft sie bei näherer Betrachtung ernste Zweifel auf. Sie muss auf der Annahme beruhen, dass die Streitparteien „eigentlich“ ein gemeinsames Interesse an klaren und richtigen Entscheidungen in die eine oder andere Richtung haben, denn sonst wäre gegen Kompromisslösungen gar nichts einzuwenden. Diese Annahme wird durch die Analyse der Erwartungen, die rationale, nutzenmaximierende Parteien an die schiedsgerichtliche Streitentscheidung stellen, bestätigt.[59] Die durch den kommerziellen Vertrag generierte Kooperationsdividende ist nämlich dann am größten, wenn das Schiedsgericht die vertraglich übernommenen Rechte und Pflichten in vollem Umfang und so akkurat es geht durchsetzt. Präzise Rechtsdurchsetzung ist jedoch das Gegenteil von faulen Kompromisslösungen, die sich in der Nähe der Mitte zwischen zwei gegensätzlichen Positionen ansiedeln.

Wenn die Parteien effektive Rechtsdurchsetzung wünschen und die Schiedsrichter sich wegen ihres Interesses an zukünftigen Ernennungen responsiv gegenüber den Erwartungen der Parteien zeigen, warum sollten sie dann faule Kompromisse suchen, anstatt das zu tun, was die Parteien vernünftigerweise von ihnen erwarten? Unter den Bedingungen funktionierenden Wettbewerbs ist davon auszugehen, dass der Markt dazu beiträgt, unbedarfte Schiedsrichter, die die Präferenzen der Parteien falsch einschätzen, auszusortieren. Die These vom *baby splitting* lässt sich daher nur auf Basis der Annahme aufrechterhalten, dass sich die Präferenzen der Parteien nach Abschluss des kommerziellen Vertrags umkehren. Anders als im Zeitpunkt des Vertragsschlusses, wünschten sich die Parteien in der Phase *ex post*, wenn der Streit bereits entstanden ist, eben keine akkurate Durchsetzung der vertraglichen Rechte und Pflichten mehr, sondern nur noch eines: den jeweils eigenen Prozesssieg.[60] *Ex post* präferierte die einzelne Partei primär die Durchsetzung der eigenen Rechte gegenüber der Gegenseite, sekundär aber eine Kompromisslösung, die ihr wenigstens etwas gibt für den Fall, dass das Schiedsgericht die jeweils eigene Rechtsposition nicht bzw. nicht in vollem Umfang teilt. In einer solchen Präferenzordnung steht ein Schiedsspruch zugunsten der Gegenseite an letzter Stelle. Theoretisch ist es

---

[59] Vgl. oben, IV. 3.

[60] Vgl. oben, V. 5. a).

nicht auszuschließen, dass einige Parteien ihre Präferenzordnung nach Abschluss des Vertrags neu sortieren und die möglichen Ergebnisse eines Schiedsverfahrens tatsächlich in dieser Weise ordnen würden. Unter der Prämisse, dass die Schiedsrichter versuchen, den Präferenzen der Parteien gerecht zu werden, wären faule Kompromisse in der Tat zu erwarten.

Indessen lassen sich empirische Anhaltspunkte für eine Praxis der faulen Kompromisse nicht finden, obwohl intensiv danach gesucht wurde. Im Gegenteil, eine Reihe empirischer Studien hat ergeben, dass Schiedsgerichte eben nicht ausgewogene Lösungen suchen, sondern durchaus gewillt sind, zugunsten der einen und zulasten der anderen Seite zu entscheiden, und dies auch tatsächlich tun.[61] Für eine Praxis des *baby splitting*, die die Vertragsparteien im Stadium *ex ante*, bei Abschluss des kommerziellen Vertrags, davon abhalten könnte und sollte, die schiedsrichterliche Beilegung etwaiger Streitigkeiten zu vereinbaren, fehlt es an Evidenz.

---

[61] Queen Mary, University of London/White & Case (Hrsg.), 2012 International Arbitration Survey: Current and Preferred Practices in International Arbitration, 38, verfügbar unter https://www.qmul.ac.uk/arbitration/research/2012/ (letzter Zugriff am 27. Januar 2026); *Keer/Naimark*, Journal of International Arbitration 2001, 573, 574 ff.; *Drahozal*, Kansas Law Review 56 (2008), 663, 675 f.; *Drahozal*, Kansas Journal of Law & Public Policy 9 (1999), 578, 588; *Greenbaum*, American Review of International Arbitration 26 (2015), 101; *van Aaken/Broude*, in: Schultz/Ortino (Hrsg.), The Oxford Handbook of International Arbitration, 892 ff., mit einer Zusammenfassung empirischer Studien; *Franck/van Aaken/Freda/Guthrie/Rachlinski*, Emory Law Journal 66 (2017), 1115, 1142 ff.

VI. Gesetzgeber und Schiedsinstitutionen

1. Die erweiterte Angebotsseite

Das Angebot auf dem Markt für schiedsrichterliche Streitbeilegung wird nicht nur von den Schiedsrichtern bestimmt. Schiedsgerichte operieren nicht im luftleeren Raum, sondern sind institutionell und rechtlich eingebunden. In der Praxis dominiert die institutionelle Schiedsgerichtsbarkeit, bei der das Schiedsverfahren von einer Schiedsinstitution administriert wird, die auch bei der Konstitution des Schiedsgerichts behilflich ist.[1] Die Auswahl unter den Schiedsinstitutionen obliegt wiederum den Parteien, die in ihrer Schiedsvereinbarung eine bestimmte Institution designieren. Die Schiedsinstitutionen rücken damit als weiterer Akteur der Angebotsseite des Schiedsmarkts ins Blickfeld (unten, 2.).

Darüber hinaus sind institutionelle wie im Übrigen auch ad-hoc-Schiedsgerichte an das nationale Schiedsverfahrensrecht desjenigen Staates gebunden, in dem das Schiedsverfahren stattfindet. Die Parteien wiederum können gemäß Art. 20 Abs. 1 UNCITRAL-Modellgesetz, § 1043 Abs. 1 ZPO das anwendbare Schiedsverfahrensrecht wählen, indem sie den Schiedsort in der jeweiligen Jurisdiktion lozieren. Die Ausgestaltung des anwendbaren nationalen Schiedsverfahrensrechts wird damit zu einer weiteren wichtigen Wettbewerbsdeterminante. Folglich muss eine ökonomische Analyse der Schiedsgerichtsbarkeit auch die nationalen Schiedsverfahrensrechte berücksichtigen (dazu unten, 3.). Dabei kommt es nicht allein auf die Qualität des Schiedsverfahrensrechts in seiner jeweiligen legislatorischen Ausgestaltung an, sondern maßgeblich auf das Fallrecht, dass die zur Auslegung und Anwendung des Gesetzesrechts berufenen staatlichen Gerichten generiert haben (dazu eingehend unten, VII.).

2. Schiedsinstitutionen

Das Konkurrenzverhältnis zwischen den verschiedenen Schiedsinstitutionen ist offensichtlich und allgemein anerkannt.[2] Ein bloßer Blick auf die Auftritte der

---

[1] Vgl. oben, IV. 7.

[2] *Abdel Wahab/Bao/Fessas/ Friedman/Salomon/Zuleta* (Hrsg.), Leadership, Legitimacy, Legacy, A Tribute to Alexis Mourre, 363: „Arbitral institutions are sometimes portrayed as fierce competitors […]“; vgl. auch *El Ahdab/Mainguy*, Droit de l'arbitrage, Rn. 67; *Lalive*, Journal of

Institutionen im Internet zeigt eindrucksvoll, dass es sich um Anbieter hochwertiger Dienstleistungen gegen Entgelt handelt, die daran interessiert sind, ihre jeweiligen Marktanteile auszubauen. Die Schiedsinstitutionen sind ständig darum bemüht, den Erwartungen der Nachfrageseite, also der Nutzer, besser zu entsprechen. Das Hauptmittel zu diesem Zweck ist die permanente Weiterentwicklung der Schiedsregeln, die in regelmäßigen Abständen nach dem Karawanenprinzip erfolgt. Sobald eine Schiedsinstitutionen ein Regelungsmodul ändert oder ein neues aufnimmt, ziehen die übrigen nach, sodass sich am Ende breite Überschneidungsbereiche bei nur noch marginalen Unterschieden ergeben.[3] Schwerpunkte der Neuregelungen der vergangenen Jahre waren die Konsolidierung mehrerer Schiedsverfahren und die Mehrparteienschiedsgerichtsbarkeit im Allgemeinen[4] sowie die Einführung beschleunigter *Fast-track*-Verfahren[5] und des Eilschiedsrichters, der die Gewährung einstweiligen Rechtsschutzes vor Konstituierung des Schiedsgerichts gewährleisten soll. Die andere Stellschraube, mit der Schiedsinstitutionen die eigene Attraktivität für Nutzer steigern können, sind die Kosten. Eine strikte Korrelation zwischen Preis und Nachfrage besteht mit Blick auf die Dienstleistungen der Schiedsinstitutionen allerdings nicht, weil die Qualität kaum vergleichbar ist oder nicht als vergleichbar angesehen wird und die Kosten der Institution bei hohen Streitwerten im Vergleich zu den Schiedsrichterhonoraren, vor allem aber den Anwaltsvergütungen keine Rolle spielen.[6] So erklärt es sich, dass die international führende Schiedsinstitution, die Internationale Handelskammer (ICC), sicher nicht die günstigste ist.

Dabei ist der Markt für Schiedsinstitutionen seit jeher durch die Teilung in internationale und primär national ausgerichtete Organisationen gekennzeichnet. Die nationalen Schiedsinstitutionen sind auf die Erwartungen der nationalen Anwaltschaft und Streitparteien zugeschnitten und orientieren sich in ihrem Stil am jeweiligen nationalen Prozessrecht. Nur sekundär geht es ihnen darum, die eigenen Dienstleistungen durch Anziehung internationaler Streitigkeiten zu exportieren. Internationale Schiedsorganisationen und allen voran die ICC müssen demgegenüber darum bemüht sein, die bestehenden Gegensätze zwischen Parteien und Anwälten aus verschiedenen Rechtskulturen zu überbrücken.[7]

---

the Chartered Institute of Arbitrators 65 (1999), 251; *Ziadé*, Arbitration International 2009, 427; vgl. *Gerbay*, The Functions of Arbitral Institutions.

[3] *El Ahdab/Mainguy*, Droit de l'arbitrage, Rn. 508.

[4] Dazu *Bühler*, SchiedsVZ 2021, 230, 234 ff.; *Münch*, in: Wilhelmi/Stürner (Hrsg.), Mehrparteienschiedsverfahren, 1, 1 ff.; *Pörnbacher/Kurtenbach*, BB 2021, 458, 460 f.; *Pörnbacher/Lederer*, BB 2018, 707, 798 f.; *Wilske/Markert/Ebert*, SchiedsVZ 2021, 111, 117.

[5] *Decker*, SchiedsVZ 2019, 75; *Pörnbacher/Kurtenbach*, BB 2021, 458, 462; *Pörnbacher/Lederer*, BB 2018, 707, 710; *Schardt*, SchiedsVZ 2019, 28, 33 f.; *Wilske/Markert/Ebert*, SchiedsVZ 2024, 121, 126.

[6] Vgl. oben, IV. Fn. 84 f.

[7] Vgl. *Fry/Greenberg/Mazza*, The Secretariat's Guide to ICC Arbitration, 1.

In den vergangenen Jahren hinzugekommen sind Organisationen, die sich weder auf interne Streitigkeiten konzentrieren noch auf den Weltmarkt internationaler Konflikte zielen, sondern sich gleichsam dazwischen ansiedeln, indem sie ihr Angebot primär an Streitparteien mit Sitz in bestimmten Regionen richten.[8] Das gilt für die Schiedsinstitution SIAC in Singapur, HKIAC in Hongkong, CIETAC in Beijing und andere, die auf den asiatischen Markt und insbesondere auf Streitigkeiten mit Beteiligung chinesischer oder chinesisch-sprachiger Unternehmen ausgerichtet sind. Im Nahen Osten ist mit der Schiedsabteilung der Freihandelszone in Dubai (DIFC – Dubai International Financial Center) eine Institution erwachsen, die darauf ausgerichtet ist, internationale Streitigkeiten mit Beteiligung von Staaten aus dem arabischen Sprachraum anzuziehen.[9] Die Errichtung von Nachahmern in Abu Dhabi (ADGM – Abu Dhabi Global Market) und in Saudi-Arabien (Saudi Center for Commercial Arbitration – SCCA) belegt den Erfolg der Bemühungen Dubais.

Ein wesentliches Distinktionsmerkmal unter den Schiedsinstitutionen, das die primär nationale oder internationale Ausrichtung reflektiert, ist die Intensität, mit der sie das Schiedsverfahren überwachen und begleiten. Die ICC steht dabei für einen besonders aktiven Hands-on-Approach, der das Schiedsgericht anleitet und kontrolliert.[10] Emblematisch ist die Verpflichtung der Schiedsrichter, in einem frühen Stadium des Schiedsverfahrens, nämlich binnen 30 Tagen nach Übermittlung der Schiedsakte, sog. *Terms of Reference* zu entwerfen und mit den Parteien abzustimmen, die das Streitprogramm und den Verfahrenskalender festlegen (Art. 23 Abs. 2, Art. 24 Abs. 1 ICC-Schiedsregeln 2021). In engem zeitlichem Zusammenhang damit ist eine erste Verfahrenskonferenz mit den Parteien abzuhalten, die allein dem *Case Management*, also der effizienten Verfahrensführung gewidmet sein soll. Gemäß Art. 31 ICC-Schiedsregeln 2021 soll bereits 6 Monate später der Schiedsspruch vorliegen; eine kurze Frist, die in komplexeren Verfahren, wie sie bei der ICC regelmäßig anhängig gemacht werden, selbstverständlich verlängert werden kann. Schließlich und vor allem sind die Schiedsrichter nicht dazu berechtigt, den von ihnen verfassten Schiedsspruch den Parteien gegenüber durch Übersendung zu erlassen, sondern sie müssen dem Gerichtshof der ICC (ICC Court), d. h. einem Gremium aus erfahrenen Schiedspraktikern, ihren Entwurf des Schiedsspruchs zur Verfügung stellen, damit dieser auf Vollständigkeit und Richtigkeit geprüft werden kann (Art. 34 ICC-Schiedsregeln 2021). Gibt es Beanstandungen, müssen die Schiedsrichter ggf. nachbessern. Das von der ICC betriebene aktive Verfahrensmanagement ist zweifellos dem Umstand geschuldet, dass typische Streitigkeiten

[8] *El Ahdab/Mainguy*, Droit de l'arbitrage, Rn. 113.

[9] https://www.difccourts.ae/difc-courts/services/specialised-divisions/arbitration (letzter Zugriff am 27. Januar 2026).

[10] *Derains/Schwartz*, A Guide to the ICC Rules of Arbitration, 5; *Webster/Bühler*, Handbook of ICC Arbitration, 6 f.; MüKoZPO/*Münch*, Vor § 1025 Rn. 29, 196 ff.; vgl. auch schon oben, 7. b.

nicht nur Handelsgesellschaften aus allen Ecken der Welt, sondern auch staatseigene Unternehmen sowie Staaten selbst betreffen und bei wahrhaft globalen Verfahren mit teils politischem Einschlag viel weniger als im nationalen Kontext auf ein gemeinsames Verständnis der Schiedsrichter von einem fairen Verfahren sowie auf einen berufsethischen „Comment" vertraut werden kann. Die Kontrolle durch die Schiedsinstitution ersetzt hier die fehlende rechtskulturelle Übereinstimmung und die reduzierte Wirkung sozialer Normen innerhalb des Schiedsgerichts. Es liegt auf der Hand, dass dieser Aufwand seinen Preis hat – die von der ICC verlangten Gebühren für die Administration von Schiedsverfahren sind im Vergleich zu denjenigen von Wettbewerbern hoch.[11] Wenn die ICC den Markt für internationale Schiedsverfahren gleichwohl dominiert, dann ist dies ein weiterer Beleg für die These, dass die Wahl der Schiedsgerichtsbarkeit durch die Parteien von den Vorteilen der Schiedsgerichtsbarkeit bestimmt wird, nicht von ihren (hohen) Kosten.

3. Wettbewerb der Schiedsrechtsordnungen

a) Die Nichtexistenzthese

Die Existenz eines Wettbewerbs der Gesetzgeber auf dem Markt für Streitbeilegung wird bestritten.[12] Die folgende Darstellung dient dem Nachweis, dass die Angebotsseite des Markts für schiedsgerichtliche Streitbeilegung auf die Nachfrage der Parteien reagiert. Unter den nationalen Schiedsgesetzgebern herrscht dynamischer Wettbewerb.

b) Triebkräfte der Gesetzgebung im Schiedsverfahrensrecht

In Bezug auf den Rechtsrahmen, in dem sich die internationale Schiedsgerichtsbarkeit entfaltet, sind Richter und Politiker bzw. Parlamentarier die maßgebenden Akteure. Warum sollten sie sich um die Attraktivität des nationalen Schiedsverfahrensrechts scheren?

Die Frage ist berechtigt, unterstellt den beteiligten Akteuren jedoch Motivationen bzw. spricht sie ihnen ab, die am Thema vorbeiführen. In den Jurisdiktionen, die um Schiedsverfahren konkurrieren, ist die Anwaltschaft ein wesent-

---

[11] *Derains/Schwartz*, A Guide to the ICC Rules of Arbitration, 6 f.

[12] *Vogenauer*, in: Eidenmüller (Hrsg.), Regulatory Competition in Contract Law and Dispute Resolution, 227, 272: „no indications whatsoever of European legislatures and courts actually improving their ‚products' in the area of contract law with a view to acquiring new ‚customers'. With regard to the rules governing dispute resolution in the state courts, there is hardly any evidence either." Dagegen bereits *Wagner*, Rechtsstandort Deutschland im Wettbewerb, 58 ff.; ferner *Themeli*, The Great Race of Courts – Civil Justice System Competition in the European Union, 182 ff. Zur Konkurrenz unter den nationalen Prozessgesetzgebern oben, III. 9.

licher Treiber der Entwicklung. Die jeweilige Anwaltschaft ist maßgeblich an der Weiterentwicklung des eigenen nationalen Schiedsverfahrensrechts interessiert. Es sind die Anwälte, die Richter und Politiker zu Maßnahmen drängen, um die Attraktivität des jeweils eigenen Schiedsplatzes erhöhen.

Rechtsanwälte vertreten die Parteien in Schiedsverfahren und stellen selbst einen Großteil der Schiedsrichter. Zwar ist es keineswegs ausgeschlossen, dass eine ausländische Anwaltskanzlei ein im Inland stattfindendes, internationales Schiedsverfahren begleitet, und in internationalen Verfahren ist es auch völlig normal, dass ausländische Juristen zu Schiedsrichtern berufen werden. Eine Korrelation zwischen dem Sitz des Schiedsgerichts und dem Sitz der Schiedsrichter und Verfahrensvertreter besteht gleichwohl. Wenn beispielsweise das Schiedsverfahren in Frankreich stattfindet, werden häufig auch in Paris domizilierte Anwälte mandatiert. Entsprechendes gilt für die übrigen Jurisdiktionen. Dies erklärt die starke Verbindung der Anwaltschaft, soweit sie in Schiedsverfahren engagiert ist, zum jeweils eigenen Schiedsplatz und den daraus resultierenden Einsatz für ein schiedsfreundliches Schiedsverfahrensrecht. Soweit der Gesetzgeber diesem Begehren nachkommt, mag er berücksichtigen, dass die gute Positionierung des eigenen Schiedsplatzes einen Nachfrageschub auch für andere Dienstleister bewirkt, die der Schiedsgerichtsbarkeit zuarbeiten, beispielsweise die Hotelbranche oder das Übersetzungswesen.[13]

Diejenigen Staaten, die insoweit etwas zu verlieren haben, sind auch an der fortwährenden Präsenz erfolgreicher Schiedsinstitutionen in ihrem Territorium interessiert. Beispielsweise ist die Rolle, die die ICC für die Entwicklung und den Stand des französischen Schiedsverfahrensrechts spielt, nicht zu unterschätzen; sie ist sein eigentlicher Motor.[14] So wurde die Reform des französischen Schiedsverfahrensrechts im Jahr 2011 offiziell damit begründet, sie bekräftige seine Einzigartigkeit im internationalen Wettbewerb, und diese bestehe in der Gewährleistung von Flexibilität und Rechtssicherheit.[15] Tatsächlich beruht sie auf einer fast 10 Jahre währenden Vorarbeit verschiedener Kommissionen, doch der eigentliche Anlass, der den französischen Gesetzgeber zum Tätigwerden veranlasst hat, waren Überlegungen innerhalb der ICC im Jahre 2010, den Sitz der Institution nach Genf zu verlegen.[16] Viel deutlicher kann das Interesse

---

[13] *El Ahdab/Mainguy*, Droit de l'arbitrage, Rn. 112.

[14] *El Ahdab/Mainguy*, Droit de l'arbitrage, Rn. 63: „[...] la présence, depuis près de cent ans, du siège mondial de la Chambre de commerce internationale (CCI) dans la capitale française a, de facto, joué un rôle moteur majeur dans le développement du droit de l'arbitrage en France [...]".

[15] Einleitung zum Décret No. 2011–48 v. 13.1.2011, JO No. 11/2011, 14.1.2011, 8: „Grâce à cette réforme, le droit de l'arbitrage français s'est imposé dans le domaine international par son originalité tenant à la fois à sa souplesse et à la sécurité juridique qu'il procurait." Ausführlich zu diesem Projekt und zu Pro und Contra des französischen Sonderwegs *Kassis*, La réforme de droit d'arbitrage international; allgemein zum Dekret von 2011: *El Ahdab/Mainguy*, Droit de l'arbitrage, Rn. 36 ff.

[16] *El Ahdab/Mainguy*, Droit de l'arbitrage, Rn. 37.

an der Verteidigung des Schiedsplatzes Paris nicht zum Ausdruck gebracht werden.

c) Die Reform des Schiedsverfahrensrechts als Daueraufgabe

In Deutschland war die Fundamentalreform von 1998, mit der das deutsche Schiedsverfahrensrecht gegen die Regelungen des UNCITRAL-Modellgesetzes ausgetauscht wurde, von dem Motiv bestimmt, Deutschland als Schiedsplatz attraktiver zu machen.[17] Für das aktuelle Vorhaben eines Gesetzes zur Modernisierung des Schiedsverfahrensrechts gilt dies genauso, denn dies ist ebenfalls maßgeblich durch den Wettbewerbsgedanken motiviert.[18]

Die Reform des französischen Schiedsverfahrensrechts im Code de procédure civile durch das Dekret Nr. 2011–48 vom 13. Januar 2011 diente der Kodifizierung der seit den Reformen 1980 und 1981 zur Schiedsgerichtsbarkeit ergangenen Rechtsprechung, sprachlichen Verbesserungen und der Modernisierung der Vorschriften unter Berücksichtigung rechtsvergleichender Erkenntnisse.[19] Die Reform sollte die Attraktivität des französischen Schiedsverfahrensrechts im internationalen Rechtsverkehr fördern, wobei dessen Stärke in seiner Originalität, in der Gewährleistung sowohl von Flexibilität als auch von Rechtssicherheit gesehen wurde.[20] Die 2011 vorgenommenen Änderungen betrafen Maßnahmen zur Stärkung der Autorität des Schiedsgerichts, etwa durch Einräumung der Befugnis zur Anordnung der Vorlage von Beweismitteln und zur Durchsetzung von vorläufigen Maßnahmen durch Androhung von Zwangsgeld, Unterstützungsmaßnahmen der staatlichen Gerichte sowie Neuregelungen in Bezug auf die gegen Schiedssprüche zur Verfügung stehenden Rechtsbehelfe, inklusive der Kodifikation der Möglichkeit zur Revision von Schiedssprüchen in internationalen Angelegenheiten.[21]

Als nächstes wurde im Jahr 2021 das im IPRG enthaltene schweizerische Recht für internationale Schiedsverfahren novelliert. Ambitionierte rechtspolitische Ziele verfolgte die Reform nicht; im Vordergrund stand die Kodifizierung

---

[17] Begründung des Gesetzentwurfs der Bundesregierung, BT-Drucks. 13/5274, 28.

[18] BT-Drucks. 20/13257, 14. Genauso der in 21. Legislaturperiode Referentenentwurf eines Gesetzes zur Modernisierung des Schiedsverfahrensrechts, 2026, 14. Dazu unten, d).

[19] Rapport au Premier ministre relatif au décret n° 2011–48 du 13 Janvier 2011 portant réforme de l'arbitrage, JO 14.1.2011, Texte 8 sur 177; *Ortscheidt/Seraglini*, in: Clay (Hrsg.), Le nouveau droit français de l'arbitrage, Rn. 1; vgl. dazu auch Groupe de travail sur la réforme du droit français de l'arbitrage, Rapport et propositions de réforme, 22 ff.

[20] Vgl. Rapport au Premier ministre relatif au décret n° 2011–48 du 13 Janvier 2011 portant réforme de l'arbitrage, JO 14. Januar 2011, Texte 8 sur 177.

[21] Rapport au Premier ministre relatif au décret n° 2011–48 du 13 Janvier 2011 portant réforme de l'arbitrage, JO 14. Januar 2011, Texte 8 sur 177; *Ortscheidt/Seraglini*, in: Clay (Hrsg.), Le nouveau droit français de l'arbitrage, Rn. 4 ff., 15; zur Revision siehe Cour de cassation, 25.5.1992, Rev. arb. 1993, 91, 92 – *Société Fougerolle ./. Société Procofrance*; *Racine*, Droit de l'arbitrage, Rn. 998.

des zwischenzeitlich angefallenen Richterrechts sowie die Klärung kleinerer Streitfragen. So wurden die Vorschriften über die Bestellung und Ablehnung von Schiedsrichtern, gerichtliche Unterstützungsmaßnahmen bei der Beweisaufnahme und der Durchsetzung einstweiliger Maßnahmen des Schiedsgerichts sowie die Rechtsbehelfe überarbeitet.[22] Wie auch in Frankreich ist die Möglichkeit der Wiederaufnahme trotz Bestandskraft des Schiedsspruchs durch sog. Revision geschaffen worden.[23] Hervorzuheben ist schließlich die Öffnung der schweizerischen Justiz bzw. des Verfahrens in Schiedssachen vor dem Bundesgericht für englischsprachige Schriftsätze (Art. 77 Abs. 2bis BGG[24]).[25]

Die jüngste Reform in England im Jahr 2025 brachte ebenfalls keine grundlegende Umgestaltung, sondern lediglich punktuelle Anpassungen.[26] Der Arbitration Act 1996 hatte sich zwar international bewährt und geholfen, die führende Stellung Londons zu verteidigen, doch kleinere Änderungen wurden für nötig befunden.[27] Die auffälligste Änderung bezieht sich auf das Schiedsvereinbarungsstatut, das nun erstmals gesetzlich geregelt und mangels einer ausdrücklichen Rechtswahl spezifisch in Bezug auf die Schiedsvereinbarung auf das Recht des Schiedsorts festgelegt wird.[28] Weitere Änderungen betreffen die gerichtliche Überprüfung der Zuständigkeit des Schiedsgerichts und den Eilschiedsrichter.

Nicht anders ist die Motivationslage in Deutschland. Der im Jahr 2024 vorgelegte, in der 20. Legislaturperiode aber nicht mehr verabschiedete Entwurf eines Gesetzes zur Modernisierung des Schiedsverfahrensrechts soll in der 21. Legislaturperiode auf den Weg gebracht werden. Erklärtes Ziel dieser Reform ist es, das deutsche Schiedsverfahrensrecht auf den neuesten Stand zu bringen und den Anschluss an die internationale Entwicklung zu halten.[29] Zu diesem Zweck werden in dem Reformgesetz einige Verbesserungen und Arrondierungen vorgeschlagen, die zwar nicht im strikten Sinne notwendig sind, aber die Attraktivität des deutschen Schiedsplatzes erhöhen. Zu den wichtigsten Punkten gehört die Liberalisierung des Schriftlichkeitserfordernisses für Schiedsvereinbarungen, die vorgeschlagene Zuständigkeit der von manchen

---

[22] *Besson/Rigozzi*, in: Müller/Besson/Rigozzi (Hrsg.), New Developments in International Commercial Arbitration 2022, 1, 1 ff.; *Fountoulakis*, IWRZ 2019, 159, 163 ff.

[23] *Besson/Rigozzi*, in: Müller/Besson/Rigozzi (Hrsg.), New Developments in International Commercial Arbitration 2022, 1, 38 ff.; vgl. *Fountoulakis*, IWRZ 2019, 159, 167; in der Rechtsprechung zuvor in BGE 118 II 199 anerkannt.

[24] Bundesgesetz über das Bundesgericht vom 17. Juni 2005 (Bundesgerichtsgesetz, BGG).

[25] Dazu *Fountoulakis*, IWRZ 2019, 159, 166 f.

[26] Eingehend *Brekoulakis* Arbitration International 2024, 1, 9; *Tahsin/Gass* Journal of International Arbitration 2024, 115, 125; *Wagner/Samanci*, SchiedsVZ 2025, 209.

[27] Law Commission (Hrsg.), Review of the Arbitration Act 1996 – A consultation paper, 2022, 6.

[28] Eingehend unten, VII. 3. b. bb).

[29] Referentenentwurf eines Gesetzes zur Modernisierung des Schiedsverfahrensrechts, 21. Legislaturperiode, 2026, 14.

Bundesländern bei den Oberlandesgerichten angesiedelten Commercial Courts, vor denen die Verhandlung in englischer Sprache möglich ist, und die Einführung eines besonderen Rechtsbehelfs zur Aufhebung bestandskräftiger Schiedssprüche nach Ablauf der drei-Monats-Frist des § 1059 Abs. 3 ZPO.[30] Von diesen Maßnahmen sind keine Wunder zu erwarten, doch sie sind wichtige Schritte in die richtige Richtung.

In Frankreich geht es inzwischen bereits darum, die nächste Runde der Schiedsverfahrensrechtsnovellen einzuläuten. In einem Rekordtempo von vier Monaten hat eine von dem Justizministerium eingesetzte Expertenkommission Vorschläge für eine Umgestaltung des französischen Schiedsverfahrensrechts ausgearbeitet.[31] Die zentrale Neuerung bestünde darin, die traditionelle Verankerung des Schiedsverfahrensrechts im Code de procédure civil (und überdies in Art. 2059–2061 Code Civil) aufzugeben und stattdessen ein selbständiges Schiedsverfahrensgesetz – einen „Code de l'arbitrage" zu schaffen.[32] Damit soll die Klarheit, die Lesbarkeit und die Attraktivität des französischen Rechts verbessert und nicht zuletzt seine Ausstrahlungswirkung auf das Ausland erhöht werden.[33] Bisher ist unklar, ob die Vorschläge der Expertenkommission die Unterstützung der für die Gesetzgebung zuständen politischen Instanzen finden und der Reformprozess mit derselben bemerkenswerten Geschwindigkeit weiter vorangetrieben werden wird.

d) Gesetzgebung als Wettbewerbsaktivität

In allen Ländern verdanken sich die Novellen nicht so sehr dem Bedürfnis, dringende Reformfragen anzupacken, sondern sie stehen im Zeichen des Bemühens des jeweiligen Gesetzgebers, den eigenen Schiedsstandort zu bewerben oder die wahrgenommene Führungsrolle der eigenen Jurisdiktion zu verteidigen. Die Erregung von Aufmerksamkeit für den eigenen Schiedsplatz ist das dominante Motiv. Beispielsweise spricht der Bericht der Kommission zur (erneuten) Reform des französischen Schiedsverfahrensrechts aus dem Jahr 2025 deutlich aus, dass entsprechende Initiativen in den Nachbarländern Auslöser für die erneute Reform des eigenen Rechts sind und es inhaltlich darum geht, die Position Frankreichs gegen Wettbewerber zu verteidigen:

„La France ne peut ignorer ce mouvement général ; surtout si elle souhaite conserver sa prééminence en maintenant un droit de l'arbitrage qui réponde aux besoins des acteurs

---

30 Dazu im Einzelnen unten, VII. 5.

31 Groupe de travail sur la réforme du droit français de l'arbitrage, Rapport et propositions de réforme.

32 Groupe de travail sur la réforme du droit français de l'arbitrage, Rapport et propositions de réforme, 14 ff., 22 ff.

33 Groupe de travail sur la réforme du droit français de l'arbitrage, Rapport et propositions de réforme, 16, 15.

économiques tout en garantissant un haut degré de sécurité juridique. Si le leadership de la place de Paris est incontesté et si Paris est assurément la capitale mondiale de l'arbitrage international, cette place est enviée. Il était donc temps de réaffirmer la primauté du droit français de l'arbitrage."[34]

Auch die Schweizer IPRG-Reform des Jahres 2021 stand ganz im Zeichen des Bemühens, den eigenen Standort im Konzert der großen Schiedsmächte und der hinter ihnen stehenden nationalen Gesetzgeber zu verteidigen und wenn möglich zu stärken:

„Das 12. Kapitel des IPRG wird international als innovatives, klares und prägnantes Gesetz geschätzt, das den Parteien grosse Autonomie und Flexibilität in der Verfahrensgestaltung zugesteht, gleichzeitig aber eine transparente und staatsgerichtlich abgesicherte Rahmenordnung zur Verfügung stellt. [...] Der Entwurf will die Qualitäten des 12. Kapitels des IPRG weiter stärken. Die Rechtssicherheit und die Rechtsklarheit werden erhöht, namentlich indem die bewährte Rechtsprechung des Bundesgerichts im Gesetzestext verankert wird, Unklarheiten beseitigt werden und das Gesetz als solches noch anwenderfreundlicher ausgestaltet wird. Unter Berücksichtigung der Entwicklungen im internationalen Handel sowie anderer Schiedsgesetze weltweit nimmt der Entwurf zusätzlich einige Neuerungen auf, mit denen das schweizerische Schiedsrecht weiter optimiert werden soll."[35]

Die Begründung der Law Commission, die die Reform des englischen Arbitration Act im Jahr 2025 vorbereitet hat, für das eigene Projekt bezieht sich ebenfalls auf den Gedanken des legislativen Wettbewerbs, wenn auch mit dem Selbstbewusstsein des Marktführers:

„In 2016, stakeholders suggested to the Law Commission that the Arbitration Act 1996 should be reviewed to ensure it remained ‚best in class'."

Nach Abschluss der Arbeiten klingt es genauso:

„The New Act is not innovative because it did not have to be. And, of itself, this is a sign and statement of the New Act and more generally of English arbitration law. After centuries of advancement and being at the forefront of arbitration law and practice worldwide, English arbitration law has little to prove."[36]

Diese Einschätzung hat England gleichwohl nicht von dem Reformprojekt abgehalten. Dieser Schritt verdankt sich dem auf dem Schiedsmarkt herrschenden Regulierungswettbewerb, der auch ein Deregulierungswettbewerb ist. Er führt

---

[34] Groupe de travail sur la réforme du droit français de l'arbitrage, Rapport et propositions de réforme, 8 und passim; vgl. etwa 10: „Paris une place incontournable de l'arbitrage", 12: „rôle de modèle [du droit français de l'arbitrage] dans le rang des droits de l'arbitrage dans le monde".

[35] Botschaft zur Änderung des Bundesgesetzes über das Internationale Privatrecht (12. Kapitel: Internationale Schiedsgerichtsbarkeit) vom 24. Oktober 2018, BBl 2018, 7163, 7171; vgl. auch *Besson/Rigozzi*, in: Müller/Besson/Rigozzi, New Developments in International Commercial Arbitration 2022, 2 f.

[36] *Brekoulakis*, Arbitration International 2024, 1, 9.

zu immer neuen Versuchen, das jeweils eigene Schiedsverfahrensrecht zu arrondieren und zu verbessern.

Nicht anders ist die Motivationslage in Deutschland. Mit dem in der 20. Legislaturperiode nicht mehr verabschiedeten Gesetz zur Modernisierung des Schiedsverfahrensrechts soll die Position Deutschlands im Wettbewerb der Schiedsplätze weiter gestärkt werden:

„Ziel dieses Entwurfs ist es, mit einem modernisierten Schiedsverfahrensrecht den Streitbeilegungsstandort Deutschland zu stärken und die Attraktivität der Bundesrepublik Deutschland als Austragungsort bedeutender nationaler und internationaler Handelsschiedsverfahren weiter zu erhöhen".[37]

Schließlich ist der im Jahr 2025 unterbreitete Vorschlag einer erneuten Reform des französischen Schiedsverfahrensrechts klar wettbewerblich motiviert. Es geht darum, dass Frankreich auch beim nächsten Novellenzyklus vorne ist und auf diese Weise seine Stellung auf dem Markt für internationale Schiedsverfahren verteidigt. Die Verfasser des Entwurfs umschreiben ihre Motivation so:

„Le contexte international s'y prête. Plusieurs pays se sont engagés dans une voie de réforme de leur droit de l'arbitrage que ce soit en Europe (Royaume-Uni, Allemagne, Luxembourg, Belgique, Italie, Grèce, Suisse, ou ailleurs dans le monde (Chine, Maroc), témoignant ainsi de leur volonté de moderniser leur droit de l'arbitrage pour gagner en attractivité dans le contexte d'une concurrence avivée entre les droits de l'arbitrage. La France ne peut ignorer ce mouvement général ; surtout si elle souhaite conserver sa prééminence en maintenant un droit de l'arbitrage qui réponde aux besoins des acteurs économiques tout en garantissant un haut degré de sécurité juridique. Si le leadership de la place de Paris est incontesté et si Paris est assurément la capitale mondiale de l'arbitrage international, cette place est enviée. Il était donc temps de réaffirmer la primauté du droit français de l'arbitrage."[38]

Die primär auf die Verteidigung der Stellung von Paris im Wettbewerb um internationale Schiedsverfahren zielende Absicht wird u. a. daran deutlich, dass die zentrale Neuerung des Vorschlags darin besteht, das Schiedsverfahrensrecht aus dem Code de Procédure auszugliedern und in einem Code d'Arbitrage zu verselbständigen – von dem vermutet wird, er könne ausländischen Parteien und Praktikern besser zugänglich sein: „L'intérêt est d'abord pédagogique."[39]

---

[37] BT-Drucks. 20/13257, 14; genasuo Referentenentwurf 2026, 14.

[38] Groupe de travail sur la réforme du droit français de l'arbitrage, Rapport et propositions de réforme, 8.

[39] Groupe de travail sur la réforme du droit français de l'arbitrage, Rapport et propositions de réforme, 15.

VII. Tiefenstruktur und „Philosophie" der Schiedsverfahrensrechte

1. Wettbewerbsstrategien europäischer Schiedsplätze

Die Angebotsseite des Markts der Schiedsplätze und Schiedsverfahrensrechte wird demnach ebenfalls durch wirtschaftliche Kräfte getrieben. Wie soeben dargestellt, gilt dies jedenfalls für die Urheber der aktuellen Schiedsverfahrensrechtsreformen in verschiedenen europäischen Ländern. Lässt sich dies in gleicher Weise für die Kernbestimmungen der jeweiligen nationalen Schiedsverfahrensrechte und für den großen Rahmen des Schiedsverfahrensrechts behaupten? Das Schiedsverfahrensrecht als *law in action* wird zudem nicht von Gesetzgebern gemacht, sondern von Richtern, und zwar von Richtern staatlicher Gerichte, die über schiedsbezogene Fragen zu entscheiden haben. Es stellt sich deshalb die Frage, ob die Richterschaft für den Wettbewerbsgedanken empfänglich ist und sich deshalb darum bemüht, das jeweils eigene Schiedsverfahrensrecht entsprechend zu interpretieren.

Wie im Folgenden zu zeigen sein wird, sind beide Fragen – vielleicht überraschenderweise – zu bejahen. Die erfolgreichen Schiedsplätze Europas verfolgen jeweils klar erkennbare, aber ebenso deutlich unterschiedliche Strategien, um im Wettbewerb um Schiedsverfahren erfolgreich zu sein. Die wirtschaftlichen Interessen der jeweiligen lokalen Schiedsszene verbinden sich mit einer bestimmten Philosophie in dem Sinne, dass ein Modell der Schiedsgerichtsbarkeit – eine Art *unique selling point* – entwickelt und im internationalen Wettbewerb behauptet wird.[1] Es reicht offensichtlich nicht aus, in irgendeiner unbestimmten Weise schiedsfreundlich zu sein, sondern es bedarf eines intellektuell unterfütterten Ansatzes, der für eine bestimmte Haltung und theoretische Grundlegung steht. Was dies bedeutet, soll im Folgenden am Beispiel der drei großen europäischen Schiedsjurisdiktionen demonstriert werden, nämlich Frankreichs, Englands und der Schweiz (unten, 2., 3., 4.). In deren Licht wird schließlich ein Blick auf das deutsche Schiedsverfahrensrecht geworfen (unten, 5.).

---

[1] Paradigmatisch und in trotz aller Übertreibungen und Schieflagen lesenswert *Gaillard*, Aspects philosophiques du droit de l'arbitrage international; ausführlich zu den *unique selling points* verschiedener Jurisdiktionen unten, VII. 2. 8), VII. 3. g), VII. 4. g), VII. 5. f).

2. Das französische Modell: Internationale Schiedsgerichtsbarkeit als autonomes transnationales Rechtssystem

a) Überblick

Für das französische Schiedsverfahrensrecht kennzeichnend ist die Unterscheidung zwischen nationalen (*arbitrage interne*) und internationalen Schiedsverfahren (*arbitrage international*). Internationale Schiedsverfahren sind nicht etwa solche, die im Ausland stattfinden, sondern im Gegenteil solche mit Sitz in Frankreich, aber mit internationalem Einschlag. Der Code de procédure civile (CPC) trennt die beiden Materien, indem er Sonderregeln für internationale Schiedsverfahren definiert (Art. 1504 ff. CPC gegenüber Art. 1442 ff. zur internen Schiedsgerichtsbarkeit). Die Differenzierung zwischen nationalen und internationalen Schiedsverfahren ermöglicht es, letztere einem dezidiert großzügigen, liberalen Rechtsrahmen zu unterstellen, und die internationale Schiedsgerichtsbarkeit zu fördern und zu privilegieren.[2] Während die interne Schiedsgerichtsbarkeit ein Teil der nationalen (französischen) Rechtsordnung bleibt, wird die internationale Schiedsgerichtsbarkeit als von jeder staatlichen Rechtsordnung losgelöst angesehen; sie habe keine *lex fori*, sondern gehöre einem „transnationalen" gemeinen Recht der internationalen Handelsbeziehungen an.[3] Dies führt zur Vorstellung einer delokalisierten internationalen Schiedsgerichtsbarkeit, die als von den Staaten losgelöste Institution des transnationalen Rechts neben – bzw. über – den nationalen Rechts- und Justizsystemen steht.

Auf dieser theoretischen Grundlage bestimmt das französische Recht der internationalen Schiedsgerichtsbarkeit seinen eigenen Anwendungsbereich in territorialer wie sachlicher Hinsicht extrem weit (unten, b), es bindet Parteien an Schiedsvereinbarungen, die sie nicht unterschrieben haben (unten, c) und an die sie nach den Maßstäben des Art. II Abs. 2 NYC nicht gebunden wären (unten, d), es billigt den Schiedsgerichten Priorität gegenüber der staatlichen Gerichtsbarkeit bei der Entscheidung von Zuständigkeitskonflikten zu (unten, e) und es beschränkt die Rechtsbehelfe gegen Bestand, Anerkennung und Vollstreckung internationaler Schiedssprüche in weitreichendem Umfang (unten, f).

b) Begriff und Privilegien internationaler Schiedsverfahren

Das französische Recht unterscheidet zwischen nationalen und internationalen Schiedsverfahren. Der Begriff des internationalen Schiedsverfahrens ist dabei

---

[2] *Seraglini/Ortscheidt*, Droit de l'arbitrage interne et international, Rn. 31; vgl. *Gaillard*, in: Clay (Hrsg.), Le nouveau droit français de l'arbitrage, 57 ff.; *Mayer*, Rev. arb. 2005, 361, 361 f.; *Racine*, Droit de l'arbitrage, Rn. 41.

[3] Vgl. ausführlich unten, f).

nicht auf Rechtsstreitigkeiten begrenzt, bei denen eine Partei oder beide Parteien ihren Sitz im Ausland haben. Vielmehr bestimmt Art. 1504 CPC den Begriff des internationalen Schiedsverfahrens nach einem wirtschaftlichen Kriterium, nämlich dem internationalen Charakter der betroffenen wirtschaftlichen Interessen: „Est international l'arbitrage qui met en cause des intérêts du commerce international".[4] Selbst wenn beide Parteien in Frankreich domiziliert sind, der Vertrag französischem Recht unterliegt und der Schiedsort in Frankreich liegt, ist das Schiedsverfahren als international zu qualifizieren, wenn der Vertrag einen Auslandsbezug hat, etwa auf die Erschließung eines Auslandsmarkts gerichtet ist.[5] Der Wille der Parteien spielt für die Qualifikation des Schiedsverfahrens – bzw. der darunter liegenden Streitigkeit – als national oder international überhaupt keine Rolle; die Parteien können insbesondere die Anwendbarkeit des Schiedsverfahrensrechts für internationale Streitigkeiten nicht abbedingen.[6]

Darüber hinaus wird das Netz des französischen internationalen Schiedsverfahrensrechts auch insofern weit ausgeworfen, als es nicht auf Verfahren beschränkt wird, deren Schiedsort in Frankreich belegen ist. Die transnationale Natur der internationalen Schiedsgerichtsbarkeit soll nämlich auch dem Territorialitätsprinzip des Art. 1 Abs. 2 UNCITRAL-Modellgesetz entgegenstehen.[7] Zwar reicht es gemäß Art. 1505 Nr. 1 CPC für die Anwendung des französischen internationalen Schiedsverfahrensrechts aus, dass der Schiedsort in Frankreich belegen ist, doch darüber hinaus können es die Parteien auch durch einfache Vereinbarung oder durch Begründung der Zuständigkeit der französischen staatlichen Gerichte zur Anwendung berufen (Art. 1505 Nr. 2, 3 CPC). Schließlich ist das französische Recht auch dann anzuwenden, wenn andernfalls die Verweigerung jedweden Rechtsschutzes (*déni de justice*) droht (Art. 1505 Nr. 4 CPC). Viel „imperialer" lässt sich der Anwendungsbereich des eigenen Schiedsverfahrensrechts nicht mehr bestimmen.

Die Arbeitsgruppe zur (erneuten) Reform des französischen Schiedsverfahrensrechts will die Unterscheidung zwischen internen und internationalen Schiedsverfahren einebnen.[8] Dieser Vorschlag klingt spektakulär, ist es aber

---

4 CA Paris 1re civ., 10.5.2007, Rev. arb. 2007, 821, 825 f. – Caisse Centrale de Réassurance SA; zur Entwicklung des Kriteriums in der Rechtsprechung *de Boisséson/Fouchard/Madesclair*, Le droit français de l'arbitrage, 297 ff.; *Racine*, Droit de l'arbitrage, Rn. 48.

5 CA Paris 1re civ., 26.1.1990, Rev. Arb. 1991, 125 Anm. *Moitry/Vergne* – Société Immoplan. Genauso CA Paris, 1re civ., 5.4.1990, Rev. arb. 1992, 110, 113 Anm. *Synvet* – Société Courrèges Design; CA Paris 1re Ch., 22.6.2009, Rev. arb. 2009, 652 – „Ordre des avocats du Barreau de Paris"; *El Ahdab/ Mainguy*, Droit de l'arbitrage, Rn. 165 ff., 167; *Racine*, Droit de l'arbitrage, Rn. 50.

6 Cass. 1re civ., 13.3.2007, Rev. arb. 2007, 499, 500, Anm. *Jaeger* – Societé Chefaro International; *Racine*, Droit de l'arbitrage, Rn. 52.

7 *Racine*, Droit de l'arbitrage, Rn. 45.

8 Groupe de travail sur la réforme du droit français de l'arbitrage, Rapport et propositions de réforme, 22 ff. Vgl. bereits oben, VI. 3.

nicht. Die Privilegien für internationale Schiedsverfahren sollen nämlich im vollen Umfang erhalten bleiben, und zwar dadurch, dass das Recht der internationalen dasjenige der internen Schiedsgerichtsbarkeit „absorbiert".[9] Immerhin sollen einige Restriktionen für interne Verfahren in diesbezüglichen Sonderbestimmungen erhalten bleiben.[10] Im Übrigen führt das Reformprojekt das bisherige, stark von der Rechtsprechung geprägte Recht der internationalen Schiedsgerichtsbarkeit weiter, das die Materie von jeder Verankerung in einem nationalen Rechtssystem gelöst hat („politique jurisprudentielle ayant progressivement détaché le droit de l'arbitrage international de son ancrage national").[11]

c) Formfreiheit und Wirksamkeit von Schiedsvereinbarungen

Liegt ein internationales Schiedsverfahren in dem beschriebenen Sinne vor, kommen ihm weitreichende Privilegien zugute. Insbesondere unterliegt die Schiedsvereinbarung, anders als bei internen Schiedsverfahren, bei denen die Schiedsvereinbarung gemäß Art. 1443 CPC einer an Art. 7 UNCITRAL Modellgesetz angelehnten Schriftform unterliegt, im internationalen Rechtsverkehr keinerlei Formvorschriften (Art. 1507 CPC).[12] Die Schiedsvereinbarung wird als ein autonomes Institut des internationalen Schiedsverfahrensrechts aufgefasst, das weder dem französischen noch einem anderen nationalen Recht unterliegt, somit keiner kollisionsrechtlichen Anknüpfung bedarf, sondern von einer „règle matérielle de l'arbitrage international" beherrscht wird.[13] Die französischen Gerichte prüfen lediglich, ob nach allgemeinen Grundsätzen ein Konsens vorliegt, und bejahen dies im Übrigen bedenkenlos zu Lasten von Parteien, die die streitbefangene Schiedsklausel nie gesehen haben.[14] Die Zulässigkeit internationaler Schiedsverfahren ist auch nicht durch die Schiedsfähigkeit (Disponibilität) des Streitgegenstands nach Maßgabe der Art. 2059, Art. 2060

---

[9] Groupe de travail sur la réforme du droit français de l'arbitrage, Rapport et propositions de réforme, 26.

[10] Groupe de travail sur la réforme du droit français de l'arbitrage, Rapport et propositions de réforme, 27.

[11] Groupe de travail sur la réforme du droit français de l'arbitrage, Rapport et propositions de réforme, 22, 29.

[12] Zu den damit verbundenen Erleichterungen ausführlich *El Ahdab/Mainguy*, Droit de l'arbitrage, Rn. 474 ff.; *Racine*, Droit de l'arbitrage, Rn. 250 ff.

[13] Cass. 1re civ., 4.7.1972 = JDI 1972, 843 Anm. *Oppetit* – Hecht; Cass 1re civ., 20.12.1993, No. 91-16/828 – Dalico = JDI 1994, 432 Anm. *Gaillard* = Rev. arb. 1994, 118 Anm. *Gaudemet-Tallon*; *El Ahdab/Mainguy*, Droit de l'arbitrage, Rn. 461; Darstellung der Entwicklung bei *Seraglini/Ortscheidt*, Droit de l'arbitrage interne et international, Rn. 594 ff.; kritisch zum sog. „programme Dalico" *Larribère*, La réglementation de la convention d'arbitrage international, 433 ff.

[14] Dazu sogleich, d).

Code Civil beschränkt, sondern allein durch den *ordre public.*[15] Dieses Privileg setzt sich im Stadium nach Erlass des Schiedsspruchs, wenn es um dessen Aufhebung, Anerkennung und Vollstreckbarerklärung geht, fort.[16]

d) Bindung Dritter an die Schiedsvereinbarung

In allen modernen Schiedsverfahrensrechten wird die Geltung der Schiedsvereinbarung auf Dritte erstreckt, die ihr nicht selbst zugestimmt haben. Mit Blick auf das Schriftformerfordernis des Art. II Abs. 2 NYC werden diese Personen als *Non-Signatories* angesprochen. Harmlose, weil allgemein anerkannte Fälle sind etwa die Bindung des Zessionars oder des Erben einer schiedsbefangenen Forderung (vgl. Art. 2016 (1) Code Civil).[17] Über diese Konstellationen der Rechtsnachfolge geht das französische Schiedsverfahrensrecht weit hinaus, indem es gleichsam die Vervielfältigung der Schiedsvereinbarung durch kumulative Bindung weiterer Personen erlaubt. Dies betrifft zum einen die Beteiligten mehrerer Verträge, die in einer Kette oder einem Netz miteinander verbunden sind, sofern einer dieser Verträge, aber nicht die übrigen, mit einer Schiedsklausel ausgestattet ist.[18] Beispiele sind der (mehrmalige) Weiterverkauf von Sachen, die Einschaltung von Subunternehmern, Verwahrungsverträge und Maklerverträge. So ist der Subunternehmer gehalten, seine Rechte im Rahmen eines Schiedsverfahrens durchzusetzen, wenn zwar nicht der Subunternehmervertrag, wohl aber der Hauptvertrag eine entsprechende Klausel enthält.

Für die Praxis noch wichtiger ist die zweite Fallgruppe der Einbeziehung Dritter, nämlich die Erstreckung auf Konzerngesellschaften. Nach der Lehre von der *groupe de societés* (international: *Group of Companies Doctrine*) ist durch die Schiedsvereinbarung nicht nur diejenige Konzerngesellschaft gebunden, die den schiedsbefangenen Vertrag selbst abgeschlossen, regelmäßig also unterschrieben hat, sondern die Bindung erstreckt sich auf Mutter-, Tochter- und Schwestergesellschaften, sofern diese in die Verhandlung, den Abschluss oder die Abwicklung und Erfüllung des Vertrags tatsächlich eingebunden waren.[19]

---

[15] Cass. 1re civ., 2.5.1966, No. 61–12.255 Bull. civ. 1966 I, No. 256 – Trésor Public ./. Galakis; Cass. 1re civ., 5.1.1999, No. 96–21.430, Bull. civ. 1999 I No. 2 – Zanzi; *El Ahdab/Mainguy*, Droit de l'arbitrage, Rn. 270 ff.; *Racine*, Droit de l'arbitrage, Rn. 229.

[16] Unten, f).

[17] Zum deutschen Recht vgl. nur *Wagner*, Prozeßverträge, 308 ff.; Musielak/Voit/*Voit* ZPO, § 1029 Rn. 8; zum französischen Recht *El Ahdab/Mainguy*, Droit de l'arbitrage, Rn. 562 ff.; *Racine*, Droit de l'arbitrage, Rn. 329 ff.; *Seraglini/Ortscheidt*, Droit de l'arbitrage interne et international, Rn. 724 ff., jeweils m. w. N.

[18] Cass 1re civ., 27.3.2007, Bull. civ. 2007, I, No. 129 = JDI 2007, 968 Anm. *Legros* – ASA; *El Ahdab/Mainguy*, Droit de l'arbitrage, Rn. 604 ff.; *Racine*, Droit de l'arbitrage, Rn. 326; *Seraglini/Ortscheidt*, Droit de l'arbitrage interne et international, Rn. 727, jeweils m. w. N.

[19] Grundlegend CA Paris 1re civ., 21.10.1983, Rev. arb. 1984, 98, 100 f. Anm. *Chapelle* – Dow Chemical; *El Ahdab/Mainguy*, Droit de l'arbitrage, Rn. 632 ff.; *Racine*, Droit de l'arbitrage, Rn. 319 ff.; *Seraglini/Ortscheidt*, Droit de l'arbitrage interne et international, Rn. 721; aus dem

Diese Rechtsprechung bewirkt eine Art konzerndimensionale Wirkung von Schiedsklauseln, die im internationalen Vergleich ohne Beispiel ist. Ihre Begründung schwankt zwischen der Anknüpfung an den Parteiwillen – die Konzerngesellschaft, die sich in den Vertrag „einmischte", wusste um die Schiedsklausel – Erwägungen der Verfahrenseffizienz – die Aufspaltung moderner Unternehmen in eine Vielzahl von Rechtsträgern soll die Streiterledigung im Schiedswege nicht behindern – und einem Bedürfnis nach Sanktionierung anstößigen oder gar fraudulösen Handelns, wenn die Parzellierung des Unternehmens in Einzelgesellschaften dazu eingesetzt wird, die Rechtsverfolgung zu erschweren oder zu vereiteln.[20] Dieser letzte Gesichtspunkt bestimmt die Rechtsprechung vor allem der schweizerischen und der US-amerikanischen Gerichte zum *veil-piercing*[21] und zur sog. *alter-ego*-Doktrin,[22] doch die französische Rechtsprechung geht über die Fälle klaren Missbrauchs weit hinaus.

Dogmatische Grundlage dieser Erstreckung der Schiedsvereinbarung auf *non-signatories* ist die Qualifikation der Schiedsvereinbarung als Rechtsinstitut des (ungeschriebenen) internationalen Schiedsverfahrensrechts und ihre damit verbundene Unabhängigkeit von jedem nationalen Recht. Die französischen Gerichte ermitteln also nicht erst das auf die Schiedsvereinbarung anwendbare Recht, gelangen so zum französischen Recht und von dort aus zur Bindung Dritter, sondern diese Folge soll sich aus einer materiellen Regel des internationalen Schiedsverfahrensrechts (*règle matérielle internationale*) ergeben.[23] Die Schiedsvereinbarung unterliegt also nach französischem Verständnis überhaupt keinem staatlichen Recht, sondern unmittelbar dem „internationalen Recht" (*ordre juridique international*). In dem grundlegenden und berühmten *arrêt Dalico* heißt es:

„Mais attendu qu'en vertu d'une règle matérielle du droit international de l'arbitrage, la clause compromissoire est indépendante juridiquement du contrat principal qui la contient directement ou par référence et que son existence et son efficacité s'apprécient, sous réserve des règles impératives du droit français et de l'ordre public international, d'après la

---

deutschen Schrifttum *Sandrock*, in: Böckstiegel/Berger/Bredow (Hrsg.), Die Beteiligung Dritter an Schiedsverfahren, 93, 98 ff.; *ders.*, in: Liber Amicorum Buxbaum, 461; *Busse*, SchiedsVZ 2005, 118.

[20] *El Ahdab/Mainguy*, Droit de l'arbitrage, Rn. 633–635.

[21] BGer, 25.8.2009, 4A_160/2009, C.4 und 5; zum Ganzen auch *Born*, International Commercial Arbitration, 1517 ff.

[22] *GE Energy Power Conversion France SAS v. Outokumpu Stainless USA*, LLC, 140 S.Ct. 1637, 1643 f. (2020); vgl. auch *Arthur Andersen LLP v. Carlisle*, 556 U. S. 624, 631 (2009); dazu *Wagner/Koester*, Journal of International Arbitration 2021, 163.

[23] Cass 1re civ., 20.12.1993, No. 91-16/828 – Dalico = JDI 1994, 432 Anm. *Gaillard* = Rev. arb. 1994, 118 Anm. *Gaudemet-Tallon*; *El Ahdab/Mainguy*, Droit de l'arbitrage, Rn. 215 f.; besonders klar und nachdrücklich *Gaillard* Rev. arb. 2020, 701, 704 ff.; *Racine*, JDI 2021, 768, 770; vgl. auch die Nachweise in VII. Fn. 13.

commune volonté des parties, sans qu'il soit nécessaire de se référer à une loi étatique; …"[24]

Die sog. *autonomie internationale* der Schiedsvereinbarung durch ihre „émancipation … par rapport à toute loi étatique"[25] wird mit entsprechenden Bedürfnissen des internationalen Handels begründet,[26] obwohl sie nach dem *arrêt Zanzi* gleichfalls gilt, wenn die Schiedsvereinbarung eine Transaktion betrifft, die für mindestens eine Vertragspartei kein Handelsgeschäft war.[27] Dabei ist ungeklärt, ob nicht dieselbe Regel auch für die interne Schiedsgerichtsbarkeit Geltung beanspruchen müsste.[28]

e) Kompetenz-Kompetenz als materielle Vorrangregel

Hinzu kommt ein extrem weitreichendes Verständnis des allseits anerkannten Prinzips der Kompetenz-Kompetenz. Während Art. 16 Abs. 1 UNCITRAL-Modellgesetz und in seiner Folge § 1040 Abs. 1 ZPO unter Kompetenz-Kompetenz des Schiedsgerichts dessen Befugnis verstehen, im Fall der Anfechtung der Schiedsvereinbarung im Schiedsverfahren selbst über ihre Wirksamkeit und in diesem Sinne über die eigene Zuständigkeit zu entscheiden, differenziert das französische Recht zwischen der positiven Kompetenz-Kompetenz in dem eben beschriebenen Sinne und einem Prinzip negativer Kompetenz-Kompetenz, das sich nicht an die Schiedsgerichte, sondern an die staatlichen Gerichte wendet. Dieses Prinzip der negativen Kompetenz-Kompetenz ist eine strikte zeitliche und sachliche Prioritätsregel zugunsten der Schiedsgerichtsbarkeit (*priorité quasi absolue au tribunal arbitral pour statuer sur sa compétence*[29]), die es den staatlichen Gerichten verwehrt, vor dem Schiedsgericht über dessen Zuständigkeit zu entschieden. Ist die Schiedsvereinbarung zwischen den Parteien umstritten, so soll prinzipiell zuerst das Schiedsgericht über deren Wirksamkeit und Anwendbarkeit im konkreten Fall befinden, während die staatlichen Gerichte auf eine Kontrolle *ex post*, im Aufhebungs- oder Exequaturverfahren über den Schiedsspruch beschränkt sind.[30]

---

[24] Cass 1re civ., 20.12.1993, No. 91-16/828 - Dalico = JDI 1994, 432 Anm. *Gaillard* = Rev. arb. 1994, 118 Anm. *Gaudemet-Tallon*.

[25] *El Ahdab/Mainguy*, Droit de l'arbitrage, Rn. 215.

[26] CA Paris 1re civ., 28.11.1989, Rev. arb. 1990, 675; *Racine*, Droit de l'arbitrage, Rn. 324.

[27] Cass. 1re civ., 5.1.1999, No. 96-24.430 - Zanzi = D. 1993, 31 = Rev. Crit. DIP 1999, 546 Anm. *Bureau*.

[28] *Racine*, Droit de l'arbitrage, Rn. 328.

[29] *Seraglini/Ortscheidt*, Droit de l'arbitrage interne et international, Rn. 689.

[30] So, mit der ihm eigenen Radikalität, *Gaillard*, in: Études de procédure et d'arbitrage en l'honneur de Jean-Francois Poudret, 387, 390 ff.; vgl. weiter *Racine*, Droit de l'arbitrage, Rn. 351, 354 ff.; kritisch *Seraglini/Ortscheidt*, Droit de l'arbitrage interne et international, Rn. 174, 688 ff.; vgl. auch die Darstellung bei *Born*, International Commercial Arbitration, 1139 ff.

Das Prinzip der negativen Kompetenz-Kompetenz ist von der Cour de cassation richterrechtlich entwickelt,[31] inzwischen aber kodifiziert worden. Gemäß Art. 1465 CPC ist das Schiedsgericht allein dafür zuständig (*seule compétent*), über seine eigene Zuständigkeit zu entscheiden. Diese Regel hat zur Folge, dass die staatlichen Gerichte eine bei ihnen erhobene Klage, gegen deren Zulässigkeit die Schiedseinrede erhoben wird, ohne Prüfung der Wirksamkeit und der Anwendbarkeit der Schiedsvereinbarung abweisen müssen, wenn das Schiedsgericht bereits konstituiert ist (Art. 1448 (1) CPC).[32] Nur dann, wenn das Schiedsgericht im Zeitpunkt der Klageerhebung noch nicht gebildet ist, steht den staatlichen Gerichten ein Prüfungsrecht zu, und auch dann nur im Hinblick darauf, ob die Schiedsvereinbarung sich bei einer Prima-facie-Kontrolle als offensichtlich (*evident*) nichtig oder unanwendbar (*manifestement nulle ou manifestement inapplicable*) erweist.[33] Es kommt darauf an, dass die mangelnde Wirksamkeit oder Unanwendbarkeit der Schiedsvereinbarung gleichsam „ins Auge springt", ohne jede Interpretation der Schiedsklausel und ohne die Prüfung der Wirksamkeit des Vertragsschlusses.[34] Das Prinzip der Kompetenz-Kompetenz wird also als eine *substantielle Vorrangregel* zugunsten der Schiedsgerichtsbarkeit interpretiert, die letzterer den ersten Zugriff auf die Zuständigkeitsfrage garantiert und die staatliche Justiz auf die Überprüfung der schiedsgerichtlichen Zuständigkeitsentscheidung im Aufhebungs- oder Exequaturverfahren über den Schiedsspruch beschränkt, wobei dafür die speziell für die Schiedsgerichtsbarkeit zuständigen Spruchkörper, in aller Regel die Cour d'appel von Paris, berufen sind. Zur Begründung der Vorrangregel stützte sich die Cour de cassation auf das Gebot der Effektivität der Schiedsgerichtsbarkeit (*efficacité d'arbitrage*).[35]

Der Unterschied zum UNCITRAL-Modellgesetz, das dem staatlichen Gericht in Art. 8 Abs. 1 (§ 1032 Abs. 1 ZPO) das Recht zur vollen Überprüfung der Schiedsvereinbarung einräumt und in Art. 16 Abs. 3 (§ 1040 Abs. 3 ZPO) eine Vorabkontrolle der schiedsrichterlichen Entscheidung über die Zuständigkeit durch das staatliche Gericht ermöglicht, ist deutlich. Während das Modellgesetz die Herrschaft der staatlichen Gerichte über Bestand und Anwendung der Schiedsvereinbarung in allen Stadien des Rechtsstreits klar bejaht, gesteht das französische Recht den Schiedsgerichten die Erstentscheidungskompetenz zu. Das deutsche Recht geht mit § 1032 Abs. 2 ZPO über den Standard des Modell-

---

[31] Eingehend *Gaillard*, in: Études de procédure et d'arbitrage en l'honneur de Jean-Francois Poudret, 387, 391 f.

[32] Eingehend *El Ahdab/Mainguy*, Droit de l'arbitrage, Rn. 544 ff.; *Seraglini/Ortscheidt*, Droit de l'arbitrage interne et international, Rn. 175, 689.

[33] *El Ahdab/Mainguy*, Droit de l'arbitrage, Rn. 548; *Racine*, Droit de l'arbitrage, Rn. 366; *Cachard*, Rev. arb. 2006, 893, 899 ff.

[34] *Bacoubza/Serinet*, RDC 2016, 484, 485 f.

[35] Cass 1re civ., 7.6.2006, Rev. arb. 2006, 945, 946 f. Anm. *Gaillard* – Corpropriété maritime Jules Verne ./. American Bureau of Shipping (ABS); *Racine*, Droit de l'arbitrage, Rn. 361.

gesetzes noch hinaus, indem es dem *staatlichen Gericht* die Kompetenz einräumt, vor Einleitung des Schiedsverfahrens und Konstituierung des Schiedsgerichts bindend über die Zulässigkeit des Schiedsverfahrens zu entscheiden. Diese Kompetenz will das Schiedsverfahrensmodernisierungsgesetz durch die Klarstellung, dass die Feststellung auch die Wirksamkeit der Schiedsvereinbarung umfasst, weiter stärken.[36]

Das französische Recht folgt dem entgegengesetzten Prinzip, die staatlichen Gerichte möglichst bis zum Erlass des Schiedsspruchs aus dieser Frage herauszuhalten und die Entscheidungskompetenz des *Schiedsgerichts* abzusichern. Zwar kann der Schiedsspruch auch in Frankreich mit der Aufhebungsklage oder im Exequaturverfahren angegriffen und der Mangel einer wirksamen Schiedsvereinbarung geltend gemacht werden, doch diese kostspieligen Rechtsbehelfe stehen erst nach Abschluss des Schiedsverfahrens zur Verfügung, das Jahre dauern und erhebliche Ressourcen verzehren kann.

Die französische Rechtslage ist mit der Rechtsprechung des EuGH zur prozessualen Durchsetzung des Verbraucherschutzrechts der EU und insbesondere mit Art. 6 Richtlinie 93/13/EWG über missbräuchliche Klauseln in Verbraucherverträgen nicht vereinbar.[37] Die Cour de cassation hat dieses Spannungsverhältnis erkannt und ihre Rechtsprechung zur negativen Kompetenz-Kompetenz in dem *arrêt PWC* für Schiedsklauseln im Verhältnis B2C zurückgenommen.[38] In dem zugrundeliegenden Fall hatte sich die wegen Falschberatung in einem internationalen Erbfall beklagte Rechtsanwaltsgesellschaft vor dem französischen Gericht auf die in dem Mandatsvertrag enthaltene Schiedsklausel berufen und damit im Ergebnis keinen Erfolg. Die Cour de cassation umging den in Art. 1448 CPC angeordneten Maßstab des *manifestement nulle* und bekannte sich stattdessen zur vollen Prüfung der Wirksamkeit und Anwendbarkeit der Schiedsvereinbarung, wie bei Anwendung des Art. 8 Abs. 1 UNCITRAL-Modellgesetz. In einem zweiten Schritt wurde die Schiedsvereinbarung unter Anwendung des Art. 3 der Richtlinie 93/13/EWG für unwirksam erklärt.

---

[36] BT-Drucks. 20/13257, 27 f.; Referentenentwurf der 21. Legislaturperiode, 2026, 37, beide unter Bezugnahme auf BGH SchiedsVZ 2020, 50 Rn. 11.

[37] EuGH, 6.10.2006, C-168/05, *Mostaza Claro ./. Centro Móvil Milenium SL*, Rn. 35 ff. = SchiedsVZ 2007, 46 Anm. *Wagner*; EuGH, Urt. v. 6.10.2009, C-40/08 – *Asturcom Telecomunicaciones SL ./. Rodrìguez Nogueira*, Rn. 39 ff. = SchiedsVZ 2010, 110; EuGH, 3.4.2014, C-342/13, *Sebestyén ./. Zsolt Csaba Kővári, OTP Bank*, Rn. 35.

[38] Cass. 1re civ., 30.9.2020, No. 18–19.241 – PWC, Rn. 7 ff. = JDI 2020, 22 Anm. *Gaillard* = JCP 2020, 1311 Anm. *Fontmichel*; *El Ahdab/Mainguy*, Droit de l'arbitrage, Rn. 318 ff.

f) Aufhebung, Anerkennung und Vollstreckung internationaler Schiedssprüche

aa) Aufhebungsklage, Revision und Verzicht

Schließlich können internationale Schiedssprüche – das sind mit Blick auf Art. 1505 CPC solche, die am Schiedsort Frankreich ergangen sind oder sonst französischem Recht unterliegen – nur sehr eingeschränkt mit Rechtsbehelfen angegriffen werden. Das gegen interne Schiedssprüche wahlweise zulässige Rechtsmittel der Berufung (*appel*, Art. 1489 ff. CPC) zum staatlichen Gericht steht gegen internationale Schiedssprüche nicht zur Verfügung (Art. 1506 Nr. 5 CPC).[39] Die Aufhebungsklage ist zwar auch bei internationalen Schiedssprüchen zulässig (Art. 1518 ff. CPC) und sie kann, *cum grano salis*, auf dieselben Gründe gestützt werden, die auch von Art. V NYC, Art. 34 UNCITRAL-Modellgesetz, § 1059 ZPO her geläufig sind (Art. 1520 CPC). Allerdings können die Parteien durch *convention spéciale* auf die Aufhebungsklage gegen den Schiedsspruch wirksam verzichten (Art. 1522 Abs. 1 CPC).[40] Damit ist der französische Gesetzgeber dem Beispiel des schweizerischen Rechts gefolgt.[41] Ob die relativ zurückhaltende und allgemein gehaltene Formulierung in Art. 35 Abs. 6 ICC-Schiedsregeln den Anforderungen an einen wirksamen Verzicht genügt, ist zweifelhaft.[42]

Der außerordentliche Rechtsbehelf des *recours en révision* bleibt trotz eines gemäß Art. 1522 CPC wirksamen Verzichts auf die Aufhebungsklage zulässig und kann seinerseits durch Parteivereinbarung nicht ausgeschlossen werden.[43] Die *révision* entspricht der Wiederaufnahme des Verfahrens, die sich gegen rechtskräftige Urteile richtet (Art. 593 CPC). Dieser Rechtsbehelf ist 1992 von der Cour de cassation auf internationale Schiedssprüche erstreckt und sodann im Zuge der Reform des französischen Schiedsverfahrensrechts im Jahr 2011 kodifiziert worden.[44] Mit der Revision des Schiedsspruchs können Prozessbetrug und andere Manipulationen der schiedsrichterlichen Entscheidung durch eine Schiedspartei korrigiert werden (Art. 1502, 1506 Nr. 5, 595 CPC).[45] Bei internationalen Schiedssprüchen steht dieser Rechtsbehelf auch noch nach Ablauf der Rechtsmittelfrist gegen das Exequatur zur Verfügung. Zuständig für die Wiederaufnahme ist das Schiedsgericht selbst, nicht hingegen das staatliche

---

39 *De Boisséson/Fouchard/Madesclair*, Le droit français de l'arbitrage, 865.

40 *El Ahdab/Mainguy*, Droit de l'arbitrage, Rn. 1534 ff.; *Racine*, Droit de l'arbitrage, Rn. 928 ff.; *Seraglini/Ortscheidt*, Droit de l'arbitrage interne et international, Rn. 959 ff.

41 *Racine*, Droit de l'arbitrage, Rn. 928.

42 *El Ahdab/Mainguy*, Droit de l'arbitrage, Rn. 1534; *Racine*, Droit de l'arbitrage, Rn. 929; *Seraglini/Ortscheidt*, Droit de l'arbitrage interne et international, Rn. 963.

43 *El Ahdab/Mainguy*, Droit de l'arbitrage, Rn. 1650.

44 Cour de cassation, 25.5.1992, Rev. arb. 1993, 91, 92; *El Ahdab/Mainguy*, Droit de l'arbitrage, Rn. 1650.

45 *El Ahdab/Mainguy*, Droit de l'arbitrage, Rn. 1650 ff.

Gericht, das den Schiedsspruch für vollstreckbar erklärt hat. Diese Zuständigkeitsregel hat viel Kritik auf sich gezogen, weil das Schiedsgericht in vielen Fällen nicht mehr zusammengerufen werden kann und überdies die Schiedsrichter häufig selbst für die Manipulationen mitverantwortlich sind und sodann über ihr eigenes Fehlverhalten urteilen müssen.[46] Hinzu kommt, dass mangels Verweisung des Art. 1506 Nr. 5 CPC auch auf Art. 1502 Abs. 3 CPC die subsidiäre Zuständigkeit des für die Aufhebungsklage zuständigen staatlichen Gerichts nach der Gesetzeslage kaum zu begründen ist.[47]

bb) Das Verfahren der Vollstreckbarerklärung

Selbst wenn die Parteien auf die Aufhebungsklage wirksam verzichtet haben, bleibt es ihnen unbenommen, sich gegen die Vollstreckbarerklärung des (internationalen, aber in Frankreich ergangenen bzw. dem französischen Recht unterliegenden) Schiedsspruchs in Frankreich zu Wehr zu setzen.[48] Die Vollstreckbarerklärung wird vom Präsidenten des Tribunal Judiciaire am Schiedsort (Art. 1516 Abs. 1 CPC) – fast immer Paris – ohne Weiteres ausgesprochen, wenn nur der Schiedsspruch nicht in evidenter Weise (*manifestement*) gegen den *ordre public international* verstößt (Art. 1514 CPC).[49] Dieser ist nicht mit dem *ordre public interne* kongruent, sondern ein internationaler Maßstab, *d'application universelle*, der nur Grundsätze umfasst, die von der großen Mehrheit der Staaten anerkannt werden.[50] Das Evidenzkriterium (*manifestement*) versteht die Rechtsprechung so, dass sich der Verstoß bereits aus der bloßen Lektüre des Schiedsspruchs ergeben muss.[51] Kein Wunder, dass die Verweigerung der Vollstreckbarerklärung aufgrund von Art. 1514 CPC extrem selten ist.[52] Im Übrigen muss das Gericht nur die Ablehnung des Exequatur, nicht hingegen seine Gewährung begründen.

Gegen die Gewährung des Exequatur ist an sich kein Rechtsmittel möglich. Anders liegt es, wenn die Parteien auf die Aufhebungsklage verzichtet haben; in diesem Fall kann die Vollstreckbarerklärung mit Rechtsmitteln angefochten

---

46 *El Ahdab/Mainguy*, Droit de l'arbitrage, Rn. 1653.

47 *El Ahdab/Mainguy*, Droit de l'arbitrage, Rn. 1654.

48 *Racine*, Droit de l'arbitrage, Rn. 932; *Seraglini/Ortscheidt*, Droit de l'arbitrage interne et international, Rn. 946, 964.

49 *El Ahdab/Mainguy*, Droit de l'arbitrage, Rn. 1696 f.; *Racine*, Droit de l'arbitrage, Rn. 888 ff.; *de Boisséson/Fouchard/Madesclair*, Le droit français de l'arbitrage, 852; *Seraglini/Ortscheidt*, Droit de l'arbitrage interne et international, Rn. 944.

50 CA Paris 1re civ., 25.5.1990, 1re moyen, Rev. crit. DIP 1990, 753 – Fougerolle SA v. Procofrance SA; *Racine*, Droit de l'arbitrage, Rn. 893.

51 *Racine*, Droit de l'arbitrage, Rn. 889 f.; *Seraglini/Ortscheidt*, Droit de l'arbitrage interne et international, Rn. 944; vgl. etwa TGI Paris, 2.2.1996, Rev. arb. 1998, 577 – Société Intertradex France: Fortsetzung des Schiedsverfahrens ohne Unterbrechung trotz Insolvenz des Schiedsbeklagten.

52 *Boisséson/Fouchard/Madescliar*, Le droit français de l'arbitrage, Rn. 851.

werden (Art. 1522 Abs. 2 CPC).[53] Dabei können die Aufhebungsgründe des Art. 1520 CPC als Exequaturversagungsgründe geltend gemacht werden.

cc) *Aufhebungs- und Exequaturversagungsgründe*

Für internationale Schiedssprüche, die im Ausland ergangen sind und auch sonst nicht gemäß Art. 1505 Nr. 2–4 CPC dem französischen Recht der internationalen Schiedsgerichtsbarkeit unterliegen, gelten dieselben Regeln wie für internationale Schiedssprüche französischer Provenienz;[54] eine strikte Trennung zwischen inländisch-internationalen und ausländisch-internationalen Schiedssprüchen gibt es nicht. Die New Yorker Konvention, die im internationalen Rechtsverkehr das zentrale Instrument zur Anerkennung und Vollstreckung ausländischer Schiedssprüche darstellt, spielt in Frankreich überhaupt keine Rolle.[55] Da die Vorschriften des französischen Rechts für internationale Schiedsverfahren die Vollstreckbarerklärung ausländischer Schiedssprüche unter großzügigeren Bedingungen zulassen als Art. V NYC, dominieren sie die gerichtliche Praxis. Völkerrechtliche Bedenken dagegen bestehen nicht, weil der Meistbegünstigungsgrundsatz des Art. VII NYC die Berufung auf großzügigeres nationales Recht des Vollstreckungsstaats ausdrücklich zulässt.[56] Die Aufhebungsgründe des Art. 1520 CPC fungieren im Rahmen der Anerkennung und Vollstreckbarerklärung ausländischer Schiedssprüche als Exequaturversagungsgründe, die der Vollstreckbarerklärung des Schiedsspruchs entgegengehalten werden können (Art. 1525 Abs. 4 CPC).[57] Die mit Abstand wichtigste Konsequenz des französisch-autonomen Exequaturregimes für ausländische Schiedssprüche ist die Nichtanwendung von Art. V Abs. 1 lit. e) NYC, der im Katalog des Art. 1520 CPC keine Parallele hat.[58] Ist der Schiedsspruch von den Gerichten am Schiedsort aufgehoben worden, kann er in Frankreich dennoch für vollstreckbar erklärt werden, wenn er dem französischen Verständnis des *ordre public international* nicht widerspricht.[59] Die Cour de cassation qualifiziert internationale Schiedssprüche als Entscheidungen einer internationalen

---

[53] *El Ahdab/Mainguy*, Droit de l'arbitrage, Rn. 1704.

[54] Einzige Ausnahme ist Art. 1525 CPC, der im Wesentlichen Rechtsmittelfragen regelt.

[55] *El Ahdab/Mainguy*, Droit de l'arbitrage, Rn. 1679 und 1708; *Racine*, Droit de l'arbitrage, Rn. 900; *Seraglini/Ortscheidt*, Droit de l'arbitrage interne et international, Rn. 1007.

[56] Vgl. nur *El Ahdab/Mainguy*, Droit de l'arbitrage, Rn. 1684, 1719; *Seraglini/Ortscheidt*, Droit de l'arbitrage interne et international, Rn. 1009; Cass. 1re civ., 29.6.2007 = Rev. arb. 2007, 507 Anm. *Gaillard* – Putrabali = JDI 2007, 1236 Anm. *Clay*; *Quinke*, in Wolff (Hrsg.), New York Convention, Art. VII Rn. 42 f.

[57] *El Ahdab/Mainguy*, Droit de l'arbitrage, Rn. 1707.

[58] *El Ahdab/Mainguy*, Droit de l'arbitrage, Rn. 1683 ff.

[59] Grundlegend Cass. 1re civ., 9.10.1984, Rev. arb. 1985, 433 Anm. *Goldman* – Norsolor; Cass. 1re civ., 23.3.1994, Rev. arb. 1994, 327, 328 Anm. *Jarrosson* – Hilmarton; Cass. 1re civ., 29.6.2007 = Rev. arb. 2007, 507 Anm. *Gaillard* – Putrabali; *El Ahdab/Mainguy*, Droit de l'arbitrage, Rn. 1683 ff.

Gerichtsbarkeit, die keinem staatlichen Recht und keiner Jurisdiktion zugeordnet sind:

„Mais attendu que la sentence internationale, qui n'est rattachée à aucun ordre juridique étatique, est une décision de justice internationale dont la régularité est examinée au regard des règles applicables dans le pays où son reconnaissance et son exécution sont demandées [...]."[60]

Die allgemeine Regelung der Aufhebungsgründe in Art. 1492 CPC sei auf diese Schiedssprüche nicht anwendbar. Internationale Schiedssprüche sollen vielmehr der Kontrolle ausschließlich in denjenigen Jurisdiktionen unterliegen, in denen um Exequatur nachgesucht wird.

dd) Der ordre public international

Völlig schrankenlos ist die Durchsetzung internationaler und ausländischer Schiedssprüche in Frankreich allerdings nicht, sondern bestimmte Seriositätsanforderungen sind einzuhalten, die in dem Institut des *ordre public international* gemäß Art. 1520 Nr. 5 CPC versammelt sind. Im Vergleich zum *ordre public interne*, an dem Inlandsschiedssprüche zu messen sind, handelt es sich beim *ordre public international* um einen zurückgenommen Maßstab, der Normen und Werte schützt, deren Missachtung die französische Rechts- und Justizordnung nicht hinnehmen kann.[61] Dabei wird zwischen einer prozessualen und einer materiell-rechtlichen Dimension des *ordre public international* unterschieden.[62] Der prozessrechtliche *ordre public* schützt elementare Grundsätze eines fairen Verfahrens, während die materiell-rechtliche Abteilung sowohl den Schutz wichtiger Allgemeininteressen als auch den Schutz von Basisgarantien des Schwächerenschutzes im Auge hat.[63] Darüber hinaus müssen die französischen Gerichte selbstverständlich die Rechtsprechung des EuGH zur Durchsetzung des europäischen Kartellrechts im Rahmen der Ordre-public-Kontrolle von Schiedssprüchen beachten.[64]

---

[60] Cass. 1re civ., 29.6.2007 = Rev. arb. 2007, 507, 514 Anm. *Gaillard* – Putrabali; ähnlich Cass. 1re civ., 23.3.1994, Rev. arb. 1994, 327, 328 Anm. *Jarrosson* – Hilmarton; Cass. 1re civ., 8.7.2015, Rev. arb. 2015, 1131, 1132 Anm. *Laazouzi* – Société Ryanair.

[61] CA Paris 1re civ., 14.6.2001, SA Compagnie commerciale André v. SA Tradigrain France, Rev. arb. 2001, 773 Anm. Seraglini; CA Paris 1re civ., 3.6.2020, SA TCM FR SA v. Natural Gas Storage Co., Rev. arb. 2020, 1121 Anm. *Garaud/Martini/Rancourt*; *Boisséson/Fouchard/Madescliar*, Le droit français de l'arbitrage, Rn. 913, 916; *El Ahdab/Mainguy*, Droit de l'arbitrage, Rn. 1590.

[62] *Boisséson/Fouchard/Madescliar*, Le droit français de l'arbitrage, Rn. 914; *El Ahdab/Mainguy*, Droit de l'arbitrage, Rn. 1595.

[63] CA Paris 1re civ., 1.3.2007, Port autonome de Douala v. White Nile, Rev. arb. 2007, 143; *Boisséson/Fouchard/Madescliar*, Le droit français de l'arbitrage, Rn. 914.

[64] EuGH, 1.6.1999, C-126/97, *Eco Swiss China Time ./. Benetton International*, Rn. 36 ff.; *Boisséson/Fouchard/Madescliar*, Le droit français de l'arbitrage, Rn. 914.

Unter dem Gesichtspunkt des prozessualen *ordre public international* sind Schiedssprüche aufzuheben bzw. ihre Vollstreckbarerklärung abzulehnen, die durch Prozessbetrug erlangt sind.[65] Vorausgesetzt ist allerdings, dass die Entscheidung des Schiedsgerichts durch die Täuschung verursacht wurde[66] und das Schiedsgericht den Betrugsvorwurf nicht selbst geprüft und zurückgewiesen hat.[67] Verletzungen des Rechts auf Gehör werden unter dem Gesichtspunkt eines Verstoßes gegen das Prinzip der *contradiction* gewürdigt, das gemäß Art. 1520 No. 4 CPC einen eigenen Aufhebungsgrund darstellt, nicht hingegen im Rahmen des *ordre public processualis.* Im Vergleich zur Judikatur des BGH[68] ist die Rechtsprechung der Cour d'appel von Paris großzügig und hält das Schiedsgericht nicht für verpflichtet, in seinem Spruch auf jedes Argument, das von einer Partei vorgebracht wurde, einzugehen.[69]

Im Rahmen des materiell-rechtlichen *ordre public international* werden insbesondere Verstöße gegen international konsentierte Regeln über Bestechung und Korruption,[70] Geldwäsche[71] sowie von der internationalen Staatengemeinschaft verhängte Sanktionen gegen kriegführende Staaten berücksichtigt und bei deren Bestätigung die Vollstreckbarerklärung abgelehnt bzw. der Aufhebungsklage stattgegeben.[72] Unilateral verhängte Sanktionen, die sich nicht auf einen breiten Konsens der Staatengemeinschaft stützen können, führen hingegen nicht zur Aufhebung des Schiedsspruchs bzw. zur Verweigerung des Exequatur.[73]

---

[65] CA Paris 1re civ., 1.7.2010, Thalès v. Brunner Sociedad de Administracao Ltda, Rev. arb. 2010, 856 Anm. *Audit*; *Boisséson/Fouchard/Madescliar*, Le droit français de l'arbitrage, Rn. 916.

[66] *Boisséson/Fouchard/Madescliar*, Le droit français de l'arbitrage, Rn. 916.

[67] *Boisséson/Fouchard/Madescliar*, Le droit français de l'arbitrage, Rn. 916 m. w. N.

[68] Dazu unten, 5. e) bb)

[69] CA Paris 1re civ. 31.10.1996, Lepesqueur v. Educinvest, Rev. arb. 1997, 239; CA Paris 1re civ., 25.3.2004, Fontan Tessaur v. Société ISS Abilis France, Rev. arb. 2004, 671 Anm. *Ortscheidt*; *Guinchard*, Rev. arb. 1997, 185, 197; *Boisséson/Fouchard/Madescliar*, Le droit français de l'arbitrage, Rn. 912.

[70] CA Paris 1re civ., 26.5.2017 – République démocratique du Congo = JDI 2017, 1361, 1362 Anm. *Gaillard* = Rev. arb. 2018, 248: „L'ordre public international au sens de l'article 1520–5° du Code de procédure civile s'entende la conception française de l'ordre public international, c'est-à-dire des règles et des valeurs dont l'ordre juridique français ne peut souffrier la méconnaissance même dans des situations à caractère international; tel est le cas de l'objectif de lutte contre la conception". Allerdings muss der Verstoß gegen den *ordre public international* „flagrante, effective et concrète" sein (*Gaillard*, JDI 2017, 1370, 1376 ff.). Weiter *Gaillard*, Aspects philosophiques du droit de l'arbitrage international, 179 ff.; *El Ahdab/Mainguy*, Droit de l'arbitrage, Rn. 1612 ff.; *Seraglini/Ortscheidt*, Droit de l'arbitrage interne et international, Rn. 905, 907, 1004.

[71] CA Paris 1re civ., 21.2.2017, Rev. arb. 2017, 915, 922 – République du Kirghizistan; bestätigt von Cass. 1re, 23.3.2022, No. 17–17.981, Rn. 6 ff.; *El Ahdab/Mainguy*, Droit de l'arbitrage, Rn. 1614.

[72] *El Ahdab/Mainguy*, Droit de l'arbitrage, Rn. 1614; *Boisséson/Fouchard/Madescliar*, Le droit français de l'arbitrage, Rn. 917.

[73] Cass. 1re civ., 15.1.2020, Legal Department du Ministère de la Justice de la République d'Irak v. Fincantieri Cantieri Navali Italiana SPA, rev. arb. 2020, 780 Anm. *Franc-Menget*; *Boisséson/Fouchard/Madescliar*, Le droit français de l'arbitrage, Rn. 917.

Eine weitere zentrale Weichenstellung für die Intensität der Ordre-public-Kontrolle betrifft die tatsächliche Grundlage für die Feststellung eines entsprechenden Verstoßes. Im Mittelpunkt steht die Frage, ob das staatliche Gericht im Rahmen von Aufhebungs- und Exequaturverfahren an die tatsächlichen Feststellungen des Schiedsgerichts gebunden, also ggf. auf eine Kontrolle der Rechtsanwendung beschränkt ist. Weitergehend ist zu entscheiden, ob sich eine Schiedspartei vor dem staatlichen Gericht auf Korruption, Geldwäsche oder andere Verstöße gegen die öffentliche Ordnung berufen kann, wenn sie diese Einwände vor dem Schiedsgericht nicht vorgetragen hat, obwohl sie dazu in der Lage gewesen wäre. In beiden Punkten hat die französische Rechtsprechung, unter Führung der Cour d'appel von Paris, in der jüngeren Vergangenheit eine Kehrtwende vollzogen. Die ältere Rechtsprechung betonte das Verbot der *révision au fond*, beschränkte die Ordre-public-Kontrolle auf Verstöße, die „flagrant, effectif et concret" waren und beurteilte dies auf Grundlage der Tatsachen, wie sie das Schiedsgericht festgestellt hatte.[74] Schiedssprüche wurden also nur dann beanstandet, wenn der *Verstoß des Schiedsspruchs* gegen den *ordre public* in die Augen sprang (*crève les yeux*), nicht hingegen, wenn das *Vorbringen im Aufhebungsverfahren* einen solchen Verstoß nahelegte.[75] Folgerichtig konnte sich die den Schiedsspruch bekämpfende Schiedspartei nicht auf korrumpierende Umstände berufen, die sie vor dem Schiedsgericht nicht geltend gemacht hatte.[76]

Unter dem Eindruck vermehrter Fälle von Betrug, Korruption und Geldwäsche und des zunehmenden internationalen Drucks zu deren Bekämpfung wurde die Kontrolle wesentlich verschärft und die Formel für einen Eingriff der staatlichen Gerichte umgestellt. Nunmehr muss der Verstoß nicht mehr „crève les yeux", sondern es reicht aus, wenn der Verstoß gegen den *ordre public international* „manifeste, effective et concrète" ist.[77] Während insoweit erst einmal nur Wörter ausgetauscht worden sind, ist entscheidend, dass die Bindung an die Tatsachenfeststellungen des Schiedsgerichts abgeschüttelt wurde[78] und es der Aufhebung bzw. der Versagung der Vollstreckbarerklärung wegen Verstoßes

---

[74] Vgl. nur CA Paris 1re civ., 18.11.2004, Thalès Air Défense v. GIE Euromissile, JDI 2005, 357 Anm. Mourre; *Boisséson/Fouchard/Madescliar*, Le droit français de l'arbitrage, Rn. 919 m.w.N.; *El Ahdab/Mainguy*, Droit de l'arbitrage, Rn. 1607.

[75] CA Paris 1re civi., 15.2.2007, Heresma SA v. Société Granitalia SpA, Rev. arb. 2009, 159; *Boisséson/Fouchard/Madescliar*, Le droit français de l'arbitrage, Rn. 919.

[76] Cass. 1re civ., 12.2.2014, M. Schneider Schaltgerätebau und Elektroinstallationen v. CPL Industries Ltd., Rev. arb. 2010, 533 Anm. Delanoy; *Boisséson/Fouchard/Madescliar*, Le droit français de l'arbitrage, Rn. 919.

[77] CA Paris 1re civ., 24.2.2015, Arab Potash Co. v. ATA Construction Industry, Rev. arb. 2015, 283; *Boisséson/Fouchard/Madescliar*, Le droit français de l'arbitrage, Rn. 922.

[78] Cass. 1re civ., 23.3.2022, Belokon v. La République du Kirghizistan, Rev. arb. 2022, 945 Anm. *Audit* und *Bollée*; *Boisséson/Fouchard/Madescliar*, Le droit français de l'arbitrage, Rn. 924.

gegen den *ordre public international* nicht mehr entgegensteht, dass eine entsprechende Rüge des Verstoßes vor dem Schiedsgericht unterblieben ist, und zwar selbst dann nicht, wenn die sich gegen die Bindung an den Schiedsspruch wehrende Partei ohne Weiteres dazu in der Lage gewesen wäre, eine solche Rüge zu erheben.[79]

ee) Zuständigkeitskonzentration

Die Zuständigkeit für Aufhebungs- und Exequaturklagen ist *de facto* bei einem einzigen Gericht konzentriert, nämlich der Cour d'appel von Paris. Dies ergibt sich einfach daraus, dass das Berufungsgericht am Schiedsort zuständig ist (*juge du siège*, Art. 1519 Abs. 1 CPC; vgl. auch Art. 1487 Abs. 1 CPC),[80] und französische internationale Schiedsverfahren praktisch ausnahmslos in Paris stattfinden. Von den 99 Schiedsverfahren, die im Jahr 2023 unter der Ägide der ICC in Frankreich stattfanden, hatten 96 ihren Sitz in Paris.[81]

g) Theoretische Unterfütterung

Das französische Recht für internationale Schiedsverfahren ist extrem liberal und schiedsfreundlich in dem Sinne, dass Schiedsvereinbarungen weit ausgedehnt und kompromisslos durchgesetzt sowie der Vollstreckung des Schiedsspruchs in Frankreich möglichst wenig Steine in den Weg gelegt werden. Diese Besonderheiten stehen nicht unverbunden nebeneinander, sondern haben eine theoretische Überwölbung erfahren, die ihnen einen einheitlichen dogmatischen Rahmen und auch ein gewisses normatives Pathos verleiht. Diese theoretische Klammer, die von französischen Gerichten, insbesondere der Cour d'appel von Paris sowie der Cour de cassation immer wieder angerufen wird, ist die Vorstellung der internationalen Schiedsgerichtsbarkeit als „ordre arbitral international".[82] Sie ist in der jüngeren Vergangenheit von keinem Autor besser artikuliert und geradezu inszeniert worden als von *Emmanuel Gaillard*, wird aber von der französischen Rechtsprechung und Doktrin geteilt. Die Haupt-

---

[79] Cass. 1re civ., 7.9.2022, Sorelec v. État de Libye, No. 20-22118; *Boisséson/Fouchard/Madescliar*, Le droit français de l'arbitrage, Rn. 924.

[80] *El Ahdab/Mainguy*, Droit de l'arbitrage, Rn. 1523.

[81] ICC Dispute Resolution Statistics 2023, 11, Annex: Table 1 und Table 10, verfügbar unter https://iccwbo.org/wp-content/uploads/sites/3/2024/06/2023-Statistics_ICC_Dispute-Resolution_991.pdf (letzter Zugriff am 15. August 2025).

[82] Ein prominenter Schiedsspruch zum *ordre juridique arbitral* ist derjenige eines ICC-Schiedsgerichts in Sachen Dow Chemical, in: ICC (Hrsg.), Recueil des sentences arbitrales de la CCI 1974–1985, No. 4131, 23.9.1982, unter D, 464, 470 f.; für die Literatur siehe *de Boisséson/Fouchard/Madesclair*, Le droit français de l'arbitrage, 305; *Racine*, Rev. arb. 2005, 305, 335 ff.; *Racine*, Droit de l'arbitrage, Rn. 41, 54; *Clay*, L'arbitre, 211 ff.; vgl. auch *Loquin*, L'arbitrage du commerce international, 12 ff.; *ders.*, in: ICC (Hrsg.), L'apport de la jurisprudence arbitrale, 67, 119 ff.; *Oppetit*, JDI 1993, 811, 821 ff.

these lautet, dass die internationale Schiedsgerichtsbarkeit, jedenfalls in ihrer französischen Ausprägung, nicht in der Rechtsordnung des jeweiligen Schiedsorts verankert ist, sondern als transnationale Institution eine autonome Rechtsordnung *sui generis* darstellt, *l'ordre juridique arbitral.*[83] Dieser Begriff soll zum Ausdruck bringen, dass die von den internationalen Schiedsgerichten angewendeten Normen zwar den staatlichen Rechtsordnungen entspringen, aber an keine einzelne staatliche Rechtsordnung gebunden sind bzw. aus keiner einzigen abgeleitet werden können.[84] Der transnationale Charakter soll dabei gerade auch das Prozessrecht kennzeichnen, wobei dieser Schritt nicht auf das eigentliche Schiedsverfahrensrecht beschränkt wird, sondern das Zivilprozessrecht offenbar mit einschließen soll.[85] Jedenfalls wird die französische, „starke" Interpretation der Kompetenz-Kompetenz im Sinne einer „règle de pure priorité chronologique" zu dieser transnationalen Rechtsordnung der internationalen Schiedsgerichte gerechnet.[86] Schließlich wird die Bereitschaft der Cour de cassation, ausländische Schiedssprüche in Frankreich auch dann für vollstreckbar zu erklären, wenn sie von den Gerichten am Schiedsort aufgehoben wurden, ebenso gefeiert[87] wie die Entscheidung des französischen Gesetzgebers, bei internationalen Schiedsverfahren den Verzicht auf die Aufhebungsklage zuzulassen (Art. 1522 Abs. 1 CPC).[88]

Trotz allem theoretischen Feuerwerk ist unverkennbar, dass das französische Recht mit der Delokalisierung der internationalen Schiedsgerichtsbarkeit übers Ziel hinausgeschossen ist, jedenfalls dann, wenn darunter auch die weitreichende Freistellung der Schiedsgerichtsbarkeit von den Bindungen an materielles Recht verstanden wird. Das Zurückrudern der Gerichte bei der Ordre-public-Kontrolle, mit der die vormals bestehende Bindung an die Tatsachengrundlage so, wie sie vom Schiedsgericht festgestellt worden ist, abgeschüttelt wurde, ist dafür ein eindrucksvolles Beispiel. Genauso wird der Wandel der Rechtsprechung von französischen Schiedspraktikern auch eingeordnet, die den französischen Sonderweg eines delokalisierten Schiedsverfahrensrechts ohne Verankerung in der Jurisdiktion des Sitzstaates zunehmend kritisch sehen.[89] Empfohlen wird die Rückkehr bzw. Wiedereinbettung des französischen Schiedsverfahrensrechts in den Kontext der französischen Rechtsordnung, wie sie in der neusten Rechtsprechung zur Ordre-public-Kontrolle internationaler Schiedssprüche auch anklingt. Da letztere heute das Unionsrecht einschließt

[83] *Gaillard*, Aspects philosophiques du droit de l'arbitrage international, 60 ff., 83 ff., 176 ff.; für die Gegenposition *Kassis*, L'autonomie de l'arbitrage commercial international.

[84] *Gaillard*, Aspects philosophiques du droit de l'arbitrage international, 41, 53 ff.

[85] Beispiel: *Gaillard*, Aspects philosophiques du droit de l'arbitrage international, 140 f.

[86] *Gaillard*, Aspects philosophiques du droit de l'arbitrage international, 128.

[87] *Gaillard*, Aspects philosophiques du droit de l'arbitrage international, 188 ff.

[88] *Gaillard*, Aspects philosophiques du droit de l'arbitrage international, 194 ff.

[89] *Seraglini/Ortscheidt*, Droit de l'arbitrage interne et international, Rn. 602 ff.

und der EuGH auf einer Ordre-public-Kontrolle von Schiedssprüchen im Hinblick auf mögliche Verstöße gegen die Art. 45, 56, 63, 101 f. AEUV insistiert,[90] ist diese Entwicklung im Grunde alternativlos.

In dem jüngsten Reformvorschlag hat sich die angedeutete Umorientierung des französischen Schiedsverfahrensrechts zumindest ansatzweise niedergeschlagen.[91] Die Arbeitsgruppe bekennt sich zu den Zielen erhöhter Flexibilität (*plus souple*), Schutzwirkung (*plus protecteur*) und Effektivität (*plus efficace*).[92] Da die Flexibilität des bisherigen internationalen Schiedsverfahrensrechts ohnehin schon maximal ist, liegen die Schwerpunkte der vorgeschlagenen Neuerungen in den Bereichen Schutz und Effektivität. Die Betonung der Schutzaufgabe des Schiedsverfahrensrechts bleibt zwar inhaltlich nebulös – geht es um den Schutz der schwächeren Vertragspartei, den Schutz von Allgemeinwohlbelangen oder um beides? – ist als solche aber bemerkenswert. Mit Blick auf die Schutzwirkung des Schiedsverfahrensrechts soll insbesondere die Möglichkeit, die Aufhebungsklage gegen internationale Schiedssprüche vertraglich auszuschließen, beseitigt werden.[93] Die dafür gegebene Begründung, die Ausschlussbefugnis habe in der Praxis bisher wenig Anklang gefunden, zeigt, wie sehr die Mitglieder der Expertenkommission noch mit der neuen Schutzfunktion des Schiedsverfahrensrechts fremdeln. Der mit der digitalen Revolution heraufziehenden Möglichkeit, das Amt des Schiedsrichters nicht mit einem Menschen, sondern mit einem künstlich-intelligenten System, ggf. in der Form einer juristischen Person zu besetzen, soll ein Riegel vorgeschoben werden.[94] Diese Änderungen fallen nicht groß ins Gewicht, zeigen aber an, dass die Zeiten einer immer stärkeren Autonomie des internationalen Schiedsverfahrensrechts zu Ende gehen.

[90] EuGH, 1.6.1999, C-126/97, *Eco Swiss./. Benetton*, Rn. 36 ff.; EuGH, 1.8.2025, C-600/23, *Royal Football Club Seraing SA ./. FIFA, UEFA, URBSFA*, Rn. 69 ff., 98 ff.

[91] Vgl. oben, VI. 4.

[92] Groupe de travail sur la réforme du droit français de l'arbitrage, Rapport et propositions de réforme, 44 ff.

[93] Groupe de travail sur la réforme du droit français de l'arbitrage, Rapport et propositions de réforme, 55 f.

[94] Groupe de travail sur la réforme du droit français de l'arbitrage, Rapport et propositions de réforme, 51 f.

3. Gegenmodell England: Symbiose von staatlicher Justiz und privater Schiedsgerichtsbarkeit

a) Grundstruktur

England ist keine Model-Law-Jurisdiktion, sondern hat das eigene Schiedsverfahrensrecht 1996 eigenständig geregelt und dabei das vorhergehende Fallrecht kodifiziert. Dabei diente das seit 1985 existierende UNCITRAL-Modellgesetz allerdings als wertvolle Orientierungshilfe, und der Gesetzgeber des Arbitration Act 1996 ist seinen Lösungen sehr oft gefolgt.[95] So verhält es sich insbesondere bei der vor dem Hintergrund der französischen Doktrin fundamentalen Frage nach dem Status internationaler Schiedsverfahren und dem Anwendungsbereich des englischen Schiedsverfahrensrechts. Entsprechend Art. 1 Abs. 2 UNCITRAL-Modellgesetz folgt die Anwendung des englischen Schiedsverfahrensrechts dem Territorialitätsprinzip. Gemäß Section 2 Abs. 1 Arbitration Act 1996 findet es Anwendung auf sämtliche Schiedsverfahren mit Sitz in England, Wales oder Nordirland,[96] wobei der Sitz in Section 3 Arbitration Act 1996 in Parallele zu der Regelung des *Place of Arbitration* in Art. 20 UNCITRAL-Modellgesetz definiert wird. Diese auf den ersten Blick unscheinbare Regelung enthält die klare Absage an eine delokalisierte, freischwebend-internationale Schiedsgerichtsbarkeit.[97]

Tatsächlich hat das englische Recht bzw. haben englische Juristen mit scharfer Klinge die französische Lehre von der transnationalen Natur der Schiedsgerichtsbarkeit bekämpft – und sind von *Gaillard* und anderen als Hauptgegner erkannt worden.[98] Das dürfte daran liegen, dass in Europa England mit London als Schiedszentrum der Hauptkonkurrent Frankreichs bzw. von Paris um internationale Schiedsverfahren ist.[99] In einem klassisch gewordenen Aufsatz aus dem Jahr 1967 mit dem programmatischen Titel „Lex Facit Arbitrum" hat *F. A. Mann* die Lehre von der transnationalen Schiedsgerichtsbarkeit zurückgewiesen:

„In the legal sense, no international commercial arbitration exists. Just as [...] every system of private international law is a system of national law, every arbitration is a national arbitration, that is to say, subject to a specific system of national law. No one has ever or anywhere been able to point to any provision or legal principle which would permit individuals to act outside the confines of a system of municipal law [...]. Similarly, every arbitration is necessarily subject to the law of a given State. [...] The lex arbitri cannot be the law of any country other than that of the arbitration tribunal's seat. [...] It

---

95 *Merkin/Flannery*, Arbitration Act 1996, 3.

96 *Sutton/Gill/Gearing*, Russel on Arbitration, Rn. 1–006.

97 *Merkin/Flannery*, Arbitration Act 1996, § 2.1, § 2.3.

98 *Gaillard*, Aspects philosophiques du droit de l'arbitrage international, 34 ff.

99 Dazu im Einzelnen unten, VIII. 1., 2.

is primarily the law of the seat that decides whether and on what conditions arbitration is permitted at all. No country other than that of the seat has such complete and effective control over the arbitration tribunal. […] There is a pronounced similarity between the national judge and the arbitrator in that both of them are subject to the local sovereign."[100]

Mann begründet das Territorialitätsprinzip nicht nur als Kriterium zur Lokalisierung des konkreten Schiedsverfahrens und des zugehörigen Schiedsgerichts, sondern als allgemeinen Rechtsgrundsatz, der die Verankerung der Parteiautonomie wie auch der schiedsrichterlichen Kompetenz in einer konkreten staatlichen Rechtsordnung verlangt. Nicht anders als bei staatlichen Gerichten funktioniere das Recht am Sitz des Schiedsgerichts als dessen *lex fori*, indem es das zu befolgende (Schieds-) Verfahrensrecht und das anwendbare Kollisionsrecht bereitstelle.[101] Da die Schiedsgerichte nach englischem Verständnis dem englischen Recht unterworfen seien und dieses anzuwenden hätten, seien Entscheidungen *ex aequo et bono*, die das geltende Recht unangewendet ließen, nicht zulässig.[102] Knapp 35 Jahre später hat *Roy Goode* den Angriff auf die französische Lehre vom transnationalen Schiedsverfahrensrecht aus Anlass der Entscheidungen der dortigen Gerichte zur Vollstreckbarerklärung von Schiedssprüchen, die im Sitzstaat aufgehoben worden waren,[103] erneuert und bekräftigt.[104] Die Exequatur eines Schiedsspruchs in Frankreich, der vom schweizerischen Bundesgericht aufgehoben worden sei, verstoße zwar nicht notwendig gegen Art. V Abs. 1 lit. e) NYC, sei jedoch ein „regrettable and unnecessary […] affront to a foreign court of the highest standing".[105] Es sei in hohem Maße widersprüchlich, einerseits zu behaupten, ein schweizerischer Schiedsspruch sei delokalisiert und habe mit dem dortigen Recht und seiner Anwendung durch das Bundesgericht nichts zu tun, andererseits aber diesen Schiedsspruch auf der Grundlage französischen Rechts für vollstreckbar zu erklären und darüber hinaus französischen Gerichten die Befugnis einzuräumen, internationale Schiedssprüche französischer Schiedsgerichte im Aufhebungsverfahren zu kontrollieren.[106] Die These, internationale Schiedsverfahren hingen bis zum Verfahren über die Vollstreckbarerklärung des Schiedsspruchs rechtlich in der Luft bzw. Schiedsgerichte agierten im rechtsfreien Raum sei schon deshalb absurd, weil dann die nationalen Schiedsverfahrensrechte ins Leere liefen:

---

[100] *Mann*, in: Liber amicorum Domke, 156, 159, 160, 161, 162; zur Person vgl. *F. A. Mann*, Life and Cases, hrsgg. von W. Ernst.

[101] *Mann*, in: Liber amicorum Domke, 156, 164 ff., 168 ff.

[102] *Mann*, in: Liber amicorum Domke, 156, 173 ff.

[103] Dazu oben, VII. 2. f) cc).

[104] *Goode*, Arbitration International 17 (2001), 19, 29 ff., 32 ff.

[105] *Goode*, Arbitration International 17 (2001), 19, 27.

[106] *Goode*, Arbitration International 17 (2001), 19, 27 f.,

„What does it mean to say that the arbitral proceedings are not constrained by national laws when all over the globe we find national laws which do exactly that?"[107]

Die vehemente Opposition des englischen Rechts gegen die französische Theorie ist Ausdruck der engen Verbindung zwischen den Londoner Gerichten und der dortigen Schiedsgerichtsbarkeit, die sich beim materiellen Recht fortsetzt. England bzw. der Schiedsplatz London bietet auf dem Markt für Streitbeilegung ein einheitliches Produkt an, das als „common law dispute resolution" bezeichnet werden kann. Die für den englischen Rechtsmarkt kennzeichnende Symbiose von Rechtsanwälten, Richtern und Schiedsrichtern unterstützt und verstärkt die Verschränkung von staatlicher und privater Gerichtsbarkeit. Die Vorteile dieses Systems können sich nur voll entfalten, wenn das Schiedsverfahren fest im englischen Rechts- und Justizsystem verankert wird. Dafür haben sich englische Juristen eingesetzt lange bevor das UNCITRAL-Modellgesetz das Territorialitätsprinzip adoptierte. Wie im Folgenden zu zeigen sein wird, findet der spezifische Ansatz des englischen Rechts in zahlreichen Einzelfragen des Schiedsverfahrensrechts seinen Niederschlag.

b) Form und Wirksamkeit der Schiedsvereinbarung

aa) Form der Schiedsvereinbarung

Im Konkurrenzverhältnis zwischen staatlichen Gerichten und Schiedsgerichten hängt die Durchsetzung der Schiedsvereinbarung von drei Fragen ab, nämlich den an sie zu stellenden Formanforderungen, den Wirksamkeitserfordernissen der Schiedsvereinbarung im Übrigen und der Trennung der Schiedsvereinbarung von dem kommerziellen Vertrag, dessen Bestandteil sie in aller Regel ist. Im ersten Punkt ist das englische Recht ausgesprochen liberal, denn das Schriftformerfordernis wird in Section 5 und Section 6 Arbitration Act 1996 derart großzügig definiert, dass sie der Vertragsfreiheit, verstanden im Sinne von Freiheit zu formloser Bindung, kaum Grenzen setzt. Während Section 5 Abs. 1 und Abs. 2 lit. a) und b) sowie Section 6 Abs. 2 Arbitration Act 1996 die Formulierungen von Art. II Abs. 1, 2 NYC und von Art. 7 UNCITRAL-Modellgesetz 1985 aufgreifen, geht Section 5 Abs. 2 lit. c) und Abs. 6 Arbitration Act 1996 einen entscheidenden Schritt weiter, indem auch Vereinbarungen, die lediglich schriftlich dokumentiert wurden (*agreement evidenced in writing*; *being recorded by any means*) als formwirksam anerkannt werden.[108] Selbst rein mündliche Vereinbarungen, die in keiner Weise schriftlich festgehalten wurden, sind nach *common law* jenseits des Arbitration Act 1996 wirksam.[109] Große

---

[107] *Goode*, Arbitration International 17 (2001), 19, 30.

[108] *Sutton/Gill/Gearing*, Russel on Arbitration, Rn. 2–041.

[109] *Merkin/Flannery*, Arbitration Act 1996, § 5.7.

praktische Bedeutung wird dieser Liberalität nicht zugemessen, weil es praktisch unmöglich sei, den Abschluss einer Schiedsvereinbarung ohne jede schriftliche Dokumentation nachzuweisen.[110]

Die eigentliche Aufgabe besteht aus englischer Sicht nicht darin, gesetzliche Formerfordernisse zu erfüllen, sondern den tatsächlichen Konsens der Parteien festzustellen. Leitstern der Diskussion ist der Erwartungshorizont vernünftiger Geschäftsleute. Geht es um den wirksamen Abschluss einer Schiedsvereinbarung, steht die Frage im Mittelpunkt, ob ein verständiger Geschäftsmann in den Umständen des konkreten Einzelfalls vom Abschluss einer Schiedsvereinbarung ausgegangen wäre. Zu der praktisch wichtigen Fallgruppe, bei der die Vertragsparteien in ihrem Vertrag auf ein anderes Dokument Bezug nehmen, das seinerseits eine Schiedsvereinbarung enthält (Section 6 Abs. 2 Arbitration Act 1996), gibt es eine umfangreiche Rechtsprechung, die eine Sonderdogmatik der Inkorporation durch Bezugnahme entwickelt hat. Die grundlegende Differenzierung erfolgt zwischen Fällen, in denen die Vertragsparteien auf ein zwischen ihnen bestehendes anderweitiges Vertragswerk, beispielsweise einen Rahmenvertrag, Bezug nehmen (sog. *single contract cases*) und einer anderen Fallgruppe, in denen die aktuellen Vertragsparteien auf einen Vertrag Bezug nehmen, der zwischen einer Vertragspartei und einem Dritten besteht (sog. *two contract cases*).[111] Ob im Rahmen der *two contract cases* weiter zwischen der Bezugnahme im Rahmen eines Konnossements und den übrigen Fällen zu unterscheiden ist, wird nicht einheitlich beantwortet. Hauptstreitpunkt ist dabei die Frage, ob die Bezugnahme auf den anderen Vertrag, der zwischen einer Partei und einem Dritten besteht, die Schiedsklausel ausdrücklich nennen muss oder ob pauschale Formulierungen des Inhalts, die aktuelle Vereinbarung werde nach den Bedingungen des anderen Vertrags geschlossen, ausreichen. Im Mittelpunkt sämtlicher Stellungnahmen hierzu steht die Auslegung der Erklärungen der Parteien im Lichte der berechtigten Erwartungen vernünftiger Kaufleute. In diesem Rahmen ist zu klären, ob und unter welchen Voraussetzungen von einem Konsens der Parteien bezüglich der in Bezug genommenen Schiedsklausel auszugehen ist.[112] Deshalb kommt es maßgeblich darauf an, ob es sich bei den aktuellen Vertragsparteien um erfahrene Geschäftsleute handelt, die in dem betreffenden Markt zu Hause sind, und ob der Einsatz der Schiedsklausel der üblichen Vertragspraxis in dem jeweiligen Handels-, Gewerbe- oder Indus-

---

[110] *Merkin/Flannery*, Arbitration Act 1996, § 6.1.5.

[111] Siehe *Merkin/Flannery*, Arbitration Act 1996, § 6.2, die insgesamt 38 Gerichtsentscheidungen analysieren; *Sutton/Gill/Gearing*, Russel on Arbitration, Rn. 2–049 ff.

[112] Sehr deutlich *Bingham*, LJ, in: *Federal Bulk Carriers v C. Itoh & Co. Ltd., The Federal Bulker*, [1989] 1 Lloyd's Rep. 103, 105; Clarke, J, in: *Habas Sinai v Sometal SAL* [2010] 1 Lloyd's Rep. 661, Rn. 49; vgl. auch *Merkin/Flannery*, Arbitration Act 1996, § 6.2.2 (xviii); § 6.2.3.

triezweig entspricht. Dabei gelten durchaus hohe Anforderungen, weil das Recht auf Zugang zu Gericht infrage steht.[113]

bb) Das Schiedsvereinbarungsstatut

Jenseits des Schriftformerfordernisses ist die Wirksamkeit einer Schiedsvereinbarung auf der Grundlage des dafür zuständigen Rechts, also des Schiedsvereinbarungsstatuts, zu beurteilen. Über die Rechtsordnungen hinweg besteht Einigkeit, dass die Parteien befugt sind, das auf die Schiedsvereinbarung anzuwendende Recht einverständlich zu wählen.[114] In der Praxis kommt eine spezifische Wahl des Schiedsvereinbarungsstatuts jedoch kaum vor. Die von den Schiedsinstitutionen empfohlenen Schiedsklauseln enthalten normalerweise keine solche Rechtswahl,[115] und die Übung, eine entsprechende Regelung ad hoc hinzuzufügen, hat sich in der internationalen Vertragspraxis nicht herausgebildet.

In Ermangelung einer spezifisch auf die Schiedsvereinbarung bezogenen Rechtswahl der Parteien konkurrieren in der internationalen Diskussion zwei Lösungen miteinander, nämlich die Anknüpfung an den Sitz des Schiedsgerichts und diejenige an das Recht des kommerziellen Hauptvertrags.[116] Die englische Rechtsprechung pendelte zwischen beiden Lösungen hin und her, bis die Entscheidung des UK Supreme Court in der Rechtssache *Enka v Chubb* die Anwendung des Rechts des Hauptvertrages im Sinne einer Grundregel etablierte.[117] Diese sollte aber nur gelten, wenn die Parteien das Recht des Hauptvertrags selbst gewählt hatten, nicht aber, wenn es objektiv angeknüpft wurde,[118] und überdies nur unter dem Vorbehalt, dass das gewählte Recht nicht zur Un-

[113] *Aughton Ltd. v. M F Kent Services* [1991] 57 BLR 1 = 31 Con LR 60; *Merkin/Flannery*, Arbitration Act 1996, § 6.2.2 (xx), 134.

[114] Vgl. nur *Blackaby/Partasides/Redfern*, Redfern and Hunter on International Arbitration, Rn. 3.10; *Born*, International Commercial Arbitration, 617; MüKoZPO/*Münch*, § 1029 Rn. 38.

[115] Ausnahmen sind die Musterklauseln des Singapore International Arbitration Centre (SIAC), verfügbar unter https://siac.org.sg/siac-model-clause, und des Hong Kong International Arbitration Centre (HKIAC), verfügbar unter https://www.hkiac.org/arbitration/model-clauses (letzter Zugriff am 27. Januar 2026).

[116] *Born*, International Commercial Arbitration, 544; auch mit statistischen Nachweisen *Scherer/Jensen*, Indian Journal of Arbitration Law 2021, 1, 4; allgemein zum Problem *Wagner*, Prozeßverträge, 369 ff.

[117] *Enka Insaat Ve Sanayi AS v OOO Insurance Company Chubb* [2020] UKSC 38 Rn. 46, 209 ff. = ZEuP 2021, 743 mit Bespr. *Wächter*; *Kabab-Ji SAL (Lebanon) v Kout Food Group (Kuwait)* [2021] UKSC 48 Rn. 39; *Sulamérica Cia. Nacional De Seguros and others v Enesa Engenharia and others* [2012] EWCA Civ 638 Rn. 11; *Blackaby/Partasides/Redfern*, Redfern and Hunter on International Arbitration, Rn. 3.18 ff.; *Born*, International Commercial Arbitration, 605.

[118] *Enka Insaat Ve Sanayi AS v OOO Insurance Company Chubb* [2020] UKSC 38 Rn. 43 ff., 170; *Sulamérica Cia. Nacional De Seguros and others v Enesa Engenharia and others* [2012] EWCA Civ 638 Rn. 11; *Koepp/Turner* Journal of International Arbitration 2021, 377, 382; *Tarawali/Gerardy*, SchiedsVZ 2021, 208, 211.

wirksamkeit der Schiedsvereinbarung führte.[119] In diesen Ausnahmefällen wäre stattdessen das Recht des Schiedsorts zur Anwendung gekommen und die Schiedsvereinbarung aufrechterhalten geblieben.[120]

Diese Judikatur kreist erneut um die berechtigten Erwartungen vernünftiger Geschäftsleute. In *Enka v Chubb* ging der UK Supreme Court von der Prämisse aus, dass die Parteien eine vertragliche Rechtswahlklausel auf alle Bestimmungen eines Vertrages erstrecken wollten, einschließlich einer etwa vorhandenen Schiedsklausel.[121] Folgerichtig macht das Recht des Hauptvertrags dem Recht des Schiedsorts Platz, wenn es an einer Rechtswahlvereinbarung der Parteien fehlt. Der Rückgriff auf das Recht des Schiedsorts in Fällen, in denen die *lex causae* zur Unwirksamkeit der Schiedsvereinbarung führte, wird ebenfalls mit dem mutmaßlichen Parteiwillen begründet – es könne nicht angenommen werden, dass die Parteien die Nichtigkeit ihrer eigenen Abrede gewollt hätten.[122] Es kann natürlich nicht überraschen, dass dieser Vorbehalt in einem Fall entwickelt wurde, in dem London als Schiedsort vereinbart worden war, während die streitgegenständlichen Versicherungsverträge brasilianischem Recht unterlagen, das die Schiedsklauseln invalidiert hätte.[123]

Die Reform des Arbitration Act im Jahre 2025 hat das durch *Enka v Chubb* konsolidierte Fallrecht umgestoßen und das Schiedsvereinbarungsstatut auf eine neue Grundlage gestellt.[124] Mit Section 6A enthält der Arbitration Act nunmehr eine gesetzliche Regelung, mit der die in der vorherigen Rechtsprechung etablierten drei Anknüpfungskriterien auf zwei reduziert werden.[125] Die Schiedsvereinbarung unterliegt demjenigen Recht, dem sie die Parteien durch ausdrückliche und spezifische Rechtswahl unterstellt haben, andernfalls dem Recht des Schiedsorts. Dabei versperrt Section 6A Abs. 2 Arbitration Act ausdrücklich die Option, die auf den Hauptvertrag bezogene Rechtswahlklausel erweiternd auszulegen und auch auf die Schiedsvereinbarung zu beziehen. Die berechtigten Erwartungen der Parteien seien zwar zu schützen, doch sei zweifelhaft, dass vernünftige Kaufleute die Erstreckung einer auf den Hauptvertrag

---

[119] *Enka Insaat Ve Sanayi AS v OOO Insurance Company Chubb* [2020] UKSC 38 Rn. 101ff., 170; *Sulamérica Cia. Nacional De Seguros and others v Enesa Engenharia and others* [2012] EWCA Civ 638 Rn. 30; *Tarawali/Gerardy* SchiedsVZ 2021, 208, 211.

[120] *Enka Insaat Ve Sanayi AS v OOO Insurance Company Chubb* [2020] UKSC 38 Rn. 104, 170; *Sulamérica Cia. Nacional De Seguros and others v Enesa Engenharia and others* [2012] EWCA Civ 638 Rn. 32; *Tarawali/Gerardy*, SchiedsVZ 2021, 208, 211.

[121] *Enka Insaat Ve Sanayi AS v OOO Insurance Company Chubb* [2020] UKSC 38 Rn. 43ff.; genauso *Merkin/Flannery*, Arbitration Act 1996, § 46.10.4.

[122] *Sulamérica Cia. Nacional De Seguros and others v Enesa Engenharia and others* [2012] EWCA Civ 638 Rn. 31.

[123] *Sulamérica Cia. Nacional De Seguros and others v Enesa Engenharia and others* [2012] EWCA Civ 638 Rn. 30.

[124] Dazu oben, VI. 3. c).

[125] Ausführlich dazu *Wagner/Samanci*, SchiedsVZ 2025, 209, 214.

gemünzten Rechtswahlklausel auf die Schiedsvereinbarung wünschten.[126] Den Londoner Gerichten und Schiedsgerichten wird auf diese Weise ermöglicht, die Wirksamkeit der Schiedsvereinbarung nach dem lokalen Recht zu beurteilen, also dem Recht, in dem sich die Richter und Parteivertreter am besten auskennen und in dem sie komparative Vorteile für sich in Anspruch nehmen können. Ausdrücklich wird für diese Lösung das Bemühen ins Feld geführt, den Schiedsort London zu stärken.[127] Und tatsächlich: Die Anwendung englischen Rechts auf Londoner Schiedsvereinbarungen profiliert das Produkt *common law dispute resolution*.

c) Keine Bindung Dritter

Bei der Ausdehnung der Schiedsbindung auf Dritte, die die Schiedsvereinbarung nicht selbst abgeschlossen haben (sog. *non-signatories*), ist das englische Recht überaus zurückhaltend.[128] Die unter Section 6 Arbitration Act 1996 versammelte Dogmatik behandelt die klassischen Fallgruppen einer Bindung Dritter, wie Abtretung, Schuld- und Vertragsübernahme sowie Legalzession[129] und geht im Übrigen von der Prämisse aus: „the usual way to determine who the parties to the arbitration agreement are is to read the matrix contract".[130] Das im französischen Recht entwickelte Institut der *groupe de societé* ist im englischen Recht nicht anerkannt, d.h. die Zugehörigkeit mehrerer Gesellschaften zum selben Konzern ist kein Grund dafür, eine gemeinsame Schiedsbindung anzunehmen.[131] Zwar gibt es eine vereinzelte Entscheidung, die eine Muttergesellschaft wie eine Zessionarin behandelt und in dieser Rolle an die von der Tochtergesellschaft geschlossene Schiedsvereinbarung gebunden hat,[132] doch sie ist nicht zu verallgemeinern und wird im Übrigen dafür kritisiert, dass sie „the consensual aspect of arbitration" völlig ignoriert habe.[133]

---

[126] Law Commission, Review of the Arbitration Act 1996: Final report and Bill, 2023, Rn. 12.32 ff.

[127] Law Commission, Review of the Arbitration Act 1996: Final report and Bill, 2023, Rn. 12.72 ff.; Law Commission, Review of the Arbitration Act 1996 – Second Consultation Paper, 2023, Rn. 2.75.

[128] Grundlegend *Peterson Farms Inc. v. C&M Farming Ltd* [2003] EWHC 2298, [2004] 1 Lloyd's Rep. 603 Rn. 29 ff.; zusammenfassend *Sutton/Gill/Gearing*, Russel on Arbitration, Rn. 3–025 ff.

[129] *Merkin/Flannery*, Arbitration Act 1996, § 6.1.9.1 – § 6.1.9.4; zu diesen Fallgruppen aus Sicht des deutschen Rechts *Wagner*, Prozeßverträge, 1998, 303 ff.

[130] *Merkin/Flannery*, Arbitration Act 1996, § 6.1.9.5.

[131] *Peterson Farms Inc. v. C&M Farming Ltd* [2003] EWHC 2298, [2004] 1 Lloyd's Rep. 603 Rn. 30 f.; *Merkin/Flannery*, Arbitration Act 1996, § 6.1.9.6; *Sutton/Gill/Gearing*, Russel on Arbitration, Rn. 3–035: „However the English courts have firmly rejected the group of companies doctrine".

[132] *Egiazaryan v OJSC OEK Finance* [2016] 1 Lloyd's Rep. 295.

[133] *Merkin/Flannery*, Arbitration Act 1996, § 6.1.9.6.

Selbst dann, wenn der Schiedsort in Paris belegen ist, lehnen die englischen Gerichte es ab, der französischen *règle matérielle internationale* zu folgen,[134] der zufolge Zustandekommen und Wirksamkeit der Schiedsvereinbarung allein an freischwebenden Rechtsgrundsätzen zu messen sind und die Schiedsbindung auf dritte Personen, die die Schiedsvereinbarung nie gesehen und jedenfalls nicht unterschrieben haben, zu erstrecken ist.[135] Die daraus folgenden Gegensätze prallten in dem viel diskutierten Fall *Dallah* hart aufeinander.[136] In *Dallah* war die Schiedsklausel in einem Vertrag enthalten, der nicht von dem beklagten pakistanischen Staat, sondern von einem staatlich kontrollierten, rechtsfähigen Fonds zur Unterstützung pakistanischer Mekka-Pilger geschlossen worden war. Das in Paris domizilierte und von dem englischen Lordrichter *Mustill* angeführte Schiedsgericht hatte die Schiedsbindung auf den Staat erstreckt, doch der UK Supreme Court lehnte die Anerkennung und Vollstreckbarerklärung des Schiedsspruchs mangels wirksamer Schiedsbindung des pakistanischen Staats ab. Die Grundsätze über die transnationale Natur der internationalen Schiedsvereinbarung seien in Wahrheit solche des nationalen Rechts Frankreichs, dessen Anwendung sich aus dem Territorialitätsprinzip ergebe. Unter Würdigung der Darlegungen der parteibenannten Sachverständigen zum französischen Recht kam der Supreme Court zu dem Schluss, der Staat Pakistan sei nicht an die von „seinem“ Fonds geschlossene Schiedsklausel gebunden.[137] Kurze Zeit später kam die Pariser Cour d'appel im selben Fall zum gegenteiligen Ergebnis,[138] was in England durchaus als *embarrassing* empfunden wurde.[139]

In einem Folgefall ergab sich im Ergebnis dieselbe Divergenz zwischen englischen und französischen Gerichten, mit dem Unterschied, dass in Sachen *Kabab-Ji* der englische Court of Appeal und der UK Supreme Court eine Rechtswahl zugunsten des englischen Rechts angenommen hatten, und zwar durch erweiternde Auslegung der in dem materiell-rechtlichen Hauptvertrag enthaltenen Rechtswahlklausel.[140] Andernfalls, also in Ermangelung einer wirksamen

---

[134] Vgl. oben, VII. 2. d), Fn. 23.

[135] Sarkastisch *Merkin/Flannery*, Arbitration Act 1996, § 6.1.9.5: „Instead, the tribunal [in Dallah] decided to apply that well-known system of law going under the grandiose title of ‚those transnational general principles and usages which reflect the fundamental requirements of justice in international trade and the concept of good faith in business'“.

[136] *Dallah Real Estate and Tourism Holding Co. v The Ministry of Religious Affairs, Government of Pakistan* [2010] UKSC 46 Rn. 32 ff. per Lord Mance = JDI 2011, 395. Vgl. dazu *Grierson*, Journal of International Arbitration 2009, 467; *El Ahdab/Mainguy*, Droit de l'arbitrage, Rn. 462.

[137] *Dallah Real Estate and Tourism Holding Co. v The Ministry of Religious Affairs, Government of Pakistan* [2010] UKSC 46 Rn. 32 ff. per Lord Mance = JDI 2011, 395. Vgl. dazu *Grierson*, Journal of International Arbitration 2009, 467.

[138] Cour d'appel de Paris, 17.2.2011, JDI 2011, 401, 402 f. Anm. *Michou* = Rev. arb. 2012, 369.

[139] *Merkin/Flannery*, Arbitration Act 1996, § 6.1.9.5.

[140] *Kabab-Ji SAL (Lebanon) v Kout Food Group (Kuwait)* [2021] UKSC 48 Rn. 28 ff., 39; *Kabab-Ji S.A.L. v Kout Food Group* [2020] EWCA Civ 6 Rn. 62 ff. = Rev. arb. 2020, 862 mit kritischer Bespr. *Gaillard*, Rev. arb. 2020, 701.

Rechtswahl für die Schiedsvereinbarung, wäre gemäß Art. V Abs. 1 lit. a) NYC französisches Recht als Statut des Schiedsorts zur Anwendung berufen gewesen. Auf der Grundlage des englischen Rechts verneinte der Supreme Court die Schiedsbindung der beklagten Holding-Gesellschaft, die die Schiedsvereinbarung weder selbst abgeschlossen hatte noch ihr beigetreten war, sondern lediglich die Mehrheit an der operativen Gesellschaft, die Partei der Schiedsvereinbarung gewesen ist, übernommen hatte. Im Gegensatz dazu hatte das Schiedsgericht die Bindung der Holding-Gesellschaft mit Hilfe der Konstruktion einer „kumulativen Novation" angenommen, und das Pariser Berufungsgericht war dem gefolgt.[141] Anders als in *Dallah* war die Entscheidung der Cour d'appel von Paris dem Supreme Court sogar bekannt,[142] was ihn nicht daran hinderte, gegenteilig zu entscheiden. Maßgebend für diese strikte Haltung waren der Wortlaut der einschlägigen Rechtswahl- und Schiedsklauseln des Vertrags,[143] verbunden mit einer Schriftformklausel für Vertragsänderungen und -ergänzungen.[144] Erneut ging es darum, die von den Parteien getroffene vertragliche Vereinbarung so, wie verständige Geschäftsleute sie verstehen würden, zu respektieren und durchzusetzen.[145] Die französische Justiz ließ sich vom Eigensinn der englischen Kollegen ihrerseits nicht beeindrucken, denn kurze Zeit darauf bestätigte die Cour de cassation den Schiedsspruch gegen die Holding-Gesellschaft auf der Basis einer „règle matérielle du droit de l'arbitrage international".[146]

d) Kompetenz-Kompetenz des Schiedsgerichts und Kontrolle durch staatliche Gerichte

aa) Entscheidung des Schiedsgerichts über die eigene Zuständigkeit

Die Abgrenzung der Zuständigkeiten der staatlichen Gerichte von denjenigen der Schiedsgerichte wird herkömmlich mit dem Begriff der Kompetenz-Kompetenz belegt. Section 30 Arbitration Act 1996 bekennt sich zum Prinzip der positiven Kompetenz-Kompetenz, indem er den Schiedsgerichten die Befugnis zugesteht, im Streitfall über die eigene Zuständigkeit zu entscheiden.[147] Diese Entscheidung ist allerdings niemals endgültig, sondern unterliegt auf Initiative

---

[141] Cour d'appel de Paris, 23.6.2020, JDI 2021, 768, 770 Anm. *Mehtiyeva*.

[142] *Kabab-Ji SAL (Lebanon) v Kout Food Group (Kuwait)* [2021] UKSC 48 Rn. 9.

[143] *Kabab-Ji SAL (Lebanon) v Kout Food Group (Kuwait)* [2021] UKSC 48 Rn. 37 ff.

[144] *Kabab-Ji SAL (Lebanon) v Kout Food Group (Kuwait)* [2021] UKSC 48 Rn. 55 ff., 64.

[145] *Kabab-Ji SAL (Lebanon) v Kout Food Group (Kuwait)* [2021] UKSC 48 Rn. 57.

[146] Cour de cassation, 28.9.2022, Rev. arb. 2022, 1367.

[147] *Dallah Real Estate and Tourism Holding Co. v Ministry of Religious Affairs of the Government of Pakistan* [2010] UKSC 46; *Ust-Kamenogorsk Hydropower Plant JSD v AES Ust-Kamenogorsk Hydropower Plant LLP* [2013] UKSC 35 Rn. 35; *Sutton/Gill/Gearing*, Russel on Arbitration, Rn. 4–071.

der unterlegenen Partei der Nachprüfung durch das staatliche Gericht. Im Gegensatz zur französischen Sicht des Verhältnisses von staatlicher und privater Justiz heißt es, „the oft-repeated mantra is that the arbitral tribunal cannot be allowed to have the final say as to whether or not it possesses jurisdiction over a particular matter".[148] Diesem Prinzip folgend, bietet das englische Recht zahlreiche Möglichkeiten zur Anfechtung der schiedsgerichtlichen Entscheidung über die eigene Zuständigkeit und betont zudem, die Parteien könnten dem Schiedsgericht durch entsprechende Vereinbarung die Kompetenz-Kompetenz vorenthalten (Section 30 Arbitration Act 1996).

Ist dies nicht geschehen und bestreitet der Schiedsbeklagte die Zuständigkeit des Schiedsgerichts, kann Letzteres nach Ermessen entweder einen Zwischenschiedsspruch erlassen, mit dem es seine Zuständigkeit feststellt, oder im Endschiedsspruch über seine Zuständigkeit entscheiden (Section 31 Abs. 4 Arbitration Act 1996). Wie immer sie getroffen wird, unterliegt die Zuständigkeitsentscheidung des Schiedsgerichts stets der Anfechtung vor dem staatlichen Gericht. Nach Erlass des Schiedsspruchs steht für das Aufhebungsverfahren im englischen Recht mit Section 67 Arbitration Act 1996 eine Spezialregelung zur Anfechtung von Schiedssprüchen wegen mangelnder Zuständigkeit des Schiedsgerichts zur Verfügung.[149]

bb) Vorabklärung der Zuständigkeit durch das staatliche Gericht

Der Arbitration Act enthält eine Reihe von Optionen für die Parteien, um die Wirksamkeit und Anwendbarkeit der Schiedsvereinbarung durch ein staatliches Gericht klären zu lassen. Im internationalen Vergleich ungewöhnlich ist die Regelung des Section 32 Arbitration Act 1996, nach der die Parteien eines bereits *anhängigen* Schiedsverfahrens dem Schiedsgericht die Entscheidung über die eigene Kompetenz aus der Hand nehmen können, um sie in einem Zwischenverfahren von dem zuständigen staatlichen Gericht klären zu lassen.[150] Diese Vorgehensweise empfiehlt sich besonders in Fällen, in denen die Schiedsbefangenheit des streitgegenständlichen Anspruchs sowohl tatsächlich als auch rechtlich komplex ist, denn dann lassen sich durch die sofortige Befassung des staatlichen Gerichts mit der Sache signifikante Kosten einsparen.[151]

---

[148] *Merkin/Flannery*, Arbitration Act 1996, § 30.14; das Mantra findet sich u. a. in *Dallah Real Estate and Tourism Holding Co. v Ministry of Religious Affairs of the Government of Pakistan* [2010] UKSC 46 Rn. 24; *Ust-Kamenogorsk Hydropower Plant JSD v AES Ust-Kamenogorsk Hydropower Plant LLP* [2013] UKSC 35 Rn. 35 ff.

[149] Dazu unten, f) bb).

[150] Beispielhaft *Film Finance Inc. v Royal Bank of Scotland* [2007] EWHC 195; *Esso Exploration & Production UK Ltd v Electricity Supply Board* [2004] EWHC 723; vgl. auch *Ust-Kamenogorsk Hydropower Plant JSD v AES Ust-Kamenogorsk Hydropower Plant LLP* [2013] UKSC 35 Rn. 37; *Merkin/Flannery*, Arbitration Act 1996, § 31.6, § 32.1.

[151] *Azov Shipping Co. v Baltic Shipping Co.* [1998] C.L.C. 1240.

Vorausgesetzt ist, dass entweder sämtliche Parteien diesem Prozedere zustimmen oder der unilaterale Antrag nur einer Partei mit Erlaubnis des Schiedsgerichts erfolgt.

Mit der Reform 2025 ist der Zugang zum staatlichen Gericht einerseits eingeschränkt worden, weil dessen Anrufung gemäß Section 32 Abs. 1A nur noch *vor* Erlass einer schiedsgerichtlichen Zuständigkeitsentscheidung zulässig ist.[152] Anders als nach dem UNCITRAL-Modellgesetz und §1040 Abs. 3 ZPO setzt nach englischem Recht die Befassung des staatlichen Gerichts mit der Wirksamkeit der Schiedsvereinbarung also keine vorherige Zuständigkeitsentscheidung des Schiedsgerichts voraus. Auf der anderen Seite hat die Reform den Zugang zum staatlichen Gericht insofern noch verbreitert, als die früher bei unilateralem Antrag kumulativ zum Einverständnis des Schiedsgerichts erforderliche und vom staatlichen Gericht zu prüfende Voraussetzung der Sachdienlichkeit entfallen ist (Section 32 Abs. 2 Arbitration Act 1996).

cc) Die Schiedseinrede vor dem staatlichen Gericht und die Unabhängigkeit der Schiedsklausel

In der umgekehrten Situation wendet sich die Klägerin zunächst an das staatliche Gericht und der Beklagte beruft sich im Wege der Schiedseinrede auf dessen Unzuständigkeit. In Übereinstimmung mit Art. II Abs. 3 NYC, Art. 8 Abs. 1 UNCITRAL-Modellgesetz verpflichtet Section 9 Arbitration Act 1996 das staatliche Gericht dazu, die Schiedsvereinbarung durchzusetzen und das eigene Verfahren anzuhalten. Während die genannten Bestimmungen der internationalen Rechtsakte vorsehen, dass die Parteien an ein Schiedsgericht verwiesen werden (*refer the parties to arbitration*), wird der Rechtsstreit von einem englischen Gericht lediglich ausgesetzt (*stay*).[153] Wiederum in Übereinstimmung mit Art. II Abs. 3 NYC, Art. 8 Abs. 1 UNCITRAL-Modellgesetz verpflichtet Section 9 Abs. 4 Arbitration Act 1996 das englische Gericht zur Prüfung der Wirksamkeit der Schiedsvereinbarung; die Aussetzung des Verfahrens kommt nicht in Betracht, wenn die Schiedsvereinbarung nichtig, unwirksam oder undurchführbar ist (*null and void, inoperative or incapable of being performed*).

Nach englischem Recht kommt dem staatlichen Gericht im Rahmen von Section 9 Arbitration Act 1996 eine unlimitierte Prüfungskompetenz zu; es ist nicht wie in Frankreich auf eine Prima-facie-Kontrolle beschränkt.[154] Das Gericht hat also die volle Kognitionsbefugnis, die Frage der Schiedsbefangenheit des geltend gemachten Anspruchs „durchzuentscheiden". Nicht ohne Weiteres

---

152 *Wagner/Samanci*, SchiedsVZ 2025, 209, 215. Allgemein schon oben, VI. 3. c).

153 *Sutton/Gill/Gearing*, Russel on Arbitration, Rn. 7-008 ff.

154 *Ust-Kamenogorsk Hydropower Plant JSD v AES Ust-Kamenogorsk Hydropower Plant LLP* [2013] UKSC 35 Rn. 52; *British Telecommunications Plc v SAE Group Inc.* [2009] EWHC 252 Rn. 30; *Merkin/Flannery*, Arbitration Act 1996, § 9.17

lässt sich schlussfolgern, dass ein englisches Gericht im Rahmen von Section 9 Arbitration Act 1996 immer und unter allen Umständen gehalten wäre, eine endgültige Entscheidung über die Wirksamkeit der Schiedsvereinbarung zu treffen. Je nach Komplexität der Sach- und Rechtslage kann sich das Gericht auch auf eine Prima-facie-Kontrolle beschränken und den Schiedsrichtern den Vortritt lassen, insbesondere mit dem Ziel, eine Beweisaufnahme über die Wirksamkeit der Schiedsvereinbarung zu vermeiden.[155] Inwieweit diese Zurückhaltung tatsächlich geübt wird, lässt sich schwer beurteilen.[156] Sicher ist nur, dass die englischen Gerichte von einer generellen Prima-facie-Kontrolle, wie sie im französischen Recht etabliert ist,[157] weit entfernt sind.[158]

Was das Verhältnis zwischen kommerziellem Vertrag und Schiedsklausel anlangt, so hat sich die international akzeptierte und in Art. 16 Abs. 1 S. 2 UNCITRAL-Modellgesetz kodifizierte Regel, dass die Unwirksamkeit des Hauptvertrags die Wirksamkeit der Schiedsklausel unberührt lässt, erst relativ spät durchgesetzt.[159] Den Durchbruch brachte erst die gesetzliche Anerkennung der sog. *separability doctrine* in Section 7 Arbitration Act 1996. In der grundlegenden Entscheidung des House of Lords dazu zitiert *Lord Hoffmann* zustimmend eine Entscheidung des BGH, in der es heißt, es sei ausgeschlossen, dass vernünftige Parteien den Streit um die Wirksamkeit des Hauptvertrags einem anderen Gericht zuweisen wollten als den Streit um Ansprüche aus dem Vertrag oder dessen Rückabwicklung.[160] Das maßgebende Argument ist also nicht die Förderung der Schiedsgerichtsbarkeit, sondern der mutmaßliche Wille vernünftiger Kaufleute.

---

155 *Fiona Trust & Holding Corp. v Privalov* [2007] EWCA 20 Rn. 34 per Lord Longmore: „it is contemplated by the Act that it will, in general, be right for the arbitrators to be the first tribunal to consider whether they have jurisdiction to determine the dispute." Dazu *Sutton/Gill/Gearing*, Russel on Arbitration, Rn. 7-010; ausführliche Darstellung des *case law* in Law Commission, Review of the Arbitration Act 1996 – Second Consultation Paper, 2023, Rn. 3.76 ff.

156 Mit Nachdruck für eine Prima-facie-Kontrolle in den genannten Fällen *Merkin/Flannery*, Arbitration Act 1996, § 9.7 ff.

157 Vgl. oben, VII. 2. e).

158 Sehr deutlich der Supreme Court in *Ust-Kamenogorsk Hydropower Plant JSD v AES Ust-Kamenogorsk Hydropower Plant LLP* [2013] UKSC 35 Rn. 52 per Lord Mance: „Section 9 […] represents a situation in which the court, rather than the arbitral tribunal, rules in the first instance on arbitral jurisdiction, and does so bindingly".

159 Vgl. noch die Entscheidung *Overseas Union Insurance Ltd. v AA Mutual International Insurance Co. Ltd.* [1988] 2 Lloyd's Rep. 63, 66, wo es heißt, „that arbitrators can never have jurisdiction to decide whether there was or was not a valid contract under which, if it existed, that jurisdiction arises", und dass die Regel, nach der die Schiedsklausel das Schicksal des Hauptvertrags teilt, „owes as much to logic as it does to authority".

160 *Premium Nafta Products Ltd. v Fili Shipping Co. Ltd.* [2007] UKHL 40 Rn. 7 ff., 14, unter Zitat von BGH, 27.2.1970, VII ZR 68/68, NJW 1970, 1046 = Arbitration International 1990, 79.

dd) Feststellungsklagen zur Zuständigkeit des Schiedsgerichts

Schließlich haben die Parteien die Möglichkeit, unabhängig von Section 32 Arbitration Act 1996 die Wirksamkeit und Anwendbarkeit der Schiedsvereinbarung von dem staatlichen Gericht im Wege der Feststellungsklage klären zu lassen.[161] Dies gilt gemäß Section 72 Abs. 1 Arbitration Act 1996 insbesondere für Parteien, die sich nicht an einem anhängigen Schiedsverfahren beteiligen und nicht in die Lage kommen wollen, vor dem Schiedsgericht die Unwirksamkeit der Schiedsvereinbarung geltend machen und sich insofern der Kompetenz-Kompetenz des Schiedsgerichts gemäß Section 30 Arbitration Act 1996 anvertrauen zu müssen.[162] Die Expertenkommission, die den Arbitration Act 1996 vorbereitet hat, war der Auffassung, eine Partei, die die Zuständigkeit des Schiedsgerichts bestreitet, könne nicht gezwungen werden, sich an dem Schiedsverfahren zu beteiligen und vor dem Schiedsgericht die Unwirksamkeit der Schiedsvereinbarung geltend zu machen.[163]

Jenseits des Arbitration Act erlauben die englischen Gerichte Feststellungsklagen, mit denen eine Partei vorsorglich für den Fall von (weiteren) Streitigkeiten die Zuständigkeit eines Schiedsgerichts affirmativ geklärt wissen möchte.[164] Dies betrifft insbesondere Fälle, in denen die Gegenpartei in ihrer Heimatjurisdiktion unter Verstoß gegen die Schiedsklausel Gerichtsverfahren angestrengt hat oder anzustrengen droht.

ee) Schutz englischer Schiedsverfahren durch anti-suit injunctions

Eine im Zusammenhang mit der Brüssel I-VO viel diskutierte Besonderheit des englischen Zivilprozessrechts ist die Befugnis der Gerichte zum Erlass sog. *anti-suit injunctions*, also von Verfügungen, mit der einer Prozesspartei aufgegeben wird, einen Rechtsstreit vor einem anderen Gericht nicht fortzuführen oder gar nicht erst zu beginnen.[165] Diese Praxis hat der EuGH bekanntlich im europäischen Justizraum für unzulässig erklärt, und zwar nicht nur in Bezug auf die Durchsetzung der Zuständigkeit der Londoner Gerichte,[166] sondern auch mit Blick auf Schiedsverfahren mit Sitz in London.[167] Die Blockade der *anti-suit injunctions* durch den EuGH ist in der englischen Schiedsszene auf massive,

---

161 *Merkin/Flannery*, Arbitration Act 1996, § 32.7 m. w. N.

162 Vgl. *Fiona Trust & Holding Corp. v Privalov* [2007] EWCA 20 Rn. 36.

163 Departmental Advisory Committee on Arbitration Law, Report on the Arbitration Bill, Februar 1996, Rn. 295; abgedruckt bei *Merkin/Flannery*, Arbitration Act 1996, Appendix 1.

164 Grundlegend *Ust-Kamenogorsk Hydropower Plant JSD v AES Ust-Kamenogorsk Hydropower Plant LLP* [2013] UKSC 35.

165 Vgl. nur *Sutton/Gill/Gearing*, Russel on Arbitration, Rn. 7-043 ff.; *McLachlan/Collins*, in: Dicey, Morris and Collins on The Conflict of Laws, Rn. 12–142 ff.

166 EuGH, 27.4.2004, C-159/02, *Turner ./. Grovit, Harada Ltd, Changepoint SA*.

167 EuGH, 10.2.2009, C-185/07, *Allianz SpA, Generali Assicurazioni Generali SpA ./. West Tankers*.

teilweise aggressive Ablehnung gestoßen.[168] Unabhängig von der naturgemäß umstrittenen Frage nach der richtigen Auslegung von Art. 1 Abs. 2 lit. d) Brüssel I-VO, beruht die Schärfe der Kritik auf dem Umstand, dass der EuGH den englischen Gerichten ein wirksames Instrument zum Schutz des Schiedsplatzes London aus der Hand genommen hat; ein Instrument, das den Gerichten der Mitgliedstaaten des europäischen Kontinents bei deren Bemühungen um die Stärkung des eigenen Schiedsplatzes einfach nicht zur Verfügung steht.

Der praktischen Bedeutung der *anti-suit injunctions* entsprechend hat das damalige House of Lords außerhalb des Anwendungsbereichs der Brüssel I-VO und des Lugano-Übereinkommens stets an der entsprechenden Befugnis festgehalten.[169] Mit dem Brexit steht die Befugnis zum Erlass von *anti-suit injunctions* wieder ohne unionsrechtliche Einschränkungen zur Verfügung, also auch dann, wenn sie sich gegen ein Verfahren vor dem Gericht eines Mitgliedsstaats richten. Sie werden jetzt wieder erlassen, ohne dass *West Tankers* überhaupt noch erwähnt würde.[170]

e) Entscheidung von Rechtsfragen durch das staatliche Gericht

Nach englischem Recht kann das Schiedsgericht während des laufenden Schiedsverfahrens nicht nur die Frage der eigenen Zuständigkeit dem staatlichen Gericht vorlegen, um sie von diesem entscheiden zu lassen (Section 32 Arbitration Act 1996),[171] sondern dem staatlichen Gericht auch Fragen der Begründetheit überantworten. Gemäß Section 45 Arbitration Act 1996 kann das Schiedsgericht dem staatlichen Gericht „any question of law arising in the course of the proceedings" zur Entscheidung vorlegen, wenn dieselben Voraussetzungen wie diejenigen des Section 32 Arbitration Act 1996 erfüllt sind. Die Anrufung des staatlichen Gerichts zur Entscheidung einer umstrittenen Rechtsfrage ist von vornherein nur zulässig, wenn es sich um eine solche des eng-

---

[168] Repräsentativ *Merkin/Flannery*, Arbitration Act 1996, §66.15, insb. §66.15.1 (xxviii): „There was never any doubt nor could there possibly be, in light of the mess that the authorities had got into after a decade into the new millennium, that the relationship between EU jurisdictional law [in the shape of the then Regulation] and arbitration was uncomfortable, to say the least. Despite the original rationale for the arbitration carve-out having long since evaporated, the anonymous lawmakers in Brussels continued to react like the Norman Bates character in the film *Psycho*, pushing the rocking chair of the exception as if the rationale for it were as fresh and alive as it was in 1960. It was, sadly, long dead".

[169] *Ust-Kamenogorsk Hydropower Plant JSD v AES Ust-Kamenogorsk Hydropower Plant LLP* [2013] UKSC 35 Rn. 41ff.; *Sutton/Gill/Gearing*, Russel on Arbitration, Rn. 7-048.

[170] *QBE Europe SA/NV v Generali Espana de Seguros y Reaseguros* [2022] EWHC 2062 – Untersagung einer Klage vor einem spanischen Gericht; zu Gerichtsstandsvereinbarungen genauso, d.h. ohne Erwähnung von *Turner v Grovit*: *Ebury Partners Belgium SA/NV v Technical Touch BV & Anor* [2022] EWHC 2927 – Untersagung eines Rechtsstreits vor einem belgischen Gericht.

[171] Oben, VII. 3. d) bb).

lischen Rechts handelt. Weiter kommt es darauf an, dass beide Parteien eine gerichtliche Entscheidung beantragen oder ein unilateraler Antrag vom Schiedsgericht gutgeheißen und vom staatlichen Gericht für sachdienlich erachtet wird (Section 45 Abs. 2 Arbitration Act 1996).

Mit der Reform des Arbitration Act im Jahr 2025 wurde die Vorschrift dahin vereinfacht, dass eine gerichtliche Entscheidung über eine materiell-rechtliche Frage ergehen kann, wenn beide Parteien dem zustimmen *oder* wenn das Schiedsgericht dies zulässt, d.h. auf die Sachdienlichkeit aus der Perspektive des Gerichts kommt es nicht mehr an.[172] Die Voraussetzungen entsprechen also exakt denjenigen bei Section 32 Abs. 2 Arbitration Act 1996.[173] Ob die in institutionellen Schiedsregeln üblichen Formulierungen, nach denen die Anrufung der staatlichen Gerichte schlechthin ausgeschlossen sein soll (Art. 35 Abs. 6 ICC-Schiedsregeln, Art. 26.8 LCIA-Schiedsregeln[174]), auch die Befugnisse der Section 32, Section 45 Arbitration Act 1996 erfasst, ist unklar.[175]

Obwohl solche Vorabentscheidungen staatlicher Gerichte über Rechtsfragen sehr selten vorkommen sollen,[176] ist die schiere Existenz eines solchen Verfahrens eindrucksvoller Beleg der für das englische Recht typischen Symbiose von privater und staatlicher Gerichtsbarkeit.

f) Aufhebung, Anerkennung und Vollstreckung

aa) Vollstreckbarerklärung von Schiedssprüchen

Schiedssprüche sind auch in England nicht ohne Weiteres vollstreckbar, sondern nur nach einer die Vollstreckung zulassenden Entscheidung eines staatlichen Gerichts. Section 66 Arbitration Act 1996 schaltet der Vollstreckbarerklärung kein Anerkennungsverfahren vor, sondern zielt sogleich auf das Exequatur. Dafür bietet Section 66 Arbitration Act 1996 zwei Möglichkeiten, nämlich entweder die Vollstreckbarerklärung des Schiedsspruchs (Abs. 1) oder den Erlass eines Urteils mit dem Inhalt des Schiedsspruchs (judgment in terms of the award, Abs. 2). In der Praxis werden beide Mechanismen routinemäßig miteinander kombiniert,[177] es sei denn, die Entscheidung des Schiedsgerichts soll wegen des Interesses an einer Vollstreckung im Ausland als Schiedsspruch,

---

[172] Law Commission (Hrsg.), Review of the Arbitration Act 1996: Final Report and Bill, Rn. 11.29 ff.

[173] Oben, VII. 3. d) bb).

[174] Vgl. unten, VII. 3. f) dd).

[175] *Merkin/Flannery*, Arbitration Act 1996, § 45.3.

[176] *Merkin/Flannery*, Arbitration Act 1996, § 45.1; *Sutton/Gill/Gearing*, Russel on Arbitration, Rn. 7-170. Vgl. aber immerhin *Beegas Nominees Ltd v Decco Ltd* [2003] EWHC 1891 (Ch); *Taylor Woodrow Holdings Ltd v Barnes & Elliott Ltd* [2006] EWHC 1693 (TCC); *Goodwood Investments Holdings Inc v Thyssenkrupp Industrial Solutions AG* [2018] EWHC 1056 (Comm).

[177] *Merkin/Flannery*, Arbitration Act 1996, § 66.5.

ohne Verschmelzung mit einem Urteil, erhalten bleiben.[178] Die früher übliche Klage aus dem Schiedsspruch (action on the award) bleibt gemäß Abs. 4 möglich, ist aber umständlich und daher praktisch bedeutungslos.[179]

Im Vergleich mit Parallelregelungen in anderen Rechtsordnungen fällt auf, dass Section 66 Arbitration Act 1996 auf eine Verzahnung des Exequaturverfahrens mit dem Aufhebungsverfahren verzichtet und insbesondere nicht die Zurückweisung des Antrags auf Vollstreckbarerklärung bei Vorliegen eines Aufhebungsgrundes anordnet. Section 66 Abs. 3 Arbitration Act 1996 bestimmt lediglich, dass die Vollstreckbarerklärung zu versagen ist, wenn die im Schiedsverfahren unterlegene Partei nachweist, dass das Schiedsgericht seine Zuständigkeit zu Unrecht angenommen hatte. Aus Section 81 Abs. 1 lit. a) und c) Arbitration Act 1996 ergibt sich überdies, dass das Gericht etwaige Verstöße gegen die öffentliche Ordnung (*public policy*) sowie die mangelnde Schiedsfähigkeit des Streitgegenstands berücksichtigen und die Vollstreckbarerklärung ggf. versagen muss.[180] Im Übrigen wird die Verkoppelung des Exequaturverfahrens mit gegen den Schiedsspruch gerichteten Aufhebungsbegehren nach Section 67, 68 Arbitration Act 1996 nicht durch das Gesetz selbst, sondern durch die Civil Procedure Rules hergestellt. Das Gericht setzt die Vollstreckbarerklärung aus, sobald der im Schiedsverfahren Unterlegene einen Aufhebungsantrag anbringt.[181]

Der Anwendungsbereich von Section 66 Arbitration Act 1996 ist gemäß Section 2 Abs. 2 lit. b) Arbitration Act 1996 nicht auf inländische Schiedssprüche, also solche mit Schiedsort in England, Wales oder Nordirland, beschränkt. Dennoch spielt die Vorschrift für die Vollstreckbarerklärung ausländischer Schiedssprüche praktisch keine Rolle. Für Letztere steht nämlich das in Section 101–103 Arbitration Act 1996 geregelte Verfahren nach der NYC zur Verfügung, das kumulativ anwendbar bleibt, wie Section 66 Abs. 4 Arbitration Act 1996 ausdrücklich klarstellt.[182] Die Parallelbestimmung zu Art. V NYC im englischen Recht ist Section 103 Arbitration Act 1996.

Die Formulierung in Art. V Abs. 1 NYC/Section 103 Abs. 2 Arbitration Act 1996, die Anerkennung und Vollstreckung eines ausländischen Schiedsspruchs „könne" (may) bei Vorliegen einer der nachfolgenden Gründe versagt werden, wird so verstanden, dass eine strikte Pflicht des Gerichts zur Versagung nicht besteht.[183] Die korrespondierende Befugnis zur Anerkennung und Vollstreck-

---

[178] *Sutton/Gill/Gearing*, Russell on Arbitration, Rn. 8–003.

[179] Eingehend dazu *Sutton/Gill/Gearing*, Russell on Arbitration, Rn. 8–019 ff.

[180] *Merkin/Flannery*, Arbitration Act 1996, § 66.7.

[181] *Merkin/Flannery*, Arbitration Act 1996, § 66.12; *Sutton/Gill/Gearing, Russell on Arbitration*, Rn. 8–011.

[182] *Merkin/Flannery*, Arbitration Act 1996, § 66.1.

[183] *Kabab-Ji SAL (Lebanon) v Kout Food Group (Kuwait)* [2021] UKSC 48 Rn. 15; *Sutton/Gill/Gearing, Russell on Arbitration*, Rn. 8–035.

barerklärung von Schiedssprüchen trotz Vorliegens eines Exequaturversagungsgrunds hat Bedeutung in den Fällen des Art. V Abs. 1 lit. e) Alt. 2 NYC/Section 103 Abs. 2 lit. f Arbitration Act 1996, wenn also der Schiedsspruch von den Gerichten des Sitzstaats aufgehoben worden ist. Während die französischen Gerichte die Vollstreckbarerklärung in diesen Fällen wegen des „transnationalen Charakters" der internationalen Schiedsgerichtsbarkeit ohne Weiteres gewähren, wenn der Schiedsspruch nur dem *ordre public international* entspricht,[184] sind die englischen Gerichte in dieser Frage zurückhaltender und grenzen sich bewusst von der französischen Doktrin ab.[185] Die Anwendung von Art. V Abs. 1 lit. e) Alt. 2 NYC/Section 103 Abs. 2 lit. f Arbitration Act 1996 lasse sich nicht durch eine „theory of legal philosophy" steuern, und die Vollstreckbarerklärung des im Ausland aufgehobenen Schiedsspruchs sei nur dann nicht abzulehnen, wenn die Aufhebungsentscheidung des ausländischen Gerichts „basic principles of honesty, natural justice and domestic concepts of public policy" widerspreche.[186]

Wenig Aufmerksamkeit erhält die Frage, ob die Vollstreckbarerklärung eines Schiedsspruchs wegen Verstoßes gegen den *ordre public* abgelehnt werden kann oder muss, wenn er gegen das Wettbewerbsrecht der EU (Art. 101, 102 AEUV) verstößt. Zwar wird allenthalben notiert, dass die Rechtsprechung des EuGH dies verlangt,[187] doch scheint die Frage noch nicht vor die englischen Gerichte gekommen zu sein. Nach dem Brexit sind diese im Übrigen frei darin, die Bedeutung des europäischen Wettbewerbsrechts herunterzustufen, wie dies das schweizerische Bundesgericht bereits getan hat.[188]

bb) Aufhebungsklagen gegen kompetenzwidrige Schiedssprüche

Bei inländischen Schiedsverfahren, gemäß Section 2 Abs. 1 Arbitration Act 1996 also solchen mit Schiedsort in England, Wales oder Nordirland – *de facto* London – stehen den Parteien Rechtsbehelfe zur Verfügung, mit denen die Aufhebung des Schiedsspruchs (*setting aside*) erreicht werden kann. Anders als

---

[184] Vgl. oben, VII. 2. f) cc).

[185] Vgl. *Yukos Capital Sarl v OJSC Rosneft Oil Company* [2014] EWHC 2188; [2012] EWCA Civ 855 = [2012] 2 Lloyd's Rep 208; *Malicorp Ltd v Government of the Arab Republic of Egypt* [2015] EWHC 361 (Comm); *Sutton/Gill/Gearing*, Russell on Arbitration, Rn. 8–035; eingehend *Merkin/Flannery*, Arbitration Act 1996, § 103.13.2.

[186] *Yukos Capital Sarl v OJSC Rosneft Oil Company* [2014] EWHC 2188 Rn. 20; [2012] EWCA Civ 855 = [2012] 2 Lloyd's Rep 208.

[187] *Sutton/Gill/Gearing, Russel on Arbitration*, Rn. 1–038, 2–091, 8–050; *Radicati di Brozolo*, in: Blanke/Landolt (Hrsg.), EU and US Antitrust Arbitration, Rn. 22–009; *Lew*, in: Blanke/Landolt (Hrsg.), EU and US Antitrust Arbitration, Rn. 14–066; vgl. auch *Merkin/Flannery*, Arbitration Act 1996, § 103.13.4.2, wo allerdings primär die Entscheidung des EuGH, 26.10.2006, C-168/05, *Mostaza Claro ./. Centro Móvil Milenium SL* = SchiedsVZ 2007, 46, zitiert wird; dazu *Wagner* SchiedsVZ 2007, 49.

[188] Vgl. unten, VII. 4. f) bb).

Art. 34 UNCITRAL-Modellgesetz übernimmt das englische Recht nicht die Exequaturversagungsgründe des Art. V NYC als Aufhebungsgründe, sondern trifft eine eigenständige Regelung, die zwischen Kompetenzmängeln einerseits und Fehlern des Schiedsverfahrens oder des Entscheidungsinhalts andererseits differenziert. Die mangelnde Zuständigkeit des Schiedsgerichts für die Streitentscheidung kann gemäß Section 67 Arbitration Act 1996 gerügt werden. Die „substantive jurisdiction" des Schiedsgerichts kann fehlen, weil die Schiedsvereinbarung unwirksam ist oder sachlich den im Schiedsverfahren geltend gemachten Anspruch nicht umfasst. Für diesen, wie auch für die übrigen Rechtsbehelfe gegen den Schiedsspruch gilt eine einheitliche Frist von 28 Tagen nach Notifizierung des Schiedsspruchs an die beschwerdeführende Partei (Section 67 Abs. 1 S. 2, Section 70 Abs. 3 Arbitration Act 1996). Die Aufhebungsklage wegen Zuständigkeitsmängeln gemäß Section 67 Arbitration Act 1996 steht sowohl dann zur Verfügung, wenn das Schiedsgericht vorab über seine Zuständigkeit in einem Zwischenschiedsspruch entschieden hat (Section 67 Abs. 1 lit. a), Abs. 2, Section 30, 31 Abs. 4 lit. a) Arbitration Act 1996) als auch in dem anderen Fall, dass die Entscheidung über die Zuständigkeit zusammen mit der Sachentscheidung in dem Endschiedsspruch gefallen ist (Section 67 Abs. 1 lit. b), Abs. 3, Section 30, 31 Abs. 4 lit. b) Arbitration Act 1996).[189] Darüber hinaus hat das Schiedsgericht auch die Option, die Zuständigkeitsfrage nicht selbst zu entscheiden, sondern im laufenden Schiedsverfahren die Entscheidung des staatlichen Gerichts einzuholen (Section 32 Arbitration Act 1996).[190]

Die staatlichen Gerichte haben somit vielfältige Möglichkeiten, entweder die Zuständigkeitsentscheidung des Schiedsgerichts zu überprüfen oder die Entscheidung von vornherein an sich zu ziehen, und zwar selbst dann, wenn das Schiedsgericht zuerst mit dem Rechtsstreit befasst worden ist (Section 32 Arbitration Act 1996). Diese umfassenden Kompetenzen bestimmen auch die Prüfungsdichte bzw. die Auffassung von der eigenen Kognitionsbefugnis: Diese gilt grundsätzlich als unbeschränkt, d. h. die Entscheidung des Schiedsgerichts ist in vollem Umfang zu überprüfen, also „de novo" (*rehearing*) und nicht lediglich appellativ (*review*).[191] In der Entscheidung in Sachen *Dallah*, die die Vollstreck-

---

[189] *Merkin/Flannery*, Arbitration Act 1996, § 67.2, § 67.7, § 67.8.

[190] Vgl. oben, VII. 3. d) bb).

[191] Grundlegend *Azov Shipping Co. v Baltic Shipping Co. (No. 1)* [1999] 1 Lloyd's Rep. 68 = [1998] C.L.C. 1240, 1241 (Rix, J.): „However the court, on a challenge under s. 67, should not be placed in a worse position than the arbitrator for the purpose of determining that challenge even if there had already been a full hearing before arbitrators since there were substantial issues of fact as to whether Azov was party to the agreement. The court was not required to review the challenge to the arbitrator's award through the eyes of the arbitrator or on his findings of fact." Vgl. auch *Sutton/Gill/Gearing*, Russell on Arbitration, Rn. 8–069: „There is no halfway house between a limited review akin to that which the court conducts when reviewing the exercise of judicial discretion and a full rehearing. Section 67 entails the latter". *Merkin/Flannery*, Arbitration Act 1996, § 67.9.

barerklärung eines ausländischen Schiedsspruchs und das Exequaturverfahren gemäß Section 103 Abs. 2 lit. b) Arbitration Act 1996 betraf, hat der Supreme Court die uneingeschränkte und umfassende Kompetenz des staatlichen Gerichts zur Prüfung der Zuständigkeit des Schiedsgerichts nochmals bekräftigt: „a party who has not submitted to the arbitrator's jurisdiction is entitled to a full judicial determination on evidence of an issue of jurisdiction before the English court".[192] Anders sei es nur, wenn die Parteien – im Wege einer weiteren Schiedsvereinbarung – auch die Zuständigkeitsfrage vollständig der Entscheidung des Schiedsgerichts überantwortet hätten.[193]

Diese Rechtsprechung des Supreme Court ging vielen zu weit,[194] und die Law Commission sprach sich dafür aus, der Entscheidung des Schiedsgerichts über die Existenz einer wirksamen Schiedsvereinbarung in Aufhebungsverfahren gemäß Section 67 Arbitration Act 1996 mehr Gewicht zu verleihen,[195] um den Parteien Zeit und Geld zu sparen und Verzögerungstaktiken der unterlegenen Partei entgegenzuwirken.[196] Das staatliche Gericht sollte darauf beschränkt werden, die Entscheidung des Schiedsgerichts zu überprüfen, nicht hingegen originär und ggf. nach Beweisaufnahme über das Vorliegen einer wirksamen Schiedsvereinbarung und die Schiedsbefangenheit des geltend gemachten Anspruchs zu entscheiden.[197] Damit zielte die Law Commission ausdrücklich darauf ab, die Kompetenz-Kompetenz des Schiedsgerichts zu stärken: „Our proposal would give competence-competence some substance".[198]

Mit dieser weitgehenden Zurückdrängung konnte sich die Law Commission zwar nicht durchsetzen, die Reform des Jahres 2025 bringt jedoch einige Beschränkungen, die das Aufhebungsverfahren verschlanken und stärker auf die Überprüfung der Entscheidung des Schiedsgerichts ausrichten, um eine vollumfängliche Neubefassung des staatlichen Gerichts mit der Zuständigkeitsfrage zu vermeiden.[199] Gemäß Section 67 Abs. 3C) Arbitration Act 1996 dürfen die

---

[192] *Dallah Real Estate and Tourism Holding Company v Ministry of Religious Affairs, Government of Pakistan* [2010] UKSC 46 Rn. 26.

[193] *Dallah Real Estate and Tourism Holding Company v Ministry of Religious Affairs, Government of Pakistan* [2010] UKSC 46 Rn. 24, unter Hinweis auf die entsprechende Entscheidung des U.S. Supreme Court in *First Options of Chicago, Inc. v. Kaplan*, 514 US 938, 944 (1995).

[194] Darunter *Merkin/Flannery*, Arbitration Act 1996, § 67.9.1, und besonders § 103.7.

[195] Law Commission, Review of the Arbitration Act 1996 – A Consultation Paper, Rn. 8.1 ff.; Law Commission, Review of the Arbitration Act 1996 – Second Consultation Paper, Rn. 3.128; Law Commission (Hrsg.), Review of the Arbitration Act 1996: Final Report and Bill, Rn. 9.51 ff.; *Tahsin/Gass*, Journal of International Arbitration 2024, 115, 127 f.

[196] Law Commission, Review of the Arbitration Act 1996 – A Consultation Paper, Rn. 8.30 f.

[197] Law Commission, Review of the Arbitration Act 1996 – A Consultation Paper, Rn. 8.43; vgl. auch Law Commission (Hrsg.), Review of the Arbitration Act 1996: Final Report and Bill, Rn. 9.97; *Tahsin/Gass* Journal of International Arbitration 2024, 115, 127.

[198] Law Commission, Review of the Arbitration Act 1996 – Second Consultation Paper, Rn. 3.64.

[199] Law Commission, Review of the Arbitration Act 1996 – A consultation paper, 2022, 80; *Tahsin/Gass* Journal of International Arbitration 2024, 115, 127; allgemein schon oben, VI. 3. c).

vom Schiedsgericht erhobenen Beweise nicht erneut erhoben werden und neue Zuständigkeitsmängel nur dann gerügt und neue Beweismittel nur dann vorgelegt werden, wenn die betroffene Partei trotz Aufwendung der gebotenen Sorgfalt während des Schiedsverfahrens keine Kenntnis von dem jeweiligen Zuständigkeitsmangel hatte oder daran gehindert war, die Beweismittel im Verfahren vorzulegen.[200] All dies gilt jedoch nur unter dem Vorbehalt der Billigkeit, nämlich „subject to the court ruling otherwise in the interests of justice“.[201] Das Nähere soll gemäß Section 67 Abs. 3B Arbitration Act 1996 durch das Civil Procedure Rule Committee geregelt werden.[202]

cc) Aufhebungsklagen gegen grob fehlerhafte Schiedssprüche

Die Aufhebungsklage wegen „grober Fehler“ des Schiedsgerichts (*serious irregularity*) ist in Section 68 Arbitration Act 1996 geregelt und zielt primär auf schwerwiegende Verfahrensfehler, die Section 68 Abs. 2 Arbitration Act 1996 in einer neun Punkte umfassenden Liste aufzählt. An erster Stelle wird ein Verstoß des Schiedsgerichts gegen elementare Prinzipien der Verfahrensgerechtigkeit genannt, die wiederum in Section 33 Arbitration Act 1996 zusammengestellt sind: Neutralität gegenüber den Parteien, Gewährung rechtlichen Gehörs für beide Seiten, effektive und faire Ausgestaltung des Verfahrens (Section 68 Abs. 2 lit. a Arbitration Act 1996). Darüber hinaus stellt es einen Aufhebungsgrund dar, wenn das Schiedsgericht zwar für den Rechtsstreit zuständig war, jedoch seine Befugnisse überschritten (lit. b)), verfahrensbezogene Vereinbarungen der Parteien unbeachtet (lit. c)) oder erhebliche Streitpunkte unbeantwortet gelassen hat (lit. d)). Ein Fehler liegt ferner vor, wenn sonstige Beteiligte ihre Befugnisse überschritten haben (lit. e)) oder der Schiedsspruch defizitär ist, weil das Entscheidungsdispositiv unklar bleibt (lit. f)), wenn der Schiedsspruch durch Betrug oder in einer Weise, die der öffentlichen Ordnung widerspricht, erwirkt wurde (lit. g)) oder er den formalen Anforderungen des Gesetzes nicht genügt (lit. h)). Schließlich fügt Section 68 Abs. 2 lit. i) Arbitration Act 1996 eine Art Auffangklausel an, die sonstige Befugnisüberschreitungen eines Verfahrensbeteiligten und sonstige Fehler des Verfahrens oder des Schiedsspruchs erfasst, sofern der konkrete Fehler von der zuständigen Instanz eingestanden wird.

Die Aufhebungsmöglichkeiten nach Section 68 Arbitration Act 1996 gehen weit über dasjenige Maß hinaus, was beispielsweise Art. 34 UNCITRAL-Modellgesetz (§ 1059 ZPO) zulässt. Offenbar ermutigt der lange Katalog von Aufhebungsgründen zur Anbringung entsprechender Anträge bei Gericht.[203] Und

---

[200] Law Commission, Review of the Arbitration Act 1996: Final report and Bill, 2023, 93; *Tahsin/Gass* Journal of International Arbitration 2024, 115, 127.

[201] Eingehend *Wagner/Samanci*, SchiedsVZ 2025, 209, 215.

[202] Vgl. *Tahsin/Gass*, Journal of International Arbitration 2024, 115, 128.

[203] *Merkin/Flannery*, Arbitration Act 1996, § 68.1.

obwohl von schiedsfreundlichen Beobachtern beruhigend vermerkt wird, dass die allermeisten Aufhebungsanträge scheitern, wird eingeräumt, Section 68 Arbitration Act 1996 sei „hardly an advertisement to the world that this is a pro-arbitration jurisdiction".[204] Immerhin sind die Gerichte um eine schiedsfreundlich-einschränkende Auslegung des Section 68 Arbitration Act 1996 bemüht:

„[...] as a matter of general approach, the courts strive to uphold arbitration awards. They do not approach them with a meticulous legal eye endeavouring to pick holes, inconsistencies and faults in awards and with the objective of upsetting or frustrating the process of arbitration. Far from it. The approach is to read an arbitration award in a reasonable and commercial way, expecting, as is usually the case, that there will be no substantial fault that can be found with it."[205]

Allenthalben wird betont, die Rechtsanwendung durch das Schiedsgericht unterliege keiner Nachprüfung, sondern die Kontrolle des staatlichen Gerichts beschränke sich auf schwere Verfahrensfehler.[206] Die Aufhebung erfolgt nicht deshalb, weil das vom Schiedsgericht erzielte Resultat falsch ist, sondern weil es mit fehlerhaften und unfairen Mitteln erzielt worden ist.[207] Wegen dieser Restriktionen werden nach dem Urteil von Beobachtern die allermeisten auf Section 68 Arbitration Act gestützten Aufhebungsanträge als unbegründet zurückgewiesen.[208]

dd) Berufung zum staatlichen Gericht

Jenseits der Aufhebungsanträge wegen mangelnder Kompetenz des Schiedsgerichts und *serious irregularity* und in Ergänzung zu der Möglichkeit, dem staatlichen Gericht noch während des laufenden Schiedsverfahrens eine Rechtsfrage zur Entscheidung vorzulegen (Section 45 Arbitration Act 1996),[209] fügt Section 69 Arbitration Act 1996 einen besonderen Rechtsbehelf hinzu, den *appeal on a point of law*.[210] Danach hat jede Partei das Recht, wegen einer in dem Schiedsspruch behandelten Rechtsfrage des englischen Rechts das staatliche Gericht anzurufen. Der Antrag ist begründet, wenn das Gericht zu dem Schluss kommt, dass die Entscheidung der Rechtsfrage durch das Schiedsgericht offensichtlich unrichtig (*obviously wrong*) ist oder der Rechtsfrage allgemeine Bedeutung zukommt und sie von dem Schiedsgericht in einer Weise beantwortet

[204] *Merkin/Flannery*, Arbitration Act 1996, § 68.1.

[205] *Zermalt Holdings v Nu-Life Upholstery Repairs* [1985] EGLR 14, unter F (per Lord Bingham); vgl. auch *Sutton/Gill/Gearing*, Russell on Arbitration, Rn. 8–086.

[206] *Lesotho Highlands Development Authority v Impregilo SpA and others* [2005] UKHL 43 Rn. 31 ff.

[207] Vgl. *Econet Wireless International Ltd v Vee Networks Ltd* [2004] EWHC 2909 Rn. 90.

[208] *Merkin/Flannery*, Arbitration Act 1996, § 68.3: mehr als 90 % der Anträge erfolglos; *Sutton/Gill/Gearing*, Russell on Arbitration, Rn. 8–087.

[209] Vgl. oben, VII. 3. e).

[210] Eingehend *Sutton/Gill/Gearing*, Russel on Arbitration, Rn. 8–132 ff.

wurde, die Anlass zu Zweifeln gibt (Section 69 Abs. 3 lit. c) Arbitration Act 1996), immer vorausgesetzt, dass die Entscheidung die Rechtsposition einer oder mehrerer Parteien wesentlich betreffen würde (Section 69 Abs. 3 lit. a) Arbitration Act 1996).

Die Berufungsmöglichkeit zum staatlichen Gericht hat weder im UNCITRAL-Modellgesetz noch in den Schiedsrechten anderer Jurisdiktionen eine Parallele,[211] sondern ist eine Besonderheit des englischen Rechts. Section 69 Arbitration Act 1996 ist sichtbarster und bedeutendster Ausdruck der engen Symbiose zwischen der staatlichen Justiz und der Schiedsgerichtsbarkeit, die für den Schiedsplatz London charakteristisch ist. Sie ist Überbleibsel des früher gebräuchlichen sog. Case-stated-Verfahrens,[212] nach dem das staatliche Gericht die Rechtsfrage auf Basis des vom Schiedsgericht festgestellten Sachverhalts neu verhandeln und entscheiden konnte.[213] Nach *case stated* war das Schiedsgericht nur die erste Instanz für das staatliche Gericht.

Dabei liegt auf der Hand, dass auch die großzügig formulierten Rechtsmittelgründe des Section 69 Arbitration Act 1996, die an die Zulassungsvoraussetzungen für die Revision im deutschen Zivilprozess erinnern (§ 543 Abs. 2 ZPO), das Zeug dazu haben, die Vereinbarung schiedsrichterlicher Streitentscheidung durch die Parteien und die Entscheidungsprärogative des Schiedsgerichts vollkommen aus den Angeln zu heben. Die englische Literatur ist denn auch darum bemüht, die Bedeutung der Berufungsmöglichkeit für die Handelsschiedsgerichtsbarkeit herunterzuspielen.[214] Tatsächlich enthält Section 69 Arbitration Act 1996 eine Reihe von Einschränkungen, die der Bestimmung etwas von ihrer Bedeutung nehmen. Section 69 Abs. 3 lit. d) Arbitration Act 1996 lässt eine gerichtliche Entscheidung der Rechtsfrage nur zu, wenn und soweit dies mit der Parteivereinbarung zugunsten schiedsrichterlicher Streitbeilegung vereinbar ist, und es ist anerkannt, dass die dem Gericht vorgelegte Rechtsfrage eine solche des englischen Rechts sein muss.[215] Section 69 Abs. 2 Arbitration Act 1996 verlangt für einen *appeal on a point of law* entweder das Einverständnis der Parteien oder die Zulassung durch das Gericht.

---

[211] In Frankreich steht ausschließlich bei internen Streitigkeiten der Rechtsbehelf der Berufung zum staatlichen Gericht zur Verfügung, wenn die Parteien dies so vereinbart haben, Art. 1489 CPC: „La sentence n'est pas susceptible d'appel sauf volonté contraire des parties." An dieser Stelle formuliert das französische Recht genau umgekehrt wie das englische, das den *appeal on points of law* als dispositive Regel bereitstellt, von der die Parteien durch Vereinbarung abweichen können.

[212] *Merkin/Flannery*, Arbitration Act 1996, § 69.1.

[213] Dazu eingehend *Lord Hacking*, The International Lawyer 1980, 95, 96 ff.; *Lew/Holm*, in: Lew/Bor/Fullelove/Greenaway (Hrsg.), Arbitration in England, with chapters on Scotland and Ireland, Rn. 1–21 f.

[214] *Merkin/Flannery*, Arbitration Act 1996, § 69.1.

[215] *Merkin/Flannery*, Arbitration Act 1996, § 69.6.1.

ee) Verzichtbarkeit der Berufung, nicht der Aufhebungsanträge

Im Vergleich zum französischen und zum schweizerischen Recht ist hervorzuheben, dass die Aufhebungsanträge (*challenges*) gegen Londoner Schiedssprüche wegen mangelnder Zuständigkeit (*substantive jurisdiction*, Section 67 Arbitration Act 1996) und wegen schwerer Rechts- und Verfahrensfehler (*serious irregularity*) nicht verzichtbar sind, insbesondere nicht durch eine entsprechende Regelung in der Schiedsvereinbarung oder in Schiedsregeln ausgeschlossen werden können. Der zwingende Charakter der Sections 67, 68 Arbitration Act ergibt sich unmissverständlich aus Section 4 Abs. 1 i. V. m. Schedule 1 zum Arbitration Act 1996.

Die Berufung gemäß Section 69 Abs. 1 Arbitration Act 1996 ist hingegen ein dispostiver Rechtsbehelf, d. h. die Parteien können etwas anderes vereinbaren (unless otherwise agreed by the parties). An dieser Stelle ist entscheidend, dass die üblichen Klauseln in den Schiedsregeln der Schiedsorganisationen, nach denen der Schiedsspruch endgültig und bindend sein soll, als Ausschluss des *right to appeal* nach Section 69 Arbitration Act 1996 qualifiziert werden. Dies gilt für die ICC-Schiedsgerichtsordnung, aber auch für diejenige des LCIA. Die Formulierung in Art. 35 Abs. 6 ICC-Schiedsregeln, der Schiedsspruch sei für die Parteien verbindlich und sie verzichteten „auf ihr Recht zur Geltendmachung" jedweder Rechtsbehelfe, wird also als eine die Anwendung des Section 69 Arbitration Act 1996 verdrängende Parteivereinbarung qualifiziert.[216] Noch deutlicher ist Art. 26.8 LCIA-Schiedsregeln, wenn es dort heißt, „the parties also waive irrevocably their right to any form of appeal, review or recourse to any state court". Vor diesem Hintergrund überraschend hat der High Court die Formulierung, der Schiedsspruch solle „final, conclusive and binding on the parties" sein, für einen Ausschluss des Berufungsverfahrens nicht ausreichen lassen.[217]

Der praktische Anwendungsbereich des Section 69 Arbitration Act 1996 beschränkt sich somit im Wesentlichen auf die *Ad-hoc*-Schiedsgerichtsbarkeit und auf das Seehandelsrecht, wo den Art. 35 Abs. 6 ICC-Schiedsregeln und Art. 69 LCIA-Schiedsregeln entsprechende Regelungen fehlen und die Parteien die Möglichkeit, umstrittene Rechtsfragen in letzter Instanz von den staatlichen Gerichten entscheiden zu lassen, offenbar zu schätzen wissen.[218]

g) Interpretation

Wie empirische Studien und Umfragen unter Praktikern belegen, ist London der attraktivste Schiedsplatz der Welt.[219] Die Schiedsgerichtsbarkeit nach eng-

216 *Sutton/Gill/Gearing*, Russel on Arbitration, Rn. 8–134.

217 *Shell Egypt v Dana Gas Egypt Ltd.* [2009] EWHC 2097 Rn. 36 ff.

218 *Merkin/Flannery*, Arbitration Act 1996, § 69.1

219 Ausführlich unten, VIII. 1.

lischem Recht ist globaler Marktführer und in Europa noch dominanter als in anderen Erdteilen, insbesondere in Asien. Die eben durchgeführten Analysen haben gezeigt, dass sich dieser Erfolg *nicht* der starken Internationalisierung des englischen Schiedsverfahrensrechts und schon gar nicht der Anerkennung eines transnationalen Charakters der internationalen Schiedsgerichtsbarkeit verdankt. In scharfem Gegensatz zum französischen Modell wird in England der nationale Charakter der Schiedsgerichtsbarkeit, ihre tiefe Verankerung im englischen Recht und im englischen Gerichtswesen, betont. Dieser Standpunkt ist nicht bloß Rhetorik, sondern kommt in der Ausgestaltung des englischen Schiedsverfahrensrechts deutlich zum Ausdruck. Dessen Anwendungsbereich wird nicht durch den internationalen Charakter der Streitigkeit definiert, sondern durch das Territorialitätsprinzip, also der Wahl von England bzw. London als Schiedsort. Damit unterliegen sämtliche Schiedsverfahren, die in England stattfinden, englischem Recht, auch diejenigen, an denen keine englische Partei beteiligt ist.

Darüber hinaus ist das englische Schiedsverfahrensrecht nicht um eine strikte Trennung von Schieds- und staatlicher Gerichtsbarkeit bemüht, sondern sorgt im Gegenteil an entscheidenden Stellen für eine Verzahnung der beiden Gerichtsbarkeiten. Die Schiedsparteien und das Schiedsgericht haben es in der Hand, den Streit um die Wirksamkeit der Schiedsvereinbarung und die Zuständigkeit des Schiedsgerichts trotz laufenden Schiedsverfahrens dem staatlichen Gericht vorzulegen (Section 32 Arbitration Act 1996) und dieselbe Befugnis besteht bei umstrittenen Rechtsfragen materiell-rechtlicher Natur (Section 45 Arbitration Act 1996). Nach Abschluss des Schiedsverfahrens kann die unterlegene Partei sich auf großzügig bemessene Aufhebungsgründe stützen, um den Schiedsspruch anzugreifen. Ein vertraglicher Verzicht auf die *challenges* nach Art. 67 und 68 Arbitration Act 1996 ist nicht möglich. Haben die Parteien nichts anderes vereinbart, steht ihnen sogar das gewöhnliche Rechtsmittel der Berufung zu Verfügung, mit dem die Entscheidung des Schiedsgerichts einer vollen Überprüfung durch das staatliche Gericht unterworfen werden kann (Section 69 Arbitration Act 1996).

Bei der Abgrenzung der Kompetenzsphären der Schiedsgerichte und der staatlichen Gerichte räumt das englische Recht in deutlichem Gegensatz zum französischen CPC den Schiedsgerichten keine Vorrangstellung in dem Sinne ein, dass in der Regel zuerst das Schiedsgericht über seine Zuständigkeit entscheiden kann, während das staatliche Gericht auf eine Kontrolle im Aufhebungsverfahren beschränkt ist. Im Gegenteil, in schwierigen Fällen können die Parteien das Schiedsgericht sogar überspringen und die Zuständigkeitsfrage im laufenden Schiedsverfahren dem staatlichen Gericht zur Entscheidung vorlegen (Section 32 Arbitration Act 1996). In der Sache, d. h. bei der Prüfung, ob eine wirksame Schiedsvereinbarung vorliegt, achten die englischen Gerichte peinlich darauf, nur diejenigen Parteien vor das Schiedsgericht zu verweisen, die sich durch eine entsprechende Vereinbarung gebunden haben. Eine Präferenz für die schiedsrichterliche Streitbeilegung ist dem englischen Recht nicht eingeschrieben. Vielmehr herrscht die Einstellung:

> „It does no favours for the reputation of arbitration if awards are made (and subsequently enforced) against parties who had never agreed to arbitrate in the first place".[220]

Im Gegenzug sind die englischen Gerichte dazu bereit und in der Lage, die wirksame Schiedsbindung einer Partei auch tatsächlich durchzusetzen und opportunistischem Verhalten durch Anstrengung von Klagen vor staatlichen Gerichten, insbesondere denjenigen der jeweiligen Heimatjurisdiktion der schiedsunwilligen Partei, einen Riegel vorzuschieben. Wie wichtig die sog. *anti-suit injunctions* den englischen Schiedspraktikern sind, lässt sich an der heftigen Kritik ablesen, die dem EuGH nach seiner Entscheidung in *West Tankers* entgegenschlug.[221]

Wie lässt sich der „nationalistische" Ansatz des englischen Schiedsverfahrensrechts erklären? Zufällig ist er nicht, denn das entgegengesetzte französische Modell wird gerne verspottet:

> „The authors suspect that a doctorate in French legal philosophy may be a prerequisite to understanding the decisions in Hilmarton and especially Putrabali."[222]

Die zentralen Gründe liegen in der hohen Anziehungskraft des *common law*[223] und dem hohen Ansehen der für seine Pflege und Entwicklung zuständigen Gerichte, nämlich dem Londoner Commercial Court, einer Abteilung des High Court, und den zugehörigen Rechtsmittelgerichten.[224] Deren Richter sind überdies mit der Anwaltschaft und den lokalen Schiedspraktikern eng verbunden und agieren häufig selbst als Schiedsrichter. Die Popularität des auf dem *common law* basierenden englischen materiellen Rechts unter Kaufleuten bzw. bei Unternehmen ist empirisch vielfach belegt, und gleiches gilt für den hervorragenden Ruf der englischen Gerichte, die der Schiedsgerichtsbarkeit unterstützend zuarbeiten.[225] Während Frankreich eine autonome Rechtsordnung transnationaler Natur beschwört, beruht die Attraktivität des eigenen Schiedsorts

---

220 *Merkin/Flannery*, Arbitration Act 1996, § 67.9.

221 *Merkin/Flannery*, Arbitration Act 1996, § 66.15.

222 *Merkin/Flannery*, Arbitration Act 1996, § 103.13.2 Fn. 286.

223 Der Begriff wird hierbei in Abgrenzung zu Rechtssystemen verwendet, die auf dem *civil law* basieren. Dagegen geht es nicht um die innerhalb der Rechtsordnung vorgenommene Unterscheidung zwischen *common law* und *statutes*, vgl. *Capper/Zagonek*, in: Lew/Bor/Fullelove/Greenaway (Hrsg.), Arbitration in England, with chapters on Scotland and Ireland, 20 f.

224 *Sutton/Gill/Gearing*, Russel on Arbitration, V: „The English Court has played an important role in establishing and maintaining London as a leading centre for international arbitration".

225 Vgl. *Vogenauer/Hodges*, Civil Justice Systems in Europe: Implications for Choice of Forum and Choice of Contract Law, 14, verfügbar unter www.fondation-droitcontinental.org/fr/wp-content/uploads/2013/12/oxford_civil_justice_survey_-_summary_of_results_final.pdf (letzter Zugriff am 27. Januar Mai 2026); White & Case/Queen Mary University of London (Hrsg.), 2010 International Arbitration Survey: Choices in International Arbitration, 11 ff., ver-

nach Einschätzung englischer Experten wesentlich auf dem guten Ruf des eigenen Rechtssystems in Wirtschaftskreisen:

„The fact that English law is so frequently selected in international contracts is a tribute to the high reputation in the commercial world of the common law, and in particular English commercial law. Equally, the fact that England is so frequently selected as the seat of an international arbitration is symptomatic of the high regard in which English arbitration and English arbitrators are held."[226]

Es ist folglich das Zusammenspiel zwischen der Popularität des englischen materiellen Rechts und der englischen Gerichte und der durch den Arbitration Act 1996 hergestellten Symbiose zwischen Schiedsgerichtsbarkeit und staatlicher Gerichtsbarkeit, die die Attraktivität Londons als Schiedsort ausmacht.

4. Das schweizerische Modell: Neutralität und Pragmatismus

a) Grundlagen

Das Schiedsverfahrensrecht der Schweiz war über lange Zeit sehr fragmentiert, weil das Zivilprozessrecht, als dessen Teil die Materie gesehen wird, auf kantonaler Ebene geregelt war. Erst im Jahr 1969 fanden sich die wichtigsten Kantone der Schweiz zusammen und einigten sich per Staatsvertrag, dem sog. Konkordat, auf ein einheitliches Schiedsverfahrensrecht. Wegen seiner Geltung auf Basis eines Staatsvertrags war es nicht möglich, das schweizerische Schiedsverfahrensrecht regelmäßig zu überarbeiten und an aktuelle Entwicklungen anzupassen. Um diesem Zustand abzuhelfen, hob der Bundesgesetzgeber das Schiedsverfahrensrecht auf die Ebene des Bundesrechts und kodifizierte zunächst die Regelungen für internationale Schiedsverfahren, und zwar als Kapitel 12 des Bundesgesetzes über das internationale Privatrecht (IPRG) von 1987. Obwohl Teil dieses größeren Projekts, versteht sich das internationale Schiedsverfahrensrecht des IPRG als Stand-alone-Regelung, also als in sich geschlossene Regelung nach Art eines „Arbitration Act".[227] Das 12. Kapitel des IPRG stellt im Übrigen keine Adoption des UNCITRAL-Modellgesetzes dar, sondern geht eigene, schweizerische Wege. Die bundesgesetzliche Regelung des Schiedsverfahrensrechts für nationale Verfahren erfolgte erst mit der schweizerischen ZPO aus dem Jahr 2011 (Art. 353–399 schwZPO). Die Trennung in nationales und internationales Schiedsverfahrensrecht wurde also auch nach Vereinigung der Gesetzgebung für beide Materien auf die Bundesebene beibehalten.

---

fügbar unter https://www.qmul.ac.uk/arbitration/media/arbitration/docs/2010_InternationalArbitrationSurveyReport.pdf (letzter Zugriff am 27. Januar 2026).

[226] *Harris/Planterose/Tecks*, The Arbitration Act 1996, IX.

[227] *Berger/Kellerhals*, International and Domestic Arbitration in Switzerland, Rn. 87.

Die Binnenharmonisierung der schweizerischen Schiedsgerichtsbarkeit blieb nicht auf das eigentliche Schiedsverfahrensrecht beschränkt, sondern erfasste auch die Schiedsinstitutionen und deren Regeln. Die Swiss Rules of International Arbitration aus dem Jahr 2004 sind Ergebnis einer gemeinsamen Anstrengung der schweizerischen Handelskammern (Swiss Chambers), der internationalen Schiedsgerichtsbarkeit in der Schweiz auch auf der Ebene der Schiedsregeln einen einheitlichen Rechtsrahmen zu verschaffen.[228] Auf der institutionellen Ebene wurde das Nebeneinander von ASA (Swiss Arbitration Association) und SCAI (Swiss Chambers' Arbitration Institution) im Lichte eines von intensivem Wettbewerb geprägten Markts der internationalen Schiedsgerichtsbarkeit zunehmend kritisch gesehen.[229] In der Folge kam es 2021 zur quasi-Neugründung der zuvor von den Handelskammern der Kantone getragenen SCAI als Kapitalgesellschaft unter dem Namen Swiss Arbitration Centre (SAC).[230] Seither administriert das SAC sämtliche Schiedsverfahren, die unter den Swiss Rules stattfinden.[231] Im selben Jahr 2021 wurden auch die Swiss Rules selbst modernisiert.[232] Schwerpunkt war die Intensivierung der Kontrolle der Institution über die Schiedsverfahren unter Beibehaltung des *light touch*, wie er für die schweizerische internationale Schiedsgerichtsbarkeit charakteristisch ist.[233] Darüber hinaus wurden die damals üblichen Themen adressiert, also Mehrparteien- und Mehrvertrags-Schiedsgerichtsbarkeit sowie die Digitalisierung des Schiedsverfahrens.[234]

b) Trennung zwischen nationaler und internationaler Schiedsgerichtsbarkeit

Die Abgrenzung zwischen nationalen und internationalen Verfahren wird in Art. 176 Abs. 1 IPRG anhand des Sitzes der Parteien vorgenommen. Hat mindestens eine Partei ihren Wohnsitz, ihren gewöhnlichen Aufenthaltsort oder ihren Sitz nicht in der Schweiz, ist das IPRG anwendbar, andernfalls die schweizerische ZPO. Im Interesse der Rechtssicherheit ist mit der Reform 2021 klargestellt worden, dass es auf die Wohnsitzdivergenz im Zeitpunkt des Abschlus-

---

228 *Hofbauer*, Chapter 1, Part I, in: Arroyo (Hrsg.), Arbitration in Switzerland, Rn. 6.

229 *Besson/Lauber-Thommesen*, in: Zuberbühler/Müller/Habegger (Hrsg.), Swiss Rules of International Arbitration, Rn. 32.

230 *Besson/Lauber-Thommesen*, in: Zuberbühler/Müller/Habegger (Hrsg.), Swiss Rules of International Arbitration, Rn. 34.

231 *Besson/Lauber-Thommesen*, in: Zuberbühler/Müller/Habegger (Hrsg.), Swiss Rules of International Arbitration, Rn. 35.

232 *Besson/Lauber-Thommesen*, in: Zuberbühler/Müller/Habegger (Hrsg.), Swiss Rules of International Arbitration, Rn. 38 ff.

233 *Besson/Lauber-Thommesen*, in: Zuberbühler/Müller/Habegger (Hrsg.), Swiss Rules of International Arbitration, Rn. 39, 73 ff.

234 *Besson/Lauber-Thommesen*, in: Zuberbühler/Müller/Habegger (Hrsg.), Swiss Rules of International Arbitration, Rn. 40 ff.

ses der Schiedsvereinbarung – nicht bei Einleitung des Schiedsverfahrens – ankommt.[235] Allerdings bleibt es den Parteien unbenommen, im Wege einer entsprechenden Übereinkunft, also einverständlich, ein internationales Schiedsverfahren den Regeln für interne Verfahren zu unterstellen und umgekehrt (Art. 176 Abs. 2 IPRG, Art. 353 Abs. 2 schwZPO).

Nach der „Föderalisierung" auch des Schiedsverfahrensrechts für interne Streitigkeiten mit der schwZPO von 2011 war der Grund für die Doppelspurigkeit des schweizerischen Schiedsverfahrensrechts eigentlich entfallen. Gleichwohl hielt man bewusst an dieser Konzeption fest, anstatt das Schiedsverfahrensrecht in einem *code unique* zu vereinheitlichen.[236] Die Doppelspurigkeit habe sich „international bewährt",[237] doch es wird nicht gesagt, worin diese Bewährung eigentlich besteht. Wie in Frankreich geht es vor allem um die Möglichkeit für Gesetzgeber und Bundesgericht, das internationale Schiedsverfahrensrecht stärker als dasjenige für interne Streitigkeiten zu liberalisieren, d. h. an den (vermuteten) Erwartungen der Parteien auszurichten sowie die Einwirkungsmöglichkeiten der staatlichen Gerichte möglichst klein zu halten. Zwar lässt sich nicht sagen, die Schweiz sei an den Streitgegenständen der internationalen Verfahren nicht interessiert, weil dazu auch solche zählen, an denen eine Partei mit Sitz in der Schweiz beteiligt ist, doch zielt das 12. Kapitel des IPRG primär auf den internationalen Markt, also auf Streitigkeiten, die keinerlei Berührung mit den wirtschaftlichen und sozialen Interessen der Schweiz aufweisen. Diese Stoßrichtung des Dualismus wird deutlich, wenn es heißt, für die Binnenschiedsgerichtsbarkeit bliebe wegen des unterschiedlichen Adressatenkreises „eine detailliertere Regelung mit zusätzlichen Leitplanken sinnvoll".[238]

---

[235] Erläuternder Bericht zur Änderung des Bundesgesetzes über das Internationale Privatrecht (Internationale Schiedsgerichtsbarkeit), 11.1.2017, 9 f., 18 = Botschaft zur Änderung des Bundesgesetzes über das Internationale Privatrecht (12. Kapitel: Internationale Schiedsgerichtsbarkeit) v. 24.10.2018, BBl. 2018, 7163 ff.

[236] Erläuternder Bericht zur Änderung des Bundesgesetzes über das Internationale Privatrecht (Internationale Schiedsgerichtsbarkeit), 11.1.2017, 12 = Botschaft zur Änderung des Bundesgesetzes über das Internationale Privatrecht (12. Kapitel: Internationale Schiedsgerichtsbarkeit) v. 24.10.2018, BBl. 2018, 7163 ff.

[237] Erläuternder Bericht zur Änderung des Bundesgesetzes über das Internationale Privatrecht (Internationale Schiedsgerichtsbarkeit), 11.1.2017, 12 = Botschaft zur Änderung des Bundesgesetzes über das Internationale Privatrecht (12. Kapitel: Internationale Schiedsgerichtsbarkeit) v. 24.10.2018, BBl. 2018, 7163 ff.

[238] Erläuternder Bericht zur Änderung des Bundesgesetzes über das Internationale Privatrecht (Internationale Schiedsgerichtsbarkeit), 11.1.2017, 12 = Botschaft zur Änderung des Bundesgesetzes über das Internationale Privatrecht (12. Kapitel: Internationale Schiedsgerichtsbarkeit) v. 24.10.2018, BBl. 2018, 7163 ff.

c) Anforderungen an Schiedsvereinbarungen

In Bezug auf die für Schiedsvereinbarungen geltenden formalen Anforderungen ist die Schweiz „unformal"-großzügig, ohne das Formerfordernis aufzugeben. Nach Art. 178 Abs. 1 IPRG, Art. 358 Abs. 1 schwZPO gilt für die Schiedsvereinbarung nach wie vor die Schriftform, doch es genügt auch eine andere Form, „die den Nachweis durch Text ermöglicht".[239] Damit verabschieden sich Art. 178 Abs. 1 IPRG, Art. 358 Abs. 1 schwZPO nur scheinbar von dem Konzept einer Gültigkeitsform, bei dem die Einhaltung der formalen Anforderungen zugleich sicherstellen soll, dass sich beide Parteien bewusst und wirksam auf die Schiedsgerichtsbarkeit eingelassen haben.[240] Die gesetzlichen Formulierungen tragen dem Umstand Rechnung, dass Art. II Abs. 1 NYC für die Anerkennung und Vollstreckung ausländischer Schiedssprüche auf der Schriftform insistiert und diese in Art. II Abs. 2 NYC restriktiv definiert. Man befürchtete, ein offenes Abgehen vom Formerfordernis würde die grenzüberschreitende Anerkennung und Vollstreckung schweizerischer Schiedssprüche nach der New Yorker Konvention infrage stellen.[241] Zwar findet über Art. VII NYC das für die Schiedsvereinbarung günstigere schweizerische Recht Anwendung,[242] doch es ließe sich argumentieren, es erleichtere die Exequatur des Schiedsspruchs im Ausland, wenn die Schiedsvereinbarung auch nach dem schweizerischem Recht des Schiedsorts der Schriftform unterliegt.

Die von den Verfassern des 2006 reformierten UNCITRAL-Modellgesetzes zur Verfügung gestellte Option II, das Formerfordernis für Schiedsvereinbarungen ganz aufzugeben,[243] hat die schweizerische Gesetzgebung daher nicht angenommen.[244] Stattdessen wird das Formerfordernis in Art. 178 Abs. 1 IPRG, Art. 358 Abs. 1 schwZPO abgeschwächt, weil es nur noch darauf ankommt, dass die Vereinbarung durch Text nachgewiesen werden kann.[245] Dies klingt zwar nach Reduktion auf eine bloße Beweisfunktion, ist aber nicht so gemeint. Vielmehr hält das Bundesgericht daran fest, die Einhaltung des Formerfordernisses sei Gültigkeitsvoraussetzung und habe nicht bloß Beweisfunktion,[246] und die

---

239 Vgl. die Darstellung bei *Berger/Kellerhals*, International and Domestic Arbitration in Switzerland, Rn. 420 ff.

240 Dazu eingehend *Wagner*, Prozeßverträge, 385 f. m. w. N.

241 Vgl. Bundesamt für Justiz, Änderung des Bundesgesetzes über das Internationale Privatrecht (Internationale Schiedsgerichtsbarkeit) – Bericht über das Ergebnis des Vernehmlassungsverfahrens, 8.8.2018, 8 f.

242 Vgl. oben, VII. 2. f) cc) mit Nachweisen in Fn. 52.

243 *Born*, International Commercial Arbitration, 750; *Fountoulakis*, IWRZ 2019, 159, 161.

244 Vgl. *Fountoulakis*, IWRZ 2019, 159, 161 f.; *Besson/Rigozzi*, in: Müller/Besson/Rigozzi (Hrsg.), New Developments in International Commercial Arbitration 2022, 1, 13 f.; dazu *Berger/Kellerhals*, International and Domestic Arbitration in Switzerland, Rn. 443.

245 Deutlich *Berger/Kellerhals*, International and Domestic Arbitration in Switzerland, Rn. 415, 426.

246 BGE 142 III 239 E. 3.3.1; BGer, 9.3.2016, 4A_618/2015 und 4A_634/2015 E.4.3; Berner Kommentar/*Gabriel/Landbrecht*, Art. 178 IPRG Rn. 125.

schweizerische Lehre postuliert mit Emphase, das Formerfordernis bleibe eine Voraussetzung „ad validitatem" und nicht ein bloßes Beweiserfordernis „ad probationem".[247] Mit der Formulierung des Art. 178 Abs. 1 IPRG soll der Gleichlauf von materiell-rechtlichem Rechtsgeschäft und Prozessvertrag, also der Bindung an den kommerziellen Hauptvertrag und an die Schiedsvereinbarung, sichergestellt und die Vermeidung der Schiedsgerichtsbarkeit trotz feststehenden Konsenses der Parteien wegen bloßen Formfehlern verhindert werden. Handelsverträge unterliegen normalerweise keinem Formerfordernis, und ist der kommerzielle Vertrag wirksam geschlossen, soll die Schiedsvereinbarung ebenfalls gelten. Insbesondere gilt das Formerfordernis einer eigenhändigen Unterschrift (Art. 13, 14 Abs. 1 OR) im Rahmen des Art. 178 Abs. 1 IPRG nicht.[248]

Gegenüber Parteivereinbarungen ist Art. 178 Abs. 1 IPRG resistent, denn die Norm wird als zwingendes Recht ausgezeichnet.[249] Hat das Schiedsgericht in einem grenzüberschreitenden Rechtsstreit i. S. d. Art. 176 Abs. 1 IPRG seinen Sitz in der Schweiz, dann bestimmt sich die Formwirksamkeit der Schiedsvereinbarung ausschließlich und abschließend nach Art. 178 Abs. 1 IPRG.[250] Auf der Grundlage des Art. 16 Abs. 1 OR, nach dem die Parteien materiell-rechtlicher Verträge vereinbaren können, dass sie ohne Einhaltung einer bestimmten Form nicht gebunden sein sollen, lässt das Bundesgericht eine vertragliche Verschärfung der Formerfordernisse auch bei Schiedsvereinbarungen zu, zeigt sich jedoch zurückhaltend bei dem Versuch, eine Rechtswahlklausel in dem Hauptvertrag im Sinne einer Verschärfung der Formanforderungen für die Schiedsvereinbarung auszulegen.[251] Praktische Bedeutung hat diese Rechtsprechung vor allem in Fällen, in denen die Parteien im Zuge der Verhandlung des Hauptvertrags vereinbaren, dass dessen Zustandekommen einer bestimmten Form unterliegen soll. Materiell-rechtlich sind die Parteien dann solange nicht gebunden, als der Form – etwa beiderseitige Unterschrift oder notarielle Beurkundung – nicht Genüge getan ist. Im deutschen Vertragsrecht gilt dasselbe gemäß § 154 Abs. 2 BGB. Mithilfe der Anwendung des Art. 16 OR auch auf die Schiedsvereinbarung gewährleistet das Bundesgericht den Gleichlauf von materiellvertraglicher und prozessvertraglicher Bindung unter Wahrung der Trennung zwischen kommerziellem Vertrag und Schiedsvereinbarung. Gleichzeitig bleibt

[247] *Berger/Kellerhals*, International and Domestic Arbitration in Switzerland, Rn. 419; genauso und ausführlich Berner Kommentar/*Gabriel/Landbrecht*, Art. 178 IPRG Rn. 133 ff.

[248] Berner Kommentar/*Gabriel/Landbrecht*, Art. 178 IPRG Rn. 137; *Kaufmann-Kohler/Rigozzi*, International Arbitration, Law and Practice in Switzerland, Rn. 3.67.

[249] BGE 142 III 239 E. 3.3.1; *Berger/Kellerhals*, International and Domestic Arbitration in Switzerland, Rn. 420, 426; Berner Kommentar/*Gabriel/Landbrecht*, Art. 178 IPRG Rn. 128.

[250] *Kaufmann-Kohler/Rigozzi*, International Arbitration, Law and Practice in Switzerland, Rn. 3.61.

[251] BGE 142 III 239 E. 3.3.1; *Berger/Kellerhals*, International and Domestic Arbitration in Switzerland, Rn. 436 ff.; Berner Kommentar/*Gabriel/Landbrecht*, Art. 178 IPRG Rn. 194 ff.

die Befugnis des Schiedsgerichts gewahrt, über Streitigkeiten um das Zustandekommen des kommerziellen Vertrags zu entscheiden.

Nur in Bezug auf die Wirksamkeit der Schiedsvereinbarung im Übrigen kommt die Regel des Art. 178 Abs. 2 IPRG zum Zuge, die das Vertragsstatut der Schiedsvereinbarung äußerst großzügig in dreifach-alternativer Weise bestimmt. Danach ist die Schiedsvereinbarung wirksam, wenn sie entweder dem von den Parteien gewählten Schiedsvereinbarungsstatut oder dem Recht des kommerziellen Hauptvertrags (*lex causae*) oder schließlich dem schweizerischen Recht entspricht. Schiedsgerichte mit Sitz in der Schweiz können also stets die Regelung des Art. 178 Abs. 2 IPRG anwenden und eine Schiedsvereinbarung nach ihrem Recht für wirksam erachten, auch wenn die Parteien explizit ein anderes Recht gewählt haben und die Schiedsvereinbarung nach diesem Recht unwirksam ist.

Insgesamt ist die schweizerische Gesetzgebung und Praxis zum Recht der Schiedsvereinbarung Ausdruck des Versuchs, den Parteiinteressen soweit wie möglich entgegenzukommen, ohne den Rahmen des Art. II NYC zu verlassen und ohne das Erfordernis der richterlichen Feststellung des tatsächlich erteilten Einverständnisses beider Parteien völlig aufzugeben.

d) Bindung Dritter

Die Entspannung des Formerfordernisses für Schiedsvereinbarungen durch Art. 178 Abs. 1 IPRG wirkt sich besonders stark auf Dritte, sog. *non-signatories*, aus, die die streitgegenständliche Schiedsvereinbarung nicht selbst unterschrieben und auch nicht sonst in einer Weise akzeptiert haben, die weder dem strikten Unterschriftserfordernis der Art. 13, Art. 14 Abs. 1 OR noch der etwas großzügigeren Variante des Art. II Abs. 2 NYC, die auch Bezugnahmen einbezieht, genügt. Hier setzt sich der im Vergleich zum französischen Recht restriktive Kurs der schweizerischen Schiedspraxis fort. Insbesondere ist die französische *group of companies doctrine* in der Schweiz nicht anerkannt,[252] d. h. die bloße Konzernzugehörigkeit ist keine rechtliche Grundlage für die Bindung weiterer konzernangehöriger Gesellschaften an die von der Mutter- oder einer Tochtergesellschaft (wirksam) abgeschlossene Schiedsvereinbarung.[253] Auch in Konstellationen wie dem Fall *Dallah*,[254] in denen Staatsunternehmen oder sonstige staatlich kontrollierte Korporationen die Schiedsklausel unterschrieben haben, ist der „dahinter“ stehende Souverän nicht an diese gebunden.[255]

---

[252] Dazu oben, VII. 2. d).

[253] *Berger/Kellerhals*, International and Domestic Arbitration in Switzerland, Rn. 574; *Kaufmann-Kohler/Rigozzi*, International Arbitration, Law and Practice in Switzerland, Rn. 3, 177; Berner Kommentar/*Gabriel/Landbrecht*, Art. 178 IPRG Rn. 442.

[254] Dazu oben, VII. 3. c).

[255] Berner Kommentar/*Gabriel/Landbrecht*, Art. 178 IPRG Rn. 436, 443.

Auf der anderen Seite zeigt sich das schweizerische Recht offen für die Berücksichtigung von Rechts- und Formenmissbrauch im Wirtschaftsleben, und zwar gerade auch im Kontext der Schiedsgerichtsbarkeit.[256] Sofern also die Voraussetzungen einer Durchgriffshaftung der Muttergesellschaft für Schulden der Tochtergesellschaft vorliegen, kommt auch eine konzerndimensionale Geltung der Schiedsvereinbarung in Betracht, d.h. sie wirkt auch zu Lasten der Gesellschafter.[257] Anders als nach einem Urteil des englischen High Court[258] hat es das Bundesgericht indessen abgelehnt, die Schiedsbindung der Konzernmutter unabhängig von deren Willensäußerung auch dann zu bejahen, wenn sie nicht auf Delikt oder einem anderen außervertraglichen Rechtsgrund beruht.[259] Ein „schiedsrechtlicher Durchgriff" sei nur dann zulässig, wenn die Durchgriffsnorm die Selbständigkeit der Tochter negiere und sich die schiedsbefangene Forderung selbst direkt gegen die Muttergesellschaft richte.

In den übrigen Fällen hat die Abrüstung des Formerfordernisses für Schiedsvereinbarungen in Art. 178 Abs. 1 IPRG sowie die dreifach-alternative Anknüpfung des Schiedsvereinbarungsstatuts durch Art. 178 Abs. 2 IPRG zur Folge, dass die Bindung von *non-signatories* an eine Schiedsvereinbarung, die andere Parteien wirksam miteinander geschlossen haben, durch entsprechende Interpretation konkludenten Handelns erreicht werden kann.[260] Nach der Rechtsprechung des Bundesgerichts gilt das Formerfordernis des Art. 178 Abs. 1 IPRG allein für die „ursprüngliche" Schiedsvereinbarung, die zwischen zwei Parteien geschlossen wird. Die Bindung von *non-signatories* beruht aus dieser Perspektive nicht darauf, dass sie selbst der Schiedsklausel formwirksam zugestimmt haben, sondern einfach auf der objektiv-rechtlichen Bestimmung ihres personalen (subjektiven) Geltungsbereichs.[261] Für Letztere ist wiederum das Schiedsvereinbarungsstatut maßgeblich, das in Art. 178 Abs. 2 IPRG dem Prinzip des *favorem validatis* folgt.[262] Das Bundesgericht behandelt die Bindung von *non-signatories* damit genauso wie die Bindung von Zessionaren, Schuldübernehmern und Erben an Schiedsvereinbarungen, die von Zedenten, Altschuldnern und Erblassern formwirksam abgeschlossen wurden. Für diesen Kreis ist

---

[256] *Berger/Kellerhals*, International and Domestic Arbitration in Switzerland, Rn. 570 ff.; Berner Kommentar/*Gabriel/Landbrecht*, Art. 178 IPRG Rn. 431 ff.

[257] BGer, 29.1.1996, 4P.330/1994 und 4P.332/1994, ASA Bulletin 1996, 496, 503 ff.; *Berger/Kellerhals*, International and Domestic Arbitration in Switzerland, Rn. 572; *Kaufmann-Kohler/Rigozzi*, International Arbitration, Law and Practice in Switzerland, Rn. 5.175.

[258] Vgl. oben, VII. 3. c).

[259] BGer, 29.1.1996, 4P.330/1994 und 4P.332/1994, ASA Bulletin 1996, 496, 505 f.

[260] Grundlegend BGE 129 III 727 E.5.3.1; ausführlich *Berger/Kellerhals*, International and Domestic Arbitration in Switzerland, Rn. 563 ff.

[261] Deutlich BGE 129 III 727 E.5.3.1; BGE 134 III 565 E.3.2; BGE 145 III 199 E.2.4; *Berger/Kellerhals*, International and Domestic Arbitration in Switzerland, Rn. 564 f.

[262] BGE 129 III 727 E.5.3.2. Das BGer wendet in dieser Entscheidung die liberale französische Doktrin auf dem Umweg über das libanesische internationale Schiedsverfahrensrecht an. Vgl. auch BGE 134 III 565 E.3.2.

die Bindung der Rechtsnachfolger allein aufgrund des Übergangs des materiellen Rechtsverhältnisses – unabhängig von dem für die Prozessvereinbarung geltenden Formerfordernis – allgemein anerkannt.[263] Mit diesem „Trick" lässt sich eine Schiedsbindung Dritter jenseits des Formerfordernisses des Art. II Abs. 1, 2 NYC, Art. 178 Abs. 1 IPRG begründen. Dies gilt auch zu Lasten von Konzerngesellschaften, die an der Erfüllung eines Vertrags mitgewirkt haben, ohne ihm ausdrücklich zugestimmt, insbesondere die in dem Vertrag enthaltene Schiedsklausel unterschrieben oder in Bezug genommen zu haben.[264]

e) Rechtshängigkeitssperre und Kompetenz-Kompetenz

aa) Negative Kompetenz-Kompetenz

Gemäß Art. 186 Abs. 1 IPRG entscheidet das Schiedsgericht selbst über die eigene Zuständigkeit, hat also die sog. Kompetenz-Kompetenz. Dies ist internationaler Standard. Kein solcher Standard gilt in Bezug auf die umgekehrte Situation, in der nicht das Schiedsgericht, sondern das staatliche Gericht mit einer Klage konfrontiert wird, die einen möglicherweise schiedsbefangenen Anspruch betrifft. Sicher ist, dass eine Abweisung der Klage mangels Zuständigkeit nur in Betracht kommt, wenn sich die beklagte Partei auf die Schiedsvereinbarung beruft (Art. 7 lit. a) IPRG). In rechtsvergleichender Perspektive umstritten ist das Thema der sog. negativen Kompetenz-Kompetenz, nämlich der Prüfungsdichte des staatlichen Gerichts, das mit einer Schiedseinrede konfrontiert ist. Wie gesehen räumt das französische internationale Schiedsverfahrensrecht den Schiedsgerichten das Vorrecht zur Entscheidung ein, indem es das staatliche Gericht zur Abweisung der Klage bereits dann verpflichtet, wenn die Schiedsbefangenheit des geltend gemachten Anspruchs ernsthaft im Raum steht.[265]

Die Rechtslage in der Schweiz ist durch Art. 7 IPRG geprägt, der in seinem zentralen lit. b) die Regelung des Art. II Abs. 3 NYC wiederholt: Das staatliche Gericht hat sich für unzuständig zu erklären, wenn es nicht feststellt, die Schiedsvereinbarung sei hinfällig, unwirksam oder nicht erfüllbar. Von einem Entscheidungsvorrecht der Schiedsgerichte in dem Sinne, dass das staatliche Gericht die Klage bereits dann abzuweisen hätte, wenn lediglich der Anschein

---

[263] *Berger/Kellerhals*, International and Domestic Arbitration in Switzerland, Rn. 540 ff.; zum französischen Recht *El Ahdab/Mainguy*, Droit de l'arbitrage, Rn. 564 ff.; zum englischen Recht *Merkin/Flannery*, Arbitration Act 1996, § 6.1.9.1 ff.; zum deutschen Recht stellvertretend *Wagner*, Prozeßverträge, 303 ff.

[264] BGE 145 III 199 E.2.4; zu Art. 178 IPRG genauso BGE 134 III 565, 3.2; BGer, 20.9.2005, 4P.48/2005, ASA Bulletin 2006, 504, 514 f.; BGer, 5.12.2008, 4A_376/2008 E.8.4, E.8.6; *Berger/Kellerhals*, International and Domestic Arbitration in Switzerland, Rn. 566; *Kaufmann-Kohler/Rigozzi*, International Arbitration – Law and Practice in Switzerland, Rn. 5.179.

[265] Dazu eingehend oben, VII. 2. e).

einer wirksamen Schiedsvereinbarung geweckt wurde, ist in Art. 7 lit. b) IPRG nicht die Rede. Dennoch hat das Bundesgericht in diesem Sinne einer bloß summarischen Prüfung der Schiedsvereinbarung entschieden und damit die französische Lösung übernommen, wenn auch nur mit Blick auf solche Schiedsgerichte, die ihren Sitz in der Schweiz haben (Art. 176 Abs. 1 IPRG).[266] Wird ein schweizerisches staatliches Gericht hingegen mit einer Schiedseinrede zugunsten eines Schiedsgerichts mit Sitz im Ausland konfrontiert, hat es die Wirksamkeit der Schiedsvereinbarung auf der Grundlage von Art. II Abs. 3 NYC nach Sach- und Rechtslage strikt zu prüfen und darf sich nicht auf eine Prima-facie-Kontrolle beschränken.[267] Zur Begründung hat das Bundesgericht angeführt, bei Schiedsverfahren in der Schweiz sei eine bundesgerichtliche Kontrolle im Aufhebungsverfahren gewährleistet,[268] doch dies überzeugt schon deshalb nicht, weil diese Kontrolle nach schweizerischem Recht verzichtbar ist (Art. 192 Abs. 1 IPRG).[269] Für die Einschränkung des Prinzips der negativen Kompetenz-Kompetenz bei ausländischem Schiedsort ist das Bundesgericht auch von Seiten französischer Schiedsverfahrensrechtler gescholten worden.[270]

Bei inländischen Schiedsverfahren ist der Standard einer bloßen Prima-facie-Kontrolle in Art. 61 lit. b) schwZPO ausdrücklich festgeschrieben, denn danach hat das staatliche Gericht lediglich zu prüfen, ob die Schiedsvereinbarung „offensichtlich ungültig" ist. Kurioserweise hat das Bundesgericht den Anwendungsbereich dieser Bestimmung drastisch eingeschränkt, indem es ihr die Prüfung der Schiedsfähigkeit des streitgegenständlichen Anspruchs und die Frage der Wirksamkeit der Schiedsvereinbarung entzogen hat![271] Bei Schiedsvereinbarungen über interne Streitigkeiten gilt die zugunsten der Schiedsgerichte reduzierte Kontrolldichte also nur für Meinungsverschiedenheiten der Parteien über Umfang und Reichweite der Schiedsvereinbarung und über fehlformulierte (pathologische) Schiedsklauseln.

Der Rechtsprechung des Bundesgerichts zur negativen Kompetenz-Kompetenz ist auf die Stirn geschrieben, dass es ihr im Kern um die Stärkung der

---

[266] BGE 122 III 139 E.2.b und c; dazu *Berger/Kellerhals*, International and Domestic Arbitration in Switzerland, Rn. 334; *Kaufmann-Kohler/Rigozzi*, International Arbitration – Law and Practice in Switzerland, Rn. 5.36; Berner Kommentar/*Berger/Mosimann*, Art. 7 IPRG Rn. 15 ff.; zustimmend *Gaillard*, in: Études de procédure et d'arbitrage en l'honneur de Jean-Francois Poudret, 387, 393 f.

[267] BGE 121 III 38 E.2.b; BGE 122 III 139 E.2.b.

[268] BGE 121 III 38 E.2.b; BGE 122 III 139 E.2.b.

[269] *Kaufmann-Kohler/Rigozzi*, International Arbitration – Law and Practice in Switzerland, Rn. 5.38; kritisch auch *Fountoulakis*, IWRZ 2019, 159, 162.

[270] *Gaillard*, in: Études de procédure et d'arbitrage en l'honneur de Jean-Francois Poudret, 387, 393 f.

[271] BGE 140 III 367 E.2.2.3; *Berger/Kellerhals*, International and Domestic Arbitration in Switzerland, Rn. 335; mit Recht ablehnend *Kaufmann-Kohler/Rigozzi*, International Arbitration – Law and Practice in Switzerland, Rn. 5.45.

Schweiz als Standort für internationale Schiedsgerichte geht.[272] Wie die gegen den klaren Gesetzeswortlaut restriktive Handhabung des Art. 61 schwZPO deutlich macht, spricht in den Augen des Bundesgerichts bei internen Schiedsvereinbarungen nichts dafür, die Kontrolldichte mit Blick auf das Vorliegen einer wirksamen Schiedsvereinbarung zurückzunehmen und die Klage vor dem staatlichen Gericht abzuweisen, wenn nur *prima facie* eine solche vorliegt. Das in der Entscheidung zu Art. 7 IPRG genannte Argument, die volle gerichtliche Kontrolle über die Schiedsvereinbarung hätte das Zeug dazu, jedes Schiedsverfahren zu paralysieren,[273] kann nicht richtig sein, denn wenn es dies wäre, müsste die Kontrolldichte unabhängig von der Lozierung des Schiedsorts in der Schweiz oder im Ausland und unabhängig vom internen oder grenzüberschreitenden Charakter des Schiedsverfahrens zurückgenommen werden.[274] Es drängt sich der Schluss auf, dass sich die Anerkennung der negativen Kompetenzwirkung der Schiedsvereinbarung nur mit Blick auf internationale Schiedsverfahren mit Sitz in der Schweiz allein durch Wettbewerbsgründe erklären lässt: Internationale Schiedsgerichte mit Sitz in der Schweiz sollen begünstigt, solche mit Sitz in anderen Staaten hingegen nicht vor interferierenden Klagen in der Schweiz geschützt werden.

bb) Rechtshängigkeitskonflikte

Die Entwicklung des schweizerischen Rechts zur Konkurrenz schiedsgerichtlicher und staatsgerichtlicher Zuständigkeit liefert ein weiteres Beispiel für den Wettbewerb der Schiedsrechtsordnungen in Europa, aber auch für den Spielraum, den eine Trennung von nationalem und internationalem Schiedsverfahrensrecht dem Gesetzgeber verschafft. In seiner Entscheidung in der Rechtssache *Fomento* hatte das Bundesgericht die Sperrwirkung der Rechtshängigkeit, die in Art. 9 IPRG auf die früher im Ausland erhobenen Klage erstreckt wird, auch auf das Verhältnis der staatlichen Gerichtsbarkeit zur Schiedsgerichtsbarkeit angewandt.[275] War also zuerst vor einem staatlichen Gericht im Ausland eine Klage anhängig gemacht worden, konnte sich die dort beklagte Partei in derselben Sache nicht mehr an ein internationales Schiedsgericht mit Sitz in der Schweiz wenden. In der schweizerischen Literatur zog diese Entscheidung massive Kritik auf sich, weil sie *de facto* die Bindungswirkung von Schiedsverein-

---

[272] *Kaufmann-Kohler/Rigozzi*, International Arbitration – Law and Practice in Switzerland, Rn. 5.38: „different treatment depending on the seat lacks any anchorage in the texts".

[273] BGE 122 III 139 E.2.c: „Exiger davantage de la part du juge étatique reviendrait à faire de l'art. 7 LDIP un instrument de paralysie de la procédure arbitrale". Vgl. auch *Berger/Kellerhals*, International and Domestic Arbitration in Switzerland, Rn. 334; *Kaufmann-Kohler/Rigozzi*, International Arbitration – Law and Practice in Switzerland, Rn. 5.40.

[274] Kritisch auch *Berger/Kellerhals*, International and Domestic Arbitration in Switzerland, Rn. 335.

[275] BGE 127 III 279 E.2.c (Fomento) (2001).

barungen relativiere. Im Streitfall hätten Parteien internationaler Schiedsvereinbarungen einen starken Anreiz, sich der Jurisdiktion eines internationalen Schiedsgerichts durch Anrufung der Gerichte in ihrem jeweiligen Heimatstaat zu entziehen. Tatsächlich bietet die Schiedsgerichtsbarkeit bei internationalen Transaktionen ein für beide Parteien neutrales Forum und ist daher *ex ante*, vor Entstehung einer Streitigkeit für beide die erste Wahl. Nach der Entstehung einer Streitigkeit kommt jedoch wieder die ursprüngliche Präferenzordnung zum Tragen, nach der jede Partei ihr Heimatforum präferiert, dessen Sprache, Praxis und Personal ihr geläufig ist und das ihren Belangen möglicherweise besonders aufgeschlossen ist. Indem das Bundesgericht in *Fomento* einer solchen Klage der *prima facie* schiedsgebundenen Partei eine Blockadewirkung gegenüber einer sonst zulässigen Schiedsklage vor einem Schiedsgericht mit Sitz in der Schweiz zugebilligt hat, wurde die Attraktivität des Schiedsstandorts Schweiz geschwächt.

Wie ernst die Belange der Schiedsgerichtsbarkeit in der Schweiz genommen werden, zeigt sich daran, dass der Bundesgesetzgeber prompt reagierte und einige Zeit später dem Art. 186 IPRG einen weiteren Abs. 1bis anfügte, der die Entscheidung *Fomento* rückgängig machte.[276] Gemäß Art. 186 Abs. 1bis IPRG kann das Schiedsgericht ungeachtet einer zuvor vor einem Gericht oder Schiedsgericht bereits erhobenen Klage zwischen denselben Parteien und über denselben Streitgegenstand das Verfahren fortsetzen und über die eigene Zuständigkeit entscheiden, wenn nicht überwiegende Gründe für ein Aussetzen des Schiedsverfahrens sprechen. Damit ist gewährleistet, dass die Klage einer Schiedspartei vor einem ausländischen Gericht – in der Regel: ihrem Heimatgericht – keine „Torpedowirkung“ gegenüber einem internationalen Schiedsverfahren mit Sitz in der Schweiz hat. Dieser Hintergrund erklärt zugleich die Regelung des Art. 372 Abs. 2 schwZPO, die mit Blick auf interne Streitigkeiten hinsichtlich der Konkurrenz von Klagen vor staatlichen und Schiedsgerichten an der Sperrwirkung der Rechtshängigkeit festhält. Wird also zuerst eine Klage vor einem schweizerischen staatlichen Gericht erhoben und anschließend in derselben Sache eine weitere vor einem schweizerischen Schiedsgericht, kann Letzteres das Verfahren nicht fortsetzen und darf auch nicht selbst über die eigene Zuständigkeit, also die Frage der Schiedsbindung der Parteien, entscheiden, sondern muss das Verfahren aussetzen und dem staatlichen Gericht den Vortritt lassen.[277] Dasselbe Prinzip gilt nach dem eindeutigen Wortlaut der Vorschrift auch im umgekehrten Fall, wenn also zuerst Klage vor dem Schiedsgericht erhoben wird und danach der Rechtsweg zum staatlichen Gericht beschritten wird; hier muss das staatliche Gericht das Verfahren aussetzen und die Entscheidung des Schiedsgerichts abwarten. Nicht ausdrücklich geklärt ist die

---

[276] Bundesgesetz v. 6.10. 2006, BBl 2006, 4677, 4691.

[277] Oberhammer/Domej/Haas/*Dasser*, Schweizerische ZPO, Art. 372 Rn. 13.

Geltung des Art. 372 Abs. 2 schwZPO auch im Fall der Konkurrenz eines inländischen Schiedsverfahrens mit einer Klage vor einem ausländischen staatlichen Gericht. Insoweit wird vertreten, in diesem Fall gelte Art. 186 Abs. 1bis IPRG erst recht, sodass das Schiedsgericht das Verfahren auch bei prioritärer Klage vor dem staatlichen Gericht fortsetzen könne.[278] Tatsächlich wäre es schwer zu rechtfertigen, einer zeitlich früheren ausländischen Klage vor einem ausländischen Gericht Sperrwirkung gegenüber einem in der Schweiz stattfindenden Schiedsverfahren ausgerechnet dann zuzubilligen, wenn an dem Schiedsverfahren ausschließlich Parteien mit Sitz in der Schweiz beteiligt sind. Aus Sicht des schweizerischen Gesetzgebers ist das Bedürfnis nach Schutz inländischer Parteien vor ausländischen Gerichtsverfahren, die im Widerspruch zu einer Schiedsvereinbarung initiiert und geführt werden, größer als bei internationalen Fällen, nicht kleiner.

Mit Blick auf die Rechtshängigkeit ist das schweizerische Schiedsverfahrensrecht somit gespalten und enthält entgegengesetzte Regeln für die interne und die internationale Schiedsgerichtsbarkeit.

f) Aufhebung, Anerkennung und Vollstreckung

aa) Zuständigkeit und Verfahren

Bei der Aufhebung sowie bei Anerkennung und Vollstreckbarerklärung von Schiedssprüchen differenziert das schweizerische Recht dreifach je nachdem, ob der „Entscheid" aus einem internen, einem internationalem oder einem ausländischen Schiedsverfahren hervorgegangen ist. Die Zuständigkeiten sind dabei einheitlich geregelt. Der Schiedsspruch in einem internen Schiedsverfahren wird von dem kantonalen Gericht für vollstreckbar erklärt, in dessen Bezirk sich der Sitz des Schiedsgerichts befand, Art. 386 Abs. 3, Art. 356 Abs. 1 schwZPO, und gleiches gilt für internationale Schiedsverfahren mit Sitz in der Schweiz, Art. 193 Abs. 2 IPRG. Für die Kontrolle der Schiedssprüche im Rahmen eines Aufhebungsverfahrens ist in beiden Fällen das Bundesgericht in erster und letzter Instanz zuständig, Art. 389 Abs. 1 schwZPO, Art. 191 S. 1 IPRG. Bei ausländischen Schiedssprüchen kann ein Aufhebungsverfahren in der Schweiz naturgemäß nicht stattfinden.

In allen Fällen gilt es zu beachten, dass das schweizerische Recht kein eigenständiges Exequaturverfahren kennt, sondern die Vollstreckbarkeit des Schiedsspruchs auf Antrag des Schuldners inzident im Vollstreckungsverfahren nach dem Gesetz über Schuldbetreibung und Konkurs (SchKG) geprüft wird (vgl. Art. 80 Abs. 1, Art. 81 Abs. 3 SchKG).[279] Die zuletzt genannten Bestimmungen

---

[278] Oberhammer/Domej/Haas/*Dasser*, Schweizerische ZPO, Art. 372 Rn. 14.

[279] *Berger/Kellerhals*, International and Domestic Arbitration in Switzerland, Rn. 2029 ff.; Berner Kommentar/*Meier*, Art. 194 IPRG Rn. 61 ff.

handeln zwar allein von gerichtlichen Entscheidungen, gelten jedoch gleichermaßen auch für Schiedssprüche.[280] Die Anerkennung und Vollstreckung ausländischer Schiedssprüche richtet sich ausschließlich nach der New Yorker Konvention, Art. 194 IPRG.

bb) Aufhebungsgründe, Art. 393 schwZPO, Art. 190 IPRG

Die Gründe, aus denen der Schiedsspruch eines internationalen Schiedsgerichts mit Sitz in der Schweiz aufgehoben werden kann, sind in Art. 190 Abs. 2 IPRG genannt. Die Aufzählung entspricht den Exequaturversagungsgründen des Art. V NYC, doch die schweizerische Regelung ist bündiger und anschaulicher formuliert. In der Sache fehlt der Exequaturversagungsgrund mangelnder Schiedsfähigkeit (Art. V Abs. 2 lit. a) NYC) und – wegen der Geltung des Art. 190 IPRG für Aufhebungsverfahren in der Schweiz zwingend – auch derjenige der Aufhebung des Schiedsspruchs im Herkunftsland (Art. V Abs. 1 lit. e) NYC). Die Frage, ob die Vollstreckung ausländischer Schiedssprüche in der Schweiz trotz deren Aufhebung im Herkunftsland und trotz Art. V Abs. 1 lit. e) NYC möglich bleibt, wird in der Schweiz nur am Rande diskutiert,[281] und eine einschlägige Entscheidung des Bundesgerichts gibt es soweit ersichtlich nicht.

In Übereinstimmung mit dem internationalen Standard, wie er auch in Art. 34 UNCITRAL-Modellgesetz zum Ausdruck kommt, ist der bloße Verstoß des Schiedsspruchs gegen Rechtsnormen kein Aufhebungsgrund. Die Grenze ist erst dann erreicht, wenn der Schiedsspruch mit der öffentlichen Ordnung (*ordre public*) unvereinbar ist (Art. 190 Abs. 2 lit. d) IPRG). In der Schweiz gilt dies aber nur für die internationale Schiedsgerichtsbarkeit. Bei Binnenstreitigkeiten hingegen kann der Schiedsspruch gemäß Art. 393 lit. e) schwZPO bereits dann angefochten werden, wenn „er im Ergebnis willkürlich ist, weil er auf offensichtlich aktenwidrigen tatsächlichen Feststellungen oder auf einer offensichtlichen Verletzung des Rechts oder der Billigkeit beruht".

Nach der Rechtsprechung des Bundesgerichts ist ein Schiedsspruch willkürlich, wenn sein Dispositiv „offensichtlich unhaltbar ist, zur tatsächlichen Situation in Widerspruch steht, eine Norm oder einen unumstrittenen Rechtsgrundsatz krass verletzt oder sonst in stossender Weise dem Gerechtigkeitsgedanken zuwiderläuft".[282] Diese sog. Willkürbeschwerde entstammt dem Konkordat (dort Art. 36 lit. f)), wurde mit dem IPRG zugunsten des engeren Ordre-public-Standards fallen gelassen, in der ZPO für die interne Schiedsgerichtsbarkeit aber beibehalten. Damit stellt der schweizerische Gesetzgeber die über Binnen-

---

[280] BGE 101 Ia 521 E.1.b; *Berger/Kellerhals*, International and Domestic Arbitration in Switzerland, Rn. 2007.

[281] *Berger/Kellerhals*, International and Domestic Arbitration in Switzerland, Rn. 2083 mit Fn. 129; Berner Kommentar/*Meier*, Art. 194 IPRG Rn. 158 f.

[282] BGE 137 I 1 E.2.4.

streitigkeiten entscheidenden Schiedsgerichte unter eine erheblich engmaschigere, an Berufungsverfahren gegen Urteile staatlicher Gerichte angenäherte Kontrolle als in internationalen Fällen.[283]

Schiedssprüche internationaler Schiedsgerichte mit Sitz in der Schweiz unterliegen demnach nur einer Ordre-public-Kontrolle. Diese versteht das Bundesgericht nicht national, sondern international; der *ordre public* umfasst nur fundamentale Normen des Rechts oder der Moral, die in allen zivilisierten Staaten anerkannt und in diesem Sinne transnational sind.[284] Dafür spricht nicht nur der von Art. 17 Abs. 1 IPRG abweichende Wortlaut des Art. 190 Abs. 2 lit. e) IPRG, sondern vor allem der internationale Charakter der Schiedsgerichtsbarkeit. Internationale Schiedsgerichte entscheiden gerade auch solche Streitigkeiten, die keinerlei Bezug zur Schweiz und deren Rechtsordnung aufweisen. Das Bundesgericht bezeichnete sein Bekenntnis zum *ordre public transnational* ausdrücklich als „pragmatisch" (*approche pragmatique*).[285] Der Pragmatismus hat zum Ziel, die Zahl der aufzuhebenden Schiedssprüche zu minimieren,[286] wie das Bundesgericht in einer Folgeentscheidung ausdrücklich betont hat: „l'annulation d'une sentence arbitrale internationale pour ce motif de recours est chose rarissime".[287]

Die Chancen der unterlegenen Partei, einen Schiedsspruch auf der Grundlage von Art. 190 Abs. 2 lit. e) IPRG aus den Angeln zu heben, werden durch die inhaltliche Ausgestaltung des *ordre public* weiter reduziert. Das Bundesgericht bezieht den Begriff in erster Linie auf elementare Prinzipien des Vertragsrechts und der Vertragsgerechtigkeit,[288] wie *pacta sunt servanda*, Treu und Glauben, Verbot des Rechtsmissbrauchs, Schutz vor Diskriminierung, Schutz von Geschäftsunfähigen, und gerade nicht auf die politisch sensiblen Regelungen des Wirtschaftsrechts, die von Jurisdiktion zu Jurisdiktion variieren. Der Schutz vor Diskriminierung wird dabei auf das Vertikalverhältnis des Staates zum Einzelnen beschränkt und nicht auf das Horizontalverhältnis zwischen Unternehmen und/oder Bürgern erstreckt.[289]

Demgegenüber sind schweizerische Schiedsgerichte zur Meidung eines Verstoßes gegen den *ordre public transnational* nicht gehalten, international zwingende Normen von Drittstaaten anzuwenden.[290] Zwar ebnet Art. 19 IPRG der

---

283 Oberhammer/Domej/Haas/*Dasser*, Schweizerische ZPO, Art. 393 Rn. 19.

284 BGE 120, II, 155 E.6.a (Westland Helicopters); *Berger/Kellerhals*, International and Domestic Arbitration in Switzerland, Rn. 1762; Berner Kommentar/*Leimbruger/Gottlieb*, Art. 190 IPRG Rn. 171.

285 BGE 120, II, 155 E.6.a. a.E.

286 *Berger/Kellerhals*, International and Domestic Arbitration in Switzerland, Rn. 1763.

287 BGE 132 III 389 E.2.1

288 BGE 120, II, 155 E.6.a.; *Berger/Kellerhals*, International and Domestic Arbitration in Switzerland, Rn. 1766 ff.; Berner Kommentar/*Leimbruger/Gottlieb*, Art. 190 IPRG Rn. 175 ff.

289 BGE 147 III 49 E.9.; Berner Kommentar/*Leimbruger/Gottlieb*, Art. 190 IPRG Rn. 178.

290 *Berger/Kellerhals*, International and Domestic Arbitration in Switzerland, Rn. 1773 f.; Berner Kommentar/*Leimbruger/Gottlieb*, Art. 190 IPRG Rn. 199.

Anwendung zwingender Normen eines anderen als des von den Parteien gewählten Rechts den Weg, doch Art. 19 IPRG wendet sich an staatliche Gerichte und nicht an Schiedsgerichte, und vor diesen gebührt den Parteiinteressen der Vorrang vor den Interessen der Staaten an der Verhängung von Sanktionen, Import- und Exportbeschränkungen, Maßnahmen gegen Geldwäsche und Steuervermeidung und an sonstigen wirtschaftsrechtlichen Beschränkungen.[291]

Darüber hinaus zählt das Bundesgericht das europäische Wettbewerbsrecht (Art. 101, Art. 102 AEUV) in krassem und bewusstem Gegensatz zur Rechtsprechung des EuGH[292] nicht zum *ordre public transnational* schweizerischer Lesart.[293] In der Schweiz ergangene Schiedssprüche internationaler Schiedsgerichte können folglich auch dann nicht mit der Aufhebungsklage angegriffen werden, wenn sich das von dem Schiedsspruch geregelte Wettbewerbsverhalten auf den Binnenmarkt auswirkt und gegen Art. 101, 102 AEUV verstößt.

Bei der Kontrolldichte gegenüber Schiedssprüchen zeigt sich das Bundesgericht sehr zurückhaltend. Die Tatsachenfeststellungen des Schiedsgerichts werden nicht nachgeprüft, und selbst offensichtlich falsche Tatsachenfeststellungen führen für sich allein genommen nicht zur Aufhebung des Schiedsspruchs.[294] Dies gilt insbesondere auch für die Prüfung der Zuständigkeit des Schiedsgerichts, also die Annahme einer (wirksamen) Schiedsvereinbarung.[295] Auch insoweit ist von dem Sachverhalt auszugehen, den das Schiedsgericht zugrunde gelegt hat; neue Tatsachen und Beweismittel sind nur ausnahmsweise nach Art. 99 Abs. 1 BGG zulässig, wenn nämlich erst die Entscheidung des Schiedsgerichts ihre Relevanz ergeben hat.[296]

cc) Revision als außerordentlicher Rechtsbehelf, Art. 190a IPRG

Mit der Novellierung des IPRG im Jahre 2021 wurde die Revision als weiterer Rechtsbehelf gegen einen Schiedsspruch in das geschriebene internationale Schiedsverfahrensrecht der Schweiz aufgenommen.[297] In der Sache brachte Art. 190a IPRG allerdings nichts Neues, weil die Revision bereits zuvor vom

[291] *Berger/Kellerhals*, International and Domestic Arbitration in Switzerland, Rn. 1773.

[292] EuGH, 1.6.1999, C-126/97 – *Eco Swiss ./. Benetton*, Rn. 36 ff. dazu unten, XI. 5. b).

[293] BGE 132 III 389 E.3.2; BGE 144 III 120 E.5.2; *Berger/Kellerhals*, International and Domestic Arbitration in Switzerland, Rn. 1775 ff.

[294] BGer, 29.1.1996, 4P.330/1994 und 4P.332/1994, ASA Bulletin 1996, 496, 500 f.; BGE 121 III 331 E. 3; BGE 138 III 29 E. 2.2.1.

[295] BGer. 4.10.2017, 4A_150/2017, E. 2.4.

[296] BGer, 6.1.2020, 4A_342/2020, E. 2.4, 3.1.

[297] Erläuternder Bericht zur Änderung des Bundesgesetzes über das Internationale Privatrecht (Internationale Schiedsgerichtsbarkeit), 11.1.2017, 28 f. = Botschaft zur Änderung des Bundesgesetzes über das Internationale Privatrecht (12. Kapitel: Internationale Schiedsgerichtsbarkeit), v. 24.10.2018, BBl. 2018, 7163 ff.; dazu *Fountoulakis*, IZWR 2019, 159, 167 f.; allgemein zur Novelle 2021 oben, VI. 3. c).

Bundesgericht auf richterrechtlicher Grundlage entwickelt worden war.[298] Die Revision steht im Übrigen gemäß § 396 schwZPO auch bei Schiedssprüchen zur Verfügung, die in Binnenstreitigkeiten ergangen sind. Damit folgt die Schweiz den Entwicklungen in Frankreich, wo die Möglichkeit der Revision rechtskräftig für vollstreckbar erklärter Schiedssprüche anerkannt ist.[299]

Grundgedanke der Revision als außerordentlicher Rechtsbehelf gegen rechtskräftige Schiedssprüche ist die Korrektur schwerwiegender Fehler, die in einem Rechtsstaat auch dann nicht hingenommen werden können, wenn die Frist für die Korrektur des Entscheids im Aufhebungsverfahren abgelaufen ist.[300] Dies ist derselbe Gedanke, der im deutschen Recht der Wiederaufnahme des Verfahrens gemäß §§ 578 ff. ZPO zugrunde liegt.[301]

Die Revision dient folglich der Gewährleistung eines unverzichtbaren Minimums an Verfahrensfairness und neutraler Streitentscheidung. Zu den Revisionsgründen des Art. 190a Abs. 1 IPRG zählen daher das Auffinden neuer Tatsachen und Beweismittel (lit. a)), die Beeinflussung des Schiedsspruchs unter Anwendung krimineller Mittel (lit. b)) und die nachträgliche Kenntniserlangung von einem Ablehnungsgrund in Bezug auf einen Schiedsrichter (lit. c)). Das Revisionsgesuch ist ausweislich des Art. 190a Abs. 2 IPRG binnen einer Frist von 90 Tagen nach Entdeckung des Revisionsgrundes anhängig zu machen, wobei ein kenntnisunabhängiger *longstop* von zehn Jahren seit Rechtskraft des Schiedsspruchs zu beachten ist.[302] Letzterer gilt wiederum nicht, wenn die Beeinflussung des Schiedsspruchs durch kriminelle Machenschaften geltend gemacht wird. Stets ist vorausgesetzt, dass die revisionsführende Partei daran gehindert war, den Revisionsgrund im Schiedsverfahren oder in einem regulären Aufhebungsverfahren geltend zu machen.[303] Soweit das Bundesgericht, das auch in Bezug auf die Revision erste und einzige Instanz ist (Art. 190 S. 1 IPRG), das Revisionsgesuch für begründet hält, verweist es die Sache zurück an das Schiedsgericht oder an ein neu zu konstituierendes Schiedsgericht.[304] Dieses fällt sodann eine neue Entscheidung in der Sache.[305]

Mit diesen Regelungen dient die Revision der Gewährleistung der Integrität des Schiedsverfahrens insbesondere vor kriminellem oder sonst grob anstößigem Verhalten der Schiedsparteien und der Schiedsrichter. Art. 190a IPRG steht daher im Zeichen der internationalen Bemühungen um die Bekämpfung von

---

[298] BGE 118 II 199, 202 f.; BGE 122 III 492 E.1.b.aa; BGE 142 III 521 E.2.1; Berner Kommentar/*Stacher/Cleis*, Art. 190a IPRG Rn. 2.

[299] Vgl. oben, VII. 2. f) aa).

[300] *Fountoulakis*, IWRZ 2019, 159, 167; *Besson/Rigozzi*, in: Müller/Besson/Rigozzi (Hrsg.), New Developments in International Commercial Arbitration 2022, 1, 38.

[301] MüKoZPO/*Braun/Heiß*, § 578 Rn. 1.

[302] Berner Kommentar/*Stacher/Cleis*, Art. 190a IPRG Rn. 28 ff.

[303] Berner Kommentar/*Stacher/Cleis*, Art. 190a IPRG Rn. 1.

[304] Berner Kommentar/*Stacher/Cleis*, Art. 190a IPRG Rn. 4, 34 ff.

[305] Berner Kommentar/*Stacher/Cleis*, Art. 190a IPRG Rn. 34.

Korruption und anderer illegaler Machenschaften und leistet einen wichtigen Beitrag zur Seriosität der Schweiz als Schiedsplatz. Gleichzeitig dient der Revisionsgrund der neu entdeckten Tatsachen oder Beweismittel der ausnahmsweisen nachträglichen Anpassung der Entscheidung an die tatsächlichen Umstände, wie sie sich erst nach Abschluss des Verfahrens offenbarten.[306] Die Revision ist damit ein Versuch, einen Kompromiss zwischen dem Bedürfnis nach Rechtssicherheit und materieller Gerechtigkeit zu finden.[307]

dd) Verzicht auf Aufhebungsverfahren

Gemäß Art. 192 Abs. 1 IPRG können die Parteien auf die Aufhebungsklage und die Revision verzichten, wenn keine von ihnen ihren Wohnsitz, ihren gewöhnlichen Aufenthalt oder ihren Sitz in der Schweiz hat.[308] Die Möglichkeit eines Verzichts auf die Aufhebung des Schiedsspruchs wurde allein für internationale Schiedsverfahren durch das IPRG eingeführt; bei nationalen Verfahren besteht eine entsprechende Möglichkeit nicht. Hintergrund war das Bemühen, die Attraktivität der Schweiz als Schiedsort zu erhöhen.[309] Der Verzicht kann bereits mit Abschluss der Schiedsvereinbarung oder zu einem späteren Zeitpunkt erklärt werden[310] und muss seit der Reform des Jahres 2021 gemäß Art. 192 Abs. 2 IPRG das Formerfordernis des Art. 178 Abs. 1 IPRG wahren.[311] Er erfasst sämtliche Aufhebungsgründe des Art. 190 IPRG, auch denjenigen des *ordre public* (Art. 190 Abs. 2 lit. e) IPRG).[312] Umgekehrt kann die Verzichtsvereinbarung auf einzelne Aufhebungsgründe beschränkt werden.[313] Die Parteien sind sogar befugt, auf den Rechtsbehelf der Revision gemäß Art. 190a IPRG zu verzichten.[314] Dies ergibt sich im Umkehrschluss aus Art. 192 Abs. 1 HlbS. 2 IPRG, der allein den Revisionsgrund des Art. 190a Abs. 1 lit. b) IPRG davon ausnimmt. Dieser regelt den krassen Fall eines durch ein Verbrechen oder Vergehen zum Nachteil einer Partei erschlichenen Schiedsspruchs, was im Regelfall im Rahmen eines

[306] Vgl. *Rigozzi/Schöll*, Die Revision von Schiedssprüchen nach dem 12. Kapitel des IPRG, 5; Berner Kommentar/*Stacher/Cleis*, Art. 190a IPRG Rn. 1.

[307] *Rigozzi/Schöll*, Die Revision von Schiedssprüchen nach dem 12. Kapitel des IPRG, 5.

[308] Dazu *Berger/Kellerhals*, International and Domestic Arbitration in Switzerland, Rn. 1839 ff.

[309] *Berger/Kellerhals*, International and Domestic Arbitration in Switzerland, Rn. 1840.

[310] *Berger/Kellerhals*, International and Domestic Arbitration in Switzerland, Rn. 1851.

[311] *Berger/Kellerhals*, International and Domestic Arbitration in Switzerland, Rn. 1852.

[312] BGer, 31.10.2005, 4P.198/2005, E.2.2; *Berger/Kellerhals*, International and Domestic Arbitration in Switzerland, Rn. 1842; *Kaufmann-Kohler/Rigozzi*, International Arbitration – Law and Practice in Switzerland, Rn. 8.50.

[313] *Kaufmann-Kohler/Rigozzi*, International Arbitration – Law and Practice in Switzerland, Rn. 8.50.

[314] Erläuternder Bericht zur Änderung des Bundesgesetzes über das Internationale Privatrecht (Internationale Schiedsgerichtsbarkeit), 11.1.2017, 29 = Botschaft zur Änderung des Bundesgesetzes über das Internationale Privatrecht (12. Kapitel: Internationale Schiedsgerichtsbarkeit), v. 24.10.2018, BBl. 2018, 7163 ff.

Strafverfahrens festgestellt worden sein muss. Soll in der Schweiz vollstreckt werden, bleibt gemäß Art. 192 Abs. 2 IPRG in allen Fällen, also auch bei internationalen Schiedsverfahren mit Sitz in der Schweiz, der Schutz durch die Exequaturversagungsgründe des Art. V NYC unberührt,[315] der allerdings nur zum Zuge kommt, wenn der Schiedsspruch einen vollstreckbaren Inhalt hat und der niemals zur Aufhebung des Schiedsspruchs mit Wirkung *erga omnes* führt.

Der EGMR hat die Befugnis der Schiedsparteien zum Verzicht auf das Aufhebungsverfahren gemäß Art. 192 IPRG nicht beanstandet.[316] In der schweizerischen Literatur wird allerdings, trotz allen Bemühens um die Attraktivität des Schiedsorts Schweiz, mit klaren Worten vor dem Verzicht des Art. 192 IPRG gewarnt und der Schiedspartei geraten, sich nicht darauf einzulassen.[317] Wie zweischneidig der Verzicht auf den Aufhebungsantrag für die Schiedsparteien sein kann, zeigt die einschlägige Rechtsprechung des Bundesgerichts,[318] in deren Mittelpunkt die Frage steht, welche Anforderungen an eine solche Verzichtserklärung zu stellen sind: Reichen Standardformulierungen, die sich in vielen Schiedsklauseln finden, nach denen der Schiedsspruch „endgültig" (final) sein und der Rechtsweg ausgeschlossen sein soll, für einen Verzicht nach Art. 192 IPRG aus? Können die Parteien wirksam auf den Aufhebungsantrag verzichten, indem sie auf Schiedsregeln einer Institution verweisen, die entsprechende Formulierungen – endgültig, final – enthalten? Beispielhaft zu nennen ist Art. 35 Nr. 6 ICC-Schiedsregeln, in dem es heißt:

> „Jeder Schiedsspruch ist für die Parteien verbindlich. Durch Inanspruchnahme der Schiedsgerichtsbarkeit gemäß der Schiedsgerichtsordnung verpflichten sich die Parteien, jeden Schiedsspruch unverzüglich zu erfüllen; soweit rechtlich zulässig, gilt diese Inanspruchnahme als Verzicht der Parteien auf ihr Recht zur Geltendmachung jedweder Rechtsbehelfe."

Das Bundesgericht verlangt für einen Verzicht auf das Aufhebungsverfahren einerseits keine ausdrückliche Bezugnahme auf Art. 192 IPRG,[319] bekennt sich andererseits aber auch zu dem Auslegungsgrundsatz, dass Verzichte nicht zu vermuten sind.[320] Im Ergebnis führt dies dazu, dass relativ allgemein gehaltene, auf Rechtsbehelfe gegen den Schiedsspruch bezogene Verzichtsklauseln in der Schiedsvereinbarung selbst oder in einer nachfolgenden Vereinbarung akzeptiert werden,[321] nicht aber Verzichtsklauseln, die in den Regeln von Schieds-

---

[315] *Berger/Kellerhals*, International and Domestic Arbitration in Switzerland, Rn. 2013.

[316] EGMR, 1.3.2016 – 41069/12, *Tabbane/Schweiz*, Rn. 33 ff.; eingehend zu den Schranken, die die EMRK der Schiedsgerichtsbarkeit setzt, *Wagner/Samanci*, ZEuP 2024, 533, 548 ff.

[317] *Berger/Kellerhals*, International and Domestic Arbitration in Switzerland, Rn. 1843 ff.

[318] Eingehend dazu *Berger/Kellerhals*, International and Domestic Arbitration in Switzerland, Rn. 1853 ff.

[319] BGE 131 III 173 E.4.2.3.1.

[320] BG 4P.206/2006; BGE 133 III 235 E.4.3.1.; *Berger/Kellerhals*, International and Domestic Arbitration in Switzerland, Rn. 1858.

[321] BGE 143 III 589 E.2.2.

organisationen enthalten sind und die von den Parteien nicht spezifisch in Bezug genommen worden sind.[322] Auf dieser Grundlage hat das Bundesgericht den Art. 192 IPRG paraphrasierenden Rechtsbehelfsverzicht in Regel 59 Abs. 4 a.F. der Verfahrensregeln des CAS/TAS für einen Verzicht auf den Aufhebungsantrag durch den Athleten nicht ausreichen lassen.[323]

g) Theoretische Unterfütterung

Das Modell der internationalen Schiedsgerichtsbarkeit in der Schweiz ähnelt mit alledem im Ausgangspunkt dem Modell Frankreichs, das die internationale Schiedsgerichtsbarkeit als „transnationale", von jeglicher Rechtsordnung unabhängige Institution profiliert hat.[324] Internationale Schiedsverfahren werden gegenüber nationalen Schiedsverfahren privilegiert, indem den Parteien großzügigere Gestaltungsspielräume gewährt, die staatlichen Gerichte möglichst herausgehalten und Schiedssprüche einer weniger intensiven Kontrolle unterstellt werden.[325] Beispiele sind die Anerkennung der negativen Kompetenz-Kompetenz bei internationalen Schiedsverfahren mit Schiedsort Schweiz und die Wirksamkeit des Verzichts auf den Rechtsbehelf der Aufhebung allein bei internationalen Schiedsverfahren.[326] Viele weitere Punkte sind genannt worden.

Anders als in Frankreich geschieht dies jedoch nicht unter Verweis auf eine „philosophische" Theorie vom „transnationalen" Charakter der internationalen Schiedsgerichtsbarkeit, sondern – mit weniger Pathos und theoretischem Donnerhall – durch die Anerkennung, dass internationale Schiedsverfahren anderen Bedürfnissen unterliegen und weniger Kontrolle verdient haben als nationale Schiedsverfahren.[327] Im Übrigen präsentiert sich das schweizerische Schiedsverfahrensrecht als eine Mischung von Elementen aus den Schiedsverfahrensrechten Frankreichs und Englands, womit allerdings nicht gesagt werden soll, diese Elemente seien von dort übernommen worden. Wie die englischen Gerichte legt auch das Bundesgericht großen Wert auf die Durchsetzung privatautonomer Dispositionen der Parteien und auf den Schutz legitimer Erwartungen vernünftiger Geschäftsleute und nimmt daher die Anforderungen an eine wirksame Schiedsvereinbarung, einschließlich des Formerfordernisses, ernster, als dies in Frankreich üblich ist, wo man sich mitunter mehr um die Schieds-

---

322 BGE 133 III 235 E.4.3.1.

323 BGE 133 III 235 E.4.4.2.

324 Vgl. oben, VII. 2. g).

325 Vgl. *Jermini/Bernardoni*, Chapter 1, Part II, in: Arroyo (Hrsg.), Arbitration in Switzerland, Rn. 6.

326 Vgl. oben, VII. 4. e) und f) dd), sowie *Besson*, Chapter 2, Part I, in: Arroyo (Hrsg.), Arbitration in Switzerland, Rn. 24; *Jermini/Bernardoni*, Chapter 1, Part II, in: Arroyo (Hrsg.), Arbitration in Switzerland, Rn. 6.

327 Vgl. *Jermini/Bernardoni*, Chapter 1, Part II, in: Arroyo (Hrsg.), Arbitration in Switzerland, Rn. 6.

gerichtsbarkeit als um die Parteien sorgt. Im Bereich der Zuständigkeitsabgrenzung zwischen Schieds- und staatlichen Gerichten ist das Bundesgericht wiederum näher an Frankreich, wenn auch ausschließlich bei Verfahren mit Schiedsort in der Schweiz. Gleiches gilt für die Zulässigkeit eines antizipierten Verzichts auf die Aufhebungsklage, der bei internationalen Schiedsverfahren mit Sitz in der Schweiz möglich ist. Als Gegengewicht dazu bietet das IPRG einen zusätzlichen Mechanismus zum Schutz der Integrität der in der Schweiz stattfindenden Schiedsverfahren, nämlich die Wiederaufnahme des Verfahrens (Revision) gegen unanfechtbare Schiedssprüche in Fällen grober Verstöße gegen die Verfahrensgerechtigkeit, wie Prozessbetrug und Korruption. Der außerordentliche Rechtsbehelf der Revision ist konsequenterweise nicht in vollem Umfang verzichtbar.

Der Ansatz ist damit typisch schweizerisch-pragmatisch. Der im Vorfeld der jüngsten Reform gemachte Vorschlag, das Recht der nationalen und der internationalen Schiedsgerichtsbarkeit in einem *code unique* zusammenzuführen, hat sich folgerichtig nicht durchgesetzt. Zwar seien die sachlichen Unterschiede zwischen den beiden Materien nur noch marginal, die stilistischen dafür umso größer: „knappe Eleganz mit Mut zur Lücke im IPRG, bodenständige Präzision in strengem Ton in der ZPO".[328] Und in dem Bericht zur Reform des internationalen Schiedsverfahrensrechts der Schweiz aus dem Jahr 2017 heißt es, das 12. Kapitel des IPRG solle weiterhin „konzis, liberal und flexibel gehalten werden".[329] Die Reform verortete sich selbst in der außenpolitischen Tradition der Schweiz, die den Parteien internationaler Konflikte als neutrales Land ihre „Guten Dienste" bei der Streitbeilegung durch Dialog und Vermittlung anbietet.[330] Das Handeln in dieser Tradition wird durch die Mehrsprachigkeit der schweizerischen Bevölkerung, die geographische Lage im Zentrum Europas und die ausgezeichnete Infrastruktur zusätzlich begünstigt.[331] Auf der Negativseite ist zu sagen, dass die „Guten Dienste" der Schweiz leider auch gegenüber

---

[328] *Fountoulakis*, IWRZ 2019, 159, 161.

[329] Erläuternder Bericht zur Änderung des Bundesgesetzes über das Internationale Privatrecht (Internationale Schiedsgerichtsbarkeit), 11.1.2017, 12 = Botschaft zur Änderung des Bundesgesetzes über das Internationale Privatrecht (12. Kapitel: Internationale Schiedsgerichtsbarkeit), v. 24.10.2018, BBl. 2018, 7163 ff.

[330] Erläuternder Bericht zur Änderung des Bundesgesetzes über das Internationale Privatrecht (Internationale Schiedsgerichtsbarkeit), 11.1.2017, 6 = Botschaft zur Änderung des Bundesgesetzes über das Internationale Privatrecht (12. Kapitel: Internationale Schiedsgerichtsbarkeit), v. 24.10.2018, BBl. 2018, 7163 ff. Zu den Guten Diensten vgl. Bericht des Bundesrates, Gute Dienste Bericht über die internationalen Fazilitations- und Mediationsprozesse der Schweiz, 14.12.2018, verfügbar unter https://www.newsd.admin.ch/newsd/message/attachments/55097.pdf (letzter Zugriff am 27 Januar 2026); zu dieser Reform *Fountoulakis*, IWRZ 2019, 159; *Besson/Rigozzi*, in: Müller/Besson/Rigozzi, New Developments in International Commercial Arbitration 2022, 1, 1 ff.

[331] Vgl. *Geisinger/Raneda*, in: Geisinger/Voser, International Arbitration in Switzerland, 1; *Hofbauer*, Chapter 1, Part I, in: Arroyo (Hrsg.), Arbitration in Switzerland, Rn. 30 ff.

Parteien erbracht werden, die keinen Beitrag zur gemeinen Wohlfahrt leisten, sondern an den Grenzen des Rechts oder weit jenseits derer operieren. Die Anerkennung der Revision bestandskräftiger Schiedssprüche dient sicher auch dazu, solcher Kritik den Wind aus den Segeln zu nehmen.

Mit ihrer Grundausrichtung ist die Schweiz im Wettbewerb um internationale Schiedsverfahren sehr erfolgreich, denn das Land zählt neben England und Frankreich zu den führenden Schiedsstandorten Europas.[332] Die internationalen Schiedsverfahren konzentrieren sich dabei auf zwei beliebte Standorte, primär das frankophone Genf und sekundär das deutschsprachige Zürich.[333]

5. Deutschland

a) Ausgangslage: Modellgesetz als unitarisches Schiedsrecht

Deutschland zählt nicht zu den klassischen Schiedsplätzen zur Beilegung internationaler Handelsstreitigkeiten. Nachdem das im 10. Buch der ZPO geregelte deutsche Schiedsverfahrensrecht seit der Kodifikation im Jahr 1877 im Kern unverändert geblieben ist, hat der Gesetzgeber mit dem Schiedsverfahrens-Neuregelungsgesetz 1997 den Korpus der überkommenen Normen komplett gestrichen und durch diejenigen des UNCITRAL-Modellgesetzes über die Internationale Handelsschiedsgerichtsbarkeit ersetzt.[334] Dies geschah nicht nur aus sachlicher Überzeugung, sondern auch mit dem erklärten Ziel, die Wettbewerbsfähigkeit des Schiedsorts Deutschland zu verbessern, wobei man sich der politischen und historischen Grenzen dieser Zielsetzung bewusst war.[335] Wörtlich heißt es in der Gesetzesbegründung:

> „Will man erreichen, daß Deutschland künftig häufiger als Schiedsplatz für internationale Streitigkeiten gewählt wird, muß ausländischen Parteien ein Recht zur Verfügung gestellt werden, das äußerlich und inhaltlich dem weltweit vertrauten Rahmen des Modellgesetzes im Wesentlichen entspricht […]“.[336]

Die Übernahme des UNCITRAL-Modellgesetzes in das deutsche Recht wurde angestoßen durch eine Initiative des damals sog. Deutschen Instituts für Schiedsgerichtswesen (DIS), das ein am Modellgesetz orientiertes „Gesetz über Internationale Handelsschiedsgerichtsbarkeit“ gefordert und einen Gesetzent-

---

332 Unten, VIII. 1.

333 White & Case/Queen Mary University of London (Hrsg.), 2021 International Arbitration Survey: Adapting arbitration to a changing world, 6, verfügbar unter https://www.qmul.ac.uk/arbitration/media/arbitration/docs/LON0320037-QMUL-International-Arbitration-Survey-2021_19_WEB.pdf (letzter Zugriff am 27. Januar 2026).

334 Gesetz zur Neuregelung des Schiedsverfahrensrecht v. 22.12.1997, BGBl. I, 3224. Zum Inkrafttreten am 1.1.1998 Art. 5 Abs. 1.

335 Begründung des Gesetzentwurfs der Bundesregierung, BT-Drucks. 13/5274, 23.

336 Begründung des Gesetzentwurfs der Bundesregierung, BT-Drucks. 13/5274, 28.

wurf vorgelegt hatte.[337] Daraufhin setzte das Bundesjustizministerium eine Expertenkommission ein, deren Empfehlungen Bundesregierung und Bundestag nahezu ausnahmslos gefolgt sind.[338]

Der deutsche Gesetzgeber hat sich für ein einheitliches Schiedsverfahrensrecht entschieden, das nicht zwischen nationalen und internationalen Fällen unterscheidet.[339] Damit befand er sich im Gegensatz zu Frankreich und der Schweiz als den kontinentaleuropäischen Marktführern im Bereich der schiedsrichterlichen Beilegung internationaler Handelsstreitigkeiten, aber in Übereinstimmung mit dem englischen Recht. Die Bestimmungen des UNCITRAL-Modellgesetzes wurden also für sämtliche Schiedsverfahren gleich welchen Ursprungs verallgemeinert. Maßgebend ist allein, dass der Ort des Schiedsverfahrens in Deutschland liegt (§ 1025 Abs. 1 ZPO, Art. 1 Abs. 2 UNCITRAL-Modellgesetz). Die Verfasser des Gesetzes waren von der Sachgerechtigkeit der Modellregeln überzeugt und wollten darüber hinaus die mit zwei unterschiedlichen Regimen verbundenen Abgrenzungs- und Zweifelsfragen vermeiden.[340] Hinzufügen ließe sich, dass in einem Rechtsgebiet, das mit vergleichsweise wenigen Anwendungsfällen auskommen muss, die Aufteilung des Fallaufkommens auf zwei verschiedene Bereiche kostbare Netzwerkeffekte verspielt.[341] Die Attraktivität eines Schiedsplatzes hängt nicht zuletzt davon ab, dass die Parteien und ihre Anwälte wissen, woran sie sind. Vorhersehbarkeit und Rechtssicherheit im Schiedsverfahren kann nicht allein der Gesetzestext gewährleisten, sondern es bedarf einer möglichst breiten Praxis, die viele Schiedssprüche und Gerichtsentscheidungen hervorbringt, aus denen sich die für konkrete Einzelfragen maßgeblichen Fallnormen ergeben. Dies spricht dafür, die in Deutschland stattfindenden Schiedsverfahren einem einheitlichen Regime zu unterwerfen, ganz gleich, ob es sich um interne, grenzüberschreitende oder „echte" internationale Streitigkeiten ohne Bezug der Parteien zum deutschen Rechtsraum handelt.

Der Preis für ein unitarisches Schiedsverfahrensrecht ist der Verzicht auf Privilegierungen der internationalen Schiedsgerichtsbarkeit. Frankreich und die Schweiz, die die Bifurkation des Schiedsverfahrensrechts entwickelt haben, machen vor, was insoweit möglich ist.[342] Die Differenzen zwischen nationalem und internationalem Schiedsverfahrensrecht betreffen vor allem die Überwachungs- und Kontrollfunktion der staatlichen Gerichte. Während nationale Schiedsverfahren und die ihnen zugrunde liegenden Schiedsvereinbarungen

---

[337] *Glossner* in: Deutsches Institut für Schiedsgerichtswesen (Hrsg.), Übernahme des UNCITRAL-Modellgesetzes über die Internationale Handelsschiedsgerichtsbarkeit in das deutsche Recht, 1989, 7, Gesetzentwurf, 47 ff. Vgl. auch *G. Lörcher* ZRP 1987, 230.

[338] Dazu Bundesministerium der Justiz (Hrsg.), Abschlussbericht der Kommission zur Neuordnung des Schiedsverfahrensrechts, 1994.

[339] Begründung des Gesetzentwurfs der Bundesregierung, BT-Drucks. 13/5274, 25.

[340] Begründung des Gesetzentwurfs der Bundesregierung, BT-Drucks. 13/5274, 25.

[341] Zu Netzwerkeffekten oben, III. 7. c), IV. 8. b).

[342] Vgl. oben, VII. 2. b), VII. 4. b).

relativ strikter Prüfung unterworfen werden, zeigen sich das französische und das schweizerische Recht gegenüber internationalen Schiedsverfahren viel großzügiger. Wird eine internationale Schiedsvereinbarung als Verteidigungsmittel gegen eine Klage vor einem staatlichen Gericht geltend gemacht, beschränken sich die französischen und die schweizerischen Gerichte in internationalen Fällen auf eine Prima-facie-Kontrolle der Schiedsvereinbarung, letztere allerdings nur dann, wenn der Schiedsort in der Schweiz liegt.[343] Darüber hinaus unterliegen internationale Schiedssprüche einer zurückgenommenen gerichtlichen Kontrolle, auf die überdies sogar verzichtet werden kann.[344] Wie im Folgenden deutlich werden wird, ist das deutsche Recht in diesen Punkten deutlich restriktiver – so restriktiv, wie sich das französische und das schweizerische Recht gegenüber Schiedsvereinbarungen über interne Streitigkeiten zeigen.

b) Form der Schiedsvereinbarung

Die Formvorschriften der ZPO bezüglich der Schiedsvereinbarung folgen den Vorgaben des Art. 7 Abs. 2 UNCITRAL-Modellgesetz. Gemäß § 1031 Abs. 1 ZPO müssen Schiedsvereinbarungen entweder in einem von beiden Parteien unterzeichneten Dokument enthalten sein oder in zwischen den Parteien gewechselten Schreiben oder elektronischen Übermittlungsformen. Die Vereinbarung der Schiedsgerichtsbarkeit per kaufmännischem Bestätigungsschreiben ist gemäß § 1031 Abs. 2 ZPO möglich. Die Bezugnahme eines schriftlichen Vertrags auf ein anderes Dokument, das eine Schiedsklausel enthält, genügt, wenn die Schiedsklausel durch die Bezugnahme Bestandteil des Vertrages wird (§ 1031 Abs. 3 ZPO).

Die 1998 in Kraft getretene Fassung des § 1031 ZPO enthielt in Abs. 4 eine Sonderregel für Konnossemente, nach der die ausdrückliche Bezugnahme auf die in einem Chartervertrag enthaltene Schiedsklausel ausreichen sollte. Diese Bestimmung ist mit der Reform des Seehandelsrechts im Jahr 2013 gestrichen worden.[345] Maßgebend war die Erwägung, die Frage, ob und in welchem Umfang dem Inhaber eines Konnossements eine Schiedsklausel aus dem Chartervertrag entgegengehalten werden könne, sei in § 522 Abs. 1 HGB n.F. abschließend geregelt.[346] In § 522 Abs. 1 S. 2 HGB heißt es wiederum, eine Vereinbarung, auf die das Konnossement lediglich Bezug nehme, werde nicht Inhalt des Konnossements. Die Möglichkeit, zwischen einer pauschalen Verweisung auf den Chartervertrag und einer speziellen Verweisung auf die Schiedsklausel des Chartervertrags zu differenzieren, wie dies die englischen Gerichte tun,[347] wur-

343 Oben, VII. 2. e), VII. 4. e).
344 Oben, VII. 2. f), VII. 4. f).
345 Gesetz zur Reform des Seehandelsrechts v. 20.4.2013, BGBl. I, 831, Art. 7 Nr. 9.
346 BT-Drucks. 17/10309, 143.
347 Vgl. oben, VII. 3. b) aa).

de im Gesetzgebungsverfahren zur Reform des Seehandelsrechts offenbar nicht gesehen. Dabei war § 1031 Abs. 4 ZPO a.F. in genau diesem Sinne auszulegen, nämlich dahingehend, dass eine pauschale Verweisung auf den Chartervertrag nicht ausreichte, wohl aber eine ausdrückliche Inbezugnahme der Schiedsklausel.[348] Es ist bedauerlich, dass diese sachgerechte Lösung von der Sachverständigengruppe, die die Seerechtsreform vorbereitet hat,[349] nicht anerkannt, womöglich nicht einmal erkannt wurde. Das zu § 522 Abs. 1 S. 2 HGB vorgebrachte Argument, der Inhaber des Konnossements solle nicht gehalten sein, sich den Chartervertrag zu besorgen und ihn auf belastende Regelungen abzusuchen, gilt offensichtlich nicht, wenn das Konnossement die konkrete Regelung selbst in Bezug nimmt.

Art. 7 Abs. 2 UNCITRAL-Modellgesetz, auf dem die Formvorschriften des § 1031 Abs. 1–3 ZPO beruhen, ist im Jahr 2006 mit dem Modellgesetz insgesamt einer Revision unterzogen worden, die auf die Liberalisierung des Formerfordernisses zielte. Über Art und Ausmaß dieser Liberalisierung konnte keine Einigkeit erzielt werden, weshalb den Staaten zwei Optionen zur Wahl gestellt wurden: Während Option II das Schriftformerfordernis offen fallen lässt, hält Option I in Art. 7 Abs. 2 UNCITRAL-Modellgesetz zwar verbal daran fest, fügt dann aber in Art. 7 Abs. 3 UNCITRAL-Modellgesetz hinzu, für die Wahrung der Schriftform reiche es aus, wenn die Schiedsvereinbarung in irgendeiner Form aufgezeichnet wurde, unabhängig davon, ob der Vertrag mündlich, durch konkludentes Verhalten oder auf andere Weise geschlossen wurde.[350]

In ihrem Entwurf eines Gesetzes zur Modernisierung des Schiedsverfahrensrechts aus der 20. Legislaturperiode hat sich die Bundesregierung die Option II zu eigen gemacht und das Formerfordernis in Handelssachen aufgegeben.[351] Der für die Verbraucherschiedsgerichtsbarkeit gemäß § 1031 Abs. 5 ZPO geltende verschärfte Formzwang sollte hingegen auch künftig beibehalten werden. Die Aufgabe des Formerfordernisses für Schiedsvereinbarungen im unternehmerischen Verkehr klingt revolutionär, ist es aber nicht, weil damit der Rechtszustand wiederhergestellt würde, der bis zur Übernahme des Art. 7 UNCITRAL-Modellgesetz 1985 durch das Schiedsverfahrens-Neuregelungsgesetz galt (§ 1027 ZPO a.F.).[352] Die Formfreiheit von Schiedsvereinbarungen im unternehmerischen Verkehr hat vor 1998 keinerlei Probleme bereitet, hat den Praxistest also bereits bestanden, und dies über einen langen Zeitraum hinweg.[353] Zudem

---

[348] Begründung des Regierungsentwurfs zum Schiedsverfahrens-Neuregelungsgesetz, BT-Drucks. 13/5274, 37.

[349] Zu deren Zusammensetzung BT-Drucks. 17/10309, 40.

[350] Vgl. oben, VII 4 c) m. w. N.

[351] BT-Drucks. 20/13257, 7: Aufhebung der Abs. 1–3 des § 1031.

[352] Zur Genese *Wagner*, FS 150 Jahre ZPO (im Erscheinen).

[353] BT-Drucks. 20/13257, 26; *Wolff*, ZIP 2023, 1623, 1625 f.; *Raeschke-Kessler*, in: FS Elsing, 433, 436.

sind Gerichtsstandsvereinbarungen unter Kaufleuten seit jeher formfrei möglich, ohne dass dies zu Missständen geführt hätte.[354] Die Kritik, der Verzicht auf das Formerfordernis führe zu Rechtsunsicherheit und öffne Manipulationen Tür und Tor,[355] ist deshalb unbegründet.[356] Das Schiedsverfahrensmodernisierungsgesetz hätte mit dem Verzicht auf das Formerfordernis lediglich denjenigen Rechtszustand hergestellt, der früher in Deutschland bestand, heute im Hinblick auf internationale Streitigkeiten in Frankreich existiert und dem sich die Schweiz jedenfalls angenähert hat.

Gleichwohl hat der in der 21. Legislaturperiode erneut eingebrachte Entwurf eines Schiedsverfahrensmodernisierungsgesetzes der Kritik nachgegeben und das Formerfordernis wiederbelebt, wenn auch in technologieneutraler Form und ohne Differenzierung zwischen unterschriebenen Dokumenten und zwischen den Parteien gewechselten Schreiben.[357] Darüber hinaus wird die Formulierung des §1031 Abs.1 ZPO an die Option I des Modellgesetzes von 2006 angenähert, denn es soll nunmehr ausreichen, dass die Schiedsvereinbarung entweder schriftlich „oder durch jedes andere Kommunikationsmittel, das es ermöglicht, auf die Information später wieder zuzugreifen, geschlossen oder dokumentiert [worden ist]".[358] Damit verabschiedet sich §1031 Abs.1 ZPO-E von dem Konzept einer Gültigkeitsform in dem Sinne, dass die Schiedsvereinbarung „in Schriftform" abgeschlossen werden muss und reduziert die Formzwecke auf die Beweisfunktion.[359] In Übereinstimmung mit der Judikatur des Bundesgerichts zur vergleichbaren Regelung des IPRG sollte es allerdings weiterhin darauf ankommen, dass die Zustimmung der Parteien zur Wahl der Schiedsgerichtsbarkeit zweifelsfrei feststeht.[360] Auf dieser Grundlage könnte der BGH in den problematischen Fällen der Bindung Dritter zu sachgerechten Lösungen kommen.

c) Bindung Dritter

Das Thema der Bindung Dritter an die Schiedsvereinbarung wird im deutschen Recht ähnlich zurückhaltend beurteilt wie in England und in der Schweiz. Insbesondere ist die im französischen Recht entwickelte Lehre von der Unterneh-

[354] BT-Drucks. 20/13257, 26; *Wolff*, SchiedsVZ 2016, 293, 296; *Buchwitz*, Schiedsverfahrensrecht, 59; *Wagner*, Rechtsstandort Deutschland im Wettbewerb, 148ff.

[355] Vgl. *Armbrüster*, ZRP 2024, 66; *Kiehl/Gebhard*, SchiedsVZ 2024, 173, 174f.; *Risse/Oehm* BB 2024, 1163, 1165.

[356] *Münch* JZ 2023, 958, 960.

[357] Referentenentwurf eines Gesetzes zur Modernisierung des Schiedsverfahrensrechts, 2026, 35f.

[358] Referentenentwurf eines Gesetzes zur Modernisierung des Schiedsverfahrensrechts, 2026, 5, Art. 1 Nr. 5.

[359] Zur Gültigkeitsform *Wagner*, Prozeßverträge, 385ff.

[360] Oben, VII. 4. c).

mensgruppe (*group of companies/group d'entreprises*)[361] nicht anerkannt. In Übereinstimmung mit den Nachbarrechtsordnungen erstreckt das deutsche Schiedsverfahrensrecht die personelle Bindungswirkung der Schiedsvereinbarung über die ursprünglichen Parteien hinaus auf Einzel- und Gesamtrechtsnachfolger, Insolvenzverwalter und Testamentsvollstrecker, nicht aber auf Bürgen.[362] Eine konzerndimensionale Schiedsbindung von Tochter- und Schwestergesellschaften als *non-signatories* wird abgelehnt.

Zwar hat es in der Literatur vereinzelte Vorstöße zur Anerkennung der Group-of-Companies-Doktrin gegeben,[363] doch eine breite Strömung in der Literatur steht dagegen.[364] Dabei ist die Sorge um die Privatautonomie ebenso berechtigt wie der Respekt vor dem gesellschafts- und konzernrechtlichen Rechtsträgerprinzip.[365] Die bloße Zugehörigkeit zu einer Unternehmensgruppe ist kein Legitimationsgrund für eine Schiedsbindung ohne Zustimmung der Parteien. Gleichwohl existiert eine Fallgruppe der Group-of-Companies-Doktrin, in der eine Bindung der Gruppengesellschaft an die von einer anderen Konzerngesellschaft unterschriebene Schiedsvereinbarung gerechtfertigt und geboten erscheint, nämlich die Übernahme oder (häufiger) der Beitritt zu dem materiell-rechtlichen Hauptvertrag. Sämtliche Rechtsordnungen und auch das deutsche Recht lassen es zu, dass eine Gruppengesellschaft den von einer anderen Gruppengesellschaft geschlossenen Handelsvertrag übernimmt oder ihm beitritt. Solche Sachverhalte kommen häufig vor, weil einzelne Produktionsstätten in der Regel als selbständige Kapitalgesellschaften organisiert werden, und zwar nicht nur bei Großkonzernen, sondern auch bei mittelständischen Unternehmen. Für im Ausland belegene Betriebsstätten gilt dies durchweg, häufig aber auch dann, wenn sie im Inland belegen sind. Die Verträge mit Abnehmern einerseits, Zulieferern und sonstigen Lieferanten andererseits werden in der Regel von der Muttergesellschaft verhandelt. Erfolgt die Vertragsabwicklung, d.h. der vertragliche Leistungsaustausch hingegen durch und über eine bestimmte Betriebsstätte, ist materiell-rechtlich klar, dass dieses Unternehmen den von der Muttergesellschaft geschlossenen Vertrag als bindend akzeptiert und der jeweilige Vertragspartner dem zugestimmt hat. In solchen Konstellationen wird also der kommerzielle Hauptvertrag im Wege konkludenter Ver-

---

[361] Vgl. oben, VII. 2. d).

[362] Statt aller MüKoZPO/*Münch*, § 1029 Rn. 49 ff.; Stein/Jonas/*Schlosser* ZPO, § 1029 Rn. 70, 85 ff.; Zöller/*Geimer* ZPO, § 1029 Rn. 63 ff.; eingehend *Wagner*, Prozeßverträge, 303 ff. m. w. N.

[363] *Berger*, International Economic Arbitration, 547.

[364] Vgl. etwa *Müller/Keilmann*, SchiedsVZ 2007, 113; Stein/Jonas/*Schlosser* ZPO, § 1029 Rn. 84; vorsichtiger *Busse*, SchiedsVZ 2005, 118; eingehend-ablehnend *Sendlmeier*, Schiedsbindung von Gruppenunternehmen, 171 ff. m. w. N.; vgl. auch *Ahrens*, Die subjektive Reichweite internationaler Schiedsvereinbarungen und ihre Erstreckung in der Unternehmensgruppe, 164 ff.; *Jürschik*, Die Ausdehnung der Schiedsvereinbarung auf konzernzugehörige Unternehmen, 144 ff.

[365] Dazu *Wagner* RabelsZ 80 (2016), 717, 762 ff.

einbarung auf eine dritte Partei, die Mitglied der Unternehmensgruppe einer der Schiedsparteien ist, übertragen oder erstreckt.

Die schiedsverfahrensrechtliche Problematik der eben skizzierten Fallgruppe besteht darin, dass die Schiedsvereinbarung dem materiell-rechtlichen Vertrag nicht ohne Weiteres folgen kann. Der Grund dafür, dass beim konkludenten Vertragsbeitritt und bei konkludenter Vertragsübernahme die Schiedsvereinbarung „auf der Strecke“ bleibt, ist das (nur) für die Schiedsvereinbarung geltende Schriftformerfordernis. Dieses wird in dem bisherigen § 1031 ZPO zwar großzügig ausgestaltet, doch ohne irgendeinen schriftlichen Beleg für die Zustimmung der gebundenen Partei geht es nicht. Und daran fehlt es in der Fallgruppe der Erfüllung einer Vertragspflicht der Muttergesellschaft durch eine Tochtergesellschaft, die dadurch selbst Vertragspartei wird, durchweg.

Der Gleichlauf von materiell-rechtlicher und schiedsverfahrensrechtlicher Bindung lässt sich erreichen, wenn auf spezielle Formerfordernisse, die nur für die Schiedsvereinbarung, nicht aber für den kommerziellen Hauptvertrag gelten, verzichtet wird. Genau dies würde mit dem in der 20. Legislaturperiode in den Deutschen Bundestag eingebrachten, aber nicht mehr verabschiedeten Regierungsentwurf eines Gesetzes zur Modernisierung des Schiedsverfahrensrechts erreicht.[366] Danach sollen die Absätze 1 bis 3 des § 1031 ZPO ersatzlos gestrichen werden, sodass nur noch das gesteigerte Formerfordernis für die Vereinbarung der Verbraucherschiedsgerichtsbarkeit (§ 1031 Abs. 5 ZPO) und die Ersetzung der Form durch rügelose Einlassung gemäß § 1031 Abs. 6 ZPO übrigbliebe.[367] Wie es in der Begründung des Gesetzentwurfs treffend heißt, würde der Verzicht auf ein Formerfordernis im Bereich des Handelsverkehrs gewährleisten, dass „bei globalen Lieferketten und komplexen Rahmenverträgen, unter denen Einzelverträge mit verschiedenen Unternehmen geschlossen werden“ und die Erfüllung der Vertragspflichten häufig „auf verschiedene Unternehmen weltweit verteilt“ ist, die Bindung an den materiell-rechtlichen Vertrag einerseits, die Schiedsvereinbarung andererseits denselben – vertragsrechtlichen – Grundsätzen folgt.[368]

Positiv für die Formfreiheit der Schiedsvereinbarung spricht demnach nicht, dass im Handelsverkehr Verträge mit Schiedsklauseln oder selbständige Schiedsabreden häufig mündlich abgeschlossen würden. Gerade im Handelsverkehr kommen mündliche Verträge kaum vor, zumindest dann nicht, wenn sich die Vertragsbedingungen nicht ohnehin von selbst verstehen, was im Fall einer Schiedsklausel nicht der Fall ist. Entscheidend ist vielmehr, dass das Formerfordernis der bisherigen § 1031 Abs. 1–3 ZPO dazu geeignet ist, die Einheit von materiell-rechtlicher und prozessvertraglicher Bindung aufzubrechen, was

---

366 BT-Drucks. 20/13257.

367 BT-Drucks. 20/13257, 7 (Art. 1 Nr. 3 des Gesetzentwurfs) und 26 f. (Begründung).

368 BT-Drucks. 20/13257, 26 f.; vgl. auch *Wagner*, Rechtsstandort Deutschland im Wettbewerb, 149.

dem Parteiwillen widerspricht und die berechtigten Erwartungen der Parteien enttäuscht. Praktisch relevant ist dies nicht für die Parteien, die das Paket aus kommerziellem Hauptvertrag und Schiedsklausel vereinbart haben, etwa durch Unterschrift unter die Vertragsurkunde, sondern für Dritte, die dem materiellrechtlichen Vertrag wirksam beigetreten sind oder ihn privativ übernommen haben, ohne dabei Erklärungen abzugeben, die dem Schriftformerfordernis der bisherigen § 1031 Abs. 1–3 ZPO entsprechen. Die Formfreiheit der Schiedsvereinbarung ist demnach entscheidend für die Bindung nicht der ursprünglichen Vertragsparteien, sondern Dritter. Sie gewährleistet, dass eine Partei, die den eine Schiedsklausel enthaltenen Vertrag nicht unterschrieben und auch die übrigen Varianten zur Einhaltung der Form nicht erfüllt hat, dennoch an die Schiedsklausel gebunden ist, wenn sie nach materiellem Recht wirksam dem kommerziellen Hauptvertrag beigetreten ist.

Der in der 21. Legislaturperiode eingebrachte Entwurf eines Schiedsverfahrensmodernisierungsgesetzes will nun doch am Formerfordernis festhalten, dieses aber durch Anlehnung des § 1031 Abs. 1 ZPO an die Formulierung der Option I UNCITRAL Modellgesetz 2006 auflockern.[369] Auf dieser Grundlage dürfte es möglich sein, in Konzernkonstellationen sachgerechte Ergebnisse zu erzielen, denn § 1031 Abs. 1 ZPO-E insistiert nicht mehr auf dem Abschluss der Schiedsvereinbarung *in* Schriftform, sondern lässt *jede* Art des Vertragsschlusses genügen, sofern bloß gewährleistet ist, dass die Schiedsvereinbarung in der Form eines dauerhaften Kommunikationsträgers *dokumentiert* ist. Die bloße schriftliche Dokumentation ist nach dem Wortlaut also eine vollwertige Alternative zum schriftlichen Abschluss. Da in den praxisrelevanten Fällen die Schiedsvereinbarung zwischen den Primärparteien schriftlich dokumentiert ist, kommt es entscheidend darauf an, ob die Zustimmung der dritten Partei (auch) zur Schiedsvereinbarung anzunehmen ist. Dafür sind die Grundsätze der allgemeinen Rechtsgeschäftslehre maßgebend, die auch den Beitritt zu dem kommerziellen Vertrag, auf den sich die Schiedsklausel bezieht, beherrschen.[370] Der Gleichlauf von materiell-rechtlicher und prozessvertraglicher Bindung ist damit gewährleistet.

d) Kompetenz-Kompetenz

Die Kompetenz-Kompetenz in dem Sinne, dass das Schiedsgericht befugt ist, im Streitfall über die eigene Zuständigkeit zu entscheiden, ist im deutschen Recht anerkannt, das auch in diesem Punkt dem Vorbild des Art. 16 UNCITRAL-Modellgesetz folgt (§ 1040 Abs. 1 ZPO).[371]

---

[369] Referentenentwurf eines Gesetzes zur Modernisierung des Schiedsverfahrensrechts, 2026, 5, Art. 1 Nr. 5. Dazu soeben, unter b).

[370] Allgemein *Wagner*, Prozeßverträge, 278 ff.

[371] Vgl. Bundesministerium der Justiz (Hrsg.), Bericht der Kommission zur Neuordnung des Schiedsverfahrensrechts, 1994, 130 ff.; BT-Drucks. 13/5274, 43 ff.

Den von der französischen Doktrin entwickelten Begriff der negativen Kompetenz-Kompetenz gibt es in Deutschland nicht.[372] Vielmehr wird die damit verbundene These, dem Schiedsgericht gebühre der Erstzugriff auf die Zuständigkeitsfrage, weshalb das staatliche Gericht die Klage nach einer Prima-facie-Kontrolle der Schiedsvereinbarung abweisen müsse, zurückgewiesen.[373] Im Gegenteil gilt es als selbstverständlich, dass das staatliche Gericht im Einredestadium gemäß § 1032 Abs. 1 ZPO zur vollumfänglichen Prüfung der Wirksamkeit der Schiedsvereinbarung und der Schiedsbefangenheit des klageweise geltend gemachten Anspruchs berechtigt und verpflichtet ist.[374] Die von Art. II Abs. 3 NYC übernommene Formulierung, die Klage sei dann nicht abzuweisen, wenn die Schiedsvereinbarung „nichtig, unwirksam oder undurchführbar ist", wird entsprechend gedeutet.

Fraglich bleibt, ob die Parteien dem staatlichen Gericht die Kompetenz zur vollumfänglichen Prüfung der Schiedsvereinbarung entziehen können. Die ältere Rechtsprechung hatte dies zugelassen und eine zweite Schiedsvereinbarung konstruiert, mit der die Kompetenz zur Kontrolle der Wirksamkeit der „ersten", auf den materiell-rechtlichen Anspruch bezogenen Schiedsvereinbarung ebenfalls dem Schiedsgericht überantwortet wurde.[375] Diese Konstruktion hat inzwischen auch der U.S.-amerikanische Supreme Court adoptiert,[376] doch der BGH hat sich unter dem neuen Schiedsverfahrensrecht davon distanziert. Nach aktueller Rechtsprechung ist die vollumfängliche Prüfungskompetenz des staatlichen Gerichts in Bezug auf die Schiedsvereinbarung und die Schiedsbefangenheit des Anspruchs zwingendes Recht, sodass die unbeschränkte Prüfungskompetenz des staatlichen Gerichts nicht durch Parteivereinbarung, auch nicht in Gestalt einer zweiten Schiedsvereinbarung, umgangen werden darf.[377] Damit hat der BGH dem klar geäußerten Willen des Gesetzgebers des Schiedsverfahrens-Neuregelungsgesetzes entsprechen wollen, nach dem „in jedem Fall letztlich das staatliche Gericht" über die Kompetenz des Schiedsgerichts entscheiden kann.[378] Diese Aussage ist jedoch auf die Konstellation gemünzt, dass zuerst das Schiedsgericht angerufen wird und dieses im Rahmen seiner positiven Kompetenz-Kompetenz eine affirmative Zuständigkeitsentscheidung trifft. Je nachdem, ob diese im Rahmen eines Zwischenschiedsspruchs oder im Rahmen des Endschiedsspruchs erfolgt, ist die Kompetenzentscheidung durch das staat-

[372] Vgl. oben, VII. 2. e).

[373] Explizit Stein/Jonas/*Schlosser* ZPO, § 1032 Rn. 18a; MüKoZPO/*Münch*, § 1032 Rn. 26; Zöller/*Geimer* ZPO, § 1032 Rn. 22.

[374] Musielak/Voit/*Voit* ZPO, § 1032 Rn. 9; Stein/Jonas/*Schlosser* ZPO, § 1032 Rn. 18a.

[375] BGHZ 68, 356, 366; BGH NJW 1991, 2215.

[376] *First Options of Chicago v. Kaplan* 514 U. S. 938 (1995).

[377] BGHZ 162, 9, 13 f. = JZ 2005, 958 mit Bespr. *Wagner/Quinke*, JZ 2005, 932; BGHZ 202, 168 Rn. 10.

[378] BT-Drucks. 13/5274, 44; Bundesministerium der Justiz (Hrsg.), Bericht der Kommission zur Neuordnung des Schiedsverfahrensrechts, 1994, 134.

liche Gericht überprüfbar (§1040 Abs. 3 S. 2, §1059 Abs. 2 Nr. 1 lit. a) ZPO). Es ist keineswegs zwingend, aus der *Letzt*entscheidungskompetenz des staatlichen Gerichts *nach* vorheriger Entscheidung des Schiedsgerichts auf dessen *Erst*entscheidungskompetenz auch im Rahmen des §1032 Abs. 1 ZPO zu schließen.[379] Die Symmetrie der Rechtslage in der Aufhebungssituation (§1040 Abs. 3 S. 2, §1059 Abs. 2 Nr. 1 lit. a) ZPO) und in der Einredesituation (§1032 Abs. 1 ZPO) mag für eine einheitliche Handhabung und gegen die Anerkennung der negativen Kompetenz-Kompetenz der Schiedsgerichte sprechen.[380] Demgegenüber ist zu bedenken, dass es um die Beschneidung der Parteiautonomie in einer für die Praxis der Streitbeilegung wichtigen Frage geht. Ohne guten Sachgrund sollte den Parteien nicht die Befugnis aus der Hand geschlagen werden, im Wege einer Vereinbarung sicherzustellen, dass das Schiedsgericht *zuerst* über die eigene Zuständigkeit entscheidet, wobei die Kontrollbefugnis des staatlichen Gerichts unbenommen bleibt – *in dubio pro libertate.*[381] Besonders deutlich ist das berechtigte Parteiinteresse an einer solchen Regelung, wenn es nicht um die Wirksamkeit der Schiedsvereinbarung als solcher, sondern um die Schiedsbefangenheit des vor dem staatlichen Gericht geltend gemachten Anspruchs geht. Sicher ist, dass auch insoweit das staatliche Gericht das letzte Wort hat (§1059 Abs. 2 Nr. 1 lit. c) ZPO). Ein dringendes Allgemeinwohlinteresse daran, dass der sachliche Geltungsbereich der Schiedsvereinbarung zeitlich zuerst durch das staatliche Gericht geklärt wird, ist jedoch nicht ersichtlich.

Die Kontrolle der staatlichen Gerichte über die Zulässigkeit des Schiedsverfahrens wird durch §1032 Abs. 2 ZPO nochmals verstärkt. Nach dieser Vorschrift kann eine Partei bis zur Konstituierung des Schiedsgerichts einen Antrag beim zuständigen Gericht auf Feststellung der (Un-) Zulässigkeit des schiedsrichterlichen Verfahrens stellen. Hierbei kann das Gericht die Wirksamkeit und Tragweite der Schiedsvereinbarung in vollem Umfang überprüfen.[382] Nach dem Entwurf eines Schiedsverfahrensmodernisierungsgesetzes soll künftig in §1032 Abs. 2 S. 2 ZPO klargestellt werden, dass das staatliche Gericht dabei auch das Bestehen oder die Gültigkeit der Schiedsvereinbarung feststellen oder verneinen kann.[383] Die rechtskräftige Feststellung, dass eine Schiedsvereinbarung nicht besteht oder nicht gültig ist, bindet das Schiedsgericht, sofern dieses das Verfahren fortgeführt hat (§1032 Abs. 3 ZPO) sowie das staatliche Gericht, das über die Aufhebung oder Vollstreckbarerklärung des Schiedsspruchs zu entscheiden hat (§1059 Abs. 2 Nr. 1 lit. a), §1060 Abs. 2 ZPO). Die Herrschaft der

---

379 *Wagner/Quinke*, JZ 2005, 932, 933.

380 Andeutungen in diese Richtung in BT-Drucks. 13/5274, 26.

381 Allgemein *Schlosser*, Einverständliches Parteihandeln, 1ff., 9ff.; *Wagner*, Prozeßverträge, 79.

382 BGH SchiedsVZ 2012, 281 Rn. 4; Musielak/Voit/*Voit* ZPO, §1032 Rn. 10.

383 Regierungsentwurf aus der 20. Legislaturperiode, BT-Drucks. 20/13257, 27f.; Referentenentwurf aus der 21. Legislaturperiode, 2026, 37.

staatlichen Gerichte über die Zulässigkeit von Schiedsverfahren wird dadurch gestärkt.

Eine weitere Besonderheit des § 1032 Abs. 2 ZPO betrifft seine extraterritoriale Geltung. Die Feststellungsklage steht nicht nur bei Schiedsverfahren mit Sitz in Deutschland zur Verfügung, sondern gemäß dem Wortlaut des § 1025 Abs. 2 ZPO auch bei ausländischen Schiedsverfahren sowie bei Schiedsverfahren, deren Sitz noch unbestimmt ist.[384] Nach der Rechtsprechung des BGH gilt sie überdies analog für ICSID-Schiedssprüche, die delokalisiert sind und deshalb überhaupt keinen Schiedsort haben.[385] In Ermangelung eines inländischen Schiedsorts besteht gemäß § 1062 Abs. 2 ZPO eine hilfsweise Zuständigkeit des Kammergerichts Berlin. In der Literatur wurde diese Allzuständigkeit zur Überprüfung der schiedsrichterlichen Zuständigkeit insofern kritisiert, als sie dazu führe, dass „theoretisch bezüglich jedes weltweit beliebigen Schiedsverfahrens die Feststellung von dessen Unzulässigkeit oder Zulässigkeit begehrt werden kann".[386] Die Rechtsprechung versucht dieses weite Verständnis zwar einzudämmen, indem sie für die Zuständigkeit über den Wortlaut hinaus einen Inlandsbezug fordert, legt für dessen Vorliegen jedoch keine allzu strengen Maßstäbe an.[387]

e) Aufhebung, Anerkennung und Vollstreckung

aa) Zuständigkeitskonzentration und Verfahrenssprache

Mit dem Schiedsverfahrens-Neuregelungsgesetz 1997/1998 ist die Zuständigkeit für die Kontrolle der Schiedsgerichte und die Überprüfung von Schiedssprüchen bei den Oberlandesgerichten zentralisiert worden (§ 1062 Abs. 1 ZPO). Die Entscheidungen des Oberlandesgerichts über die Zulässigkeit des Schiedsverfahrens gemäß § 1032 Abs. 2, § 1062 Abs. 1 Nr. 2 ZPO und über die Aufhebung und Vollstreckbarerklärung von Schiedssprüchen gemäß §§ 1059 ff., § 1062 Abs. 1 Nr. 4 ZPO können von der unterlegenen Partei mit der Rechtsbeschwerde zum Bundesgerichtshof angegriffen werden (§ 1065 Abs. 1 S. 1 ZPO). Der zweistufige Instanzenzug entspricht der Lösung des französischen Rechts,[388] während in der Schweiz nur eine einzige Instanz – das Bundesgericht – zur Verfügung steht.[389] Offenbar hat sich der Gesetzgeber der Schiedsverfahrensrechts-

---

[384] Kritisch *Schroeter*, SchiedsVZ 2004, 288, 290; *Wagner*, in: Weigand (Hrsg.), Practitioner's Handbook on International Arbitration, Rn. 84.

[385] BGH SchiedsVZ 2023, 289 Rn. 33 ff.; das BVerfG hat dies akzeptiert, BVerfG NJW 2026, 305 Rn. 68 ff.

[386] *Schroeter*, SchiedsVZ 2004, 288, 290.

[387] Vgl. BGH SchiedsVZ 2023, 289 Rn. 79, 90 = NJW 2023, 3501; KG Berlin SchiedsVZ 2007, 108, 112; OLG Frankfurt BeckRS 2016, 117314 Rn. 12; MüKoZPO/*Münch*, Vor § 1025 Rn. 21.

[388] Dazu oben, VII. 2. f) ee).

[389] Dazu oben, VII. 4. f) aa).

reform 1997/1998 daran gehindert gesehen, dem schweizerischen Vorbild zu folgen und die erstinstanzliche Zuständigkeit des Bundesgerichtshofs für die Kontrolle von Schiedssprüchen anzuordnen, weil wegen der Wahl des unitarischen Systems diese Lösung auch für Schiedssprüche in internen Streitigkeiten gegolten hätte, die nicht selten relativ geringe Streitwerte betreffen und auch von ihrer sachlichen Bedeutung her die Befassung des obersten Gerichtshofs der Republik nicht rechtfertigen.[390] Die Schweiz hat allerdings mit dem Erlass der Bundes-ZPO die erstinstanzliche Zuständigkeit des Bundesgerichts auch für das Verfahren auf Aufhebung interner Schiedssprüche zur Verfügung gestellt (Art. 389 Abs. 1 schwZPO).[391] Einer Vollstreckbarerklärung bedürfen inländische Schiedssprüche nach schweizerischem Recht ohnehin nicht.[392]

Aus Sicht der Parteien internationaler Schiedsverfahren mit Sitz in Deutschland ist es problematisch, dass die Gerichtssprache in den Verfahren zur Überprüfung von Schiedssprüchen gemäß Art. 184 GVG Deutsch ist, auch dann, wenn der Schiedsspruch auf Englisch abgefasst ist und das Schiedsverfahren in englischer Sprache geführt wurde, was gemäß § 1044 ZPO ohne Weiteres vereinbart werden kann und von den Parteien auch nicht selten vereinbart wird. Die Statistik der Deutschen Institution für Schiedsgerichtsbarkeit weist für das Jahr 2024 51 Schiedsverfahren in englischer Sprache aus, bei einer Gesamtzahl von 139, was 39 % entspricht.[393] Die Umstellung von Englisch auf Deutsch allein für das Aufhebungsverfahren und – sofern Versagungsgründe geltend gemacht werden – auch für das Exequaturverfahren verursacht hohe Kosten für Übersetzungen und führt zu einem Sprachenbruch im Gesamtprozess der Streitbeilegung.

Die damit verbundenen Kosten für die Parteien und Wettbewerbsnachteile für den Schiedsstandort Deutschland will der Entwurf eines Gesetzes zur Modernisierung des Schiedsverfahrensrechts vermeiden, indem er den Bundesländern die Befugnis einräumt, die schiedsrechtlichen Zuständigkeiten des § 1062 Abs. 1 ZPO einem in dem jeweiligen Bundesland oder von mehreren Bundesländern gemeinsam errichteten Commercial Court zu übertragen (§ 1062 Abs. 5 ZPO-E).[394] Vor dem Commercial Court kann sodann gemäß § 184a GVG, § 1063a ZPO-E vollständig in englischer Sprache verhandelt werden, sofern die Parteien dies vereinbart haben.[395] Selbst das Rechtsbeschwerdeverfahren vor dem BGH soll gemäß § 1065 Abs. 3 ZPO-E in englischer Sprache geführt werden

[390] Diese Erwägungen werden allerdings nicht ausdrücklich ausgesprochen; Begründung des Gesetzentwurfs der Bundesregierung, BT-Drucks. 13/5274, 63.

[391] Vgl. oben, VII. 4. f) aa).

[392] Vgl. oben, VII. 4. f) aa) mit Fn. 279.

[393] https://www.disarb.org/ueber-uns/unsere-arbeit-in-zahlen (letzter Zugriff am 27. Januar 2026).

[394] BT-Drucks. 20/13257, 11, 47 f.; insoweit unverändert der Referentenentwurf eines Gesetzes zur Modernisierung des Schiedsverfahrensrechts aus der 21. Legislaturperiode, 2026, 9, 62 f.

[395] BT-Drucks. 20/13257, 11, 49 ff.; Referentenentwurf 21. Legislaturperiode, 9 f., 64 ff.

können, wenn die Parteien dies beantragen und der zuständige Senat des BGH diesem Antrag stattgibt.[396] Existiert in dem Bundesland, in dem der Schiedsort liegt, kein Commercial Court oder hat die zuständige Landesregierung nicht von der Ermächtigung des § 1062 Abs. 5 ZPO-E Gebrauch gemacht und davon abgesehen, dem vorhandenen Commercial Court die Schiedssachen des § 1062 Abs. 1 ZPO zuzuweisen, erlaubt § 1063b ZPO-E dennoch die Vorlage von Dokumenten in englischer statt in deutscher Sprache, sofern das jeweilige Dokument mit einem schiedsrichterlichen Verfahren in Zusammenhang steht.[397] Diese Änderungen würden den berechtigten Interessen der Schiedsparteien nahezu perfekt entsprechen.

bb) Überprüfung von Schiedssprüchen, insbesondere auf Ordre-public-Verstöße

Unter dem alten Schiedsverfahrensrecht von vor 1998 bekannte sich der BGH in seiner Rechtsprechung zur Kontrolle des Schiedsspruchs im Rahmen von Aufhebungs- und Exequaturverfahren gemäß §§ 1041, 1042, 1044 ZPO a.F. zu dem Grundsatz, dass keine inhaltliche Nachprüfung des Schiedsspruchs bzw. der Rechtsanwendung durch das Schiedsgericht stattfinde, weil „[...] die unrichtige Anwendung des sachlichen Rechts durch das Schiedsgericht für sich allein nicht geeignet ist, die Anwendung des § 1042 Abs. 1 Nr. 2 ZPO aF [= § 1059 Abs. 2 Nr. 2 lit. b) ZPO nF] zu begründen".[398] An dieser Prämisse des Verbots einer *révision au fond* hat der BGH auch unter dem neuen Schiedsverfahrensrecht festgehalten.[399]

Unter dem Gesichtspunkt des *ordre public* i. S. d. § 1059 Abs. 2 Nr. 2 lit. b) ZPO ist eine Grenze erreicht bzw. überschritten, wenn die Anerkennung oder Vollstreckung des Schiedsspruchs der öffentlichen Ordnung widersprechen würde. Der BGH versteht den Ordre-public-Verstoß normbezogen, d. h. es kommt darauf an, dass der Schiedsspruch eine für Staat oder Wirtschaft grundlegende Norm verletzt. Es muss sich um eine Vorschrift handeln, die nicht bloß zwingender Natur, sondern Ausdruck grundlegender Wertentscheidungen des Gesetzgebers ist.[400] Die ältere Rechtsprechung bejahte diese Voraussetzung schon dann, wenn das Schiedsgericht einen vertraglichen Anspruch zuerkannt hatte, obwohl die zugrundeliegende Vereinbarung sittenwidrig war (§ 138 BGB).[401] In § 1041 Abs. 1 Nr. 2 ZPO a.F. war die Sittenwidrigkeit gleichberechtigt neben dem Verstoß gegen die öffentliche Ordnung genannt.

---

[396] BT-Drucks. 20/13257, 12, 55 f.; Referentenentwurf 21. Legislaturperiode, 10 f., 71 ff.

[397] BT-Drucks. 20/13257, 12, 53 f.; Referentenentwurf 21. Legislaturperiode, 10, 69 f.

[398] BGHZ 27, 249, 254.

[399] BGHZ 202, 168 Rn. 12; BGH SchiedsVZ 2008, 40 Rn. 18; BGH NJW 2014, 1597 Rn. 6.

[400] BGH SchiedsVZ 2021, 46 Rn. 16; BGH SchiedsVZ 2022, 237 Rn. 13; BGH SchiedsVZ 2022, 91 Rn. 19; BGH BeckRS 2914, 4690 Rn. 8; MüKoZPO/*Münch*, § 1059 Rn. 43, 46; BeckOK/*Wilske*/*Markert* ZPO, § 1059 Rn. 63.

[401] BGH NJW 1973, 98, 99 f.

Ist eine solche Norm im Spiel, war ihre richtige Anwendung nach älterer Rechtsprechung in vollem Umfang zu überprüfen, ohne dass dem Schiedsgericht für seine Entscheidung ein Ermessen eingeräumt wurde[402] oder es darauf ankam, ob die Rechtsauffassung des Schiedsgerichts vertretbar war.[403] Nachdem der Wortlaut der §1041 Abs. 1 Nr. 2, §1044 Abs. 2 Nr. 2 ZPO a.F. im Zuge der Reform des deutschen Internationalen Privatrechts im Jahr 1986 so geändert wurde, dass nur noch die „offensichtliche" Unvereinbarkeit mit wesentlichen Grundsätzen des deutschen Rechts zur Aufhebung bzw. Versagung des Exequatur führen sollte, hatte der BGH seine Rechtsprechung geändert und die Ordre-public-Kontrolle auf evidente Verstöße beschränkt.[404] Mit der großen Schiedsverfahrensrechtsreform 1998 wurden die Uhren insoweit wieder zurückgedreht, weil in §1059 Abs. 2 Nr. 2 lit. b) ZPO n. F. das Offensichtlichkeitserfordernis gestrichen worden ist. Der BGH hat dennoch an seiner Rechtsprechung festgehalten und verlangt auch unter dem neuen Recht seit 1998 einen Verstoß, der mit wesentlichen Grundgedanken des deutschen Rechts „offensichtlich" unvereinbar ist.[405] Ob damit etwas anderes gemeint ist, als dass nicht jede zwingende Norm zur Begründung eines Ordre-public-Verstoßes taugt, ist allerdings offen.[406]

Macht die Aufhebungsklägerin einen Verstoß gegen den *ordre public* geltend (§1059 Abs. 2 Nr. 2 lit. b) ZPO), gilt zwar nicht der Amtsermittlungsgrundsatz, wohl aber die Prüfung von Amts wegen.[407] Eine Bindung an die Tatsachenfeststellungen des Schiedsgerichts besteht daher nicht.[408] Dies gilt auch dann, wenn im Rahmen der Prüfung Normen zu beurteilen sind, die im Schiedsverfahren nicht geltend gemacht wurden und zu deren Voraussetzungen das Schiedsgericht deshalb keine Feststellungen getroffen hat.[409]

Im Rahmen des Verfahrens auf Anerkennung und Vollstreckung ausländischer Schiedssprüche nach dem New Yorker Übereinkommen oder bilateralen Anerkennungs- und Vollstreckungsabkommen gelten nochmals erhöhte Anforderungen an einen Ordre-public-Verstoß. Maßstab ist hier der sog. *ordre public international*, der nur verletzt ist, wenn „das Schiedsverfahren an einem schwerwiegenden Mangel litte, der die Grundlagen staatlichen und wirtschaftlichen Lebens berührt".[410] Dabei fällt *ordre public international* großzügiger aus

---

402 BGHZ 27, 249, 254; BGHZ 46, 365, 369; BGH NJW 1973, 98, 99 f.

403 BGHZ 46, 365, 370.

404 BGH NJW 1990, 3210, 3211.

405 BGH NJW 2009, 1215, 1216; NJW 2014, 1598 Rn. 8 ff.; BGH SchiedsVZ 2016, 150 Rn. 5; BGH SchiedsVZ 2018, 53 Rn. 55; BGH SchiedsVZ 2020, 46 Rn. 16.

406 Vgl. insbesondere BGH NJW 2009, 1215, 1216.

407 MüKoZPO/*Münch*, §1059 Rn. 59.

408 BGH NJW 1973, 98, 100; Musielak/Voit/*Voit* ZPO, §1059 Rn. 30.

409 BGH NJW 1972, 2180, 2181.

410 BGHZ 166, 278 Rn. 28 = NJW 2007, 772 = SchiedsVZ 2006, 161.

als die inländische Variante.[411] Differenzierungskriterium ist aber nicht der grenzüberschreitende Charakter des Schiedsverfahrens oder der zugrunde liegenden kommerziellen Transaktion, sondern die Lokalisierung des Schiedsverfahrens. Inländische Schiedssprüche sind am inländischen *ordre public* zu messen, ausländische am internationalen.[412]

Eine weitere Unterscheidung innerhalb des § 1059 Abs. 2 Nr. 2 lit. b), Art. V Abs. 2 lit. b) NYC ist diejenige zwischen materiell-rechtlichem und verfahrensrechtlichem *ordre public*. Die materiell-rechtliche Variante sanktioniert Verstöße gegen fundamentale Normen, also solche, „die die Grundlagen des staatlichen oder wirtschaftlichen Lebens regel[n], oder zu deutschen Gerechtigkeitsvorstellungen in einem untragbaren Widerspruch steh[en]".[413] Klare Fälle sind Prozessbetrug, wobei allerdings die Einschränkung einer strafgerichtlichen Verurteilung entsprechend § 581 ZPO zu beachten ist,[414] die sittenwidrige Erschleichung oder Ausnutzung eines materiell-rechtlich falschen Schiedsspruchs,[415] und darüber hinaus Verstöße gegen Normen, die Allgemeininteressen schützen, wie solche über Geldwäsche, Embargos und Sanktionen gegen Staaten.[416]

Der prozessuale *ordre public* betrifft Verstöße gegen elementare Verfahrensnormen. Dies ist alles andere als selbstverständlich, weil zentrale Verfahrensgarantien, wie Neutralität des Spruchkörpers, Gleichbehandlung der Parteien und Gewährung rechtlichen Gehörs, bereits die Aufhebungs- und Exequaturversagungsgründe der §§ 1059 Abs. 2 Nr. 1 b), d) ZPO, Art. V Abs. 1 lit. b), d) NYC ausfüllen.[417] Die doppelte Erfassung solcher Verfahrensfehler auch im Rahmen des *ordre public* hat zur Folge, dass sie von Amts wegen und unabhängig von der Frist des § 1059 Abs. 3 ZPO zu berücksichtigen sind, also noch nach Ablauf der drei-Monats-Frist dem Antrag auf Vollstreckbarerklärung des Schiedsspruchs entgegengehalten werden können (§ 1060 Abs. 2 S. 1 ZPO).

Unter den Fallgruppen des *ordre public processualis* hat diejenige der Versagung rechtlichen Gehörs besondere Sprengkraft, weil dieser Einwand sowohl unter § 1059 Abs. 2 Nr. 1 b) als auch unter Abs. 2 Nr. 1 lit. d) und schließlich als Ordre-public-Verstoß gemäß § 1059 Abs. 2 Nr. 2 lit. b) ZPO geltend gemacht werden kann. Der BGH misst im Rahmen der Ordre-public-Kontrolle wegen Verletzung des Rechts auf Gehör Schiedsgerichte an denselben Maßstäben, die gemäß Art. 103 Abs. 1 GG für staatliche Gerichte gelten.[418] Danach ist das

---

[411] BGH NJW 2007, 772 Rn. 28; BGH SchiedsVZ 2009, 176 Rn. 27; BGH SchiedsVZ 2018, 53 Rn. 56.

[412] BGH SchiedsVZ 2009, 176 Rn. 27.

[413] BGH SchiedsVZ 2009, 66 Rn. 5; BGH SchiedsVZ 2014, 98 Rn. 8; BGH SchiedsVZ 2018, 53 Rn. 55.

[414] BGH SchiedsVZ 2018, 53 Rn. 58.

[415] BGHZ 145, 376, 381; BGH SchiedsVZ 2018, 53 Rn. 55.

[416] Vgl. nur MüKoZPO/*Münch*, § 1059 Rn. 56 m. w. N.

[417] Kritisch MüKoZPO/*Münch*, § 1059 Rn. 27.

[418] BGH I ZB 11/20 Rn. 23; BGH SchiedsVZ 2022, 228 Rn. 23.

Schiedsgericht gehalten, auf den „wesentlichen Kern" des Tatsachenvortrags wie auch der Rechtsausführungen der unterlegenen Partei einzugehen und sich damit auseinanderzusetzen.[419] Die Rede vom wesentlichen Kern im Singular darf allerdings nicht zu der Schlussfolgerung verleiten, das Schiedsgericht müsse lediglich das eine für den Rechtsstandpunkt der unterlegenen Partei zentrale Argument adressieren. In Wahrheit gibt es mindestens genauso viele wesentliche Kerne wie die streiterheblichen Normen Tatbestandsmerkmale haben, sodass das Vorbringen zu jedem einzelnen dieser Tatbestandsmerkmale in seinem Kern gewürdigt werden muss. Je nachdem, wie stark die streiterheblichen Tatbestandsmerkmale in Einzelelemente aufgegliedert werden, lassen sich die vom Schiedsgericht zu behandelnden wesentlichen Kerne nahezu beliebig vermehren.

Im Ergebnis kann unter Berufung auf das jeweils eigene Kernvorbringen jede vermeintlich fehlerhafte Rechtsanwendung durch das Schiedsgericht mit dem Argument angegriffen werden, das Vorbringen der unterlegenen Partei sei nicht hinreichend berücksichtigt und gewürdigt worden. Wohin das führen kann, zeigt eine Entscheidung des BGH, nach der eine *ordre-public*-widrige Verletzung des Rechts auf Gehör vorliege, wenn sich das Schiedsgericht auf das Vorbringen einer Partei zu einer „zentralen Frage" des jeweiligen Rechtsstreits nicht inhaltlich eingelassen, sondern sie gänzlich ignoriert habe oder mit Leerformeln über sie hinweg gegangen sei.[420] Auf dieser Grundlage wurde ein Schiedsspruch beanstandet, der nach einer mehrtätigen mündlichen Verhandlung ergangen und über 100 Seiten stark war und auf fünf Seiten das Vorbringen der unterlegenen Partei gewürdigt hatte. Gleichwohl war das Schiedsgericht nicht vor dem Vorwurf sicher, es habe den „Kernvortrag der Schiedsklägerin" nicht berücksichtigt.[421] Der BGH kommt hier in gefährliche Nähe einer *révision au fond*, weil die Nichtgewährung rechtlichen Gehörs genau darauf beruht, dass das Schiedsgericht die Tatsachen falsch verstanden oder das Recht falsch angewendet hat.[422] Zum Glück ist die Entscheidung – soweit ersichtlich – bisher vereinzelt geblieben.

cc) Sonderfall: EU-Wettbewerbsrecht und Grundfreiheiten

Besondere Bedeutung hat die Ordre-public-Kontrolle von Schiedssprüchen im Kartellrecht. Nach der Rechtsprechung des BGH ist der Schiedsspruch auf

---

[419] BGH SchiedsVZ 2022, 228 Rn. 23, unter Hinweis auf BVerfGE 47, 182, 189 BVerfGE 86, 133, 146.

[420] BGH NJW-RR 2016, 78 Rn. 7; BGH SchiedsVZ 2018, 318 Rn. 6; BGH SchiedsVZ 2020, 46 Rn. 10.

[421] So in dem Fall BGH SchiedsVZ 2020, 46 Rn. 22.

[422] Vgl. erneut BGH SchiedsVZ 2020, 46 Rn. 22: „Das Schiedsgericht hat sich damit zur Ablehnung der Anwendbarkeit von § 36 RGG [finnisches Rechtsgeschäftegesetz] auf den Hauptantrag zu 1a auf einen aus der Luft gegriffenen, von der Schiedsklägerin nicht gehaltenen Vortrag gestützt."

mögliche Verstöße gegen das nationale Kartellverbot[423] und gegen das europäische Wettbewerbsrecht[424] in vollem Umfang in rechtlicher wie tatsächlicher Hinsicht zu überprüfen.[425] Der Kartellsenat hat im Übrigen die oben aufgeworfene Frage, ob die Beschränkung der Ordre-public-Kontrolle auf die „offensichtliche" Unvereinbarkeit mit wesentlichen Grundgedanken des deutschen Rechts lediglich zum Ausdruck bringt, dass nicht jedweder Verstoß gegen zwingendes Recht genügt, oder die Aufhebung auf solche Fälle beschränken soll, in denen der Verstoß gegen eine fundamentale Rechtsnorm offensichtlich im Sinne von „evident", also ohne Weiteres ersichtlich ist, im erstgenannten Sinne entschieden.[426] Nach dieser Judikatur ist jeder Schiedsspruch, der gegen Kartellrecht verstößt, aufzuheben, unabhängig davon, ob der Verstoß evident im Sinne von leicht erkennbar oder grob im Sinne von besonders schwerwiegend ist. Zur Begründung hat sich der BGH u. a. auf die Schlussanträge von Generalanwalt *Wathelet* in der Rechtssache *Genentech* berufen, in denen es heißt: „Keine Rechtsordnung kann Verstöße gegen ihre grundlegenden Normen, die Teil ihrer öffentlichen Ordnung sind, hinnehmen, unabhängig davon, ob diese Verstöße offenkundig und/oder offensichtlich sind oder nicht"[427] und – so ist hinzuzufügen – unabhängig davon, ob die damit verbundenen Tatsachen- und Rechtsfragen vor dem Schiedsgericht geltend gemacht wurden oder nicht.[428]

Mit dieser strikten Anwendung des deutschen Kartellrechts im Rahmen von Aufhebungs- und Exequaturverfahren geht der Kartellsenat des BGH über die Vorgaben des EuGH deutlich hinaus. In der Entscheidung *RFC Seraing* hat der EuGH zwar auf einer vollumfänglichen Prüfung des Kartellrechts ohne Bindung an die Rechtsanwendung des Schiedsgerichts insistiert, jedoch zugestanden, dass diese auf Grundlage des vom Schiedsgericht festgestellten Sachverhalts erfolgen muss.[429] Damit wird verhindert, dass das Kartellrecht zur Trumpfkarte der unterlegenen Partei gegen missliebige Schiedssprüche wird und Aufhebungs- und Exequaturverfahren de facto zu einer zweiten Instanz

[423] BGHZ 30, 89, 95 = NJW 1959, 1438; streitgegenständlich war zwar ein Verstoß gegen das Militärregierungsgesetz 56 und die Militärregierungsverordnung 78, das GWB nahm jedoch deren Bestimmungen auf und war zum Zeitpunkt der BGH-Entscheidung bereits in Kraft getreten, was das Gericht ausdrücklich hervorhob, a. a. O., 96 f.; zu § 20 GWB genauso BGHZ 46, 364, 370 = NJW 1967, 1178 – Schweißbolzen.

[424] BGH NJW 1972, 2180, 2181 – Eiskonfekt.

[425] Zusammenfassend und bekräftigend BGHZ 234, 288 Rn. 14 ff. = SchiedsVZ 2023, 166.

[426] BGHZ 234, 288 Rn. 15 = SchiedsVZ 2023, 166; gegen *Hilbig*, Das gemeinschaftsrechtliche Kartellverbot im internationalen Handelsschiedsverfahren, 70; *Heukamp*, Schiedszusagen in der Europäischen Fusionskontrolle, 166 ff.

[427] EuGH, 17.3.2016, C-567/14, *Genentech ./. Hoechst GmbH, Sanofi-Aventis Deutschland GmbH*, Schlussanträge Rn. 67.

[428] EuGH, 17.3.2016, C-567/14, *Genentech ./. Hoechst GmbH, Sanofi-Aventis Deutschland GmbH*, Schlussanträge Rn. 70.

[429] EuGH, 1.8.2025, C-600/23, *Royal Football Club Seraing ./. FIFA, UEFA, URBSFA*, Rn. 101; dazu unten, XI. 5.

mutieren, in der Schiedssprüche unter Verstoß gegen das Verbot der *révision au fond* auf ihre inhaltliche Richtigkeit geprüft werden.

dd) (Kein) Verzicht auf Aufhebungsgründe

Während die Schweiz und Frankreich die Disposition über den Aufhebungsantrag zu den Gerichten des (schweizerischen bzw. französischen) Schiedsorts erlauben, sofern es sich um ein internationales Schiedsverfahren handelt,[430] wird ein solcher Verzicht in Deutschland für unzulässig gehalten.[431] Im Einzelnen ist die Rechtslage aber doch differenzierter. Die eben zitierte Rechtsprechung bezieht sich allein auf einen *generellen* Verzicht auf sämtliche Aufhebungsgründe bzw. auf den Aufhebungsantrag insgesamt. Haben die Parteien einen solchen Totalverzicht vereinbart, ist im Übrigen nur dieser unwirksam, nicht die Schiedsvereinbarung als solche.[432] Vor allem aber hat der BGH es zugelassen, dass die Parteien für die Gehörsrüge ein fristgebundenes Abhilfeverfahren nach dem Muster von § 321a ZPO vor dem Schiedsgericht und bei Fristversäumung die Präklusion im staatlichen Aufhebungsverfahren gemäß § 1059 Abs. 2 Nr. 1 lit. b) ZPO vereinbaren.[433] In der Literatur wird darüber hinaus ein Verzicht jedenfalls auf die Aufhebungsgründe des § 1059 Abs. 2 Nr. 1 ZPO für zulässig gehalten, zum Teil allerdings mit der Maßgabe, dass die Vereinbarung erst nach Erlass des Schiedsspruchs und nach Erlangung der Kenntnis von dem konkreten Aufhebungsgrund getroffen wird.[434] Liegt ein solcher Fall vor, dürften die Parteien wegen der kurz bemessenen Anfechtungsfrist des § 1059 Abs. 3 ZPO kein Interesse an einer einvernehmlichen Regelung haben – sie können durch Abwarten dasselbe Ergebnis erzielen.

Der im Vergleich zu Frankreich und der Schweiz restriktive Standpunkt des deutschen Rechts erklärt sich zumindest zum Teil durch die Einheit des hiesigen Schiedsverfahrensrechts unter Verzicht auf die Unterscheidung zwischen internen und internationalen Schiedsverfahren. Die Zulassung von Parteiabreden, mit denen jede Kontrolle des Schiedsspruchs, auch diejenige auf Verstöße gegen den *ordre public*, abbedungen wird, fällt leichter, wenn es um Verfahren geht, die keinerlei Bezug zur heimischen Rechtsordnung aufweisen. Bei solchen Streitigkeiten lässt sich argumentieren, die Rechtsordnung am Schieds-

---

[430] Vgl. oben, VII. 2. f) aa), VII. 4. f) dd).

[431] BGHZ 96, 40, 43; BGHZ 202, 168 Rn. 12; BGH SchiedsVZ 2022, 237 Rn. 15; OLG Frankfurt NJW 1984, 2768; Musielak/Voit/*Voit* ZPO, § 1059 Rn. 39; *Schwab/Walter*, Schiedsgerichtsbarkeit, Kap. 24 Rn. 53; MüKoZPO/*Münch*, § 1059 Rn. 63; Zöller/*Geimer* ZPO, § 1059 Rn. 79; Stein/Jonas/*Schlosser* ZPO, § 1059 Rn. 2.

[432] BGH SchiedsVZ 2022, 237 Rn. 15.

[433] BGH NJW 2015, 3234 Rn. 25 ff.; BGH I ZB 20/25 Rn. 41.

[434] BayObLG BeckRS 2000, 860 Rn. 24 ff.; *Schwab/Walter*, Schiedsgerichtsbarkeit, Kap. 24 Rn. 53; Musielak/Voit/*Voit* ZPO, § 1059 Rn. 39; MüKoZPO/*Münch*, § 1059 Rn. 63; Stein/Jonas/*Schlosser* ZPO, § 1059 Rn. 2.

ort sei an dem zugrunde liegenden Streitgegenstand selbst gar nicht „interessiert", weshalb eine Überprüfung des Schiedsspruchs im Hinblick auf die Wahrung der „elementaren Grundlagen der Rechtsordnung"[435] nicht geboten sei.

Im Kontext des unitarischen deutschen Schiedsverfahrensrechts kommt ein Verzicht auf die Aufhebungsgründe des § 1059 Abs. 2 Nr. 2 ZPO – mangelnde Schiedsfähigkeit und Ordre-public-Verstoß – sicher nicht in Betracht. Die Formulierung eingangs der Vorschrift – „wenn das Gericht feststellt" – steht in klarem Gegensatz zu derjenigen des § 1059 Abs. 2 Nr. 1 ZPO – „wenn der Antragsteller begründet geltend macht" – und lässt nur die Interpretation zu, dass die Aufhebungsgründe der Nr. 2 ohne Rücksicht auf das Vorbringen der Parteien und damit von Amts wegen zu prüfen sind. Hinzu kommt, dass nach Verfristung des Aufhebungsantrags die Gründe der Nr. 2 gemäß § 1060 Abs. 2 S. 1 ZPO als Exequaturversagungsgründe fortleben und der Vollstreckbarerklärung des Schiedsspruchs weiterhin entgegenstehen. Unter diesen Rahmenbedingungen wäre es nicht vertretbar, den Verzicht auf die Aufhebungsgründe der mangelnden Schiedsfähigkeit und des Ordre-public-Verstoßes zuzulassen.[436]

Umgekehrt verhält es sich mit den Aufhebungsgründen des § 1059 Abs. 2 Nr. 1 ZPO.[437] Über diese kann die im Schiedsverfahren unterlegene Partei zweifellos unilateral disponieren, indem sie von der fristgerechten Anbringung eines Aufhebungsantrags absieht oder in einem anhängigen Verfahren auf Vollstreckbarerklärung des Schiedsspruchs einzelne Gründe nicht geltend macht. Mit Ablauf der Anfechtungsfrist des § 1059 Abs. 3 ZPO sind diese auch für das Exequaturverfahren verloren (§ 1060 Abs. 2 S. 3 ZPO). Außerhalb der Schiedsgerichtsbarkeit haben es die Parteien im Übrigen in der Hand, den Rechtsschutz durch die staatlichen Gerichte durch einen entsprechenden Klage- oder Rechtsschutzverzicht gänzlich auszuschließen.[438] Wenn dies richtig ist, muss es ihnen auch möglich sein, auf die Anfechtung des Schiedsspruchs wegen der in § 1059 Abs. 2 Nr. 1 ZPO genannten Gründe zu verzichten.[439] Die Zulässigkeit der ex-ante-Disposition über verfahrensrechtliche Befugnis ist ein allgemeiner Rechtsgrundsatz, der nur ausnahmsweise und aus Sachgründen, die die Dispositionsfreiheit der Parteien überwiegen, eingeschränkt werden darf (*in dubio pro libertate*).[440] Ein „Übersehbarkeitserfordernis" in dem Sinne, dass eine wirksame Disposition voraussetzte, dass die prozessuale Befugnis, um die es geht, bereits existiert, ist dabei nicht anzuerkennen.[441] Dementsprechend hat der BGH die Dispositionsfreiheit der Parteien im Zeitpunkt *ex ante* für den Aufhebungs-

[435] BGH SchiedsVZ 2022, 237 Rn. 13; vgl. auch oben, VII. Fn. 400.
[436] *Wagner*, in: FS Schilken, 553, 570.
[437] Eingehend *Wagner*, in: FS Schilken, 553, 567 ff.
[438] Dazu eingehend *Wagner*, Prozeßverträge, 408 ff., 421 ff., 439 ff.
[439] Eingehend *Wagner*, in: FS Schilken, 553, 569 f.
[440] *Schlosser*, Einverständliches Parteihandeln, 1 ff., 9 ff.; *Wagner*, Prozeßverträge, 79.
[441] *Wagner*, Prozeßverträge, 172 ff.

grund des § 1059 Abs. 2 Nr. 1 lit. b) ZPO bereits anerkannt.[442] Diese Rechtsprechung ist für sämtliche Fälle des § 1059 Abs. 2 Nr. 1 ZPO zu verallgemeinern. Die Parteien können damit die Anfechtung des Schiedsspruchs in Ermangelung einer wirksamen Schiedsvereinbarung (Nr. 1 lit. c)), wegen Verfahrensfehlern (Nr. 1 lit. d) Fall 2) oder wegen falscher Besetzung des Schiedsgerichts (Nr. 1 lit. d) Fall 1) vertraglich ausschließen.

ee) Wiederaufnahme – Restitution – Revision

Im Rahmen der Überarbeitung des deutschen Schiedsverfahrensrechts ist vorgesehen, eine Art Wiederaufnahme des Verfahrens bei Vorliegen schwerer Verfahrensfehler auch nach Ablauf der dreimonatigen Anfechtungsfrist des § 1059 Abs. 3 ZPO zu ermöglichen.[443] Der Restitutionsantrag gemäß § 1059a ZPO-E ähnelt dem schweizerischen Rechtsbehelf der Revision.[444] Es geht um schwerwiegende Fehler des Schiedsspruchs, die in der Nähe von Prozessbetrug durch die im Schiedsverfahren obsiegende Partei angesiedelt sind. § 1059a Abs. 1 ZPO-E nennt insgesamt sieben Fälle, von der Fälschung einer Urkunde, auf die sich die Begründung des Schiedsspruchs stützt, über die Erwirkung des Schiedsspruchs durch eine Straftat, die Begehung einer auf das Verfahren bezogenen Straftat durch einen der beteiligten Schiedsrichter, die Aufhebung eines Urteils oder Schiedsspruchs, worauf sich der Schiedsspruch gestützt hat, den Konflikt mit einem früheren Urteil oder Schiedsspruch bis hin zu dem Fall, dass die unterlegene Partei eine Urkunde auffindet oder zu benutzen in den Stand gesetzt wird, die eine ihr günstigere Entscheidung herbeigeführt haben würde. Der Katalog entspricht weitgehend demjenigen, der in § 580 ZPO für die Restitutionsklage gegen rechtskräftige Urteile staatlicher Gerichte enthalten ist.[445] Verzichtet wurde auf die Übernahme des Restitutionsgrunds des § 580 Nr. 8 ZPO, also den Verstoß der Entscheidung gegen die Europäische Menschenrechtskonvention. Die Erwägung, ein Schiedsspruch werde kaum auf einer solchen Verletzung beruhen,[446] trifft allerdings nicht mehr zu, nachdem der EGMR und das BVerfG die Figur der „unfreiwilligen Schiedsvereinbarung" aus der Taufe gehoben haben, für die die Garantien des Art. 6 EMRK unverkürzt Geltung beanspruchen, einschließlich des Rechts auf eine öffentliche

[442] BGH NJW 2015, 3234 Rn. 25 ff.

[443] Für die 20. Legislaturperiode BT-Drucks. 20/13257, 10; genauso der in der 21. Legislaturperiode vorgelegte Referentenentwurf eines Gesetzes zur Modernisierung des Schiedsverfahrensrechts, 2026, 8 f.

[444] Vgl. oben, VII. 4. f) cc).

[445] BT-Drucks. 20/13257, 43 f.; Referentenentwurf eines Gesetzes zur Modernisierung des Schiedsverfahrensrechts, 57.

[446] BT-Drucks. 20/13257, 44; Referentenentwurf eines Gesetzes zur Modernisierung des Schiedsverfahrensrechts, 57.

mündliche Verhandlung.[447] Geben die anwendbaren Schiedsregeln ein solches Recht auf Öffentlichkeit nicht her, ist die Schiedsvereinbarung gemäß § 134 BGB nichtig.[448] Ein gleichwohl ergangener Schiedsspruch „beruht" dann wohl entsprechend § 580 Nr. 8 ZPO auf einer Verletzung der EMRK.

Genauso wie die Restitutionsklage gegen rechtskräftige Urteile (§ 582 ZPO) ist auch der Restitutionsantrag gegen rechtskräftige Schiedssprüche subsidiär. Gemäß § 1059a Abs. 3 ZPO ist er nur zulässig, wenn der Antragsteller unverschuldet in die Lage gekommen ist, den Restitutionsgrund erst jetzt geltend machen zu können. Auch die Fristen für die Erhebung der Restitutionsklage bzw. des Restitutionsantrags sind mit einem Monat nach Erlangung der Kenntnis von dem Restitutionsgrund identisch (§ 586 Abs. 1 ZPO, § 1059a Abs. 4 ZPO-E). Schließlich sind Restitutionsanträge auf der Grundlage von § 1059a Abs. 1 Nr. 1–4 ZPO-E, die also auf manipulierte Beweismittel gestützt werden, gemäß § 1059a Abs. 2 ZPO-E nur statthaft, wenn „wegen der Straftat eine rechtskräftige Verurteilung ergangen ist oder wenn die Einleitung oder Durchführung eines Strafverfahrens aus anderen Gründen als wegen Mangels an Beweisen nicht erfolgen kann". Diese Regelung hat ihr Vorbild in § 581 ZPO, ist zum Schutz der Rechtskraft wohl unumgänglich, schränkt aber die praktische Bedeutung des Rechtsmittels gegen bestandskräftige Schiedssprüche stark ein.

Mit der Einführung eines besonderen Rechtsbehelfs gegen bestandskräftige, weil nicht mehr mit dem Aufhebungsantrag gemäß § 1059 ZPO angreifbare Schiedssprüche würde das deutsche Schiedsverfahrensrecht zum Rechtszustand vor dem Schiedsverfahrens-Neuregelungsgesetz 1997/1998 zurückkehren. § 1043 ZPO a.F. kannte nämlich bereits die „nachträgliche Aufhebungsklage" gegen Schiedssprüche, die bereits rechtskräftig für vollstreckbar erklärt worden waren.[449] Auch hier war der Antrag auf einen Monat ab Kenntnis befristet und nur zulässig, wenn der Antragsteller ohne sein Verschulden daran gehindert war, den Restitutionsgrund in einem früheren Verfahren, also im Schieds-, Aufhebungs- oder Exequaturverfahren, geltend zu machen (§ 1043 Abs. 1, 2 ZPO a.F.). Unter dem Recht des Modellgesetzes seit 1998 hatte der BGH auf Prozessbetrug im Schiedsverfahren praeter legem mit der Anwendung des § 826 BGB reagiert: Die Schiedspartei könne den Prozessbetrug auch ohne die sonst gemäß § 581 ZPO erforderliche vorherige strafgerichtliche Verurteilung im Exequaturverfahren geltend machen und unbeschadet des Ablaufs der Fristen des §§ 1060 Abs. 2 S. 3, § 1059 ZPO der Vollstreckbarerklärung des Schiedsspruchs entgegen halten.[450]

[447] EGMR, 4.10.2018 – 40575/10 und 67474/10, *Mutu und Pechstein ./. Schweiz* Rn. 103, 109 ff.; BVerfG SchiedsVZ 2022, 296 Rn. 35, 41 ff.; eingehend zu den Folgen für die Handelsschiedsgerichtsbarkeit *Wagner/Samanci*, ZEuP 2024, 533, 548 ff., 556 ff.

[448] BVerfG SchiedsVZ 2022, 296 Rn. 35, 51.

[449] Dazu eingehend Stein/Jonas/*Schlosser* ZPO, 21. Aufl. 1994, § 1043 Rn. 1 ff.

[450] BGH NJW 2001, 373, 374.

Die Einführung eines besonderen Rechtsbehelfs gegen bestandskräftige Schiedssprüche, die nicht mehr mit dem regulären, auf drei Monate befristeten Aufhebungsantrag angefochten werden können, ist zu begrüßen. Zwar ist keineswegs damit zu rechnen, dass es zu vielen Aufhebungsanträgen nach § 1059a ZPO-E kommen wird, denn Prozessbetrug bei inländischen Schiedsverfahren ist zwar nicht ausgeschlossen, dürfte aber selten sein und ist überdies nur sehr schwer nachzuweisen. Die Frist von einem Monat ab Erlangung der Kenntnis vom Restitutionsgrund ist angesichts der Komplexität der Streitgegenstände und des hohen Kostenrisikos, das mit einem Restitutionsantrag verbunden ist, überaus kurz und wird einen dämpfenden Effekt auf die Zahl solcher Anträge haben; über ihre Verlängerung sollte im Gesetzgebungsverfahren nochmals nachgedacht werden. Trotz alledem ist die praktische Wirkung des § 1059a ZPO-E nicht zu unterschätzen. Die Möglichkeit, einen Schiedsspruch auch nach Ablauf der drei-Monats-Frist des § 1059 Abs. 3 ZPO und damit *de facto* jederzeit nach Erlangung der Kenntnis von schwerwiegenden Verfehlungen des Schiedsgerichts oder des Gegners gerichtlich prüfen und ggf. aufheben lassen zu können, äußert einen Abschreckungseffekt, der betrügerisches Prozessverhalten zuallererst verhindern hilft. Mit der Einführung des Restitutionsantrags wäre das Signal verbunden, dass der deutsche Gesetzgeber die Integrität und Seriosität der hierzulande stattfindenden Schiedsverfahren im Blick hat und zu sichern sucht. Im Gegenzug sollte darauf verzichtet werden, die Vollstreckbarerklärung von Schiedssprüchen weiter unter den Vorbehalt des § 826 BGB zu stellen, zumal wenn dieser von dem Erfordernis einer vorgängigen strafgerichtlichen Verurteilung abgekoppelt bleibt.

f) Der deutsche Approach zum Schiedsverfahrensrecht

Insgesamt zeigt sich somit ein differenziertes Bild. Das deutsche Schiedsverfahrensrecht ist sicher nicht das liberalste und schiedsfreundlichste, aber vielleicht das verlässlichste. Der Vorteil des Schiedsstandorts Deutschland lässt sich vielleicht am besten auf das Begriffspaar Seriosität und Effektivität bringen. Mit Effektivität soll gemeint sein, dass der deutsche Rechtsmarkt in dem Ruf steht, im internationalen Vergleich ein gutes Preis-Leistungs-Verhältnis zu offerieren. Die Anwaltsgebühren sind niedriger als in London und bei den Topadressen von Paris,[451] und die frühzeitige Identifikation der entscheidungserheblichen Tat- und Rechtsfragen der an der Relationstechnik geschulten Anwaltschaft tut ein Übriges, um den Aufwand niedrig zu halten.[452] Dabei ist der deutsche Rechtsdienstleistungsmarkt keineswegs abgeschottet und „germanisch", sondern offen und international. Zahlreiche Kanzleien aus dem angelsächsischen

---

[451] Vgl. *Hardege/Waas*, Endbericht – Rechtsanwaltsvergütung in Europa, 50.

[452] Vgl. *Risse/Altenkirch*, SchiedsVZ 2012, 5, 7.

Raum sind in Deutschland tätig, und Englisch ist die Arbeitssprache selbst in vielen „deutschen“ Kanzleien. Mit dem Justizstandort-Stärkungsgesetz 2024 ist Englisch auch als Gerichtssprache eingeführt worden;[453] mit dem hoffentlich bald folgenden Gesetz zur Modernisierung des Schiedsverfahrensrechts würden englischsprachige Gerichtsverfahren auch zur Unterstützung und Kontrolle der Schiedsgerichte möglich (§1062 Abs. 5, §1063a ZPO).[454] Die deutschen staatlichen Gerichte sind frei von Korruption und haben unter den Gesichtspunkten Neutralität, Schnelligkeit und Kompetenz im internationalen Vergleich einen guten Ruf.[455] Gegenüber den Hauptwettbewerbern England, Frankreich und Schweiz schmilzt dieser Vorteil allerdings dahin, da die Ziviljustizsysteme dieser Nachbarstaaten die Qualität ihres deutschen Pendants erreichen oder übertreffen. Seit der Übernahme des UNCITRAL-Modellgesetzes verfügt Deutschland zudem über ein qualitativ hochwertiges Schiedsverfahrensrecht, das zwar nicht so schiedsfreundlich ausgestaltet ist wie das französische und das schweizerische Recht, das aber international anerkannt ist und auch gut verstanden wird. Der zweite Vorteil der deutschen Schiedsgerichtsbarkeit, ihre Seriosität, soll keinen diesbezüglichen Mangel der Mitbewerber suggerieren, sondern ihre feste verfassungs- und unionsrechtliche Verankerung zum Ausdruck bringen. Die deutschen Gerichte sehen sich (auch) als Vollstrecker des Willens der EU so, wie er in den Entscheidungen des EuGH artikuliert wird. Dies zeigt sich nicht nur an der erwähnten Vollkontrolle von Schiedssprüchen auf Verstöße gegen das europäische Wettbewerbsrecht,[456] sondern auch im Bereich der Investitionsschiedsgerichtsbarkeit. Hier ist der BGH dem EuGH in seinem Bemühen um die Zurückdrängung der Intra-EU-Schiedsgerichtsbarkeit gefolgt, obwohl die Gesetzeslage in Deutschland klar dagegenstand.[457] Das BVerfG hat dies nicht beanstandet und die Grenzen zulässiger richterlicher Rechtsfortbildung als gewahrt angesehen.[458]

Zusammenfassend lässt sich der Schiedsort Deutschland als ein seriöses Angebot beschreiben, das die rechtssichere, auch unionsrechtssichere Beilegung von Handelsstreitigkeiten in einer gefestigten Jurisdiktion mit einer international offenen, sprachlich aufgeschlossenen und fachlich kompetenten Anwalts- und Richterschaft zu vergleichsweise moderaten Kosten erlaubt. Diese Kombination aus Seriosität und Effektivität, die sich auch in den Kosten niederschlägt, ist gewissermaßen der *unique selling point* des deutschen Angebots auf dem Markt für schiedsgerichtliche Streitbeilegung. Es ist sicher kein Zufall, dass

[453] BGBl. 2024 I Nr. 302; dazu *Rühl*, ZfPW 2024, 397; *Wagner*, ZEuP 2025, 221.

[454] Vgl. oben, VII. 5. e) aa).

[455] Vgl. *Wagner*, Rechtsstandort Deutschland im Wettbewerb, 187 ff.

[456] Vgl. oben, VII. 5. e) cc).

[457] BGH SchiedsVZ 2023, 287 = NJW 2023, 2501; kritisch *Tietje*, SchiedsVZ 2023, 304; vgl. bereits zuvor *Seelmann-Eggebert*, SchiedsVZ 2023, 32.

[458] BVerfG NJW 2026, 305 Rn. 49 ff.

Seriosität und Effektivität gut zu dem Bild passen, das Deutschland auch sonst gerne vermitteln will.

6. Fazit: Gerichte und Wissenschaft als Akteure des Wettbewerbs

Der Rundgang durch vier Schiedsverfahrensrechte hat gezeigt, dass und wie die untersuchten Jurisdiktionen darum bemüht sind, ihr Angebot auf dem Markt für Streitbeilegung zu profilieren und für potentielle Nutzer attraktiv zu machen. Damit bestätigt sich der Eindruck, der sich bereits beim Blick auf die unentwegten Reformrunden zur Modernisierung der nationalen Schiedsverfahrensrechte aufdrängte.[459] Die vorstehenden Untersuchungen zentraler Fragen des Schiedsverfahrensrechts in den vier Jurisdiktionen Frankreich, England, Schweiz und Deutschland belegen, dass der Wettbewerb keineswegs auf das legislatorische Tagesgeschäft beschränkt ist, sondern die Tiefenstrukturen des Schiedsverfahrensrechts erreicht und auch die Justiz erfasst. Die Entscheidungen der staatlichen Gerichte sind – wenn auch in unterschiedlichem Maße – durchaus von dem Bemühen beeinflusst, die Attraktivität des jeweils eigenen Schiedsverfahrensrechts zu wahren und zu mehren. Ein weiterer wichtiger Akteur im Wettbewerb der Schiedsrechtsordnungen sind demnach die staatlichen Gerichte und ihre Richterschaft.

Schließlich mag auch die Wissenschaft eine Rolle im Wettbewerb der Rechtsordnungen spielen. Besonders erfolgreich scheinen nämlich Jurisdiktionen zu sein, denen es gelingt, ein konsistentes und klar fassbares Produkt zu kreieren, das auf dem internationalen Markt für Streitbeilegung angeboten werden kann. Ohne theoretischen Input ist dies kaum möglich, auch wenn nicht gleich die Philosophie bemüht wird, wie dies für Frankreich kennzeichnend ist.[460] Es bedarf somit des Zusammenwirkens aller Kräfte aus Politik, Wissenschaft, Richterschaft und der Schiedsgerichtsbarkeit selbst, damit das nationale Schiedsprodukt am Markt erfolgreich ist. Die Herstellung und ständige Verbesserung solcher Produkte sind England, Frankreich und der Schweiz in besonderem Maße gelungen.

---

[459] Vgl. oben, VI. 3. c).

[460] Vgl. oben, VII. 1. g).

VIII. Empirie: Das Ranking der Schiedsplätze

1. Empirische Daten

Die Überlegungen zur relativen Attraktivität wichtiger europäischer Jurisdiktionen als Schiedsplatz sind keine theoretische Spekulation, sondern werden durch empirische Erkenntnisse bestätigt. Der Erfolg der behandelten Jurisdiktionen am Markt für schiedsrichterliche Streitbeilegung lässt sich messen. Die in Europa bedeutendste Schiedsorganisation, die ICC, verzeichnete im Jahr 2023 insgesamt 870 Verfahrenseingänge.[1] Von diesen Verfahren wurden 33 in Deutschland verhandelt, d. h. sie hatten einen deutschen Schiedsort. Die Zahl der Parteien mit Sitz in Deutschland betrug indessen 111, die höchste Quote aller Länder in West- und Nordeuropa.[2] Daraus folgt, dass ein Großteil der ICC-Schiedsverfahren mit Beteiligung mindestens einer deutschen Partei nicht in Deutschland, sondern andernorts stattfanden. Aber wo? – Es fällt nicht schwer, die bevorzugten Schiedsorte in Europa anhand der ICC-Statistik zu identifizieren. An der Spitze steht Paris mit 96 ICC-Schiedsverfahren in 2023, zuzüglich drei weiterer mit Schiedsort im übrigen Frankreich, an zweiter Stelle London mit 85 Verfahren und an dritter Position Genf mit 49 Verfahren, wobei für die Schweiz noch stattliche 27 Verfahren mit Schiedsort Zürich hinzukommen.[3] Während für Deutschland die Zahl der deutschen Parteien die Zahl der Verfahren mit deutschem Schiedsort weit übertrifft (111 zu 33), verhält es sich für Frankreich, England und die Schweiz genau umgekehrt. Im Falle Frankreichs stehen 69 französische Parteien 99 Schiedsverfahren mit Schiedsort Frankreich gegenüber, im Falle des Vereinigten Königreichs lauten die Zahlen 47 Parteien zu 85 Schiedsverfahren und im Falle der Schweiz 66 Schiedsparteien zu 79 Schiedsverfahren.[4]

Die führende Rolle des Vereinigten Königreichs und speziell Londons als Schiedsstandort wird noch viel deutlicher, wenn zusätzlich die 327 Schiedsverfahren berücksichtigt werden, die im Jahr 2023 vor Schiedsgerichten des LCIA

---

1 ICC, ICC Dispute Resolution 2023 Statistics, 4.

2 ICC, ICC Dispute Resolution 2023 Statistics, 6.

3 ICC, ICC Dispute Resolution 2023 Statistics, Annex, Table 9 und 10, 27.

4 ICC, ICC Dispute Resolution 2023 Statistics, Annex, Table 1, 21, und Table 10, 27 f.

anhängig gemacht wurden.[5] 283 dieser Verfahren fanden in London statt, eines in der Schweiz, eines in Deutschland und keines in Frankreich.[6] Nach Angaben des LCIA sind 96 % der Schiedsverfahren (ca. 314) in dem Sinne internationaler Natur, dass mindestens eine ausländische Partei beteiligt ist, und an 79 % der Verfahren (ca. 258) sind ausschließlich ausländische Parteien beteiligt.[7] Der Anteil deutscher Parteien an den LCIA-Schiedsverfahren ist allerdings gering; er betrug im Jahr 2023 1,8 %.[8]

Auch die Schweiz profitiert nicht nur von der Platzierung internationaler ICC-Schiedsverfahren in ihrem Territorium, sondern auch von den Verfahren, die unter der Ägide der heimischen Schiedsorganisation SAC in der Schweiz geführt werden. Im Jahr 2023 waren dies insgesamt 100 Verfahren, von denen 65 % in englischer, 18 % in deutscher und 15 % in französischer Sprache geführt wurden.[9] An 78 % der SAC-Verfahren war mindestens eine Partei mit Sitz außerhalb der Schweiz beteiligt. Die Beteiligung deutscher Parteien an SAC-Verfahren ist allerdings bescheiden. Nach Auskunft des SAC hatten im Jahr 2023 insgesamt 14 Parteien ihren Sitz in Deutschland, und deutsches Sachrecht fand lediglich in zwei Verfahren Anwendung.[10]

Die deutsche Schiedsinstitution DIS administriert sowohl interne als auch internationale Schiedsverfahren. Im Jahr 2023 wurden 175 Handelsschiedsverfahren anhängig gemacht.[11] In 35 % der DIS-Schiedsverfahren hatte eine der Parteien ihren Sitz im Ausland, und in weiteren 5 % der Schiedsverfahren waren auf beiden Seiten ausländische Parteien beteiligt. 31 % der Schiedsverfahren wurden in englischer Sprache geführt, 69 % auf Deutsch. Die Orte der DIS-Schiedsverfahren (§ 1043 ZPO) waren über nicht weniger als 22 deutsche Städte verteilt, wobei München (27 %) vor Frankfurt am Main (17 %), Düsseldorf und Hamburg (je 9 %) rangierte.

Bisher war nur von den Schiedsplätzen und der Herkunft der Schiedsparteien die Rede, doch ebenso interessant ist die Verteilung des von den Parteien gewählten Rechts. In den ICC-Schiedsverfahren war das englische Recht mit Abstand das attraktivste, das in 131 von 870 und damit in 15 % aller Schiedsverfah-

[5] LCIA, Annual Casework Report 2023, 5, verfügbar unter https://www.lcia.org/lcia/reports.aspx (letzter Zugriff am 27. Januar 2026).

[6] LCIA, Annual Casework Report 2023, 314 verfügbar unter https://www.lcia.org/lcia/reports.aspx (letzter Zugriff am 27. Januar 2026).

[7] LCIA, Annual Casework Report 2023, 11, verfügbar unter https://www.lcia.org/lcia/reports.aspx (letzter Zugriff am 27. Januar2026).

[8] LCIA, Annual Casework Report 2023, 11 f., verfügbar unter https://www.lcia.org/lcia/reports.aspx (letzter Zugriff am 27. Januar 2026).

[9] https://www.swissarbitration.org/update-from-the-swiss-arbitration-centre-3/ (letzter Zugriff am 27. Januar 2026).

[10] Auskunft des SAC gegenüber dem Verfasser.

[11] Dazu und zu den folgenden Zahlen https://www.disarb.org/en/about-us/our-work-in-numbers (letzter Zugriff am 27. Januar 2026).

ren gewählt wurde.[12] Auf dem zweiten Platz des Rankings steht das schweizerische Recht mit einer Quote von 9,5 % (83 Verfahren), und auf dem vierten Platz das deutsche Recht, das es auf 62 Verfahren bringt, was ca. 7 % aller im Jahr 2023 anhängig gemachten ICC-Schiedsverfahren entspricht. Erst dahinter rangiert das französische Recht mit 33 Fällen oder 3,8 % aller ICC-Schiedsverfahren.

2. Interpretation der Befunde

Auf dem europäischen Markt für Streitbeilegung ist England der klare Marktführer, dem Frankreich und die Schweiz mit erheblichem Abstand folgen. Dies gilt insbesondere für echte internationalen Verfahren, an denen keine Partei mit Sitz in der Jurisdiktion des Schiedsorts beteiligt ist. Diese Rangfolge wird durch die oben herausgearbeiteten Relationen zwischen der Anzahl der Schiedsparteien und der Anzahl der Schiedssitze belegt: Bei ICC-Schiedsverfahren betragen die Werte für England 47:88, für Frankreich 69:99 und für die Schweiz 66:79. In Deutschland ist das Verhältnis mit 111:33 umgekehrt, d. h. die Zahl der in Deutschland beheimateten Parteien, die an ICC-Schiedsverfahren teilnehmen, ist deutlich größer als die Zahl der deutschen Schiedssitze. Besonders deutlich wird die Dominanz Englands bei den LCIA-Verfahren, von denen mehr als drei Viertel (79 %) ausschließlich ausländische Parteien betreffen. Auch in Umfragen unter Schiedsanwälten, Schiedsrichtern, Unternehmensjuristen und Angehörigen von Schiedsinstitutionen schneidet London regelmäßig hervorragend ab und belegt den ersten Platz unter den Schiedsplätzen der Welt.[13]

Der zentrale *selling point* von London als Schiedsplatz ist nicht die Qualität des englischen Schiedsverfahrensrechts im Sinne besonderer Liberalität. Tatsächlich ist der Arbitration Act 1996 auch nach der Reform des Jahres 2025 weder besonders liberal, noch beschränkt er die Kompetenzen der staatlichen Gerichte in Bezug auf Schiedsverfahren in besonderer Weise. Im Gegenteil, die enge Symbiose des High Court und der Obergerichte mit der Londoner Schiedsszene ist ein Hauptkennzeichen des englischen Schiedsverfahrensrechts. Wesentliche Elemente sind die Möglichkeiten, die Entscheidung über die Zu-

---

[12] Diese und die folgenden Zahlen in: ICC, ICC Dispute Resolution 2023 Statistics, 12.

[13] White & Case/Queen Mary University of London (Hrsg.), 2021 International Arbitration Survey: Adapting arbitration to a changing world, 6, verfügbar unter https://www.qmul.ac.uk/arbitration/media/arbitration/docs/LON0320037-QMUL-International-Arbitration-Survey-2021_19_WEB.pdf (letzter Zugriff am 27. Januar 2026); White & Case/Queen Mary University of London (Hrsg.), 2018 International Arbitration Survey: The Evolution of International Arbitration, 9, verfügbar unter https://www.qmul.ac.uk/arbitration/media/arbitration/docs/2018-International-Arbitration-Survey--The-Evolution-of-International-Arbitration-(2).PDF (letzter Zugriff am 27. Januar 2026).

ständigkeit des Schiedsgerichts,[14] aber auch über streitige Fragen des materiellen Rechts an die staatlichen Gerichte zu delegieren und den Schiedsspruch mit einem „appeal on a point of law" anzugreifen.[15] Im Aufhebungsverfahren unterliegt der Schiedsspruch einer engmaschigen Kontrolle durch den High Court im Hinblick sowohl auf die Wirksamkeit der Schiedsvereinbarung als auch die Vereinbarkeit mit dem materiellen Recht.[16]

Die Anziehungskraft Londons als Schiedsort beruht also keineswegs auf einem *hands-off approach*, sondern zentral auf dem hohen Ansehen des englischen materiellen Rechts, also des *common law*. Das englische Recht ist eindeutig das beliebteste, denn es wird von Vertragsparteien überproportional häufig gewählt. Obwohl im Jahr 2023 „nur" 47 ICC-Schiedsverfahren in England platziert waren und 88 Parteien mit Sitz in England beteiligt waren, wurde das englische Recht in 137 Verfahren gewählt. Diese Zahlen belegen die Stärke des englischen Rechts, aber auch die Einsicht, dass in Schiedsverfahren Schiedsort und anwendbares Recht nicht miteinander verkoppelt sind, während bei justizieller Streitentscheidung Gerichtsstand und anwendbares Recht Hand-in-Hand gehen.[17]

Die Attraktivität des *common law* verdankt sich nicht zuerst dem geschriebenen Recht, sondern seiner Handhabung durch die englischen Gerichte. Dies kann und muss hier nicht am Beispiel des materiellen Vertragsrechts demonstriert werden, denn es zeigt sich auch im Bereich des Schiedsverfahrensrechts. Auch in diesem Bereich sehen die englischen Gerichte ihre Aufgabe zuallererst darin, der tatsächlich getroffenen Vereinbarung der Parteien und in zweiter Linie den Erwartungen vernünftiger Geschäftsleute zum Durchbruch zu verhelfen, weniger darin, die Effizienz des Schiedsverfahrens zu steigern oder einem internationalistischen Programm zu folgen. Die strikte Ablehnung der Bindung Dritter an eine von diesen nicht unterzeichnete Schiedsvereinbarung in bewusster Abgrenzung von der französischen Rechtsprechung ist ein Sinnbild dafür.[18] Das Paket aus einem hoch angesehenen materiellen Recht, ebenso qualitätsvollen staatlichen Gerichten und einer hoch entwickelten Schiedsgerichtbarkeit ist offenbar besonders attraktiv, so attraktiv, dass das Produkt *common law dispute resolution* gar nicht darauf angewiesen ist, den Einfluss der staatlichen Gerichte strikt zu begrenzen und aus Schiedsverfahren möglichst herauszuhalten. Das englische Schiedsverfahrensrecht muss auch nicht auf Internationalisierung setzen, denn seine nationale Verankerung ist gerade sein Trumpf. Der dominanten Stellung Englands auf dem Markt für internationale Schiedsverfahren hat der Brexit keinen Abbruch getan. Während die

[14] Vgl. oben, VII. 3. d) bb).
[15] Vgl. oben, VII. 3. f) dd).
[16] Vgl. oben, VII. 3. f) bb), cc).
[17] Vgl. oben, III. 7. b) und IV. 8. a).
[18] Vgl. oben, VII. 3 c).

grenzüberschreitende Vollstreckung englischer Urteile nach den privilegierenden Regeln der Art. 39 ff. Brüssel Ia-VO mit dem Brexit weggefallen ist,[19] blieb für englische Schiedssprüche die Vollstreckbarkeit innerhalb der EU erhalten. Die Anerkennung und Vollstreckung ausländischer Schiedssprüche richtet sich eben nicht nach Unionsrecht, sondern nach Völkerrecht, nämlich den Regeln der New Yorker Konvention.

Ganz anders ist die Lage für Frankreich, denn dem französischen materiellen Recht und speziell dem Code Civil kommt keine derjenigen des *common law* vergleichbare Anziehungskraft zu. Die Zahlen der ICC belegen dies eindrucksvoll, denn während Frankreich mit 99 Schiedsverfahren an der Spitze steht, wurde das französische Recht lediglich in 33 Verfahren – also bloß in einem Drittel der in Frankreich platzierten Schiedsverfahren – zum anwendbaren Recht bestimmt. Diese Zahlen bringen die Unattraktivität des Code civil in den Augen der Parteien deutlich zum Ausdruck. Parteien von außerhalb des französischen Sprachraums wählen Paris als Schiedsort nicht deshalb, weil sie sich die Anwendung des französischen materiellen Rechts durch die darin ausgebildeten Juristen sichern wollen. Die Gravitation des Schiedsplatzes Paris beruht vielmehr maßgeblich auf der Qualität des Schiedsverfahrensrechts. Diese Qualität besteht im Kern in der besonderen Liberalität und Schiedsfreundlichkeit der den CPC anwendenden französischen Gerichte. Leuchtende Beispiele dafür sind die Doktrin von der negativen Kompetenz-Kompetenz, die großzügige Ausdehnung der Bindungswirkung der Schiedsvereinbarung auf sog. *non-signatories* und die Bereitschaft zur Anerkennung und Vollstreckbarerklärung von Schiedssprüchen trotz Aufhebung in deren jeweiligen Herkunftsstaaten.[20] Die faktische Zuständigkeitskonzentration bei der Cour d'appel de Paris gewährleistet zudem ein relativ hohes Fallaufkommen und damit eine erhebliche Konkretisierungstiefe des französischen Schiedsverfahrensrechts. Die „philosophisch" motivierte Rede von einer autonomen transnationalen Rechtsordnung (*ordre juridique arbitral*) hat den französischen Gerichten eine willkommene theoretische Grundlage für die freihändige Entwicklung eines extrem liberalen Schiedsverfahrensrechts geliefert.[21] Wie die Reformvorschläge des Jahres 2025 zeigen, hält die französische Schiedsszene an diesem Ansatz unbeirrt fest, auch wenn einige kleinere Korrekturen zugunsten eines Schiedsverfahrensrechts *plus protecteur* vorgesehen sind.[22]

---

[19] Dazu allgemein *Eidenmüller*, ZEuP 2018, 868, 882 f. Englische Urteile können allerdings nach dem Haager Gerichtsstandsübereinkommen vollstreckt werden, sofern sie auf einer Gerichtsstandsvereinbarung beruhen, vgl. *Schack*, Internationales Zivilverfahrensrecht, Rn. 149. Zu diesem Abkommen oben, IV. 4. e).

[20] Oben, VII. 2. d), e) f) cc).

[21] *Gaillard*, Aspects philosophiques du droit de l'arbitrage international, 60 ff.

[22] Vgl. oben, VII. 2. g).

Die Schweiz verfügt wie England über ein hoch attraktives materielles Recht, das in der Beliebtheitsskala der Parteien auf dem zweiten Platz steht und die Attraktivität der Schweiz als Schiedsplatz noch übertrifft. Während von den ICC Schiedsverfahren im Jahr 2023 79 in der Schweiz stattfanden und 66 unter Beteiligung schweizerischer Parteien abliefen, wurde das schweizerische Recht in 83 Fällen zum Sachstatut gewählt. Im Bereich des Schiedsverfahrensrechts verfolgt die Schweiz eine ähnliche Strategie wie Frankreich, allerdings ohne theoretisch-philosophische Überhöhung und inhaltlich mit mehr Pragmatismus und mehr Respekt vor der Parteiautonomie. Bei der Bindung von Parteien, die die Schiedsvereinbarung nie gesehen haben, sog. *non-signatories*, ist die schweizerische Rechtsprechung sehr zurückhaltend,[23] doch bei der Promotion des Schiedsplatzes Schweiz umso offensiver. Sinnbild dafür ist die Anerkennung des Prinzips der negativen Kompetenz-Kompetenz nur für internationale Schiedsverfahren mit Sitz in der Schweiz.[24] Darüber hinaus profitiert die Schweiz von ihrem guten Ruf als neutrales Land und von ihrer Lage außerhalb der Europäischen Union. So kann das Bundesgericht europäischen Unternehmen, die den Bindungen des europäischen Wettbewerbsrechts entgehen wollen, das Angebot machen, ihren Streit in der Schweiz ohne Rücksicht auf die Art. 101, 102 AEUV entscheiden zu lassen.[25] Die Konzentration sämtlicher Gerichtsverfahren in internationalen Schiedssachen bei einer einzigen Instanz, dem Bundesgericht, gewährleistet ein relativ hohes Fallaufkommen und die tiefe Konkretisierung des Gesetzesrechts, von der wiederum die Zugänglichkeit des Schiedsverfahrens und die Voraussehbarkeit seiner Abläufe abhängt.

3. Die Position Deutschlands im Wettbewerb der Schiedsstandorte

a) Geringe Anziehungskraft für internationale Schiedsverfahren

Der empirische Befund bestätigt die Einschätzung, dass Deutschland nicht zu den führenden Orten für internationale Schiedsverfahren zählt. Das gilt ohne Einschränkung für echte internationale Schiedsverfahren, an denen keine Partei aus dem Sitzstaat des Schiedsgerichts beteiligt ist, denn in diesem Bereich spielen deutsche Schiedsplätze praktisch keine Rolle.

Die Erklärung dafür, dass Deutschland mit den großen europäischen Schiedsplätzen nicht mithalten kann, ist sicherlich nicht monokausaler Natur. Anders als Frankreich und die Schweiz kann Deutschland nicht für sich in Anspruch nehmen, ein besonders liberales Recht für internationale Schiedsverfahren bereitzuhalten. Eine Differenzierung zwischen nationalen und internationalen

[23] Vgl. oben, VII. 4. d).
[24] Vgl. oben, VII. 4. e) aa).
[25] Vgl. oben, VII. 4. f) bb).

Streitigkeiten findet nicht statt, wodurch einer weitgehenden Zurücknahme der gerichtlichen Kontrolle für internationale Schiedsverfahren ein Riegel vorgeschoben ist. Die unitarisch geltenden Regelungen der §§ 1025 ff. ZPO, in ihrer Interpretation durch den BGH, enthalten weder ein Bekenntnis zum Prinzip der negativen Kompetenz-Kompetenz, das den Schiedsgerichten den Vortritt vor den staatlichen Gerichten bei der Beurteilung der Wirksamkeit der Schiedsvereinbarung lassen würde,[26] noch zur Rücknahme der Kontrolldichte bei Aufhebungsklagen gegen internationale Schiedssprüche, einschließlich der Zulässigkeit eines vollumfänglichen Verzichts auf den Aufhebungsantrag.[27]

Auf der anderen Seite lässt sich auch nicht sagen, das deutsche Schiedsverfahrensrecht sei im internationalen Vergleich übermäßig restriktiv. Auf der Ebene des Gesetzestextes hat die ZPO mit der Übernahme des UNCITRAL-Modellgesetzes den Anschluss an den internationalen Standard hergestellt. Die das Gesetz konkretisierende Rechtsprechung lässt sich *in toto* kaum auf ihre hinreichende Schiedsfreundlichkeit hin beurteilen. Immerhin ist die Haltung der deutschen Gerichte bei der Überprüfung von Schiedssprüchen, sei es im Aufhebungsverfahren nach § 1059 ZPO, sei es in Exequaturverfahren gemäß § 1060 Abs. 2 ZPO, § 1061 ZPO i. V. m. Art. V NYC, durchaus schiedsfreundlich. Wie eine empirische Auswertung der im Zeitraum 2012–2016 ergangenen Gerichtsentscheidungen zu den §§ 1059 ff. ZPO ergeben hat, liegt der Anteil aufgehobener oder wegen eines Aufhebungs- bzw. Exequaturversagungsgrunds nicht für vollstreckbar erklärter Schiedssprüche mit 6,82 % in unmittelbarer Nähe der Aufhebungsquote des schweizerischen Bundesgerichts von 6,47 %.[28] Hinzu kommt, dass das englische Schiedsverfahrensrecht in den wesentlichen Punkten den §§ 1025 ff. ZPO entspricht, denn der Arbitration Act differenziert ebenfalls nicht zwischen internen und internationalen Verfahren, er folgt dem Territorialitätsprinzip, er erlaubt die volle Nachprüfung der Wirksamkeit der Schiedsvereinbarung in der Einredesituation, und er unterwirft den Schiedsspruch einer weitreichenden Kontrolle durch das staatliche Gericht. Wegen der starken Netzwerkeffekte, die auf dem Markt für internationale Schiedsverfahren wirken,[29] ist es für eine aufstrebende Jurisdiktion nicht genug, „nur" ebenso attraktiv zu sein wie die etablierten Marktführer, sondern es gilt, sie (deutlich) zu übertreffen. Mit Blick auf das Schiedsverfahrensrecht kann dies auf Basis des UNCITRAL-Modellgesetzes nicht gelingen, denn dieses markiert zwar den internationalen Standard – aber eben auch nicht mehr.

Anders als die Konkurrenz aus England kann das deutsche Produkt auch nicht die Trumpfkarte des materiellen Rechts ziehen. Während das *common*

---

[26] Vgl. oben, VII. 5. d).

[27] Vgl. oben, VII. 5. e) dd).

[28] *Wolff*, SchiedsVZ 2021, 328, 331 f.

[29] Vgl. oben, IV. 8. b).

law sich international großer Beliebtheit erfreut, hat das deutsche Recht als Teil der Civil-law-Familie keine vergleichbare Anziehungskraft.[30] Dies gilt in besonderem Maße wegen der bei vielen Unternehmen und Anwälten höchst unbeliebten Kontrolle vorformulierter Vertragsbedingungen auch im Handelsverkehr, die vom BGH beinhart interpretiert und angewandt wird.[31] Deshalb ist es für die Attraktivität des deutschen materiellen Rechts, aber auch für diejenige Deutschlands als Schieds- und Streitbeilegungsort wichtig, dass die von der aktuellen Bundesregierung geplante Einschränkung der gerichtlichen Inhaltskontrolle von Vertragsklauseln in B2B-Transaktionen tatsächlich umgesetzt wird.[32] Auf der anderen Seite zeigen die Zahlen der ICC aus dem Jahr 2023 auch, dass das deutsche Zivil- und Wirtschaftsrecht nicht so unbeliebt ist, wie es mitunter dargestellt wird. Der Umstand, dass es im Ranking der beliebtesten Rechtsordnungen immerhin auf Platz vier kommt (62 von 870 Fällen) und die Zahl der deutschen Schiedsplätze (33 von 870) weit übertrifft, legt den Schluss nahe, dass das deutsche Recht jedenfalls von deutschen Parteien, die in ICC-Schiedsverfahren zahlreich vertreten sind (111 im Jahr 2023), durchaus akzeptiert wird.[33]

Weitere Gründe für das schwache Abschneiden Deutschlands im Wettbewerb um internationale Schiedsverfahren sind nicht-juristischer Natur. Die Größe und Exportorientierung der deutschen Wirtschaft steht einer Profilierung Deutschlands als neutraler Schiedsplatz entgegen. Zudem hat Deutschland, anders als England, Frankreich und die Schweiz, keine Tradition als Ort des internationalen Handels und der Diplomatie, und die deutsche Geschichte ist keine Hilfe, sondern der Zivilisationsbruch unter den Nationalsozialisten wirkt immer noch als erhebliche Last. Schließlich hat die dezentrale Struktur des Landes die Bildung einer Wirtschafts- und Finanzmetropole, an der alle Fälle zusammenlaufen und von einer Juristenelite verarbeitet werden, zuverlässig verhindert. Dies kontrastiert mit England und Frankreich, wo die Schiedstätigkeit jeweils an einem einzigen Ort – London bzw. Paris – konzentriert ist, aber auch mit der Schweiz, wo sich die Schiedsverfahren in Genf oder in Zürich abspielen. Ohne eine solche Metropole fehlt ein dominanter Schiedsplatz mit

---

30 Vgl. *Vogenauer/Hodges*, Civil Justice Systems in Europe: Implications for Choice of Forum and Choice of Contract Law, 14, verfügbar unter www.fondation-droitcontinental.org/fr/wp-content/uploads/2013/12/oxford_civil_justice_survey_-_summary_of_results_final.pdf (letzter Zugriff am 27. Januar 2026); White & Case/Queen Mary University of London (Hrsg.), 2010 International Arbitration Survey: Choices in International Arbitration, 11ff., verfügbar unter https://www.qmul.ac.uk/arbitration/media/arbitration/docs/2010_InternationalArbitrationSurveyReport.pdf (letzter Zugriff am 27. Januar 2026).

31 Vgl. oben, III. 7. b), IV. 8. a).

32 Verantwortung für Deutschland, Koalitionsvertrag zwischen CDU, CSU und SPD, 21. Legislaturperiode, Zeilen 2783–2787.

33 ICC, ICC Dispute Resolution 2023 Statistics, 4, 11, 12.

entsprechender Anziehungskraft für Schiedsrichter, Rechtsanwälte, Dolmetscher, Court Reporter und Tagungsfaszilitäten. Ein Zentrum, das London und Paris auch nur annähernd ebenbürtig wäre, hat Deutschland nicht zu bieten, was sich daran zeigt, dass in der ICC-Statistik der elf meistgewählten Schiedsplätze zwar Wien (mit 15 Verfahren auf Platz 10), aber keine einzige deutsche Stadt auftaucht.[34] Die 33 ICC-Schiedsverfahren mit Schiedsort in Deutschland müssen sich auf verschiedene Städte verteilen, wobei sich aus der Statistik der DIS ergibt, dass Frankfurt, München, Hamburg, Düsseldorf und Berlin nennenswerte Anteile auf sich vereinen.

b) Attraktivität für Streitigkeiten mit Bezug zu Deutschland

Es bleibt der Markt für interne Streitigkeiten und unechte internationale Schiedsverfahren, also solchen, an denen eine deutsche Partei, d.h. ein Unternehmen mit Sitz in Deutschland, beteiligt ist. In diesem Segment ist die Position der deutschen Schiedsorte viel besser.

Für eine nationale Schiedsorganisation wie die DIS sind 175 Verfahren (in 2024 waren es 139) kein schlechtes Ergebnis.[35] Ein in Deutschland stattfindendes Schiedsverfahren ist für deutsche Parteien, die Streitigkeiten mit ihren inländischen oder ausländischen Vertragspartnern beilegen wollen, durchaus attraktiv. Der Erfolg der DIS bei unechten internationalen Verfahren zeigt sich daran, dass etwa ein Viertel (26 %) der von ihr administrierten Schiedsverfahren Streitigkeiten zwischen einer einheimischen Partei und einer Partei mit Sitz im Ausland betreffen. Zudem wurde über ein Drittel, genau genommen 37 % der Schiedsverfahren, in englischer Sprache geführt, was darauf hindeutet, dass sie einen internationalen Einschlag hatten, etwa weil eine der Parteien zwar ein Unternehmen mit Sitz in Deutschland (oder Luxemburg) war, an dem aber ausländische Investoren maßgeblich beteiligt waren.

Die Leistungsfähigkeit des Schiedsorts Deutschland bzw. der DIS bei der Bereitstellung von Dienstleistungen für deutsche Unternehmen lässt sich ermessen, wenn die Zahlen mit denjenigen für Japan verglichen werden, als einer weiteren Jurisdiktion mit starker, exportorientierter Wirtschaft. Die japanische Schiedsorganisation JCAA administrierte im Jahr 2023 ganze 9 (!) Verfahren.[36] Zum Vergleich: Bei der Schiedsinstitution von Singapur (Singapore International Arbitration Centre – SIAC) wurden im Jahr davor (2022) nicht weniger als

---

[34] ICC, ICC Dispute Resolution 2023 Statistics, Annex, Table 9, 27, verfügbar unter https://iccwbo.org/wp-content/uploads/sites/3/2024/06/2023-Statistics_ICC_Dispute-Resolution_991.pdf (letzter Zugang am 15. Oktober 2025).

[35] Dazu und zu den folgenden Zahlen https://www.disarb.org/en/about-us/our-work-in-numbers (letzter Zugriff am 27. Januar 2026).

[36] https://www.jcaa.or.jp/en/ waren arbitration/statistics.html (letzter Zugriff am 27. Januar 2026).

336 Verfahren anhängig gemacht. Große Jurisdiktionen mit einer exportorientierten Wirtschaft haben es offensichtlich nicht so leicht, internationale Schiedsverfahren anzuziehen.[37]

Diese Einschätzung wird durch die Zahlen der schweizerischen Schiedsorganisation SAC bestätigt. Im Jahr 2023 wurden nur 18 % der Verfahren in deutscher Sprache geführt, es waren nur 14 % Parteien mit Sitz in Deutschland vertreten und in lediglich 2 % der Verfahren kam deutsches Recht zur Anwendung.[38] Diese Zahlen sind klarer Beleg dafür, dass ein nennenswerter Abfluss deutscher Verfahren in die Schweiz nicht stattfindet. Auf Basis der verfügbaren Daten muss allerdings offenbleiben, wo die ICC-Schiedsverfahren stattfinden, an denen zwar deutsche Parteien beteiligt sind (insgesamt 111 in 2023), die allerdings – anders als die 33 von der ICC genannten Fälle – keinen deutschen Schiedsort haben. Insoweit ist Zürich ein vielversprechender Kandidat.

c) Kosteneffizienz und Einbettung in das Unionsrecht als Vorteile

Trotz aller Demut gegenüber den Marktführern bleibt somit festzuhalten, dass die Schiedsgerichtsbarkeit deutscher Prägung von den einheimischen Nutzern, also den in Deutschland ansässigen Unternehmen, durchaus geschätzt wird. Es ist zu vermuten, dass dafür auch die im Vergleich niedrigen Kosten deutscher Schiedsverfahren eine Rolle spielen. Die extrem hohen Kosten Londons werden selbst von den Briten als Problem wahrgenommen, weil sie viele Parteien abschrecken.[39]

Auf der internationalen Ebene lässt sich sogar ein verhaltener Trend in Richtung des deutschen Ansatzes ausmachen. Dessen Elemente sind einerseits die feste Einbettung internationaler Schiedsverfahren in die jeweilige Rechtsordnung am Schiedsort, einschließlich der gebotenen Berücksichtigung des Unionsrechts, andererseits Zurückhaltung bei den Kosten. Der hochfliegende französische Ansatz einer transnationalen, delokalisierten Schiedsgerichtsbarkeit ist unionsrechtlich jedenfalls krachend gescheitert. Die Vorstellung, internationale Schiedsgerichte agierten außerhalb jeder staatlichen Ordnung, mag aus der Sicht einzelner Nationalstaaten plausibel sein, ist für die EU und ihr Recht jedoch inakzeptabel. Im Gegenteil, der EuGH hält Schiedsgerichte, die sich außerhalb des Unionsrechts wähnen, für unzulässig[40] und akzeptiert Schiedssprüche aus Drittstaaten nur unter der Voraussetzung, dass sie innerhalb der EU

---

[37] https://siac.org.sg/siac-announces-2022-statistics-q1-2023-sees-high-filings (letzter Zugriff am 27. Januar 2026).

[38] Auskunft des SAC gegenüber dem Verfasser.

[39] Vgl. oben, III. Fn. 17.

[40] EuGH, 6.3.2018, C-284/16, *Slowakische Republik ./. Achmea BV*, Rn. 54 f.; EuGH, 2.9.2021, C-741/19, *Republik Moldau ./. Komstroy LLC*, Rn. 59; EuGH, 26.10.2021, C-109/20, *Republik Polen ./. PL Holdings Sàrl*, Rn. 44 f.

vollumfänglich auf ihre Vereinbarkeit mit zwingendem Unionsrecht überprüft werden können.[41] Dies alles gilt nach der neuesten Rechtsprechung des EuGH nicht allein für das europäische Wettbewerbsrecht (Art. 101, 102 AEUV), sondern genauso auch für die Grundfreiheiten der Art. 45, 56, 63 AEUV, also Freizügigkeit, Dienstleistungs- und Kapitalverkehrsfreiheit.[42] Diese strikte Einhegung der Schiedsgerichtsbarkeit durch EU-Recht ist für das deutsche Schiedsverfahrensrecht viel leichter zu verarbeiten als für sein französisches Pendant.

Die Vorteile Englands als globale Rechtsmacht führen im Kern auf die Anziehungskraft des materiellen Rechts und der dieses Recht anwendenden Gerichte hinaus, und *common law adjudication* kann ein deutsches Schiedsgericht nicht glaubwürdig anbieten. Die Kreation einer dem *common law* unterworfenen Freihandelszone, wie sie Dubai mit der DIFC und andere Emirate geschaffen haben,[43] ist hierzulande sicher keine Option. Die deutsche Schiedsgerichtsbarkeit kann allerdings für sich in Anspruch nehmen, kostengünstiger zu sein als die englische und – vor allem im Verhältnis zur Schweiz – mit ihrer Einbettung in das Unionsrecht werben.

---

[41] EuGH, 1.8.2025, C-600/23, *Royal Football Club Seraing SA ./. FIFA, UEFA, URBSFA*, Rn. 82 ff.

[42] EuGH, 1.8.2025, C-600/23, *Royal Football Club Seraing SA ./. FIFA, UEFA, URBSFA*, Rn. 89.

[43] https://www.difccourts.ae/difc-courts/services/specialised-divisions/arbitration (letzter Zugriff am 27. Januar 2026).

IX. Alternative Streitbeilegung als Alternative

1. Die Schiedsgerichtsbarkeit im Menü der ADR-Mechanismen

Die Schiedsgerichtsbarkeit ist nicht der einzige Konkurrent der staatlichen Gerichtsbarkeit bei der Beilegung wirtschaftsrechtlicher Streitigkeiten. Daneben sind verschiedene Mechanismen der alternativen Streitbeilegung (Alternative Dispute Resolution – ADR) entstanden und haben sich Marktanteile erobert. Die traditionellen Schiedsinstitutionen haben diesen Trend zur alternativen Streitbeilegung wahrgenommen und darauf reagiert, indem sie diese Verfahren in ihr eigenes Portfolio aufgenommen haben. Die ICC beispielsweise bietet nicht nur Schiedsverfahren, sondern auch Mediation, Schiedsgutachten und Adjudikation, Dispute-Board-Verfahren und andere Instrumente an.[1] Das Gleiche gilt für inländische Schiedsinstitutionen wie die DIS.[2] Heute würde man die etablierten Schiedsinstitutionen besser als Streitbeilegungsinstitutionen bezeichnen – und so nennen sie sich zum Teil schon selbst.[3] Die Darstellung und ökonomische Analyse der verschiedenen Mechanismen alternativer Streitbeilegung würde den Rahmen dieser Untersuchung sprengen, ist für das hier verfolgte Erkenntnisinteresse aber auch nicht erforderlich.[4] Entscheidend ist vielmehr die Frage, welche Vor- und Nachteile diese Mechanismen gerade im Vergleich zur Schiedsgerichtsbarkeit aufweisen.

2. Kostenvorteile der Mediation und anderer ADR-Mechanismen

Die Antwort muss für jedes der verschiedenen ADR-Verfahren unterschiedlich ausfallen. Die Mediation nimmt für sich in Anspruch, den Parteien mehr Kontrolle über das Ergebnis des Verfahrens zu geben,[5] Schiedsgutachten und Ad-

---

[1] Siehe www.iccwbo.org/dispute-resolution-services/ (letzter Zugriff am 27. Januar 2026).

[2] Siehe www.disarb.org/werkzeuge-und-tools/dis-regeln (letzter Zugriff am 27. Januar 2026).

[3] Vgl. www.iccwbo.org/dispute-resolution-services/ (letzter Zugriff am 27. Januar 2026).

[4] Vgl. *Shavell*, Journal of Legal Studies 24 (1995), 1, 12–19.

[5] *Lipsky/Seeber*, University of Pennsylvania Journal of Labor & Employment Law 1 (1998), 133, 142; *Stipanowich/Lamare*, Harvard Negotiation Law Review 19 (2014), 1, 6, 16, 36; *Stipanowich*, University of Illinois Law Journal 1 (2010), 1, 26–29.

judikation sind optimal für Streitigkeiten, bei denen es um Sachfragen geht, die ein technischer oder anderer Sachverständiger klären kann,[6] und die in Bausachen vereinbarten Dispute Boards entsprechen der Nachfrage nach einer schnellen Lösung von Streitigkeiten um Bauleistungen, direkt vor Ort auf der Baustelle und möglichst ohne wesentliche Unterbrechung der Bauarbeiten.[7]

Während der Nutzen der verschiedenen ADR-Verfahren sehr unterschiedlich ausfällt, können sie auf der Kostenseite unabweisbare Vorteile für sich in Anspruch nehmen. ADR-Verfahren jeder Art versprechen erhebliche Kosten- und Zeiteinsparungen gegenüber Rechtsstreitigkeiten, die vor staatlichen Gerichten oder Schiedsgerichten ausgetragen werden. Keines der etablierten Instrumente alternativer Streitbeilegung setzt eine umfassende Untersuchung und Feststellung des Sachverhalts sowie die Interpretation, Konkretisierung, Anwendung und ggf. Fortentwicklung des geltenden Rechts voraus. Wenn die Feststellung des Sachverhalts nicht nötig ist und keine Verpflichtung zur Entscheidung nach Maßgabe des anwendbaren Rechts besteht, kann das Streitbeilegungsverfahren drastisch verkürzt und vereinfacht werden. Proportional dazu sinken die Streitbeilegungskosten.

In diesem Sinne wurde die Mediation als „die neue Schiedsgerichtsbarkeit" angepriesen, weil sie eine informelle, pragmatische und kostengünstige Streitbeilegung verspricht.[8] Diese These beruht auf der Prämisse, dass Schiedsverfahren genauso förmlich, schwerfällig und umständlich geworden sind wie Zivilprozesse, sich also die Schiedsgerichtsbarkeit der staatlichen Gerichtsbarkeit angenähert hat.[9] Damit, so die Folgerung, habe die Schiedsgerichtsbarkeit ihre einstigen Vorteile *in puncto* Flexibilität, Schnelligkeit und Sparsamkeit verspielt. Die Mediation und andere Instrumente alternativer Streitbeilegung seien an ihre Stelle getreten.

Mit Blick auf die Kostenseite ist es richtig und unvermeidlich, dass insbesondere Mediationsverfahren drastisch weniger Zeit in Anspruch nehmen und (deshalb) viel weniger Gebühren für die beteiligten Anwälte und die Mediatoren als neutrale Instanz verursachen als Schiedsverfahren.[10] Diese Vorteile sind jedoch in der Natur der Sache begründet und daher uneinholbar: Da Schiedsgerichte verpflichtet sind, den Sachverhalt festzustellen, der dem Streit zugrunde liegt, sowie das anwendbare Recht zu identifizieren und auf den festgestellten Sachverhalt anzuwenden, können sie niemals so „schnell und billig"

---

[6] Dazu *Freedman/Farrell*, Kendall on Expert Determination.

[7] *Chern*, Chern on Dispute Boards, Practice and Procedure, 2–6.

[8] *Nolan-Haley*, Harvard Negotiation Law Review 17 (2012), 61. Der Autor beklagt jedoch, die Mediation ihrerseits werde von Anwälten erobert, die sie in eine „private gerichtliche Einigungskonferenz" verwandelt hätten.

[9] *Stipanowich*, University of Illinois Law Journal 1 (2010), 1.

[10] *Risse*, Wirtschaftsmediation, 1, 24, 547. Mit Blick auf M&A-Streitigkeiten *Behme*, DB 2014, 881, 883.

sein wie ein Mediator, der weder das eine noch das andere prästieren muss. Ein Schiedsverfahren kann die Mediation in Bezug auf Kosten und Zeit daher niemals schlagen.

3. Der (geringere) Nutzen von Mediation und ADR

Nicht nur im Vergleich zu Verfahren vor staatlichen Gerichten, sondern auch in Relation zu Mediations- und anderen ADR-Verfahren liegt der Vorteil der Schiedsgerichtsbarkeit somit nicht auf der *downside* – geringere Kosten, höhere Geschwindigkeit – sondern auf ihrer *upside* – bessere Rechtsdurchsetzung und in der Folge erhöhte Anreize zur Erfüllung vertraglicher Leistungspflichten sowie eine höhere Frequenz effizienter Verträge. Schiedsverfahren haben etwas zu bieten, was die Mediation und andere ADR-Mechanismen nicht leisten können, nämlich eine Lösung des Streitfalls durch eine autoritative Entscheidung auf der Grundlage des wahren Sachverhalts und des anwendbaren Rechts. Juristen mögen glauben, eine solche Entscheidung habe einen Selbstwert, aber dies ist nicht der Ansatz der vorliegenden Studie. Der für die ökonomische Analyse maßgebliche Kosten/Nutzen-Vergleich der Schiedsgerichtsbarkeit hat ergeben, dass es den Streitparteien gar nicht ausschließlich oder auch nur primär um Schnelligkeit und Sparsamkeit oder auch um Flexibilität geht, sondern um etwas ganz anderes, nämlich eine akkurate richterliche Entscheidung, die die vertraglich übernommenen Rechte und Pflichten getreu der getroffenen Vereinbarung um- und durchsetzt.[11] Die mit der Streitentscheidung nach Sach- und Rechtslage verbundenen Vorteile in Gestalt effizienter Erfüllungsanreize und einer höheren Transaktionsfrequenz kann die Mediation von vornherein nicht anbieten und die übrigen Instrumente der alternativen Streitbeilegung können es allenfalls in verdünnter Form.[12] Plakativ gesprochen ist Mediation ein attraktives Instrument, um einen bereits entstandenen Streit kostengünstig beizulegen. Für die Generierung von Anreizen zur getreuen Erfüllung der vertraglich übernommenen Pflichten ist Mediation hingegen ungeeignet, weil sie nicht auf die Durchsetzung dieser Pflichten gerichtet ist. Genau das ist es jedoch, was die Parteien, die im Zeitpunkt des Vertragsschlusses einen Mechanismus für die Beilegung allfälliger Streitigkeiten vereinbaren, vernünftigerweise anstreben. Nur dann, wenn die akkurate Durchsetzung der vertraglich übernommenen Rechte und Pflichten gewährleistet ist, wird der gemeinsame Nutzen des Vertrags maximiert.

---

[11] Vgl. oben, III. 3., IV. 3. b) und f); dazu auch *El Ahdab/Mainguy*, Droit de l'arbitrage, Rn. 20, 100.

[12] *Shavell*, Journal of Legal Studies 24 (1995), 1, 2 ff.; *Wagner*, 51 CML Rev. 165 (2014).

Das harsche Urteil, Mediation sei auf der Nutzenseite schwach, weil sie nicht auf die Optimierung der Erfüllungsanreize durch die Aussicht auf akkurate Durchsetzung der vertraglich übernommenen Leistungspflichten gerichtet sei, lässt sich bestreiten. Der Einwand müsste lauten, dass es jedenfalls der Wirtschaftsmediation nicht um die psychologische Transformation der Parteien geht,[13] sondern darum, eine Verhandlungslösung zu erzielen, die dem juristisch korrekten Ergebnis nahe kommt. Bei der evaluativen Mediation verhandeln Parteien „im Schatten des Rechts",[14] versuchen also, mit Hilfe des Mediators dasjenige Ergebnis zu approximieren, das sich ergäbe, wenn ihr Streit von einem Gericht oder Schiedsgericht nach Sach- und Rechtslage entschieden würde.[15] Für die Wirtschaftsmediation ist diese Annahme durchaus plausibel. Allerdings besteht das Versprechen der Mediation gerade darin, nicht auf die Positionen, d.h. die Standpunkte der Parteien in Bezug auf den konkreten Streitgegenstand fixiert zu sein, sondern die dahinter oder auch daneben stehenden Interessen in den Blick zu nehmen. Es heißt, in der Mediation sei der Blick nicht nach hinten, auf den Streitgegenstand, gerichtet, sondern nach vorne auf die Chancen zukünftiger Geschäfte zum wechselseitigen Nutzen.[16] Und tatsächlich: Liegt es im Einzelfall so, dass die Parteien durch Kooperation in der Zukunft mehr gemeinsamen Nutzen heben können, als ihnen durch Verzicht auf die Durchsetzung der eigenen Rechtsposition entgeht, ist es für sie rational, den Streit hinter sich und sich auf eine vergleichsweise Regelung einzulassen. Die dabei eingesparten Kosten eines Gerichts- oder Schiedsgerichtsverfahrens verstärken den Anreiz zur gütlichen Einigung noch. Die Zweckrationalität einverständlicher Streitbeilegung mit Rücksicht auf den zukünftigen Nutzen fortgesetzter Kooperation ändert jedoch nichts daran, dass die Anreize zu vertragstreuem Verhalten unterminiert werden. Wenn eine Partei darauf zählen kann, dass vertragsbrüchiges Verhalten nicht sanktioniert wird, weil die Gegenseite auf die Vorteile zukünftiger Geschäfte nicht verzichten will, sinkt der Anreiz, die übernommenen Pflichten auch tatsächlich zu erfüllen.

In vielen Fällen steht eine Kooperationsdividende in der Zukunft, aus der die Parteien den Verzicht auf die Durchsetzung der jeweils eigenen Rechtsposition gegenfinanzieren könnten, nicht zur Verfügung. Bei reinen Verteilungskonflikten muss sich das Mediationsverfahren darauf konzentrieren, die Positionen der Parteien mit dem Ziel zu evaluieren, die Erwartungen der Kontrahenden in

---

[13] Zu den verschiedenen Ansätzen *Breidenbach*, Mediation, 123ff.; *Menkel-Meadow/Love/Schneider*, Mediation, 2. Aufl. 2013, 107ff.; zur therapeutischen Mediation *Moore*, The Mediation Process, 47ff.

[14] Klassisch, wenn auch mit Blick auf Verhandlungen im Vorfeld der Ehescheidung: *Mnookin/Kornhauser*, 85 Yale L. J. 950 (1979); zu wirtschaftsrechtlichen Streitigkeiten *Risse*, Wirtschaftsmediation, § 8 Rn. 41ff.

[15] Zur evaluativen Mediation *Moore*, The Mediation Process, 56f.; *Duve/Eidenmüller/Hacke/Fries*, Mediation in der Wirtschaft, 91f.

[16] *Risse*, Wirtschaftsmediation, § 8 Rn. 49.

Bezug auf den Ausgang eines streitigen Gerichts- oder Schiedsverfahrens möglichst anzunähern.[17] Sind die Erwartungen der Parteien über den Prozessausgang kongruent, öffnet sich das Fenster für eine gütliche Einigung, weil es rational ist, das Ergebnis des Urteils oder Schiedsspruchs zu antizipieren und die Kosten der streitigen Auseinandersetzung einzusparen.[18] Die Annäherung der Prozesserwartungen der Parteien setzt die Offenlegung der auf beiden Seiten vorhandenen Informationen und den Austausch von Dokumenten, Zeugenaussagen und sonstigen Beweismittel voraus. Im Grenzfall müsste das Mediationsverfahren ein Schiedsverfahren einschließlich mündlicher Verhandlung nachbilden, um zu erreichen, dass die Parteien denselben Informationsstand haben und der Erwartungswert des Prozesses mit einiger Treffsicherheit berechnet werden kann. Durch eine solche Vorgehensweise würden die Zeit- und Kostenvorteile der Mediation indessen weitgehend aufgezehrt.

Wirtschaftsmediation kann folglich nur erfolgreich sein, wenn entweder der Einzelfall Chancen für die Hebung des gemeinsamen Nutzens zukünftiger Kooperation bietet oder die Aufklärung der Sach- und Rechtslage in einem relativ frühen Zeitpunkt abgebrochen und der Erwartungswert des Prozesses auf unsicherer Grundlage geschätzt wird. Die Einigung auf einen Vergleich, der einer groben Schätzung des Erwartungswerts des Rechtsstreits entspricht, hat unabweisbare Vorteile im Hinblick auf Zeit und Kosten. Für Parteien, denen es um die schnelle Erledigung des Streits zu geringen Kosten geht, ist dies eine attraktive Option. Auf der anderen Seite verspricht das Durchfechten des Streits in einem Schiedsverfahren viel höhere Auszahlungen, ist allerdings mit einem komplementären Verlustrisiko verbunden und erfordert einen erheblichen Aufwand an Zeit und Kosten. Parteien, die gut finanziert und risikoneutral sind, werden diese Nachteile aushalten und ihre Obsiegenschance wahren wollen. Entgegen der Ansicht passionierter Mediationsanhänger ist die Durchsetzung der eigenen Rechtsposition keineswegs irrational. Die stabile Zahl wirtschaftsrechtlicher Schiedsverfahren über hohe Streitwerte, die von kompetenten und erfahrenen Parteien geführt werden, ist keineswegs Ausweis uninformierten oder irrationalen Verhaltens, sondern Ausdruck vernünftiger Präferenzen (relativ) risikoneutraler Akteure.

Hinzu kommt, dass die Beilegung des Streits den Parteien nur insofern nützt, als die Einigung oder Entscheidung auch praktisch durchsetzbar, also vollstreckbar ist. Dies ist bei Mediationsvergleichen nicht ohne Weiteres der Fall. Für innerstaatliche Mediationsverfahren öffnet der Anwaltsvergleich gemäß §§ 796a ff. ZPO einen Weg, der allerdings derart kostspielig ist, dass er in der Praxis keine Rolle spielt.[19] Im internationalen Kontext ist für Schiedssprüche

---

[17] Dazu *Risse*, Wirtschaftsmediation, § 8 Rn. 83 ff., 9 Rn. 96 ff.

[18] Ausführlich dazu *Wagner* ZZP 121 (2008), 5, 9 ff.

[19] Vgl. Stein/Jonas-*Kern*, § 796a Rn. 13.

die grenzüberschreitende Vollstreckbarkeit durch die New Yorker Konvention so gut es geht gewährleistet.[20] Ein Parallelabkommen speziell für Mediationsvergleiche, die sog. Singapur-Konvention,[21] existiert zwar, ist bisher aber weder von der EU noch von den Staaten Europas ratifiziert worden, weil die Kompetenz dafür unklar und umstritten ist.[22]

4. Empirische Evidenz

Eine empirische Untersuchung des amerikanischen Markts auf der Grundlage von Interviews mit Führungskräften von Unternehmen deutet darauf hin, dass die Schiedsgerichtsbarkeit an Zugkraft verliert und die Mediation auf dem Vormarsch ist.[23] Für Deutschland und Europa lässt sich dies bisher nicht sagen. Trotz aller Bemühungen um Information des Publikums und trotz Erlass einer auf Förderung der Mediation zielenden EU-Richtlinie und eines entsprechenden Transformationsgesetzes[24] spielt die Mediation in der deutschen Praxis nach wie vor nur eine bescheidene Nebenrolle. Präzise Einschätzungen sind nicht möglich, weil verlässliche Daten über die Zahl der Mediationsverfahren fehlen.

Im Gegensatz zu Schiedsverfahren werden Mediationsverfahren in aller Regel *ad hoc*, also ohne Einschaltung einer Institution durchgeführt.[25] Die von den führenden Schiedsinstitutionen veröffentlichten Zahlen der administrierten Mediationsverfahren sind *minuscule*, bei der DIS beispielsweise liegen sie im einstelligen Bereich pro Jahr.[26] Dieser enttäuschende Befund wird durch breiter angelegte Untersuchungen bestätigt, nach denen der Markt für Mediationsver-

---

[20] Vgl. oben, IV. 4 e).

[21] United Nations Convention on International Settlement Agreements Resulting from Mediation, sog. Singapore Convention, 2019, verfügbar unter https://uncitral.un.org/en/texts/mediation/conventions/international_settlement_agreements (letzter Zugriff am 27. Januar 2026); vgl. dazu *Wilske/Markert/Ebert*, SchiedsVZ 2020, 97, 100; *Heetkamp*, ZKM 2020, 168; *Pfeiffer*, IWRZ 2021, 203; vgl. auch UNCITRAL Model Law on International Commercial Mediation and International Settlement Agreements Resulting from Mediation, 2018, verfügbar unter www.uncitral.un.org/en/texts/mediation/modellaw/commercial_conciliation (letzter Zugriff am 27. Januar 2026); dazu *Denndorfer-Ditges*, in: Salger/Trittmann (Hrsg.), Internationale Schiedsverfahren, 839, 840 ff.

[22] https://www.singaporeconvention.org/jurisdictions.

[23] *Stipanowich/Lamare*, Harvard Negotiation Law Review 19 (2014), 1, 44–55, 47: „Taken as a whole, results suggest very different trends in mediation and arbitration. Mediation usage is expanding and arbitration usage contracting in most conflict settings."

[24] Vgl. dazu nur *Wagner*, RabelsZ 74, 794; *Wagner*, ZKM 2012, 110, jeweils m. w. N.

[25] Zur Wahl zwischen administrierten Schiedsverfahren und solchen *ad hoc* vgl. oben, IV. 7.

[26] Vgl. DIS-Verfahrenseingänge 2023: 7 Mediationsverfahren, 8 Schlichtungsverfahren, verfügbar unter https://www.disarb.org/ueber-uns/unsere-arbeit-in-zahlen (letzter Zugriff am 27. Januar 2026); vgl. auch *Wagner*, Rechtsstandort Deutschland im Wettbewerb, 117 ff. m. w. N.

fahren trotz aller Förderung immer noch sehr klein ist.[27] Dies liegt auch daran, dass die Mediation bei hochwertigen Streitigkeiten zwar im Vergleich zur Schiedsgerichtsbarkeit günstiger, bei Streitigkeiten geringen Werts, insbesondere solchen zwischen Unternehmen und Konsumenten (B2C), jedoch immer noch (viel) zu teuer ist, weil eine professionelle, freiberuflich tätige Person engagiert und bezahlt werden muss. Mit Blick auf geringwertige Streitigkeiten verwandelt sich der Kostenvorteil der Mediation in sein Gegenteil, wenn er mit den wegen der degressiven Gebührentabellen niedrigen Kosten staatlicher Gerichte oder gar mit den kostenlosen Beschwerdeverfahren, die von vielen Unternehmen zur Verfügung gestellt werden, verglichen wird.[28] Wie groß der Spielraum für Mediation wirklich sein kann, bleibt weiter abzuwarten.

5. Versteckte Kosten und Risiken von Mediationsklauseln

Die Kostenvorteile von Mediationsverfahren stellen sich nur ein, wenn der Mediator Erfolg hat, er also den Streit beizulegen vermag. Für die übrigen ADR-Instrumente gilt Entsprechendes, auch sie setzen darauf, dass sich der Streit durch einen dem eigentlichen Gerichts- oder Schiedsverfahren vorgeschalteten Mechanismus aus der Welt schaffen lässt. Gelingt es den Parteien nicht, eine Einigung zu erzielen, und sind sie daher gezwungen, ihren Streit anschließend von einem Schiedsgericht oder einem staatlichen Gericht auszufechten, erhöht das vorgeschaltete Mediationsverfahren die Gesamtkosten der Streitbeilegung. Weitere Kosten können dadurch verursacht werden, dass die Vorschaltung eines Mediationsverfahrens im Rahmen einer *multi-tier dispute resolution clause* die Einleitung des Gerichts- oder Schiedsverfahrens verkompliziert und dadurch weitere Ansatzpunkte für Satellitenstreitigkeiten und Verzögerungen bietet.[29] Da die Möglichkeit eines Scheiterns des Mediationsverfahrens niemals ausgeschlossen werden kann, bedarf es erneut einer Kosten/Nutzen-Analyse. Abhängig von der Wahrscheinlichkeit, dass eine Einigung in der Mediation tatsächlich zustande kommt, dem erwarteten Gewinn aus der Einigung, den Kosten der Mediation einerseits und dem erwarteten Wert des Ergebnisses des Schieds- oder Gerichtsverfahrens sowie dessen Kosten andererseits, kann ein Mediationsverfahren sinnvoll sein oder nicht.

---

[27] Bericht der Bundesregierung über die Auswirkungen des Mediationsgesetzes auf die Entwicklung der Mediation in Deutschland und über die Situation der Aus- und Fortbildung der Mediatoren, 2017, 2, sowie die zugrundeliegende Studie, 5 ff.; *Gläßer*, ZKM 2022, 174, 176 f.; *Meller-Hannich/Höland/Nöhre*, Erforschung der Ursachen des Rückgangs der Eingangszahlen bei Zivilgerichten, 2023, 246.

[28] Vgl. *Eidenmüller/Wagner*, in: *dies.*, Law by Algorithm, 236, 243 ff.

[29] *Berger*, Arbitration International 22 (2006), 1; *Kayali*, Journal of International Arbitration 2010, 551; *von Schlabrendorff*, in: Salger/Trittmann (Hrsg.), Internationale Schiedsverfahren, 13, 53 ff.; *El Ahdab/Mainguy*, Droit de l'arbitrage, Rn. 506.

Bei alledem ist zu berücksichtigen, dass der Versuch einer gütlichen Einigung *ex post*, nachdem der Streit entstanden ist, immer zulässig bleibt, auch wenn sich die Parteien in ihrem kommerziellen Vertrag auf schiedsrichterliche Streitbeilegung verständigt haben. Einigungswilligen Parteien steht der Weg in die Mediation daher stets offen, und für Parteien, die entschlossen sind, bereits entstandenen Streit vor einem Gericht oder Schiedsgericht auszufechten, bringt die Verpflichtung zum vorherigen Einigungsversuch vor einem Mediator keinerlei Nutzen. Dasselbe gilt, wenn nur eine der Streitparteien es ablehnt, eine gütliche Einigung zu suchen. Ein Mediationsverfahren mit einer Partei, die eine Regelung im Verhandlungsweg ablehnt, ist eine Verschwendung von Zeit und Geld.

X. Externalitäten der Schiedsgerichtsbarkeit

1. Konkretisierungs- und Rechtsfortbildungsfunktion der Zivilgerichte

Bis zu diesem Punkt hat sich die Analyse auf die Parteien und ihre jeweiligen Interessen konzentriert. Die Interessen der Parteien sind auf eine optimale Beilegung ihrer Streitigkeit ausgerichtet, im Sinne der Maximierung des Saldos zwischen Nutzen und Kosten der Streitbeilegung. Eine effiziente Streitbeilegung ist jedoch nicht die einzige Funktion der Zivilgerichtsbarkeit. Weitere Funktionen sind die Auslegung und konkretisierende Anwendung des geltenden Rechts auf den jeweiligen Sachverhalt sowie die Fortbildung des geltenden Rechts im Lichte neuer Sachverhalte und Herausforderungen.[1] Durch die Auslegung und konkretisierende Anwendung abstrakter Rechtsnormen auf Sachverhalte wird das Recht lebendig und praktisch nutzbar. Erst durch die gerichtliche Rechtsanwendung wird den betroffenen Parteien, vor allem aber auch ihren juristischen Beratern und darüber hinaus sämtlichen Juristen, die in der Zukunft mit vergleichbaren Streitigkeiten konfrontiert sein können, deutlich gemacht, was die jeweilige Rechtsnorm konkret bedeutet und welches Verhalten sie erfordert. In diesem Sinne informiert die gerichtliche Rechtsanwendung die Gesellschaft fortwährend über das tatsächlich geltende Recht.[2]

Im Zeitpunkt des Abschlusses eines kommerziellen Vertrags kommt den Informationen über den präzisen Inhalt von Rechtsnormen besondere Bedeutung zu. Durch die Konkretisierungsarbeit der Ziviljustiz erfahren die Vertragsparteien nicht nur, was das Gesetz von ihnen genau verlangt, sondern auch, welche Vertragsklauseln von der Rechtsprechung als wirksam akzeptiert werden und was einzelne Klauseln genau bedeuten, in welchen Situationen sie also angewendet werden und in welchen nicht. Erst dadurch werden die Parteien in die Lage versetzt, ihre Verträge rechtswirksam zu gestalten und die einzelnen Bestandteile ihrer Vereinbarung zu bepreisen. Im Zeitraum nach Vertragsschluss werden sie in die Lage versetzt, ihr Verhalten an dem Vertrag und an den darin wirksam übernommenen Pflichten auszurichten. Auf diese Weise leistet die Ziviljustiz einen wichtigen Beitrag zur volkswirtschaftlichen Effizienz der tat-

[1] *Landes/Posner*, Journal of Legal Studies 8 (1979), 235, 236–242; *Wagner*, Rechtsstandort Deutschland im Wettbewerb, 86 ff.

[2] *Wagner*, JZ 1998, 836, 837 f.

sächlich geschlossenen Verträge und des Verhaltens der Parteien unter diesen Verträgen.

Darüber hinaus erhalten diejenigen Akteure, die bereits in einen Rechtsstreit verwickelt sind, der dieselben oder ähnliche Rechtsfragen aufwirft wie der bereits entschiedene Fall, wertvolle Hinweise zur Einschätzung ihrer Chancen und Risiken. Im Idealfall lässt sich sogar mittels Prozessrisikoanalyse das voraussichtliche Ergebnis der Streitentscheidung in Folgefällen bestimmen. Die öffentliche Konkretisierung und Anwendung des Rechts ermöglicht es den Parteien, realistische Erwartungen in Bezug auf das jeweils eigene Obsiegen auszubilden, was wiederum das sprichwörtliche *bargaining in the shadow of the law* ermöglicht und dadurch die Chancen auf eine gütliche Einigung erhöht.[3] Die Konvergenz der Erwartungen der Streitparteien in Bezug auf das eigene Obsiegen bzw. Unterliegen ist die essenzielle Voraussetzung dafür, dass sich das Vergleichsfenster öffnet und die Parteien die – theoretisch stets vorhandene – Kooperationsdividende erkennen und für sich realisieren können.[4]

Diese zusätzlichen Vorteile juristischer Streitentscheidung kommen nur dann in vollem Umfang zum Tragen, wenn die Entscheidung von einer mit Entscheidungsautorität ausgestatteten Instanz getroffen und anschließend der Öffentlichkeit bekannt gegeben wird. Ist die Entscheidungsinstanz nicht dazu befugt, das Recht zu konkretisieren und weiterzuentwickeln, hat ihr Urteil keinen oder nur einen geringen Präzedenzwert. Wird die Entscheidung überdies geheim gehalten, kann sie weder Einfluss auf das Verhalten potenzieller künftiger Streitparteien entfalten, noch einen Beitrag zur Fortentwicklung des Rechts leisten.

2. Kein Beitrag der Schiedsgerichte

Es liegt auf der Hand, dass die Streitentscheidung durch staatliche Gerichte die beiden Leistungen der konkretisierenden Anwendung und Fortbildung des Rechts vor den Augen der interessierten Öffentlichkeit zu leisten vermag, die Schiedsgerichtsbarkeit jedoch nicht.[5] Schiedsgerichten fehlen die öffentliche Autorität und die (demokratische) Legitimation, die notwendig sind, um streitige Rechtsfragen mit Verbindlichkeit für die jeweilige Rechtsgemeinschaft zu entscheiden.[6] Darüber hinaus ist es ein Markenzeichen der Handelsschiedsgerichtsbarkeit, dass die Verfahren vertraulich bleiben und die Schiedssprüche

[3] *Mnookin/Kornhauser*, Yale Law Journal 88 (1979), 950.

[4] *Shavell*, Journal of Legal Studies 11 (1982), 55; *Shavell*, Foundations of Economic Analysis of Law, 404 f., 414; vgl. auch *Wagner*, ZZP 121 (2008), 1, 11.

[5] *Landes/Posner*, Journal of Legal Studies 8 (1979), 235, 245–253; *Wagner*, in: Eidenmüller (Hrsg.), Regulatory Competition in Contract Law and Dispute Resolution, 347, 410 f.

[6] *Bone*, 90 Texas L. Rev. 1329, 1384 ff. (2012).

nicht veröffentlicht werden.[7] Während dieses Merkmal der Schiedsgerichtsbarkeit mit Blick auf die Investitionsschiedsgerichtsbarkeit in die Kritik geraten und in der Folge wesentlich relativiert worden ist,[8] bleibt die Vertraulichkeit für die Handelsschiedsgerichtsbarkeit von zentraler Bedeutung, da viele Parteien gerade dieses Merkmal suchen, wenn sie sich gegen einen Rechtsstreit vor einem staatlichen Gericht entscheiden.[9]

Ökonomisch ausgedrückt maximiert die Entscheidung für die Schiedsgerichtsbarkeit anstelle der staatlichen Gerichtsbarkeit zwar die berechtigten Interessen der Parteien, externalisiert aber einen Teil der sozialen Kosten dieser Entscheidung zulasten aller.[10] Der Öffentlichkeit entgehen die Vorteile, die mit der verbindlichen Darlegung, Konkretisierung und Weiterentwicklung des Rechts verbunden sind, und künftige Streitparteien profitieren nicht von den Bemühungen der staatlichen Gerichte um konkretisierende Anwendung, Ergänzung und Weiterentwicklung des Rechts.

3. Gewichtung der Externalitäten

Das Trittbrettfahren der Parteien von Schiedsverfahren zulasten des öffentlichen Justizsystems verursacht nur marginale Nachteile, solange nur ein kleiner Teil der Streitigkeiten hinter verschlossenen Türen erledigt wird, während es einen breiten Strom von Justizverfahren und Gerichtsurteilen gibt. Auch Gerichtsentscheidungen unterliegen dem Gesetz des abnehmenden Grenznutzens, so dass ein paar Urteile mehr oder weniger keine Rolle spielen.[11] Wenn ein Justizsystem tausende oder sogar Millionen von Fällen pro Jahr entscheidet, kann die Gesellschaft leicht auf eine Handvoll Fälle verzichten, die vor Schiedsgerichten verhandelt und von diesen entschieden werden. Mit Blick auf die Schiedsgerichtsbarkeit ist diese Bedingung grundsätzlich erfüllt. So verzeichnete die ICC, immerhin die weltweit führende Schiedsinstitution, im Jahr 2023 870 neue Fälle,[12] während im selben Zeitraum allein bei den äußerst notleiden-

---

[7] Vgl. oben, IV. 3. c).

[8] Vgl. die UNCITRAL Rules on Transparency in Treaty-based Investor-State Arbitration, verfügbar unter www.uncitral.un.org/sites/uncitral.un.org/files/media-documents/uncitral/en/rules-on-transparency-e.pdf (letzter Zugriff am 27. Januar 2026); dazu *Buntenbroich/Kaul*, SchiedsVZ 2014, 1, 7 ff.; *Wilske/Bräutigam*, SchiedsVZ 2015, 49, 53.

[9] Oben, IV. 3. c).

[10] Siehe *Landes/Posner*, Journal of Legal Studies 8 (1979), 235, 248 f.; *Shavell*, Journal of Legal Studies 24 (1995), 379, 424; *Wagner*, in: Eidenmüller (Hrsg.), Regulatory Competition in Contract Law and Dispute Resolution, 347, 410 f.

[11] *Wagner*, JZ 1998, 836, 838.

[12] ICC, ICC Dispute Resolution 2023 Statistics, verfügbar unter https://iccwbo.org/wp-content/uploads/sites/3/2024/06/2023-Statistics_ICC_Dispute-Resolution_991.pdf (letzter Zugriff am 27. Januar 2026).

den Kammern für Handelssachen der deutschen Landgerichte mehr als 18.000 Fälle anhängig gemacht wurden.[13] Bei den französischen *Juridictions commerciales* waren es sogar 124.263 neue Fälle.[14] Diese Zahlen rücken das Externalisierungsproblem zurecht und relativieren sein Gewicht. Zwar ist es theoretisch richtig, dass die Handelsschiedsgerichtsbarkeit externe Effekte für die Gesellschaft als Ganzes verursacht, doch sind die tatsächlichen Auswirkungen dieser externen Effekte sehr begrenzt, wenn nicht sogar vernachlässigbar.[15] Es wäre absurd zu behaupten, dass die Rechtssysteme in Frankreich und Deutschland wesentlich bereichert wären, wenn die 870 in 2023 bei der ICC eingereichten Fälle stattdessen vor den Gerichten in Deutschland und Frankreich verhandelt würden, selbst wenn man kontrafaktisch annimmt, dass die Parteien sich in Ermangelung einer Alternative ausschließlich an diese Gerichte wenden würden. Daran ändert sich auch nichts, wenn die Fallzahlen der schweizerischen Schiedsorganisation SAC (100)[16] und der DIS (175)[17] hinzuaddiert werden. Die Ansicht, dass die Handelsschiedsgerichtsbarkeit die staatlichen Gerichtssysteme in erheblichem Maße aushöhlt und somit die Bemühungen der Justiz zunichtemacht, kann somit nicht aufrechterhalten werden.

Dennoch können Probleme entstehen, wenn die Schiedsgerichtsbarkeit in einer bestimmten Kategorie von Streitigkeiten so stark dominiert, dass der Strom von Urteilen staatlicher Gerichte völlig zum Versiegen kommt. Ein anschauliches Beispiel dafür aus den Vereinigten Staaten sind Streitigkeiten zwischen Wertpapierhändlern und ihren Kunden. Seit der Oberste Gerichtshof der USA in der Rechtssache *Shearson/American Express, Inc.* v. *McMahon* eine Kehrtwende vollzogen und die Schiedsfähigkeit von Schadensersatzansprüchen aus dem Securities Exchange Act von 1934 anerkannt hat,[18] gibt es praktisch

[13] Statistisches Bundesamt (Hrsg.), Statistisches Jahrbuch 2023, Statistischer Bericht Zivilgerichte, Nr. 24231–09, verfügbar unter https://www.destatis.de/DE/Themen/Staat/Justiz-Rechtspflege/Publikationen/Downloads-Gerichte/statistischer-bericht-zivilgerichte-2100210237005.html (letzter Zugriff am 27. Januar 2026). Zu dem drastischen Rückgang der Fallzahlen bei den Kammern für Handelssachen und den Gründen dafür *Wagner*, Rechtsstandort Deutschland im Wettbewerb, 99, 199 ff.

[14] Ministère de la Justice (Hrsg.), Les chiffres-clés de la Justice 2023, 10, verfügbar unter https://www.justice.gouv.fr/documentation/etudes-et-statistiques/chiffres-cles-justice-2023 (letzter Zugriff am 27. Januar 2026). Die *Juridictions commerciales* setzt sich zusammen aus den *chambres commerciales* der ordentlichen Gerichte (tribunaux judiciaires), den Handelsgerichten (tribunaux commerciales) und den tribunaux mixtes.

[15] Genauso die Einschätzung bei *Meller-Hannich/Höland/Nöhre*, Erforschung der Ursachen des Rückgangs der Eingangszahlen bei Zivilgerichten, 2023, 247.

[16] Swiss Arbitration Centre, 2023 Update, verfügbar unter https://www.swissarbitration.org/update-from-the-swiss-arbitration-centre-3/ (letzter Zugriff am 27. Januar 2026).

[17] DIS, Statistiken 2023, verfügbar unter https://www.disarb.org/fileadmin/user_upload/Ueber_uns/Statistik/2023/Statistik_2023_DE.pdf (letzter Zugriff am 27. Januar 2026).

[18] *Shearson/American Express, Inc.* v. *McMahon*, 482 U.S. 220, 227–238 (1987). Die Befugnis der Parteien, Streitigkeiten einem Schiedsverfahren zu unterwerfen, umfasst auch Ansprüche, die sich aus dem RICO-Gesetz (Racketeer Influenced and Corrupt Organizations Act, 18 U.S.C.

keine Entscheidungen der staatlichen US-amerikanischen Gerichte mehr. Diese Streitigkeiten haben sich vollständig in die Schiedsgerichtsbarkeit verlagert.[19] Zwar schreiben die Aufsichtsbehörden vor, dass Schiedssprüche der Börsenschiedsgerichte veröffentlicht werden müssen,[20] doch wird dadurch das Problem nicht gelöst, da mehr als 90 % der Schiedssprüche in Wertpapierschiedsverfahren ohne schriftliche Begründung ergehen.[21] Ihr Präzedenzwert ist gleich null; sie leisten weder die konkretisierende Anwendung der einschlägigen Rechtsnormen noch tragen sie etwas zur Rechtsfortbildung bei.[22] Eine ähnliche Entwicklung zeichnet sich im Bereich des Verbrauchervertragsrechts ab. In diesem Bereich ist die Schiedsgerichtsbarkeit *de facto* obligatorisch geworden, nachdem der Oberste Gerichtshof Schiedsklauseln in den allgemeinen Geschäftsbedingungen von Verbraucherverträgen, die regelmäßig mit einem Verzicht auf Sammelklagen kombiniert werden, zugelassen hat.[23]

Für Deutschland werden mitunter *post-M&A*-Streitigkeiten als ein Bereich genannt, in dem die Schiedsgerichtsbarkeit den Strom von Urteilen staatlicher Gerichte auszutrocknen droht.[24]

[2012], § 1961 ff.) ergeben; *Shearson/American Express, Inc.* v. *McMahon*, 482 U.S. 220, 242 (1987); *Kowalski* v. *Chi. Tribune Co.*, 854 F.2d 168, 173 (7th Cir. 1988) (Posner, J.). In früheren Entscheidungen wurde festgestellt, dass RICO-Klagen nicht schiedsfähig sind: *S. A. Mineracao da Trinidade-Samitri* v. *Utah Int'l, Inc.*, 745 F.2d 190, 196 (2. Cir. 1984).

19 *Park*, American Review of International Arbitration 13 (2002), 75, 105 f.; *Poser*, Brooklyn Law Review 59 (1993) 1095, 1107; eingehend *Quinke*, Börsenschiedsvereinbarungen und prozessualer Anlegerschutz, 49 ff.

20 Financial Industry Regulatory Authority (FINRA), Code of Arbitration Procedure for Customer Disputes (2013), § 12904(h): „All awards shall be made publicly available."

21 *Johnson*, North Carolina Law Review 84 (2005), 123, 144; *Weidemaier*, North Carolina Law Review 90 (2012), 1091, 1104.

22 *Brunet/Johnson*, University of Cincinnati Law Review, 76 (2008), 459, 472 ff.

23 Vgl. bereits oben, IV. 3. d) sowie *AT&T Mobility LLC* v. *Concepcion*, 131 S.Ct. 1740 (2011); *Demaine/Hensler*, Law and Contemporary Problems 67 (2004), 55, 62; *Sternlight*, Stanford Law Review 57 (2005), 1631, 1638.

24 *Sachs*, SchiedsVZ 2004, 123; *Duve/Keller*, SchiedsVZ 2005, 169, 172; vgl. dazu jetzt die auf der Auswertung von Schiedssprüchen beruhende Studie von *Elsing/Pickrahn/Pörnbacher/Wagner*, M&A-Streitigkeiten vor DIS-Schiedsgerichten, 2022.

XI. Bilanz und Ausblick

1. Kritik an der Schiedsgerichtsbarkeit

In der Öffentlichkeit wird die Schiedsgerichtsbarkeit als Geheimjustiz denunziert und den Entscheidungen privater Schiedsrichter jede Legitimität abgesprochen.[1] In der Justiz ist die Vorstellung verbreitet, die Schiedsgerichtsbarkeit ziehe Fälle in großem Stil an und trockne so die staatlichen Gerichte aus.[2] Von Seiten der Mediatoren und der Anbieter anderer ADR-Verfahren wird die Schiedsgerichtsbarkeit kritisiert, weil sie staatlichen Verfahren zu ähnlich und deshalb zu langwierig und (viel) zu teuer sei.[3] Kosten und Verfahrensdauer sind im Übrigen Teil der Dauerkritik der Unternehmen als Nutzer der Schiedsgerichtsbarkeit.

2. Legitime Parteiinteressen an schiedsrichterlicher Streitbeilegung

Bevor direkt auf diese Kritikpunkte eingegangen werden kann, ist der Kern der Legitimation der Schiedsgerichtsbarkeit in Erinnerung zu rufen. Auszugehen ist von den Präferenzen der Parteien, und zwar beider Streitparteien, weil ohne deren Konsens kein Schiedsverfahren stattfinden kann. Der Umstand, dass rationale und wohlinformierte Parteien im Zeitpunkt des Vertragsschlusses eine Schiedsklausel vereinbaren, lässt nur den Schluss zu, dass diese Parteien die Schiedsgerichtsbarkeit der staatlichen Gerichtsbarkeit als dispositives Hintergrundsystem (*default rule, default system*) vorziehen.[4] Die entscheidende Frage lautet, welche Interessen zur Ausbildung dieser Präferenzen führen.

---

[1] Vgl. den Überblick über die Kritik bei *Elsing/Grote,* RIW 2018, 321, 323 f. m. w. N.; sowie *Krajewski,* EuZW 2015, 105; aber auch *Treier/Wernicke,* EuZW 2015, 334, 337; *Leibfried,* FAZ v. 13.7.2015, verfügbar unter www.faz.net/aktuell/politik/die-gegenwart/freihandelsabkommen-ttip-worum-geht-es-und-warum-13698906.html?printPagedArticle=true#pageIndex_2 (letzter Zugriff am 27. Januar 2026).

[2] *Limperg,* FAZ vom 20.3.2015, verfügbar unter https://www.faz.net/aktuell/politik/inland/bgh-praesidentin-bettina-limperg-ueber-den-richterberuf-13493931.html (letzter Zugriff am 27. Januar 2026).

[3] Programmatisch *Nolan-Haley,* Mediation: The "New Arbitration", Harvard Negotiation Law Review 17 (2012), 61.

[4] *Shavell,* Foundations of Economic Analysis of Law, 445 ff.

Da Schiedsgerichte im Verhältnis zu staatlichen Gerichten über keine nennenswerten Kostenvorteile verfügen, ist es die *Nutzenseite*, mit der sie die Parteien überzeugen müssen. Entgegen einem verbreiteten Vorurteil, das von Vertretern von Unternehmen als den Nutzern der Schiedsgerichtsbarkeit genährt wird, sind rationale Parteien keineswegs um Kostenminimierung bei der Streitbeilegung bemüht. Wäre dies der Fall, wären die Mediation oder andere Mechanismen der alternativen Streitbeilegung das Instrument der Wahl. Die ultimative Kosteneinsparung ließe sich erzielen, wenn sich die Parteien zur Entscheidung ihres Streits auf einen Münzwurf einigten. Solche Vereinbarungen kommen indessen nicht vor, und auch die Mediation ist nicht so beliebt, wie ihre Anhänger es sich wünschen. Den Parteien geht es in Wahrheit nicht um Kostenminimierung, sondern um die Optimierung des Verhältnisses von Nutzen und Kosten. Der Nutzen der Streitbeilegung – und dies ist entscheidend – besteht in der präzisen Durchsetzung der vertraglich übernommenen Rechte und Pflichten. Diese setzt die akkurate, richtige Anwendung des Rechts auf den korrekt festgestellten Sachverhalt voraus und erfordert darüber hinaus die tatsächliche Durchsetzung der den Streit lösenden Entscheidung, notfalls mit den Mitteln der Zwangsvollstreckung bzw. durch eine glaubwürdige Drohung mit zwangsweiser Durchsetzung.[5]

Die so beschriebene Wettbewerbssituation liefert die Erklärung dafür, dass die Schiedsgerichtsbarkeit in einigen ausgewählten Domänen des Wirtschaftsverkehrs eine erhebliche Rolle spielt, aber sie erklärt zugleich, warum die Zahl der Schiedsverfahren Jahr für Jahr um Größenordnungen hinter den Eingangszahlen der staatlichen Gerichte zurückbleibt – trotz des erheblichen Rückgangs des Geschäftsanfalls in den vergangenen Jahren. Es lohnt sich einfach nicht, bei Verträgen über verhältnismäßig geringe Beträge in einen aufwändigen Streitbeilegungsmechanismus zu investieren, weil die dadurch zu erzielenden Vorteile in Gestalt verbesserter Erfüllungsanreize den Aufwand nicht wert sind. Bei großvolumigen Transaktionen, denen ein kompliziertes und im Einzelnen ausgehandeltes Vertragswerk zugrunde liegt, verhält es sich umgekehrt; hier lohnt sich das Investment in schiedsrichterliche Streitbeilegung. Bei Binnenstreitigkeiten kommt das Interesse an Vertraulichkeit hinzu; bei internationalen Streitigkeiten ist die Schiedsgerichtsbarkeit im Vorteil, weil nur sie ein neutrales Forum bieten kann, dessen Entscheidungen grenzüberschreitend anerkannt und vollstreckt werden können.

[5] Dazu ausführlich oben, III. 3. und IV 2.

3. Verfassungsrechtliche Gewährleistung der Schiedsgerichtsbarkeit

In einem freiheitlichen Rechtssystem ist den Präferenzen rationaler und wohl informierter Parteien zu entsprechen, wenn nicht überwiegende Interessen Dritter oder der Allgemeinheit entgegenstehen. Für Schiedsvereinbarungen gilt daher dasselbe Prinzip wie für andere Prozessverträge: *in dubio pro libertate.*[6] Folgerichtig ist in der Rechtsprechung des BVerfG die Freiheit zur Vereinbarung der Schiedsgerichtsbarkeit als Teilgewährleistung der Privatautonomie anerkannt, und als solche wird sie in den Schutzbereich der Art. 2 Abs. 1, Art. 12 GG einbezogen.[7] Die Definition der Judikative in Art. 92 GG steht dem nicht entgegen, weil es sich um eine staatsorganisationsrechtliche Norm handelt, die der Exekutive die Rechtsprechungsfunktion entzieht und diese für die Judikative reserviert. Eine Art Rechtsprechungsmonopol des Staates ergibt sich daraus nicht.[8]

4. Geheimjustiz?

Der Vorwurf der Geheimjustiz hat zur Prämisse, dass Gerichtsverfahren öffentlich sein sollten. Die Öffentlichkeit von Gerichtsverfahren ist in Art. 6 Abs. 1 S. 1 EMRK ausdrücklich gewährleistet. Das BVerfG hat in dem eingestandenen Bemühen, einen Gleichlauf zwischen GG und EMRK herzustellen, den Öffentlichkeitsgrundsatz in den Justizgewährungsanspruch hineingelesen und diesen dem Schutzbereich des Art. 2 Abs. 1 i. V. m. Art. 20 Abs. 3 GG unterstellt.[9] Eine Schiedsvereinbarung, die den Öffentlichkeitsgrundsatz verletzt, ist gemäß § 134 BGB nichtig.[10]

Die fehlende Öffentlichkeit von Schiedsverfahren war bisher vor allem für die Investitionsschiedsgerichtsbarkeit und die Sportschiedsgerichtsbarkeit ein Problem. Im Bereich des Investitionsschutzes ist darauf durch Einführung der UNCITRAL Transparenzregeln reagiert worden.[11] Das damit gewährleistete Maß an Öffentlichkeit geht über dasjenige, was in Deutschland im Lichte entgegenstehender Daten- und Persönlichkeitsschutzinteressen für vertretbar gehalten wird, weit hinaus. Die Türen der Sportschiedsgerichtsbarkeit hat der EGMR

---

6 Allgemein *Schlosser*, Einverständliches Parteihandeln, 1 ff., 9 ff.; *Wagner*, Prozeßverträge, 79.

7 BVerfGE 134, 204 Rn. 66 f.; BVerfGE 142, 268 Rn. 63 f.; BVerfGE 149, 126 Rn. 42; BVerfG SchiedsVZ 2022, 296 Rn. 39; eingehend *Wagner/Samanci*, ZEuP 2024, 533, 545.

8 *Wagner/Samanci* ZEuP 2024, 533, 545 m. w. N.; aA. Sachs-*Detterbeck* GG, Art. 92 Rn. 28 f.

9 BVerfG SchiedsVZ 2022, 296 Rn. 38 ff., 44.

10 BVerfG SchiedsVZ 2022, 296 Rn. 51.

11 UNCITRAL Rules on Transparency in Treaty-based Investor-State Arbitration, abrufbar unter https://uncitral.un.org/sites/uncitral.un.org/files/media-documents/uncitral/en/rules-on-transparency-e.pdf (letzter Zugriff am 28. Januar 2026).

geöffnet, indem er die in Athletenvereinbarungen regelmäßig enthaltenen Schiedsklauseln zugunsten des Sportschiedsgerichtshofs in Lausanne (CAS/TAS) als „unfreiwillig" qualifiziert hat, mit der Folge, dass Art. 6 EMRK in vollem Umfang Anwendung findet.[12] Da die Öffentlichkeit der mündlichen Verhandlung in Art. 6 Abs. 1 S. 1 EMRK ausdrücklich gewährleistet ist, muss sie auch in Verfahren vor dem CAS/TAS hergestellt werden können.[13] Das BVerfG ist dem gefolgt.[14]

Auf die Handelsschiedsgerichtsbarkeit lässt sich das Erfordernis einer öffentlichen mündlichen Verhandlung nicht übertragen.[15] Nach der Rechtsprechung sowohl des EGMR als auch des BVerfG ist das Öffentlichkeitsprinzip auf die Zwangsschiedsgerichtsbarkeit begrenzt, also Fälle, in denen der Ausschluss des Rechtswegs zu den ordentlichen Gerichten entweder beiden Parteien von Gesetzes wegen oder einer Partei durch die andere heteronom verordnet wird.[16] Nun lässt sich nicht bestreiten, dass auch im Rechtsverkehr zwischen Unternehmen die Verhandlungsmacht nicht immer gleich verteilt ist und Verträge mitunter im Sinne eines *take it or leave it* präsentiert und von der Gegenseite akzeptiert werden (müssen). Machtungleichgewichte dieser Art und Schwere reichen jedoch nicht aus, um in solchen Verträgen enthaltene Schiedsklauseln als „unfreiwillig" auszuzeichnen und zu invalidieren, falls die in Bezug genommenen Schiedsregeln die Herstellung der Öffentlichkeit der mündlichen Verhandlung nicht ermöglichen.[17]

Nach allem bleibt der Grundsatz der Öffentlichkeit der mündlichen Verhandlung samt den übrigen Gewährleistungen des Art. 6 EMRK und des grundgesetzlichen Justizgewährungsanspruchs auf die Investitionsschutz- und die Sportschiedsgerichtsbarkeit sowie die Fälle gesetzlich angeordneter Schiedsverfahren beschränkt. Solche Fälle gesetzlichen Schiedszwangs sind äußerst selten; in Deutschland ist § 23 Abs. 9 VerpackungsG zu nennen.[18] In diesem Fall vergaberechtlichen Primärrechtsschutzes kann jede Partei verlangen, dass die mündliche Verhandlung der Öffentlichkeit zugänglich gemacht wird. Die dafür geltenden Schiedsregeln müssen diese Befugnis ausdrücklich vorsehen.

---

[12] EGMR, 4.10.2018, 40575/10 und 67474/10, *Mutu und Pechstein ./. Schweiz,* Rn. 96, 103, 109 ff. = SpuRt 2018, 253.

[13] Ausführlich dazu *Wagner/Samanci*, ZEuP 2024, 533, 548 ff.

[14] BVerfG SchiedsVZ 2022, 296; eingehend *Wagner/Samanci*, ZEuP 2024, 533, 543 f.

[15] *Wagner/Samanci*, ZEuP 2024, 533, 556 ff.

[16] EGMR, 28.10.2010, 1643/06, *Suda ./. Tschechische Republik,* Rn. 48; vgl. auch EGMR Urt. v. 21.2.1975 – 6903/75, *Deweer ./. Belgien* Rn. 49 f.; EKMR Entsch. v. 4.3.1987 – 10881/84, *R. ./. Schweiz*; EGMR Urt. v. 1.3.2016 – 41069/12, *Tabbane ./. Schweiz* Rn. 29; EGMR Urt. v. 4.10.2018, 40575/10 und 67474/10, *Mutu und Pechstein ./. Schweiz* Rn. 104.

[17] EGMR BeckRS 2009, 142019 Rn. 51 – *Eiffage SA ./. Schweiz*; EGMR BeckRS 2916, 140559 Rn. 27 – *Tabbane ./. Schweiz*; ausführlich *Wagner/Samanci*, ZEuP 2024, 533, 553 f., 556 ff.

[18] *Wagner/Samanci*, ZEuP 2024, 533, 570.

5. Unionsrechtliche Einschnürung der Schiedsgerichtsbarkeit

a) Die Zurückdrängung der Schiedsgerichtsbarkeit durch den EuGH

Der EuGH hat in den vergangenen Jahren der Investitionsschiedsgerichtsbarkeit die unionsrechtliche Grundlage entzogen, soweit sie Streitigkeiten *intra-EU* betrifft, also zwischen einem Mitgliedstaat und einem Investor aus einem anderen Mitgliedstaat.[19] In diesem Bereich sieht der Gerichtshof den Vorrang des Unionsrechts und seine eigene Rolle als oberste Auslegungsinstanz in Gefahr.[20] Auch der Sportschiedsgerichtsbarkeit begegnet der EuGH mit erheblicher Skepsis, weil die Zustimmung zur Jurisdiktion des Schiedsgerichtshofs für Sport (CAS/TAS) den Athleten und Vereinen von den Sportverbänden aufgezwungen werde und die Schiedsverfahren außerhalb der EU, in der Schweiz, stattfänden, sodass eine Kontrolle des Schiedsspruchs im Aufhebungsverfahren nicht möglich sei.[21] Bei alledem hat der Gerichtshof stets betont, die Handelsschiedsgerichtsbarkeit nicht infrage stellen zu wollen.[22]

b) Bindungswirkung und Kontrolle von Schiedssprüchen

Soweit der EuGH die Schiedsgerichtsbarkeit anerkennt, was mit Blick auf Handelsstreitigkeiten durchweg der Fall ist, stehen der Bindungswirkung von Schiedssprüchen in dem Sinne, dass sie nur sehr eingeschränkter gerichtlicher Kontrolle unterliegen, keine unionsrechtlichen Bedenken entgegen.[23] Allerdings sind die mitgliedstaatlichen Gerichte verpflichtet, im Rahmen der ihnen obliegenden Kontrolle des Schiedsspruchs auf Verstöße gegen den *ordre public*, grundlegende Bestimmungen des Unionsrechts zu berücksichtigen. Dazu zählen solche, „die für das Funktionieren der Aufgaben der Gemeinschaft und insbesondere für das Funktionieren des Binnenmarkts unerläßlich sind".[24] Von Anfang an konnte als gesichert gelten, dass das europäische Wettbewerbsrecht

---

[19] EuGH, 6.3.2018, C-284/16, *Slowakische Republik ./. Achmea BV* = SchiedsVZ 2018, 186; EuGH, 2.9.2021, C-741/19, *Republik Moldau ./. Komstroy LLC* = SchiedsVZ 2022, 34; EuGH, 26.10.2021, C-109/20, *Republik Polen ./. PL Holdings Sàrl.*

[20] EuGH, 6.3.2018, C-284/16, *Slowakische Republik ./. Achmea BV*, Rn. 35 ff., 59 f. = SchiedsVZ 2018, 186.

[21] EuGH, 21.12.2023 – C 124/21 P, *Internationale Eislaufunion ./. Europäische Kommission*, Rn. 188 ff. = EuZW 2024, 373 mit Anm. *Wagner.*

[22] EuGH, 6.3.2018, C-284/16, *Slowakische Republik ./. Achmea BV*, Rn. 54 f. = SchiedsVZ 2018, 186; EuGH, 2.9.2021, C-741/19, *Republik Moldau ./. Komstroy LLC*, Rn. 58 f. = SchiedsVZ 2022, 34; EuGH, 26.10.2021, C-109/20, *Republik Polen ./. PL Holdings Sàrl*, Rn. 28 f.

[23] EuGH, 1.6.1999 C-126/97, *Eco Swiss ./. Benetton*, Rn. 35; EuGH, 26.10.2006, C-168/05, *Mostazza Claro ./. Centro Móvil Milenium*, Rn. 34; EuGH Urt. v. 21.12.2023 – C 124/21 P, *Internationale Eislaufunion ./. Europäische Kommission*, Rn. 193; EuGH, 1.8.2025, C-600/23, *Royal Football Club Seraing ./. FIFA, UEFA, URBSFA*, Rn. 84.

[24] EuGH, 1.6.1999 C-126/97, *Eco Swiss ./. Benetton*, Rn. 36.

dazu zählt.[25] Überraschenderweise rechnet der EuGH auch das Verbraucherschutzrecht zu diesen elementaren Grundsätzen.[26] Nach neuester Rechtsprechung des Gerichtshofs gilt dies gleichermaßen für die Gewährleistung der Freizügigkeit, die Dienstleistungs- und die Kapitalverkehrsfreiheit.[27] Die übrigen Grundfreiheiten, also die Warenverkehrs- und Niederlassungsfreiheit, sind wohl nur deshalb nicht genannt, weil sie in dem konkreten Verfahren vor dem EuGH keine Rolle spielten.

Tatsächlich ist die Sicherstellung der Kontrolle der Schiedssprüche *ex post* ein an sich selbstverständliches und notwendiges Korrelat der Liberalisierung des Zugangs zur Schiedsgerichtsbarkeit. Wie in anderen Kontexten zeigt der EuGH allerdings auch hier eine imperiale Haltung, die die Handelsschiedsgerichtsbarkeit nachhaltig zu beschädigen droht. Die aus den USA herübertönende Kritik, der EuGH würde im Stile eines absolutistischen Imperators die internationale Schiedsgerichtsbarkeit unter Verletzung des Völkerrechts zerstören wollen, geht sicher zu weit.[28] Trotzdem ist es bemerkenswert, wenn die Generalanwältin in der Rechtssache *RFC Seraing* keine Bedenken hat, die Pflichten der Mitgliedstaaten aus der New Yorker Konvention zu brechen und kurzerhand das *gesamte Unionsrecht* für ordre public-fest zu erklären,[29] mit der Folge, dass Schiedssprüche, die gegen irgendeine Bestimmung des Unionsrechts verstießen, gemäß Art. V Abs. 2 lit. b) NYC nicht anerkannt und für vollstreckbar erklärt werden dürften. Diese Auffassung war zwar nur auf die Sportschiedsgerichtsbarkeit bezogen,[30] doch das insoweit entscheidende Zwangselement lässt sich, bei entsprechendem judiziellen Willen, auch bei manchen Schiedsvereinbarungen im Handelsverkehr behaupten. Die Vertragspraxis marktbeherrschender Unternehmen i. S. d. Art. 102 AEUV, §§ 18, 19 GWB ist dafür ein Beispiel.[31]

Der EuGH ist der Position der Generalanwältin in *RFC Seraing* nicht gefolgt und hat stattdessen die Bindungswirkung auch von CAS-Schiedssprüchen in den Grenzen des unionsrechtlichen *ordre public* bejaht und dieses Ergebnis in Art. V NYC abgestützt.[32] Danach sind die Gerichte der Mitgliedstaaten gehalten, diejenigen „Grundsätze oder Bestimmungen […], die Teil der öffentlichen

[25] EuGH, 1.6.1999 C-126/97, *Eco Swiss ./. Benetton*, Rn. 36.

[26] EuGH, 26.10.2006, C-168/05, *Mostazza Claro ./. Centro Móvil Milenium*, Rn. 36 ff. = SchiedsVZ 2007, 46 mit krit. Anm. *Wagner*.

[27] EuGH, 1.8.2025, C-600/23, *Royal Football Club Seraing ./. FIFA, UEFA, URBSFA*, Rn. 89.

[28] *Brower*, TLJ 2025, 193, 193 ff.

[29] EuGH, C-600/23, *Royal Football Club Seraing ./. FIFA, UEFA, URBSFA*, Schlussanträge GA Ćapeta, Rn. 108 ff.; dagegen mit Recht *Haas/Kahlert*, SchiedsVZ 2025, 157, 160.

[30] EuGH, C-600/23, *Royal Football Club Seraing ./. FIFA, UEFA, URBSFA*, Schlussanträge GA Ćapeta, Rn. 111.

[31] Dazu eingehend *Wagner/Samanci*, ZEuP 2024, 533, 556 ff., 562 ff.

[32] EuGH, 1.8.2025, C-600/23, *Royal Football Club Seraing ./. FIFA, UEFA, URBSFA*, Rn. 101 ff., 116 f.

Ordnung der Union sind und dem Einzelnen Rechte oder Freiheiten verleihen" eigenständig auszulegen und anzuwenden sowie die rechtlichen Konsequenzen daraus zu ziehen, ohne an die Würdigung des Schiedsgerichts gebunden zu sein.[33] Immerhin hat das mitgliedstaatliche Gericht dabei von dem Sachverhalt auszugehen, „wie er von dem Schiedsorgan festgestellt und gewürdigt wurde".[34] Eine vollumfängliche Überprüfung auch der vom Schiedsgericht festgestellten Tatsachengrundlage findet also nicht statt. Das Urteil des Gerichtshofs galt zwar der Sportschiedsgerichtsbarkeit, für die der Zwangscharakter der Schiedsklausel charakteristisch ist, doch die Aussagen zum Prüfungsmaßstab für Schiedssprüche hat der Gerichtshof ausdrücklich auch auf die Handelsschiedsgerichtsbarkeit bezogen.[35]

c) Moderierung der Ordre-public-Kontrolle

Mit den eben geschilderten Grundsätzen bewegt sich der EuGH in den Bahnen, die bisher schon für die Anerkennung ausländischer Schiedssprüche anerkannt waren, die die *res-judicata*-Wirkung des § 1055 ZPO nicht für sich in Anspruch nehmen können.[36] Sie entfalten im Inland nur Wirkung, sofern kein Anerkennungshindernis gemäß Art. V NYC entgegensteht, was von demjenigen Gericht, das mit einer den Schiedsspruch berührenden Rechtsfrage befasst ist, inzident geprüft werden kann und muss.

Problematisch ist also nicht die – in der Tat selbstverständliche – Ordre-public-Kontrolle des Schiedsspruchs, sondern ihre Handhabung. Für den von den Parteien gewählten Mechanismus der Streitbeilegung ist es fatal, wenn sich an das eigentliche Schiedsverfahren eine Art von zweiter Instanz anschließt, in der ein staatliches Gericht den Fall erneut unter dem Unionsrecht prüft.[37] Solange diese Prüfung eng begrenzt bleibt, können und müssen die Parteien mit ihr leben. Der ausdrückliche Verzicht des EuGH auf das Erfordernis, auch die Tatsachenfeststellungen des Schiedsgerichts nachzuprüfen, ist daher zu begrüßen, denn er verhindert das kostspielige und zeitaufwändige Aufrollen des gesamten Rechtsstreits. Es wäre zu wünschen, dass der BGH seine Rechtsprechung zum nationalen Kartellrecht, die auf einer Überprüfung auch der Tatsachengrundlage des Schiedsspruchs insistiert, entsprechend anpasst.[38]

---

[33] EuGH, 1.8.2025, C-600/23, *Royal Football Club Seraing ./. FIFA, UEFA, URBSFA*, Rn. 101.

[34] EuGH, 1.8.2025, C-600/23, *Royal Football Club Seraing ./. FIFA, UEFA, URBSFA*, Rn. 101.

[35] EuGH, 1.8.2025, C-600/23, *Royal Football Club Seraing ./. FIFA, UEFA, URBSFA*, Rn. 81 ff., 86.

[36] Stein/Jonas/*Schlosser* ZPO, § 1055 Rn. 35; MüKoZPO/*Münch*, § 1055 Rn. 18; *Haas/Kahlert*, SchiedsVZ 2025, 157, 161 f.

[37] *Basedow*, EU Private Law, Rn. VII.77: „The whole scheme is highly inefficient; no legislature would contemplate this solution".

[38] Vgl. oben, VII. 5. e) bb) und cc).

Gefährlich ist es allerdings, wenn der EuGH nunmehr auch die Grundfreiheiten der Art. 45, 56, 63 AEUV, also Freizügigkeit, Dienstleistungs- und Kapitalverkehrsfreiheit in den Maßstab der Ordre-public-Kontrolle einbezieht.[39] Die Grundfreiheiten sind allgemeine Rechtsprinzipien von höchstem Rang[40] und als solche dazu geeignet, jede Auslegung eines Gesetzes oder einer Vertragsklausel und jede Rechtsanwendung infrage zu stellen. Noch verwunderlicher ist, dass die Inhaltskontrolle missbräuchlicher Klauseln in Verbraucherverträgen ebenfalls zu den Bestimmungen zählen soll, die „für das Funktionieren der Aufgaben der Gemeinschaft und insbesondere für das Funktionieren des Binnenmarkts unerläßlich sind".[41] Für die Handelsschiedsgerichtsbarkeit ist es folgenlos, dass das Verbrauchervertragsrecht zum *ordre public* zählt, doch überzeugend wird die Rechtsprechung dadurch nicht. Das Urteil, in dem der EuGH bereit ist anzuerkennen, dass Bestimmungen des Unionsrechts existieren, die für den Binnenmarkt *nicht* unerlässlich sind, steht noch aus. Je umfangreicher das Unionsrecht und speziell auch das Unionsprivatrecht wird, desto unabweisbarer wird jedoch die Einsicht, dass nicht jede dieser Bestimmungen zum *ordre public* gerechnet werden kann. Im Interesse der Parteien darf die Ordre-public-Kontrolle nicht so aufgebläht werden, dass sie einer versteckten *révision au fond* gleichkommt.

d) Vorlagerecht der Schiedsgerichte zum EuGH

Das Grundproblem im Verhältnis der Schiedsgerichtsbarkeit zum Unionsrecht besteht darin, dass der EuGH schon vor langer Zeit, in der Rechtssache *Nordsee*, die Schiedsgerichtsbarkeit außerhalb des europäischen Justizsystems angesiedelt hat, weil ein Schiedsgericht kein „Gericht eines Mitgliedstaats" sei.[42] Dies trifft natürlich zu, schließt es jedoch nicht aus, private Formen der rechtsförmigen Streitbeilegung in den europäischen justiziellen Dialog einzubeziehen.[43] In dem Maße, wie sich das Schiedsverfahrensrecht in Richtung auf eine intensivere Seriositätskontrolle bewegt, wie beispielsweise die Einführung des außerordentlichen Rechtsbehelfs der Revision zur Aufhebung bestandskräftiger Schiedssprüche in Frankreich, der Schweiz und bald auch in Deutschland belegt,[44] sollte das staatliche Justizsystem der Schiedsgerichtsbarkeit entgegenkommen, sie als vollwertige private Institutionen rechtsförmiger Streitbeilegung anerken-

---

[39] EuGH, 1.8.2025, C-600/23, *Royal Football Club Seraing ./. FIFA, UEFA, URBSFA*, Rn. 89; prophetisch *Basedow*, EU Private Law, Rn. VII-76.

[40] Dazu *Alexy*, Theorie der Grundrechte.

[41] Vgl. oben, XI. 5. b), Fn. 24.

[42] EuGH, 23.3.1982, C-102/81, *Nordsee Deutsche Hochseefischerei ./. Reederei Mond Hochseefischerei Nordstern et. al.*, Rn. 13.

[43] So auch GA *Wathelet*, in: EuGH, 6.3.2018, C-284/16, *Slowakische Republik ./. Achmea BV*, Rn. 85 ff.

[44] Vgl. oben, VII. 2. f) aa); VII. 4. f) cc); VII. 5. e) ee).

nen und in das System der (unionsrechtlichen) Rechtsschutzgewährung einbeziehen.[45] Im deutschen Recht bietet § 1050 ZPO dafür eine geeignete Grundlage.

6. Fazit: Arbitration is Here to Stay

Schiedsrichterliche Streitbeilegung ist ökonomisch erwünscht, weil sie die Anreize zur Erfüllung vertraglich eingegangener Verpflichtungen verbessert und damit die Effizienz des Wirtschaftsverkehrs steigert. Weitere Vorteile, wie die Vermeidung von Kollateralschäden der Streitbeilegung durch Vertraulichkeit sowie die Gewährleistung einer neutralen Entscheidungsinstanz in internationalen Streitigkeiten kommen hinzu. Ob diese Vorteile die möglicherweise höheren Kosten eines Schiedsverfahrens aufwiegen, lässt sich nicht allgemein beantworten. Gerade deshalb ist die Wahl zwischen der Schiedsgerichtsbarkeit und der staatlichen Gerichtsbarkeit als dispositivem Hintergrundsystem (*default system*) in die Hände der Parteien zu legen. Wie stets bei dispositivem Recht geht es darum, den Einzelnen, Individuen und Unternehmen, die Anpassung des Rechts an ihre individuellen Bedürfnisse zu gestatten. Indem die Parteien davon Gebrauch machen, steigern sie den gemeinsamen Nutzen der vertraglich verfassten Transaktion und damit die gesamtgesellschaftliche Wohlfahrt insgesamt. Dies ist der tiefere normative Grund für die verfassungsrechtliche Absicherung der Schiedsgerichtsbarkeit in den Freiheitsgrundrechten. Und dieser Zusammenhang ist es, der die Schiedsgerichtsbarkeit vor übermäßigen Eingriffen des Gesetzgebers und der staatlichen Gerichte schützt. Dieser Schutz ist nicht nur in der Rechtsprechung des BVerfG anerkannt, sondern wird auch vom EuGH nicht grundsätzlich infrage gestellt. Er darf durch eine fortschreitende Publifizierung des Unionsrechts im Rahmen der Ordre-public-Kontrolle nicht ausgehöhlt werden.

[45] Zu Vorschlägen in dieser Richtung statt aller *Basedow*, 32 (2015) J. Int. Arb. 367, 381 ff.; MüKoZPO/*Münch*, § 1050 Rn. 11 m. w. N.; ablehnend *Thorn/Reibetanz*, in: GS Mankowski, 705, 715 ff.

Literatur

Abdel Wahab, Mohamed S./Bao, Chiann/Fessas, Alexander G./Friedman, Mark W./Salomon, Claudia T./Zuleta, Eduardo (Hrsg.), Leadership, Legitimacy, Legacy, A Tribute to Alexis Mourre, Paris 2022.

Ahrens, Jan-Michael, Die subjektive Reichweite internationaler Schiedsvereinbarungen und ihre Erstreckung in der Unternehmensgruppe, Berlin 2001.

Alexy, Robert, Theorie der Grundrechte, Frankfurt 1986.

Andrews, Neil, Andrews on Civil Processes, 2. Aufl., Cambridge 2019.

Antomo, Jennifer, Aufwind für internationale Gerichtsstandsvereinbarungen – Inkrafttreten des Haager Übereinkommens, NJW 2015, 2919–2922.

Armbrüster, Christian, Modernisierung des Schiedsverfahrensrechts: Viel Licht, einige Schatten, ZRP 2024, 66–69.

Arrow, Kenneth J., Uncertainty and the Welfare Economics of Medical Care, American Economic Review, 53 (1963), 941–973.

Bacoubza, Xavier/Serinet, Yves-Marie, Effet négatif du principe de „compétence-compétence“, Revue de droit comparé (RDC), 2016, 484.

Basedow, Jürgen, EU Law in International Arbitration: Referrals to the European Court of Justice, Journal of International Arbitration 2015, 367–386.

ders., EU Private Law, Cambridge/Antwerp/Chicago 2021.

Bebchuk, Lucian A./Cohen, Alma/Ferrell, Allen, Does the Evidence Favor State Competition in Corporate Law?, California Law Review, 90 (2002), 1775–1821.

Bechtold, Stefan/Frankenreiter, Jens/Klerman, Daniel M., Forum Selling Abroad, Southern California Law Review, 92 (2019), 487–559.

Beck'scher Online-Kommentar ZPO, Vorwerk, Volkert/Wolf, Christian (Hrsg.), 57. Ed., Stand 1.7.2025 München, zitiert als BeckOK/*Bearbeiter* ZPO.

Behme, Caspar, Die Eignung der Mediation zur Konfliktlösung bei M&A-Streitigkeiten, Der Betrieb (DB), 2014, 881–885.

Berger, Bernhard/Kellerhals, Franz, International and Domestic Arbitration in Switzerland, 4. Aufl., Bern 2021.

Berger, Klaus-Peter, International Economic Arbitration, Deventer/Boston 1993.

Berger, Klaus-Peter, Law and Practice of Escalation Clauses, Arbitration International, 22 (2006), 1–17.

Berger, Klaus-Peter, Schiedsgerichtsbarkeit im modernen Finanzmarktgeschäft, in: Deutsche Institution für Schiedsgerichtsbarkeit (DIS) (Hrsg.), Schiedsgerichtsbarkeit in Finanz- und Kapitalmarkttransaktionen, Bonn 2008, 1–34.

Berner Kommentar Internationale Schiedsgerichtsbarkeit, Gabriel, Simon/Stacher, Marco (Hrsg.), Bern 2022, zitiert als: Berner Kommentar/*Bearbeiter*.

Bernstein, Lisa, Private Commercial Law in the Cotton Industry: Creating Cooperation Through Rules, Norms, and Institutions, Michigan Law Review, 99 (2001), 1724–1790.

Bernstein, Lisa, Rethinking the Code's Search for Immanent Business Norms, University of Pennsylvania Law Review, 144 (1996), 1765–1821.

Besson, Sébastien, Chapter 2, Part I: Salient Features and Amenities of Chapter 12 PILS, in: Arroyo, Manuel (Hrsg.), Arbitration in Switzerland, 2. Aufl., Alphen aan den Rijn 2018, 27–39.

Besson, Sébastien/Lauber-Thommesen, Nathalie, Introduction, in: Zuberbühler, Tobias/Müller, Christoph/Habegger, Philipp (Hrsg.), Swiss Rules of International Arbitration, 3. Aufl., Zürich 2023, 1–18.

Besson, Sébastien/Rigozzi, Antonio, The 2021 Reform of Chapter 12 PILA, in: Müller, Christoph/Besson, Sébastien/Rigozzi, Antonio (Hrsg.), New Developments in International Commercial Arbitration 2022, Bern 2022, 1–44.

Blackaby, Nigel/Partasides, Constantine/Redfern, Alan, Redfern and Hunter on International Arbitration, 7. Aufl., Oxford 2022.

Blackaby, Nigel/Partasides, Constantine/Redfern, Alan/Hunter, Martin, Redfern and Hunter on International Arbitration, 6. Aufl., Oxford 2015.

Bone, Robert G., Party Rulemaking: Making Procedural Rules Through Party Choice, 90 Texas L. Rev. (2012), 1329–1398.

Born, Gary, International Commercial Arbitration, 3. Aufl., Alphen aan den Rijn 2021.

Böckstiegel, Karl-Heinz, Party Autonomy and Case Management – Experiences and Suggestions of an Arbitrator, SchiedsVZ 2011, 113–114.

Breidenbach, Stefan, Mediation, Köln 1995.

Brekoulakis, Stavros, Introducing the special issue: the lasting legacy of the 1996 Arbitration Act, Arbitration International, 40 (2024), 1–11.

Breyer, Michael, Kostenorientierte Steuerung des Zivilprozesses, Tübingen 2006.

Bromfield, Heather, The Denial of Relief: The Enforcement of Class Action Waivers in Arbitration Agreements, University of California at Davis Law Review, 43 (2009), 315–346.

Brower, Charles N, How the European Union Acts as an Empire of Yore Seeking to Destroy International Arbitration Globally, Transatlantic Law Journal (TLJ) 2025, 193–195.

Brunet, Edward, Replacing Folklore Arbitration with a Contract Model of Arbitration, Tulane Law Review, 74 (2000), 39–86.

Brunet, Edward/Johnson, Jennifer J., Substantive Fairness in Securities Arbitration, University of Cincinnati Law Review, 76 (2008), 459–492.

Buchwitz, Wolfram, Schiedsverfahrensrecht, Berlin/Heidelberg/Dordrecht/New York 2019.

Bumke, Christian, Richterrecht, in: Kube, Hanno/Mellinghoff, Rudolf/Morgenthaler, Gerd/Palm, Ulrich/Puhl, Thomas/Seiler, Christian (Hrsg.), Leitgedanken des Rechts, Band I, Heidelberg 2013, 985–996.

Bundesministerium der Justiz (Hrsg.), Abschlussbericht der Kommission zur Neuordnung des Schiedsverfahrensrechts, Bonn 1994.

Buntenbroich, David/Kaul, Markus, Transparenz in Investitionsschiedsverfahren – Der Fall Vattenfall und die UNCITRAL-Transparenzregeln, SchiedsVZ 2014, 1–8.

Busse, Daniel, Die Bindung Dritter an Schiedsvereinbarungen, SchiedsVZ 2005, 118–123.

Bühler, Michael W., Die 2021 ICC-Schiedsgerichtsordnung: Zwischen Beständigkeit und Wandel, SchiedsVZ 2021, 230–237.

Cachard, Olivier, Le contrôle de la nullité ou de l'inapplicabilité manifeste de la clause compromissioire, Revue de l'Arbitrage, 2006, 893–908.

Callies, Gralf-Peter, Der Richter im Zivilprozess – Sind ZPO und GVG noch zeitgemäß?, in: Verhandlungen des 70. Deutschen Juristentags, Band I, München 2014, A1–111.

Capper, Phillip/Zagonek, Julia, Chapter 2: Relevant Aspects of the English Legal System, in: Lew, Julian/Bor, Harris/Fullelove, Gregory/Greenaway, Joanne (Hrsg.), Arbitration in England, with chapters on Scotland and Ireland, Alphen aan den Rijn 2013, 19–30.

Cary, William L., Federalism and Corporate Law: Reflections upon Delaware, Yale Law Journal, 83 (1974), 663–705.

Chern, Cyril, Chern on Dispute Boards, Practice and Procedure, 3. Aufl., London 2015.

Choi, Albert H./Triantis, George, Completing Contracts in the Shadow of Costly Verification, Journal of Legal Studies, 37 (2008), 503–529.

Choong, John/Mangan, Mark/Lingard, Nicholas, A Guide to the SIAC Arbitration Rules, Oxford 2018.

Clay, Thomas, L'arbitre, Paris 2001.

Cohen, Daniel, Arbitrage et société, Paris 1994.

Cooter, Robert D., The Objectives of Private and Public Judges, Public Choice, 41 (1983), 107–132.

Cremers, Kathrin/Ernicke, Max/Gaessler, Fabian/Harhoff, Dietmar/Helmers, Christian/McDonagh, Luke/Schliessler, Paula/van Zeebroeck, Nicolas, Patent Litigation in Europe, ZEW Discussion Paper No. 13 -072, 2013, verfügbar unter https://www.zew.de/fileadmin/FTP/dp/dp13072.pdf; ebenfalls veröffentlicht in European Journal of Law and Economics 44 (2017), 1–44.

de Boisséson, Matthieu/Fouchard, Clément/Madesclair, Jessica, Le droit français de l'arbitrage, Paris 2023.

Decker, Eric, Das neue beschleunigte Verfahren der Deutschen Institution für Schiedsgerichtsbarkeit, SchiedsVZ 2019, 75–81.

Demaine, Linda J./Hensler, Deborah R., „Volunteering" to Arbitrate through Predispute Arbitration Clauses: The Average Consumer's Experience, Law and Contemporary Problems, 67 (2004), 55–74.

Demeyere, Luc, Different Aproaches to Procedures under Common Law and Civil Law, SchiedsVZ 2008, 279–284.

Denndorfer-Ditges, Renate, Internationale Mediation, in: Salger, Hans-Christian/Trittmann, Rolf (Hrsg.), Internationale Schiedsverfahren, München 2019, 840–878.

Derains, Yves/Schwartz, Eric A., A Guide to the ICC Rules of Arbitration, 2. Aufl., Alphen aan den Rijn 2005.

Dezalay, Yves/Garth, Bryant G., Dealing in Virtue, Chicago 1996.

Dicey, Morris and Collins on The Conflict of Laws, Collins, Lawrence/Harris, Jonathan (Hrsg.), Vol. I, 16. Aufl., London 2022.

Dölling, Birger: Der fliegende Gerichtsstand im Presserecht – Spielball der Interessen?, NJW 2015, 124–130.

Drahozal, Christopher R., Privatizing Civil Justice: Commercial Arbitration and the Civil Justice System, Kansas Journal of Law & Public Policy, 9 (1999), 578–591.

ders., „Unfair" Arbitration Clauses, University of Illinois Law Review, 2001, 695–790.

ders., Busting Arbitration Myths, Kansas Law Review, 56 (2008), 663–677.

Drahozal, Christopher R./Hylton, Keith N., The Economics of Litigation and Arbitration: An Application to Franchise Contracts, Journal of Legal Studies, 32 (2003), 549–584.

Drahozal, Christopher R./Ware, Stephen J., Why Do Businesses Use (or Not Use) Arbitration Clauses?, Ohio State Journal on Dispute Resolution, 25 (2010), 433–476.

Duve, Christian/Eidenmüller, Horst/Hacke, Andreas/Fries, Martin, Mediation in der Wirtschaft, 4. Aufl., Köln 2025.

Duve, Christian/Keller, Moritz, Privatisierung der Justiz – bleibt die Rechtsfortbildung auf der Strecke? – Ein Beitrag zur Auflösung des Spannungsverhältnisses von Privatautonomie und Rechtsfortbildung in der Schiedsgerichtsbarkeit –, SchiedsVZ 2005, 169–178.

Ebert, Björn P., Forum Shopping in International Investment Law: Forum Planning, Forum Enhancement, and Facilitation of Procedure, Tübingen 2017.

Eidenmüller, Horst, Prozeßrisikoanalyse, ZZP 113 (2000), 5–23.

ders., Collateral Damage: Brexit's Negative Effects on Regulatory Competition and Legal Innovation in Private Law, ZEuP 2018, 868–891.

Eidenmüller, Horst/Wagner, Gerhard, Digital Dispute Resolution, in: *dies.*, Law by Algorithm, Tübingen 2021, 223–260.

Eisenberg, Theodore/Miller, Geoffrey P., The Flight from Arbitration: An Empirical Study of Ex Ante Arbitration Clauses in the Contracts of Publicly Held Companies, DePaul Law Review, 56 (2007), 335–374.

Eisenberg, Theodore/Miller, Geoffrey P., The Flight to New York: An Empirical Study of Choice of Law and Choice of Forum Clauses in Publicly-Held Companies' Contracts, Cardozo Law Review, 30 (2009), 1475–1512.

El Ahdab, Jalal/Mainguy, Daniel, Droit de l'arbitrage, Paris 2021.

El Chazli, Karim, L'impartialité de l'arbitre, Paris 2020.

Elsing, Siegfried/Grote, Franziska, TTIP und der Spill-over-Effekt auf die Handelsschiedsgerichtsbarkeit, Recht der internationalen Wirtschaft (RIW), 2018, 321–339.

Elsing, Siegfried/Pickrahn, Günter/Pörnbacher, Karl/Wagner, Gerhard, M&A-Streitigkeiten vor DIS-Schiedsgerichten, München 2022.

Erfurter Kommentar zum Arbeitsrecht, Müller-Glöge, Rudi/Preis, Ulrich/Gallner, Inken/Schmidt, Ingrid (Hrsg.), 25. Aufl., München 2025, zitiert als: ErfK/*Bearbeiter* ArbGG.

Engert, Andreas, Regelungen als Netzgüter. Eine Theorie der Rechtsvereinheitlichung im Vertragsrecht, AcP 213 (2013), 321–365.

Ferrari, Franco, Zum vertraglichen Ausschluss des UN-Kaufrechts, ZEuP 2002, 737–746.

Flessner, Axel, Deutscher Zivilprozess auf Englisch – Der Gesetzentwurf des Bundesrats im Lichte von Staatsrecht, Grundrechten und Europarecht, NJW 2011, 3544–3545.

Fouchard, Philippe/Gaillard, Emmanuel/Goldman, Berthold, Traité de l'arbitrage commercial international, Den Haag 1996.

Fountoulakis, Christiana, Die Revision des schweizerischen internationalen Schiedsrechts – Ziele und vorgesehene Änderungen des Revisionsentwurfs, Zeitschrift für Internationales Wirtschaftsrecht (IWRZ), 2019, 159–168.

Franck, Susan D./van Aaken, Anne/Freda, James/Guthrie, Chris, Inside the Arbitrator's Mind, Emory Law Journal, 66 (2017), 1115–1173.

Freedman, Clive/Farrell, James, Kendall on Expert Determination, 5. Aufl., London 2014.

Fry, Jason/Greenberg, Simon/Mazza, Francesca, The Secretariat's Guide to ICC Arbitration, Paris 2012.

Fuchs, Felix, Die Vertraulichkeit als Pflicht: Zur Begründung verfahrensrechtlicher Verschwiegenheitspflichten im Schiedsverfahren, Gesellschafts- und Wirtschaftsrecht (GWR), 2019, 395–399.

Gaillard, Emmanuel, L'effet négativ de compétence-compétence, in: Haldy, Jacques/Rapp, Jean-Marc/Ferrari, Phidias (Hrsg.), Études de procédure et d'arbitrage en l'honneur de Jean-Francois Poudret, Bern 1999, 387–402.

ders., Aspects philosophiques du droit de l'arbitrage international, Leiden/Boston 2008.

ders., Les principes fondamentaux du nouvel arbitrage, in: Clay, Thomas (Hrsg.), Le nouveau droit français de l'arbitrage, Versailles 2011, 57–330.

ders., Note sous Paris, 27 septembre 2016 et Cass. Civ. 1, 13 septembre 2017, SA Ancienne Maison Marcel Bauche c. Indagro, Paris, 16 mai 2017, RDC c. Tax Consultancy LLC et Paris, 21 février 2017, République du Kighizistan c. M. Valeriy Belokon, Journal du Droit International (JDI), 2017, 1370–1382.

ders., Les vertus de la méthode des règles matérielles appliquées à la convention d'arbitrage (les enseignements de l'affaire Kout Food), Revue de l'Arbitrage, 2020, 701–726.

Geimer, Reinhold, Internationales Zivilprozessrecht, 8. Aufl., Köln 2020.

Geisinger, Elliott/Raneda, Julie, Legislative Framework, in: Geisinger, Elliott/Voser, Nathalie (Hrsg.), International Arbitration in Switzerland, 2. Aufl., Alphen aan den Rijn 2013.

Gerbay, Rémy, The Functions of Arbitral Institutions, International Arbitration Law Library Vol. 38, Alphen aan den Rijn 2016.

Germelmann, Claas-Hinrich/Matthes, Hans Christoph/Prütting Hanns (Hrsg.), Arbeitsgerichtsgesetz, 10. Aufl., München 2022, zitiert als: GMP/*Bearbeiter* ArbGG.

Gläßer, Ulla, Mediation in der Midlife-Crisis? – Eine Zwischenbilanz, Zeitschrift für Konfliktmanagement (ZKM), 2022, 174–178.

Goode, Roy, The Role of the Lex Loci Arbitri in International Commercial Arbitration, Arbitration International, 17 (2001), 19–40.

Greenbaum, Carter, Putting the Baby to Rest: Dispelling a Common Arbitration Myth, American Review of International Arbitration, 26 (2015), 101–130.

Greger, Reinhard, Realität und Reform des Zivilprozesses im Spiegel der Justiz-Statistik, ZZP 131 (2018), 317–352.

Grierson, Jacob, Comment on Dallah v. Pakistan, Journal of International Arbitration 2009, 467–477.

Grohmann, Nicole, Internationalisierung der Handelsgerichtsbarkeit, Tübingen 2022.

Groupe de travail sur la réforme du droit français de l'arbitrage: Rapport et propositions de réforme, Paris 2025.

Gu, Weixia/Tam, Jacky, The Global Rise of International Commercial Courts: Typology and Power Dynamics, Chicago Journal of International Law 65 (2021), 443–492.

Guinchard, Serge, L'arbitrage et le respect du principe du contradictoire (à propos de quelques décisions rendues en 1996), Rev. arb. 1997, 185–198.

Haas, Ulrich/Kahlert, Heiner, Im Westen (scil. Luxemburg) nichts Neues für die (Sport-) Schiedsgerichtsbarkeit?, SchiedsVZ 2025, 157–163.

Handschell, Tobias, Die Vereinbarkeit von Englisch als Gerichtssprache mit dem Grundgesetz und Europäischem Recht, DRiZ 2010, 395–399.

Hardege, Stefan/Waas, Bernd, Endbericht – Rechtsanwaltsvergütung in Europa, Köln 2008.

Harris, Bruce/Planterose, Rowan/Tecks, Jonathan, The Arbitration Act 1996, 5. Aufl., London 2014.

Hau, Wolfgang, Fremdsprachengebrauch durch deutsche Zivilgerichte? Vom Schutz legitimer Parteiinteressen zum Wettbewerb der Justizstandorte, in: Michaels,Ralf/Solomon, Dennis (Hrsg.), Liber Amicorum Klaus Schurig, München 2012, 49–60.

Hau, Wolfgang, The winner takes it all? – Die anwaltliche Vergütungsvereinbarung im deutschen System der Prozesskostenerstattung, JZ 2011, 1047–1053.

Heetkamp, Simon J., Singapur-Übereinkommen in Kraft getreten, Zeitschrift für Konfliktmanagement (ZKM), 2020, 168–172.

Hess, Burkhard, Europäisches Zivilprozessrecht, 2. Aufl., Berlin 2021.

Heukamp, Friso, Schiedszusagen in der Europäischen Fusionskontrolle, Köln 2006.

Hilbig, Katharina, Das gemeinschaftsrechtliche Kartellverbot im internationalen Handelsschiedsverfahren, München 2006.

Hirtz, Bernd, Englisch sollte nicht zu einer deutschen Rechtssprache werden!, AnwBl 2011, 41.

Hofbauer, Simone, Chapter 1, Part I: History of Arbitration, in: Arroyo, Manuel (Hrsg.), Arbitration in Switzerland, 2. Aufl., Alphen aan den Rijn 2018, 3–19.

Höland, Armin/Meller-Hannich, Caroline, Nichts zu klagen?, Baden-Baden 2016.

Holtzmann, Howard M./Neuhaus, Joseph E., A Guide to the UNCITRAL Model Law on International Commercial Arbitration: Legislative History and Commentary, Den Haag 1994.

Hylton, Keith N., Agreements to Waive or to Arbitrate Legal Claims: An Economic Analysis, Supreme Court Economic Review, 8 (2000), 209–263.

ICC Commission on Arbitration and ADR (Hrsg.), Decisions on Costs in International Arbitration, ICC Dispute Resolution Bulletin 2015, 2.

Jacoby, Florian, Der Musterprozeßvertrag, Tübingen 2000.

Jasper, Dieter, Forum shopping in England und Deutschland, Berlin 1990.

Kaplow, Louis, Private versus Social Costs in Bringing Suit, Journal of Legal Studies, 15 (1986), 371–385.

Jermini, Cesare/Bernadoni, Nicola, Chapter 1, Part II: Domestic Arbitration under the Swiss Code of Civil Procedure, in: Arroyo, Manuel (Hrsg.), Arbitration in Switzerland, 2. Aufl., Alphen aan den Rijn 2018, 21–29.

Johnson, Jennifer J., Wall Street Meets the Wild West: Bringing Law and Order to Securities Arbitration, North Carolina Law Review, 84 (2005), 123–180.

Jürgens, Uwe: Abgestürzte Gerichtsstände – Der fliegende Gerichtsstand im Presserecht, NJW 2014, 3061–3067.

Jürschik, Corina, Die Ausdehnung der Schiedsvereinbarung auf konzernzugehörige Unternehmen, Hamburg 2011.

Kaplow, Louis, The Value of Accuracy in Adjudication: An Economic Analysis, Journal of Legal Studies, 23 (1994), 307–401.

Kaplow, Louis/Shavell, Steven, Accuracy in the Determination of Liability, Journal of Law & Economics, 37 (1994), 1–16.

Kassis, Antoine, L'autonomie de l'arbitrage commercial international, Paris 2005.

ders., La réforme de droit d'arbitrage international, Paris 2008.

Kaufmann-Kohler, Gabrielle/Rigozzi, Antonio, International Arbitration: Law and Practice in Switzerland, Oxford 2015.

Kayali, Didem, Enforceability of Multi-Tiered Dispute Resolution Clauses, Journal of International Arbitration, 2010, 551–577.

Keer, Stephanie E./Naimark, Richard W., Arbitrators Do Not „Split the Baby" – Empirical Evidence from International Business Arbitrations, Journal of International Arbitration, 2001, 573–578.

Kieninger, Eva-Maria, Wettbewerb der Privatrechtsordnungen im Europäischen Binnenmarkt, Tübingen 2002.

Keller, Moritz/Netzer, Felix, Finanzmarkt, Banken und Streitbeilegung – ein Fall für die Schiedsgerichtsbarkeit, BB 2013, 1347–1354.

Keutgen, Guy, L'indépendance et l'impartialité de l'arbitre en droit belge, in: van Compernolle, Jacques/Tarzia, Guiseppe (Hrsg.), L'impartialité du juge et de l'arbitre, Brüssel 2006, 275–298.

Kiehl, Jonas/Gebhard, Bero, Die Modernisierung des deutschen Schiedsverfahrensrechts, SchiedsVZ 2024, 173–181.

Klausner, Michael, Corporations, Corporate Law, and Networks of Contracts, Virginia Law Review, 81 (1995), 757–852.

Kindt, Torsten, Transnationale Verträge im nationalen Recht, Tübingen 2023.

Kleine, Lucas, Die Schiedsgerichtsbarkeit aus Sicht ihrer Nutzer …, SchiedsVZ 2008, 145–146.

Koepp, Johannes//Turner, David, A Massive Fire and a Mass of Confusion: Enka v. Chubb and the Need for a Fresh Approach to the Choice of Law Governing the Arbitration Agreement, Journal of International Arbitration, 2021, 377–394.

Korobkin, Russell B., Psychological Impediments to Mediation Success: Theory and Practice, Ohio State Journal on Dispute Resolution, 21 (2006), 281–238.

Krajewski, Markus, Investor-Staat-Schiedsgerichtsbarkeit im TTIP, EuZW 2015, 105.

Kröll, Stefan, Schiedsverfahren bei Finanzgeschäften - Mehr Chancen als Risiken, Zeitschrift für Bankrecht und Bankwirtschaft (ZBB), 1999, 367–380.

Kühnen, Thomas/Claessen, Rolf: Die Durchsetzung von Patenten in der EU – Standortbestimmung vor Einführung des europäischen Patentgerichts, GRUR 2013, 592–597.

Lalive, Pierre, Towards a Decline of International Arbitration?, Journal of the Chartered Institute of Arbitrators, 65 (1999), 251–254.

Larribère, Lilian, La réglementation de la convention d'arbitrage international, Paris 2023.

Landes, William/Posner, Richard, Adjudication as a Private Good, Journal of Legal Studies, 8 (1979), 235–284.

Leible, Stefan, Kollisionsrecht und vertikaler Regulierungswettbewerb, RabelsZ 76 (2012), 374–400.

Leuschner, Lars (Hrsg.), AGB-Recht im unternehmerischen Rechtsverkehr, München 2021, zitiert als: *Bearbeiter*, in: Leuschner, AGB-Recht im unternehmerischen Rechtsverkehr.

Lew, Julian, Chapter 14: The Basis for Applying Competition Law from an English Law Perspective, in: Blanke, Gordon/Landolt, Phillip (Hrsg.), EU and US Antitrust Arbitration, Alphen aan den Rijn 2011, 519–541.

Lew, Julian/Holm, Melissa, Chapter 1: Development of the Arbitral System in England, in: Lew, Julian/Bor, Harris/Fullelove, Gregory/Greenaway, Joanne (Hrsg.), Arbitration in England, with chapters on Scotland and Ireland, Alphen aan den Rijn 2013, 1–18

Lipsky, David B./Seeber, Ronald L., In Search of Control: The Corporate Embrace of ADR, University of Pennsylvania Journal of Labor & Employment Law, 1 (1998), 133–157.

Lord Hacking, David, The 'Case Stated' Abolished: the United Kingdom Arbitration Act of 1979, The International Lawyer, 1980, 95–102.

Loquin, Éric, L'application de règles anationales dans l'arbitrage commercial international, in: ICC, L'apport de la jurisprudence arbitrale, Nr. 440/1, Paris 1986.

ders., L'arbitrage du commerce international, Paris 2015.

Luhmann, Niklas, Legitimation durch Verfahren, 3. Aufl., Frankfurt am Main 1993.

Mankowski, Peter, Schiedsgerichte und die Rom-I-VO, RIW 2018, 1–19.

Mann, Frederick Alexander, Lex Facit arbitrum, in: Sanders, Pieter (Hrsg.), International Arbitration, Liber Amicorum for Martin Domke, Den Haag 1967, 157–183.

ders., Life and Cases – Manuscript of an Autobiography, bearbeitet von Wolfgang Ernst, Bonn 2021.

Mavrantonakis, Emmanouil, Das Verbot der révision au fond im internationalen Handelsschiedsverfahren, Tübingen 2021.

Maxeiner, James R., The American „Rule": Assuring the Lion His Share, in: Reimann, Mathias (Hrsg.), Cost and Fee Allocation in Civil Procedure, Dordrecht/Heidelberg/London/New York 2012, 287–303.

Mayer, Pierre, Faut-il distinguer arbitrage interne et arbitrage international?, Revue de l'Arbitrage, 2005, 361.

McGuire, Marie-Rose, Andjic, Marko, Stärkung der Justiz oder des Standorts?: Eine kritische Würdigung des Justizstandort-Stärkungsgesetzes, ZZP 138 (2025), 139–168.

McRedmond, Penelope, Mediation and Justice, London 2024.

Meier, Isaak, Schweizerisches Zivilprozessrecht, Zürich 2010.

Meller-Hannich, Caroline/Höland, Armin/Nöhre, Monika, Erforschung der Ursachen des Rückgangs der Eingangszahlen bei den Zivilgerichten, 2023, verfügbar unter https://www.bmjv.de/SharedDocs/Downloads/DE/Fachinformationen/Abschlussbericht_Eingangszahlen_Zivilgerichte.pdf?__blob=publicationFile&v=1.

Menkel-Meadow, Carrie/Love, Lela Porter/Schneider, Andrea Kupfer, Mediation – Pratice, Policy, and Ethics, 2. Aufl., New York 2013.

Merkin, Robert /Flannery, Louis, Arbitration Act 1996, 6. Aufl., London 2020.

Mnookin, Robert H./Kornhauser, Lewis, Bargaining in the Shadow of the Law: The Case of Divorce, Yale Law Journal, 88 (1979), 950–997.

Moore, Christopher W., The Mediation Process, 4. Aufl., San Franciso 2014.

Musielak, Hans-Joachim (Begr.)/*Voit, Wolfgang* (Hrsg.), Zivilprozessordnung, 22. Aufl., München 2025, zitiert als: Musielak/Voit/*Bearbeiter* ZPO.

Müller, Werner/Keilmann, Annette, Beteiligung am Schiedsverfahren wider Willen?, SchiedsVZ 2007, 113–121.

Münch, Joachim, Die Beteiligung Dritter am Schiedsverfahren, in: Wilhelmi, Rüdiger/Stürner, Rolf (Hrsg.), Mehrparteienschiedsverfahren, Berlin/Heidelberg/Dordrecht/New York 2021, 1–44.

ders., Vom Beruf unserer Zeit zur Reform des Schiedsrechts, JZ 2023, 958–967.

Münchener Kommentar zum Handelsgesetzbuch, hrsg. von Drescher, Ingo, zitiert als: MüKoHGB/*Bearbeiter*,
- Band 5, 5. Aufl., München 2021.

Münchener Kommentar zur Zivilprozessordnung, hrsg. von Rauscher, Thomas/Krüger, Wolfgang, zitiert als: MüKoZPO/*Bearbeiter*,
- Band 1, 7. Aufl., München 2025,
- Band 2, 7. Aufl., München 2025,
- Band 3, 6. Aufl., München 2022.

Nadal, Jean Louis., L'impartialité du magistrat, colloque loyauté et impartialité en droit des affaires, Gazette du Palais (Gaz. Pal.), 2012, 14–20.

Nagareda, Richard A., Aggregation and its Discontents: Class Settlement Pressure, Class-Wide Arbitration, and Cafa, Columbia Law Review, 106 (2006), 1872–1923.

Nolan-Haley, Jacqueline, Mediation: The „New Arbitration", Harvard Negotiation Law Review, 17 (2012), 61–95.

Oberhammer, Paul/Domej, Tanja/Haas, Ulrich (Hrsg.), Schweizerische ZPO, 2. Aufl., Basel 2014, zitiert als *Bearbeiter*, in: Oberhammer/Domej/Haas, Schweizerische ZPO.

Ong, Colin/O'Reilly, Michael, Costs in International Arbitration, Singapur 2013.

Oppetit, Bruno, Philosophie de l'arbitrage commercial international, Journal du Droit International (JDI), 1993, 811–827.

Ortscheidt, Jérôme/Seraglini, Christophe, La nouvelle articulation des recours en arbitrage international, in: Clay, Thomas (Hrsg.), Le nouveau droit français de l'arbitrage, Paris 2011, 189–218.

Park, William W., Arbitration in Banking and Finance, Annual Review of Banking Law, 17 (1998), 213–285.

Park, William W., Amending the Federal Arbitration Act, American Review of International Arbitration, 13 (2002), 75–143.

Paulsson, Jan, The Idea of Arbitration, Oxford 2013.

Peter, Henry, Ad hoc versus Institutional Arbitration in a Law and Economics Perspective, in: Nobel, Peter/Krehan, Katrin/von Ins, Philipp (Hrsg.), Law and Economics of International Arbitration, St. Gallen 2014, 39–52.

Pfeiffer, Thomas, Nascetur ridiculus mus? Haager Gerichtsstandsübereinkommen in Kraft getreten (Teil 1), IWRZ 2016, 19–22.

ders., Nascetur ridiculus mus? Haager Gerichtsstandsübereinkommen in Kraft getreten (Teil 2), IWRZ 2016, 69–73.

ders., Das Singapur-Übereinkommen und das Internationale Privat- und Prozessrecht der EU, IWRZ 2021, 203–209.

Poser, Norman S., When ADR Eclipses Litigation: The Brave new World of Securities Arbitration, Brooklyn Law Review, 59 (1993), 1065–1094.

Posner, Richard, What Do Judges and Justices Maximize? (The Same Thing Everybody Else Does), Supreme Court Economic Review 3 (1993), 1–26.

ders., What do Arbitrators Maximize?, in: Nobel, Peter/Krehan, Katrin/von Ins, Philipp (Hrsg.), Law and Economics of International Arbitration, St. Gallen 2014, 123–136.

Pörnbacher, Karl/Kurtenbach, Victoria, Die Reform der ICC-Schiedsordnung, BB 2021, 458–462.

Pörnbacher, Karl/Lederer, Nadine, Die Reform der DIS-Schiedsgerichtsordnung, BB 2018, 707–712.

PricewaterhouseCoopers: PEBB§Y Fortschreibung 2014, Hauptband; verfügbar unter , 2014.

Quinke, David, Börsenschiedsvereinbarungen und prozessualer Anlegerschutz, Köln 2005.

Rachlinski, Jeffrey J., Gains, Losses, and the Psychology of Litigation, Southern California Law Review, 70 (1996), 113–185.

Racine, Jean-Baptiste, Droit de l'arbitrage, Paris 2016.

Racine, Jean-Baptiste, Reflexion sur l'autonomie de l'arbitre commercial international, Revue de l'Arbitrage, 2005, 305–360.

Radicati di Brozolo, Luca, Court Review of Competition Law Awards in Setting Aside and Enforcement Proceedings, in: Blanke, Gordon /Landolt, Phillip (Hrsg.), EU and US Antitrust Arbitration, Alphen aan den Rijn 2011, 755–784.

Raeschke-Kessler, Hilmar, Gedanken zur Novellierung des Zehnten Buches der ZPO, in: Ebke, Werner F./Olzen, Dirk/Sandrock, Otto (Hrsg.), Festschrift für H. Elsing, Frankfurt am Main 2015, 433–452.

Rainieri, Filippo, Europäisches Obligationenrecht, 3. Aufl., Wien/New York 2009.

Redfern, Alan, Dissenting Opinions in International Commercial Arbitration: the Good, the Bad and the Ugly, Arbitration International, 20 (2004), 223–242.

Reimann, Mathias, Cost and Fee Allocation in Civil Procedure: A Synthesis, in: ders. (Hrsg.), Cost and Fee Allocation in Civil Procedure, Dordrecht/Heidelberg/London/New York 2012, 3–56.

Reuter, Stefan/Wegen, Gerhard, Das Haager Übereinkommen über Gerichtsstandvereinbarungen vom 30.5.2005 – Entstehung, Charakteristika, Erfolgschancen, ZVglRWiss 116 (2017), 382–417.

Rigozzi, Antonio/Schöll, Michael: Die Revision von Schiedssprüchen nach dem 12. Kapitel des IPRG, Basel 2002.

Risse, Jörg, Wirtschaftsmediation, 2. Aufl., München 2022.

Risse, Jörg/Altenkirch, Markus, Kostenerstattung im Schiedsverfahren: fünf Probleme aus der Praxis, SchiedsVZ 2012, 5–14.

Risse, Jörg/Morawietz, Matthias, Prozessrisikoanalyse, München/Wien/Basel 2017.

Risse, Jörg/Oehm, Max, Referentenentwurf zum Schiedsverfahrensrecht der ZPO: Streitbeilegung made in Germany ?!, BB 2024, 1163–1168.

Rohlfs, Jeffey, A Theory of Independent Demand for a Communications Service, 5 Bell Journal of Economics, 1974, 16–37.

Romano, Roberta, The Genius of American Corporate Law, The Business Lawyer, 49 (1993), 1955–1975.

Rosenberg, Leo/Schwab, Karl Heinz/Gottwald, Peter, Zivilprozessrecht, 18. Aufl., München 2018.

Ross, Steven A., The Economic Theory of Agency: The Principal's Problem, 63 American Economic Review, 1973, 134–139.

Rühl, Giesela, Das Justizstandort-Stärkungsgesetz: (International) Commercial Courts für Deutschland, ZfPW 2024, 397–426.

Sachs, Klaus, Schiedsgerichtsverfahren über Unternehmenskäufe – unter besonderer Berücksichtigung kartellrechtlicher Aspekte, SchiedsVZ 2004, 123–129.

ders., Time and Money: Cost Control and Effective Case Management, in: Mistelis, Loukas/Lew, Julian (Hrsg.), Pervasive Problems in International Arbitration, Alphen aan den Rijn 2006, 103–116.

Sachs, Klaus/Weiler, Marcus, A Comparison of the Recognition and Enforcement of Foreign Decisions under the 1958 New York Convention and the 2019 Hague Judgements Convention, in: Gebauer, Martin/Klötzel, Thomas/Schütze, Rolf A. (Hrsg.), Festschrift für Roderich C. Thümmel, Berlin 2020, 763–780.

Sachs, Michael: Grundgesetz, hrsgg. von v. Coelln, Christian, 10. Aufl., München 2024.

Salger, Hans-Christian/Trittmann, Rolf/von Essen, Viktor, Grundlagen der Schiedsgerichtsbarkeit, in: Salger, Hans-Christian/Trittmann, Rolf (Hrsg.), Internationale Schiedsverfahren, München 2019, 1–13.

Salvaneschi, Laura, L'impartialité de l'arbitre en droit italien, in: van Compernolle, Jacques/Tarzia, Guiseppe (Hrsg.), L'impartialité du juge et de l'arbitre, Brüssel 2006, 239–262.

Sandrock, Otto, Internationale Kredite und die internationale Schiedsgerichtsbarkeit, WM 1994, 445–451.

ders., The Extension of Arbitration Agreements to Non-Signatories: An Enigma still unsolved, in: Baums, Theodor/Hopt, Klaus J./Horn, Norbert (Hrsg.), Liber Amicorum Richard Buxbaum, London 2000, 461–488.

ders., Wirkungen von Schiedsvereinbarungen im Konzern, in: Böckstiegel, Karl-Heinz/Berger, Klaus P./Bredow, Jens (Hrsg.), Die Beteiligung Dritter an Schiedsverfahren, Hürth 2005, 93–108.

Schack, Haimo, Das Neue Haager Anerkennungs- und Vollstreckungsübereinkommen, IPRax 2020, 1–96.

ders., Internationales Zivilverfahrensrecht, 9. Aufl., München 2025.

ders., HAVÜ Nein danke! Zur weltweiten Urteilsanerkennung und zum Jurisdiction Project der Haager Konferenz für IPR, ZEuP 2023, 285–289.

Schardt, Ramona, Neue Regelungen der DIS-Schiedsgerichtsordnung zur Steigerung der Verfahrenseffizienz, SchiedsVZ 2019, 28–35.

Scherer, Maxi/Jensen, Ole, Towards a Harmonized Theory of the Law Governing the Arbitration Agreement, Indian Journal of Arbitration Law, 2021, 1–16.

Schlosser, Peter, Einverständliches Parteihandeln im Zivilprozeß, 1968.

ders., L'impartialité et l'indépendence de l'arbitre en droit allemand, in: van Compernolle, Jacques/Tarzia, Guiseppe (Hrsg.), L'impartialité du juge et de l'arbitre, Brüssel 2006, 299–314.

Schroeter, Ulrich, Der Antrag auf Feststellung der Zulässigkeit eines schiedsrichterlichen Verfahrens gemäß § 1032 Abs. 2 ZPO, SchiedsVZ 2004, 288–296.

Schultz, Thomas, Arbitral Decision-Making: Legal Realism and Law & Economics, Journal of International Dispute Settlement, 6 (2015), 231–251.

Schulz, Andrea, The 2005 Hague Convention on Choice of Court Clauses, Journal of International and Comparative Law, 12 (2006), 433–457.

Schütt, Philipp, DIS-Conference: „The Independence and Impartiality of Arbitrators", SchiedsVZ 2011, 276–277.

Schwab, Karl-Heinz/Walter, Gerhard, Schiedsgerichtsbarkeit, 7. Aufl., München 2005.

Schwab, Norbert/Weth, Stephan (Hrsg.), Arbeitsgerichtsgesetz Kommentar, 6. Aufl., Köln 2022, zitiert als: Schwath/Weth/*Bearbeiter* ArbGG.

Scott, Robert E./Triantis, George G., Anticipating Litigation in Contract Design, Yale Law Journal, 115 (2006), 814–879.

Seelmann-Eggebert, Sebastian, Too much of a good thing? – The exorbitant scope of § 1032 (2) of the German Code of Civil Procedure, SchiedsVZ 2023, 32–38.

Sendlmeier, Kilian, Schiedsbindung von Gruppenunternehmen, Tübingen 2024.

Seraglini, Christophe/Ortscheidt, Jérôme, Droit de l'arbitrage interne et international, 2. Aufl., Paris 2019.

Shapiro, Carl/Varian, Hal R., Information Rules, Cambridge 1999.

Shavell, Steven, The Social versus the Private Incentive to Bring Suit in a Costly Legal System, Journal of Legal Studies, 11 (1982), 333–339.

ders., Alternative Dispute Resolution: An Economic Analysis, Journal of Legal Studies, 24 (1995), 1–28.

ders., Foundations of Economic Analysis of Law, Cambridge 2004.

Soergel, Bürgerliches Gesetzbuch, BGB, Band 3, 12. Aufl., Stuttgart 1991, zitiert als: Soergel/*Bearbeiter*.

Spier, Kathryn E., Litigation, in: Polinsky, A. Mitchell/Shavell, Steven (Hrsg.), Handbook of Law and Economics, Band 1, Amsterdam/Oxford 2007, 259–342.

Stein/Jonas, Kommentar zur Zivilprozessordnung, hrsg. v. Bork, Reinhard/Roth, Herbert, zitiert als: Stein/Jonas/*Bearbeiter* ZPO,

- Band 4, 23. Aufl., Tübingen 2018,
- Band 5, 23. Aufl., Tübingen 2015,
- Band 10, 23. Aufl., Tübingen 2014,
- Band 10, 21. Aufl., Tübingen 1994,
- Band 12, 23. Aufl., Tübingen 2022.

Sternlight, Jean R., Creeping Mandatory Arbitration: Is It Just?, Stanford Law Review, 57 (2005), 1631–1675.

Stipanowich, Thomas J., Arbitration: The „New Litigation“, University of Illinois Law Journal, 1 (2010), 1–60.

Stipanowich, Thomas J./Lamare, J. Ryan, Living with ADR: Evolving Perceptions and Use of Mediation, Arbitration and Conflict Management in Fortune 1000 Corporations, Harvard Negotiation Law Review, 19 (2014), 1–68.

Sutton, David St John/Gill, Judith/Gearing, Matthew, Russel on Arbitration, 24. Aufl., London 2015.

Tahsin, Adam/Gass, Marius B., Codification, Convenience, and the Common Law: The Rationales Underpinning the Law Commission's Proposed Reforms to the English Arbitration Act 1996, Journal of International Arbitration, 2024, 115–138.

Tarawali, Naomi/Gerardy, Patrick, The law Governing the Arbitration Agreement – A fresh look at an Old Debate After the UK Supreme Court's Enja Judgment and Recent Clarification by the German Federal Court of Justice, SchiedsVZ 2021, 208–215.

Themeli, Erlis, The Great Race of Courts: Civil Justice System Competition in the European Union, Rotterdam 2018.

Thorn, Karsten/Reibetanz, Christopher, Die Stellung der Schiedsgerichtsbarkeit im Rechtsschutzsystem der Europäischen Union, in: von Bar, Christian/Knöfel, Oliver/Magnus, Ulrich/Mansel, Heinz-Peter/Wudarski, Arkadiusz (Hrsg.), Gedächtnisschrift für Peter Mankowski, Tübingen 2024, 705–720.

Tietje, Christian, Anmerkung zu BGH, Beschluss vom 27.7.2023 – I ZB 43/22, SchiedsVZ 2023, 304–306.

Timmer, Laurens J. E., The Quality, Independence and Impartiality of the Arbitrator in International Commercial Arbitration, Arbitration: The International Journal of Arbitration, Mediation and Dispute Management, 2012, 348–358.

Treier, Volker/Wernicke, Stephan, Die Transatlantische Handels- und Investitionspartnerschaft (TTIP) – Trojanisches Pferd oder Steiniger Weg zum Olymp?, EuZW 2015, 334–339.

Tullock, Gordon, On the Efficient Organization of Trials, 28 Kyklos 745–762.

UK Law Commission (Hrsg.), Review of the Arbitration Act 1996: Final Report and Bill HC 1787 Law Com No 413, London 2023.

van Aaken, Anne/Broude, Tomer, Arbitration from a Law & Economics Perspective, in Schultz, Thomas/Ortino, Federico (Hrsg.), The Oxford Handbook of International Arbitration, Oxford 2020, 874–894.

van den Berg, Albert Jan, Dissenting Opinions by Party Appointed Arbitrators in Investment Arbitrations, in: Arsanjani, Manoush H./Katz Cogan, Jacob/Sloane, Robert D. (Hrsg.), Looking to the Future: Essays on International Law in Honour of W. Michael Reisman, Leiden/Boston 2011, 821–843.

van den Berg, Albert Jan, Charles Brower's Problem with 100 per cent – dissenting opinions by party-appointed arbitrators in investment arbitration, Arbitration International, 31 (2015), 381–391.

Vogenauer, Stefan, Regulatory Competition Through Choice of Contract Law and Choice of Forum in Europe: Theory and Evidence, in: Eidenmüller, Horst (Hrsg.), Regulatory Competition in Contract Law and Dispute Resolution, München/Oxford/Baden-Baden 2013, 227–284.

Vogenauer, Stefan/Hodges, Christopher, Civil Justice Systems in Europe: Implications for Choice of Forum and Choice of Contract Law, 2008, verfügbar unter www.fondation-droitcontinental.org/fr/wp-content/uploads/2013/12/oxford_civil_justice_survey_-_summary_of_results_final.pdf.

von Mehren, Arthur T., Recognition and Enforcement of Foreign Judgements: A new Approach for the Hague Conference?, Law & Contemporary Problems, 57 (1994), 271–287.

ders., Drafting a Convention on International Jurisdiction and the Effects of Foreign Judgments Acceptable World-wide: Can the Hague Conference Project Suceed?, American Journal of Comparative Law, 49 (2001), 191–202.

von Schlabrendorff, Fabian, Die Schiedsvereinbarung, in: Salger, Hans-Christian/Trittmann, Rolf (Hrsg.), Internationale Schiedsverfahren, München 2019, 14–59.

Wagner, Gerhard, Obligatorische Streitschlichtung im Zivilprozeß – Kosten, Nutzen, Alternativen, JZ 1998, 836–846.

ders., Prozeßverträge, Tübingen 1998.

ders., Rechtswahlfreiheit im Schiedsverfahren: Ein Probierstein für die juristische Methodenlehre, in: Gottwald, Peter/Roth, Herbert (Hrsg.), Festschrift für Ekkehard Schumann zum 70. Geburtstag, Tübingen 2001, S. 535–557.

ders., Germany, in: Weigand, Frank-Bernd (Hrsg.), Practitioner's Handbook on International Arbitration, 1. Aufl., München 2002, 685–829.

ders., Heuristiken und Urteilsverzerrungen in Konfliktsituationen, ZZP 121 (2008), 5–40.

ders., Ökonomische Analyse der Rechtsmittel, in: Bork, Reinhard/Eger, Thomas/Schäfer, Hans-Bernd (Hrsg.), Ökonomische Analyse des Verfahrensrechts, Tübingen 2009, 157–193.

ders., Grundstrukturen eines deutschen Mediationsgesetzes, RabelsZ 74 (2010), 794–840.

ders., Das Mediationsgesetz – Ende gut, alles gut?, Zeitschrift für Konfliktmanagement (ZKM), 2012, 110–115.

ders., Dispute Resolution as a Product: Competition between Civil Justice Systems, in: Eidenmüller, Horst (Hrsg.), Regulatory Competition in Contract Law and Dispute Resolution, München/Oxford/Baden-Baden 2013, 347–422.

ders., Private law enforcement through ADR: Wonder drug or snake oil?, Common Market Law Review, 51 (2014), 165–194.

ders., The Dispute Resolution Market, Buffalo Law Review, 62 (2014), 1085–1158.

ders., Dispositionen über die Verbindlichkeit von Schiedssprüchen – Verzicht auf Rechtskraft und Aufhebungsgründe, in: Meller-Hannich, Caroline/Haertlein, Lutz/Gaul, Hans Friedhelm/Becker-Eberhard, Ekkehard, Festschrift für Eberhard Schilken, München 2015, S. 553–571.

ders., Empirical Analysis of Legal Theory: In Honor of Theodore Eisenberg, Journal of Institutional and Theoretical Economics, 171 (2015), 19–26.

ders., Haftung für Menschenrechtsverletzungen, RabelsZ 80 (2016), 717–782.

ders., Rechtsstandort Deutschland im Wettbewerb, München 2017.

ders., Commercial Courts: Stärkungsmittel für den deutschen Justizstandort, ZEuP 2025, 221–232.

ders., Das Recht auf Zugang zu Beweismitteln im künftigen Produkthaftungsprozess, ZIP 2025, 1243–1255.

ders., Die Entwicklung des Schiedsverfahrensrechts, in: Stadler, Astrid/Bruns, Alexander/Oberhammer, Paul (Hrsg.), 150 Jahre ZPO, Tübingen 2027 (im Erscheinen).

Wagner, Gerhard/Koester, Jan-Philipp, Originalism Meets International Arbitration: The U.S. Supreme Court's Interpretation of the New York Convention, Journal of International Arbitration, 2021, 163–186.

Wagner, Gerhard/Quinke, David, Ein Rechtsrahmen für die Verbraucherschiedsgerichtsbarkeit, JZ 2005, 932–939.

Wagner, Gerhard/Samanci, Oguzhan, Justizgrundrechte im Schiedsverfahren? – Pechstein und die Folgen für die Handelsschiedsgerichtsbarkeit, ZEuP 2024, 533–574.

Wagner, Gerhard/Samanci, Oguzhan, Die Reform des englischen Schiedsverfahrensrechts, SchiedsVZ 2025, 209–218.

Wagner, Gerhard/Weskamm, Till, Anspruchsbündelung durch Legal Tech: Im Dschungel des RDG, in: Deckenbrock, Christian/Höpfner, Clemens/Kilian, Matthias/Markworth, David/Sittard, Ulrich (Hrsg.), Arbeit, Wirtschaft, Recht – Festschrift für Martin Henssler zum 70. Geburtstag, München 2023, 1605–1624.

Wagner, Rolf, Das Haager Übereinkommen vom 30.6.2005 über Gerichtsstandsvereinbarungen, RabelsZ 73 (2009), 100–149.

Webster, Thomas H./Bühler, Michael W., Handbook of ICC Arbitration, 4. Aufl., London 2018.

Weidemaier, Marc C., Judging Lite: How Arbitrators Use and Create Precedent, North Carolina Law Review, 90 (2012), 1091–1146.

Wiebecke, Martin, … und es gibt sie doch – Schiedsgerichtsbarkeit in Finanz- und Kapitalmarkttransaktionen, SchiedsVZ 2008, 34–39.

Wiese, Alexander, 80 Jahre Patentgericht: die Geschichte der Düsseldorfer Gerichte im Patentrecht, in: Kühnen, Thomas (Hrsg.), 80 Jahre Patentgerichtsbarkeit in Düsseldorf, Köln 2016, 597–612.

Wilske, Stephan/Bräutigam, Laura, Entwicklungen in der internationalen Schiedsgerichtsbarkeit im Jahr 2014 und Ausblick auf 2015, SchiedsVZ 2015, 49–68.

Wilske, Stephan/Markert, Lars/Ebert, Björn P., Entwicklungen in der internationalen Schiedsgerichtsbarkeit im Jahr 2019 und Ausblick auf 2020, SchiedsVZ 2020, 97–120.

dies., Entwicklungen in der internationalen Schiedsgerichtsbarkeit im Jahr 2020 und Ausblick auf 2021, SchiedsVZ 2021, 111–127.

dies., Entwicklungen in der internationalen Schiedsgerichtsbarkeit im Jahr 2023 und Ausblick auf 2024, SchiedsVZ 2024, 121–146.

Wolf, Christian, Zivilprozess versus außergerichtliche Konfliktlösung – Wandel der Streitkultur in Zahlen, NJW 2015, 1656–1661.

Wolff, Reinmar, Empfiehlt sich eine Reform des deutschen Schiedsverfahrensrechts?, SchiedsVZ 2016, 293–306.

ders. (Hrsg.), New York Convention, 2. Aufl., München/Oxford/Baden-Baden 2019, zitiert als: *Bearbeiter*, in: Wolff (Hrsg.), New York Convention.

ders., Die deutsche Justiz im Wettbewerb der Schiedsstandorte: eine Erhebung zur Spruchpraxis der Gerichte, SchiedsVZ 2021, 328–339.

ders., Modernisierung des deutschen Schiedsverfahrensrechts: die Eckpunkte des Bundesministeriums der Justiz, ZIP 2023, 1623–1634.

ders., Stärkung des Justizstandorts Deutschland durch Einführung von Commercial Courts und der Gerichtssprache Englisch, NJW 2025, 1081–1086.

Wong, Lucien/Dhillon, Dinesh/Ling, Margaret Joan, The Road to Becoming an International Arbitration Centre: The Singapore Experience, in: Cascante, José Christian/Spahlinger, Andreas/Wilske, Stephan (Hrsg.), Festschrift für Gerhard Wegen, München 2015, 831–838.

Yip, Man, The Singapore International Commercial Court: The Future of Litigation?, in: Kramer, Xandra/Sorabji, John (Hrsg.), International Business Courts, Den Haag 2019, 129–158.

Ziadé, Nassib G., Reflections on the role of institutional arbitration between the present and the future, Arbitration International, 2009, 427–430.

Zimmermann, Reinhard, Whittaker, Simon, Good Faith in European Contract Law: Surveying the Landscape, in: dies. (Hrsg.), Good Faith in European Contract Law, Cambridge 2000, 7–62.

Zöller, Zivilprozessordnung, 35. Aufl., Köln 2024, zitiert als: Zöller/*Bearbeiter* ZPO.